KB187112

발해 문왕대의 지배체제 연구

김 진 광

박문사

발해 문왕대의 지배체제 연구

발해사를 전공한다고 하면 '대단하시네요!'라는 감탄과 '아직도 연구할 것
이 뭐 있나요? 다 한 것 아닌가요?'라는 반문이 돌아오기 일쑤이다. 전공자로
서 유쾌하지는 않지만 그만큼 '발해사'라는 학문분야가 생소할 뿐만 아니라
연구환경이 그다지 좋지 못함, 아직도 해결해야 할 분야가 여전히 산적해
있음의 반증이 아닌가 한다.

　필자가 역사학 그중 발해사를 공부하기 시작한 지도 어느덧 10여 년이
흘렀다. 돌이켜보면 역사학에 뜻을 두고 발해사를 공부하게 된 것은 정말
우연이 아닐 수 없다. 1997년 청운의 꿈을 품고 중국으로 떠난 어학 연수
기간 의무감으로 두 눈에 담기에도 온 몸으로 느끼기에도 버거운 집안·환
인 등지에 있는 광개토왕릉비나 장군총, 산성하고분군 등 고구려 유적을
답사하곤 하였다. 그때마다 앵무새처럼 되뇌는 '고구려는 당의 속국'이라는
안내원들의 설명은 필자의 생각을 혼란스럽게 하였고, 무엇인지 분한 마음
에 설전을 펼치지만 지식의 짧음과 언어 표현력의 한계로 인해 제대로 대응
하지 못했던 것이 아쉽고 부끄러웠다.
　한국사에 대한 갈급함은 부전공을 역사학으로 변경하게 하였고, 어느새
역사학을 전공하는 대학원 진학이 목표가 되어버렸다. 마침 그 때에 경향신
문을 통해 주목할 만한 기사가 보도되었다. 그것은 임상선 박사님의 학위논
문 취득 인터뷰 기사였는데, 기사 내용을 읽어 내려가던 중에 놀라움과 의문
이 동시에 찾아왔다. 놀라운 것은 역사학 가운데서 '발해사'라는 학문적 대
상을 뚜렷하게 인식하게 된 것이었고, 재미있으면서도 의문스러웠던 것은
삼국시대나 조선시대에 비해서 '어째서 국내 발해사 학위취득자가 3명밖에

없을까?'라는 점이었다. 이러한 인식과 궁금증은 점점 '발해사'를 공부해 보고 싶다는 갈망으로 변해 발해사학계에 몸을 담는 계기가 되었다.

대학을 졸업하던 그해 나는 오늘날의 나를 있게 한 한국학중앙연구원 한국학대학원에 입학하였다. 벅찬 기대감과는 달리 대학원 생활은 그렇게 녹녹지 않았다. 그것은 역사학의 학문적 풍토가 내가 대학에서 배운 어학의 풍토와는 현저하게 달랐기 때문이었다. 역사학도로 성장하는 고비의 순간 순간마다 "공부는 성실하게 솔직하게 거짓없이 해야 한다."라고 일갈하셨던 스승님들의 가르침을 깨닫기까지 한참이 걸렸다. 한국사학 전공 교수님들의 관심과 격려, 그리고 열정이 없으셨다면 결코 오늘의 필자는 없었을 것이다.

발해는 229년간 중국 동북대륙을 호령했던 '해동성국'이며, 한국사에서 대륙을 마지막으로 경영했던 나라였다. 불행히도 중국사에 기술된 편린을 제외하고는 자신들이 남긴 기록이 없어 연구에 많은 어려움이 있는 것도 사실이다. '발해사'를 공부하기 시작한 뒤로 필자가 늘 궁금해 하던 것은 '발해는 언제 어떻게 기틀이 마련되었을까?'라는 물음이었다. 바로 이러한 문제의식에서 출발하여 작성된 논문이 바로 『발해 문왕대의 지배체제 연구』이다.

3대 문왕은 역대 왕들 가운데 가장 긴 57년간 재위하였다. 이 기간은 발해 전체 존속기간의 1/4에 해당한다. 문왕 즉위 당시는 건국이후의 대외적 위협이 소멸되었고, 대내적으로 고왕 대조영과 무왕 대무예의 강역확장을 통해 상당히 안정된 상황이었다. 따라서 사회의 안정과 국가의 기틀 마련은 그가 처한 시대적 소명이었을 것이다. 문왕 재위기간 발해는 정치·경제·사회·문화 등 각 방면에서의 번영을 누렸다. 그러함에도 문왕시대는, 문왕시기에 드러난 사회적 표징들은 그다지 비중있게 다루어지지 못한 것 같다. 이에 본 논문에서는 문왕시기에 집중하여 영토, 행정체제, 도성체제 그리고 오경제 형성과정 등에서 그 내재적 의미를 살펴보았다. 그 결과 문왕은 재위 기간 내내 중원과 긴밀하게 교류하면서 선진문물을 수용하는 한편 국가의 재편을 도모하였고, 중앙과 지방에 통치를 위한 기제를 마련하였으며, 천도를 통한 도성건설로 오경을 개발하고, 다시 그들의 사유와 사상을 통일하여 황제국으로서의 천하관을 형성함으로써 '해동성국'의 기틀을 놓았다는 점을 확인할 수 있었다.

학문의 길에서 지도교수님을 비롯하여 주변의 은사님들의 노고와 가르침으로 필자가 하나의 매듭을 지을 수 있게 된 것은 행운이 아닐 수 없다. 그러함에도 연구자 본인의 자질과 학문적 소양의 부족으로 인해 논지 전개 과정에서 논리적 비약이나 모순이 드러난 곳도 없지 않다. 또한 선학들의 본뜻을 올바로 이해하지 못하고 왜곡시켜 인용하거나 본질을 호도한 부분도 없지 않음을 고백한다. 앞으로 필자 자신의 학문적 한계를 명심하고 학문 연구과정에서 얻은 소중한 교훈과 학문연구의 준엄함을 거울삼아 연구에 더욱 매진할 것을 다짐한다.

오늘날 필자가 있기까지 정말 수없이 많은 분들의 도움이 있었다. 학문의 세계에 첫발을 들일 수 있도록 권면해주신 한국외국어대학교 사학과의 이은순·이영학 교수님, 학문적 기초를 놓아주시고 그 의미를 일깨워 주시며 석사학위논문을 지도해주셨던 강인구 교수님, 학문의 길잡이가 되어 산적했던 수많은 갈증을 풀어주시고 학문연구의 엄정함을 깨우쳐주신, 그리고 박사학위논문을 지도해주신 신종원 교수님께 깊이 감사드린다. 또한 이 책이 그나마 논문으로서의 형식과 체제, 그리고 내용을 담을 수 있었던 것은, 어린아이를 물가에 내어놓은 어버이처럼 노심초사하시며 '학계를 위해 쓰임받을 수 있도록 가르침을 부탁하셨던' 심사위원장 정구복 교수님과 난삽한 논문에 빈틈없이 빼곡히 메모하시며 비판과 격려를 아끼지 않으셨던 경성 대학교의 한규철·강남대학교의 박경철 교수님, 그리고 동북아역사재단의 임상선 선생님의 지도 덕이었음을 고백한다. 자상하면서도 엄정하게 학문 내·외적 가르침을 베풀어주셨던 최진옥 선생님을 비롯한 한국사학 전공 교수님들의 가르침도 잊을 수 없다.

다양한 경로를 통해서 학문적으로 영향을 주고 계신 서울대학교의 송기

호 교수님과 연변대학교 정영진 교수님을 비롯한 국내・외 발해사학계 선
후배 연구자님들의 관심과 격려, 도움과 배려, 그리고 가르침에도 깊이 감사
를 드린다. 발해사를 전공하는 연구자로 거듭날 수 있도록 해외파견을 기회
를 주셨던 동북아역사재단(구 고구려연구재단) 관계자님들께도 감사드린
다. 또한 함께 공부하면서 기쁨과 아쉬움, 그리고 고민을 나누었던 선후배들
의 조언과 격려로 빼놓을 수 없다. 이 책을 출판하는 데까지 물심양면으로
배려해 주신 박문사 관계자분들과 편집・교정에 수고하신 정지혜 대리님께
도 감사드린다.

    마지막으로 여러 가지 어려움 속에서도 자식의 가는 길을 든든하게 지켜
봐주셨던 존경하는 어머니와 가족, 장모님, 그리고 부족한 남편이라 원망치
않고 사랑으로 헌신적으로 감싸주었던 내 사랑하는 아내와 이런저런 핑계
로 아빠노릇 못해도 한결같은 기쁨으로 맞이해주는 사랑하는 아형・서형・
지형이와 이 기쁨을 함께 한다.

                                              2012년 2월
                              청계산 자락 연구실에서 김 진 광

표 목차

그림 목차

발해 문왕대의 지배체제 연구

序 論

1. 硏究 動向

발해는 중국 동북지방과 한반도 북부, 그리고 러시아 沿海州를 경영했던 나라이다. 발해는 15대왕 229년 동안 신라·일본·당나라와 교류하면서 찬란한 문화를 창조하여 '海東盛國'이라 불렸으나, 926년 거란의 침입으로 갑자기 멸망하였다. 이에 그 원인이 무엇인가는 수많은 연구자들의 궁금증을 불러일으켰다. 비단 멸망과정만이 아니라 어떠한 과정을 통하여 발해국의 통치가 안정되었고, '海東盛國'으로 발돋움할 수 있었는지, 왜 그렇게 빈번하게 도읍을 옮겨야 했는지, 통치체제는 언제 수립되었는지에 대한 의문도 아직까지 명쾌하게 해명되지 않았다.

발해사 연구에 가장 큰 걸림돌은 사료의 제약이다. 그런데,『新唐書』「渤海傳」에는 "자못 문자와 서기가 있었다(頗有文字書記)."고 기록되어 있다. 중국과 일본[1]에도 수준 높은 시문들이 남겨져 있다.

이뿐만 아니라 1949년에 敦化市 六頂山古墳群 貞惠公主墓에서 1980년에는 和龍市 龍頭山 貞孝公主墓에서 묘지석이 출토되었다. 각각 725字, 728字인 이 두 묘지석에 인용된 古典[2]과 상술한 문헌기록들을 통해 발해의 수준높은 문화를 짐작할 수 있다.

　발해는 229년이라는 결코 짧지 않은 역사를 지니고 있지만, 그 역사를 정리하지 못하였다. 발해사의 단면을 담고 있는 중국의 역사서에서조차 서로 내용이 달라 원형을 복원하는데 많은 어려움이 있다. 따라서 문헌 기록만으로 발해사를 복원한다는 것은 한계가 있다. 고무적인 일은 발해의 영토범위, 즉 吉林省·黑龍江省·沿海州·북한 북부 등지에서 진행된 발굴로 제법 많은 자료들이 축적되었다는 점이다.[3] 중국에서 동북공정[4]을 통한 역사왜곡이 진행된 이후, 한국학

---

1) 일본에 남아있는 발해 문학의 단편들은 주로 일본으로 갔던 사신들이 남겨놓은 글들이다. 이 시문들은 주로 『都氏文集』『經國集』『遍照發揮性靈集』『文華秀麗集』『凌云集』『高野雜筆集』『高野大師廣傳』『宏法大師全集』『菅家文草』『扶桑集』『江談集』『田氏家集』 등이 있다. 이 자료들은 발해 사신과 일본 관료군의 문화교류의 단면과 발해국의 문화적 수준을 엿볼 수 있게 해준다.

2) 발해 文王의 둘째 딸인 貞惠公主와 넷째 딸인 貞孝公主墓에서 묘지석이 발견되어, 발해의 문화적 수준이 상당한 정도에 다달았음이 알려지게 되었다. 貞惠公主墓는 780년에 조영되었고, 貞孝公主墓는 792년에 조영되었다. 그 시기는 文王 후기에 해당한다. 두 공주의 묘지석은 四六騈儷文體이다. 여기에는 『詩經』『周易』『書傳』『禮記』『春秋』『論語』『孟子』 등의 유가경전이 인용되어 있어서, 그 문화적 수준을 가늠할 수 있게 해준다.

3) 그 대표적인 성과는 1980년대 중국 길림성 주체로 전문가들을 구성하여 省 전체에 대해 진행한 고고조사로서, 그 결과는 47권의 『縣文物志』로 편찬되었다. 『縣文物志』에는 先史로부터 近代에 이르는 유적에 대한 지표조사·발굴 내용이 망라되어 있고, 그 가운데 발해관련 유적은 약 400여 곳이 보고되었다. 이에 대해서 韓圭哲은 1997·1998년 吉林省과 黑龍江省에 분포하고 있는 발해유적목록을 작성하고, 그동안 축적된 발해고고학 성과를 지역적으로 검토하여 학계에 소개하였다(韓圭哲, 1997, 「中國의 渤海 遺蹟-吉林省을 중심으로」『白山學報』48, 백산학회 ; 韓圭哲, 1998, 「中國 黑龍江省의 渤海 遺蹟」『汕耘史學』8, 高麗學術財團). 酒寄雅志는 발해의 도성지와 그 주변에서 보

자들이 발해 유적에 접근하는 것은 쉽지 않다. 또한 일부 도성유적을 제외한 대부분의 유적이 방치되었고, 유물은 경작과정에서 사방으로 흩어졌으며 일부 유적은 보고서가 간행될 당시의 흔적조차도 남아있지 않을 정도로 파괴되었다. 그러함에도 불구하고 이 발굴 자료들은 복원되지 않은 역사의 많은 여백을 메울 수 있는 귀중한 실마리를 제공하고 있다.

발해사 연구는 사료의 제한5)에도 불구하고 현재까지 한국·중국·일본·러시아 네 나라에서 약 2,156편이 발표되었다.6) 그 중 중

고된 많은 관련유적들을 분석하여 발해의 영역지배의 특징을 도출해내고자 하였다(酒寄雅志, 1998, 「渤海の王都と領域支配」『古代文化』50-9, 古代學協會). 임상선도 발해 각 시기별 도성과 주변 관련유적을 유기적으로 검토한 결과 '舊國'시기뿐만 아니라 中京·東京·上京期에도 평지성과 산성으로 조합되었는데, 이것은 발해와 고구려간의 영향관계를 뒷받침하는 것이라고 인식하였다(임상선, 2006, 「발해의 都城體制와 그 특징」『韓國史學報』24, 한국사학회).
4) 중국의 동북공정은 빠르게는 개혁개방이 이루어지는 1983년, 늦게는 2002년 본격적으로 시작된 것으로 이해되지만, 실질적으로는 1930년대로 거슬러 올라간다. 발해사 연구의 선구자라고 할 수 있는 金毓黻은 '고구려족은 본래 부여에서 나온 중화민족의 일원으로, 현재의 동북쪽에 세운 나라들 가운데 가장 오래되었는데, 王氏 高麗 및 李氏 朝鮮과는 그 기원이 다르다. 그러므로 고구려가 망한 것은 우리 민족 가운데 외식하던 세력이 단절된 것과 같다. 비록 후기에 본 민족을 돌아보지 않고 遼東을 취하고, 또한 한반도로 도읍을 옮겨 오랑캐가 되매, 중국 사람들이 미워하여 애써 단절하려 하였다. 그렇지만 생각해 보면, 본래 箕子와 뿌리를 함께 하였으므로 고구려의 세계를 기술하지 않을 수 없다'라고 하였다(金毓黻, 1934, 『東北通史』卷4, 「4장 당에 의한 고구려멸망」). 따라서 고구려에 대한 왜곡이 시작되고 있음을 상기할 필요가 있다.
5) 발해가 자신들의 역사서를 남기지 못한 것은 발해에 기록문화가 없었기 때문이 아니다. 발해를 정복한 遼가 전 왕조의 역사서를 편찬하지 않았으므로 발해의 역사를 기록한 사료는 남겨지지 않았다.
6) 발해사의 연구현황에 대한 성과는 다음과 같다.
宋基豪, 1987, 「中共의 한국 고대사 연구소개(1985년도)」『아시아문화』2, 翰林大學아시아 文化硏究所 ; 宋基豪, 1988, 「渤海史 硏究 動向」『한국상고사학보』1, 한국상고사학회 ; 韓圭哲, 1989, 「발해관계 저서·논문목록」『발해국

국에서는 대략 50%에 달하는 1,030편, 일본에서는 20%를 점하는 449
편, 남북한을 포함한 한국에서는 18%정도의 390편, 러시아에서는
13%정도인 287편이 발표되었다.[7] 한국 학계에서는 그동안 연구 성
과가 꾸준하게 축적되었고, 현재는 13편의 박사학위논문[8]이 나와서
연구역량이 제법 향상되었다고 할 수 있다. 이와 같은 연구결과는
발해사의 복원과 연구영역 확대에 매우 긍정적인 역할을 하였다고
평가할 수 있다.

그렇지만 한편으로는 발해사도 고구려사와 마찬가지로 국가들마
다 상당한 견해 차이가 있다. 그 중 가장 첨예한 주제가 바로 발해국
의 건국시조인 大祚榮의 出自문제와 발해의 주민구성이다. 이것은
발해국 자체의 기록이 전무한 상황과 밀접한 관련이 있다. 이에 대해
서 간략하게 살펴본다.

사(1)』, 정음사 ; 宋基豪, 1996, 「연해주의 발해 유적 연구동향」『아시아문화』
12, 翰林大學아시아文化硏究所 ; 韓圭哲, 1998, 「渤海史 硏究의 現況과 課
題」『高句麗硏究』6, 高句麗硏究會.
7) 韓圭哲, 1998, 「渤海史 硏究의 現況과 課題」『高句麗硏究』6, 高句麗硏究
會, 18쪽.
8) 그 동안 한국학계에서 보고된 박사학위논문은 다음과 같다.
韓圭哲, 1991, 「渤海의 對外 關係 硏究」, 고려대학교 사학과 ; 宋基豪, 1994,
「渤海의 歷史的 展開 過程과 國家 位相」, 서울대학교 국사학과 ; 鄭鎭憲,
1995, 「柳得恭의 歷史 認識」, 경희대학교 사학과 ; 林相先, 1998, 「渤海의
支配勢力硏究」, 한국정신문화연구원 한국학대학원 ; 朴眞淑, 2001, 「渤海의
對日本外交 硏究」, 충남대학교 국사학과 ; 李秉建, 2001, 「발해 24개돌유적
에 관한 건축적 연구」, 건국대학교 건축학과 ; 金鍾福, 2002, 「渤海 政治勢力
의 推移 硏究」, 성균관대학교 사학과 ; 尹載云, 2002, 「南北國時代 貿易硏究」,
고려대학교 사학과 ; 具蘭憙, 2003, 「國際理解 增進을 위한 渤海, 日本 交流
史 學習 硏究」, 한국교원대학교 ; 全炫室, 2004, 「對外關係를 중심으로 본
渤海 男子 復飾 硏究」, 가톨릭대학교 생활문화학과 ; 李孝珩, 2004, 「渤海
遺民史 硏究」, 부산대학교 사학과 ; 金恩國, 2005, 「渤海 對外關係의 展開와
性格-唐, 新羅, 契丹과의 관계를 중심으로-」, 중앙대학교 사학과 ; 金東宇,
2006, 「渤海 地方 統治 體制 硏究-渤海 首領을 中心으로」, 고려대학교 사학과.

발해 건국자인 大祚榮에 대해서는 그가 '高麗別種'이라는 주장과 '粟末靺鞨'이라고 하는 견해가 팽팽히 맞서 있다. '高麗別種'설은『舊唐書』「渤海靺鞨傳」의 "渤海靺鞨大祚榮者 本高麗別種也"에 근거한 것으로 주로 한국학자들이 주장하였다. 반면에 '粟末靺鞨'설은『新唐書』「渤海傳」의 "渤海本粟末靺鞨 附高麗者姓大氏"에 근거한 중국학자들의 인식이다.[9]

한국과 중국 학계의 이러한 견해차는 발해의 종족계통을 고구려로 보느냐 말갈로 보느냐에 따른 시각 차이에서 왔다. 박시형은 大祚榮의 '高麗別種'설을 강력히 주장하며, '粟末靺鞨'설의 근거가 된『新唐書』를 비판하였다. 그는 그 근거로서 중국사서에서『舊唐書』와 같이 발해의 '高麗別種'설을 보이고 있는 기록이『唐會要』·『五代會要』등을 포함하여 무려 13종류나 되고, 발해의 '粟末靺鞨'설을 따르고 있는 것은『通典』·『玉海』등 5종류에 지나지 않다는 점을 들었다. 또한『新唐書』가『舊唐書』보다 더 '尊王攘夷 重內輕外'의 春秋筆法으로 쓰여졌다고 지적하였다. 그리고 '발해가 정말 粟末靺鞨人의 나라라면「靺鞨傳」에 반드시 여기에 해당하는 반영이 있어야 한다.'고 주장하면서,「渤海傳」과 함께 입전된「黑水靺鞨傳」이 이름만「黑水靺鞨傳」이고, 내용은 말갈전체의 傳으로 되어 있다고 北狄傳을 비판하였다.[10]

그럼에도 불구하고,『新唐書』가 발해에 관한 1차 사료로서 갖는 의미는 자못 크다.『新唐書』에는『舊唐書』에서는 찾아볼 수 없는

---

9) 盧泰敦,「渤海國의 住民構成과 渤海人의 族源」『韓國古代의 國家와 社會』, 一潮閣, 270~277쪽 ; 韓圭哲, 1994,『渤海의 對外關係史-南北國의 形成과 展開』, 신서원, 87쪽.
10) 박시형, 1962,「발해사 연구를 위하여」『력사과학』1, 21~23쪽.

정치제도에 대한 귀중한 내용이 수록되어 있는가 하면, 張建章이 썼다는『渤海記』도 소개되고 있기 때문이다. 그래서 발해에 관한 사료적 가치는 어느 정도 인정할 만하다.

그렇다면 이와 같은 차이점이 발견되는 까닭은 무엇인가. 이러한 견해차의 근본적인 원인은 靺鞨에 대한 시대적·민족적·신분적 인식의 차이 때문에 빚어진 결과이다.『舊唐書』는 大祚榮 무리가 고구려와 종족계통이 같다는 사실을 강조하여 '高麗別種'이라 하였고, 당나라 중심의 제국질서로의 회귀의식이 강했던『新唐書』는 '大祚榮 무리가 고구려 松花江의 시골뜨기였다'는 점을 강조하여 '粟末靺鞨'이라고 하였다고 생각된다.[11]

두 사서가 이러한 한계를 보일 수밖에 없었던 공통점은 전근대인의 역사의식이 도시와 지배층 중심이었고, 중국 중심의 일방적인 北狄관념이 투영되었기 때문이었다.『舊唐書』에서는 발해를 중국 중심의 夷狄觀을 기준으로 '渤海靺鞨'로 썼고 '변방의 주민'이라는 의미를 부각시키기 위해 '高麗別種'이라고 썼다. 그러나『新唐書』는『舊唐書』에서 大祚榮의 형용사격으로 쓰인 '渤海靺鞨'을 더욱 구체화하여 "渤海本粟末靺鞨"이라 기술하였다. 나아가 '高麗別種'이 갖는 고구려와 변방 송화강 사람들의 동족적 의미를 배제하고 단순히 고구려에 부속되었었다는 정치적 의미만을 강조하여 "附高麗者姓大氏"로 표현하였다.

발해의 주민구성에 대해서는 건국과정에서 고구려와 말갈이 연합하였던 것으로 기록되어 있다. 그러나 발해 건국세력이나 주민들은

---

11) 韓圭哲, 1994,『渤海의 對外關係史-南北國의 形成과 展開』, 신서원, 88쪽.

말갈계 내지 고구려와 말갈의 두 종족으로 이루어졌던 것이 아니라 고구려의 후손이었다. 지배층은 고구려유민, 피지배층은 말갈이라는 발해의 이원적인 주민구성론을 뒷받침하고 있는 『類聚國史』 역시 말갈이 他稱의 汎稱, 卑稱이라는 입장에서 기술되었다고 분석되었다.[12] 孫進己도 말갈을 몇몇 민족의 총칭이라고 하고, 말갈에는 原濊貊係를 포함한 발해말갈과 原肅愼係를 포함하는 黑水靺鞨의 兩係가 있음을 지적하였다.[13] 말갈의 卑稱에 대해서는 박시형[14], 현명호[15]가 이미 주장한 바가 있다. 酒寄雅志도 卑稱說에 대해서 언급하였다.[16]

전통적으로 말갈은 흑룡강 중·하류를 비롯한 동북 만주지역에 거주하던 주민들을 의미한다. 그러나 말갈은 隋唐의 입장에서는 동북 만주지역에 거주하는 주민을 부르는 종족명이며, 고구려·백제·신라의 입장에서는 고구려 변방 주민을 낮추어 부르는 명칭이었다. 말갈로 불리는 사람들은 요동이나 한반도지역에서 고구려의 부용 및 적대세력으로 비춰지기도 하였다. 그러므로 고구려·발해사에서 말갈에 대한 인식은 중앙의 지방에 대한 통치력의 확립이라는 측면에서 파악하는 것이 좀 더 합리적이라고 생각된다.[17]

12) 張博泉·鄭妮娜, 1982, 「渤海的社會性格」『學習與探索』1, 學習與探索雜誌社 ; 한규철, 2005, 「주민구성으로 본 계승관계」『고구려와 발해의 계승관계』, 고구려연구재단, 187~189쪽.
13) 孫進己, 1987, 『東北民族源流』, 黑龍江人民出版社, 181~186쪽.
14) 박시형, 1962, 「발해사연구를 위하여」『력사과학』1, 13쪽 ; 박시형, 1992, 「발해는 고구려의 계승국」『발해사연구론문집』(1), 과학백과사전종합출판사, 6쪽.
15) 현명호, 1992, 「발해의 고구려와의 계승관계를 모호하게 한 별칭 '발해말갈'에 대하여」『발해사연구론문집』(1), 과학백과사전종합출판사.
16) 酒寄雅志, 1976, 「渤海の國號に關する一考察」『朝鮮史研究會會報』44, 朝鮮史研究會.
17) 한규철, 2005, 「주민구성으로 본 계승관계」『고구려와 발해의 계승관계』, 고

그런데 말갈이 『隋書』에서는 「東夷傳」으로 입전되었다가 『舊唐書』 이후부터 「北狄傳」에 입전된 점은 의문이 아닐 수 없다. 발해의 호칭에 있어서도 『舊唐書』나 『舊五代史』에서는 「渤海靺鞨」로 기록하였으나, 『新唐書』와 『新五代史』에서는 「渤海」라고 서술하여 서로 다르다. 이와 같은 문제가 발생하게 된 이유는 변방국가에 대한 편찬자들의 무지와 시대적인 환경의 변화에 따른 인식 변천 때문으로 생각된다.[18]

중국의 강역 확장으로 생긴 夷狄에 대한 인식 차이도 지적할 수 있다.[19] 고대 중국 사람들은 동북방에 대해 확대된 지식을 기록에 반영하였다. 따라서 흑룡강 중·하류유역에 거주하는 주민들에 대한 역사실상은 말갈을 처음으로 입전한 『北齊書』 武成帝紀[20]에서 그 실마리를 찾을 수 있고, 隋唐代에 이르러서 비로소 중국측의 기록에 반영될 수 있었다고 할 수 있다.[21]

수나라의 강역은 동쪽으로 山東半島, 동북으로는 山海關까지였다. 당나라가 건국된 이후 고구려가 멸망되는 668년을 기점으로 당나라의 강역은 현재의 만주지역까지 확대되었다. 『隋書』가 편찬될 당시는 고구려가 동북지역에 건재하여 그곳으로 세력을 확장할 수

구려연구재단, 109쪽.

18) 韓圭哲, 1988, 「肅愼·挹婁硏究」 『白山學報』35, 白山學會, 16쪽 ; 한규철, 2005, 「주민구성으로 본 계승관계」 『고구려와 발해의 계승관계』, 고구려연구재단, 132~133쪽.

19) 韓圭哲, 1988, 「高句麗時代의 靺鞨 硏究」 『釜山史學』14·15, 부산사학회, 4쪽 ; 朴京哲, 1997, 「高句麗와 濊貊-高句麗의 住民과 그 文化系統-」 『白山學報』48, 白山學會, 110~113쪽.

20) 『北齊書』 卷7, 武成帝紀 河淸2年條 : 是歲 室韋庫莫奚靺鞨契丹 幷遣使朝貢.

21) 韓圭哲, 1988, 「高句麗時代의 靺鞨 硏究」 『釜山史學』14·15, 부산사학회, 3쪽 ; 한규철, 2005, 「주민구성으로 본 계승관계」 『고구려와 발해의 계승관계』, 고구려연구재단, 134~135쪽.

없었기 때문에, 編史되지 못했다. 『舊唐書』의 편찬시기는 발해가 멸망하고 20여년이 지난 시점이었다. 後晋시기에 편찬된 『舊唐書』에는 발해가 「北狄列傳」에 포함되어 있는데, 이것은 당나라가 고구려를 멸망시킴으로서 당나라의 강역이 동북지역으로 확대된 것에 근거하였다고 판단된다. 따라서 발해의 종족관념이 '東夷'에서 '北狄'으로 변화된 것은 바로 지리 관념의 변화에 의한 결과였다.

중국사에는 『史記』를 시작으로 正史와 別史에 외국열전을 포함시켰다. 이것은 중국역사 서술에서 외국열전의 기록이 불가결한 것으로 인식하였기 때문이라고 할 수 있다. 그러나 이러한 역사서술은 그 합리성 여부에는 어떠한 비판이나 반성없이 명확한 사실로 인정되었다. 후대의 역사서술에도 강력한 영향력을 행사하였다. 이러한 한계성은 발해관련 기록에서도 예외가 아니다. 발해의 계통을 肅慎-挹婁-勿吉-靺鞨로 보는 대개의 사료들은 일차적 사실에 바탕을 둔 객관적인 진실을 기록했다고 하는 점보다 기록자의 무지와 주관적인 인식을 바탕으로 한 왜곡된 역사사실의 기록이 무시하지 못할 정도로 크게 개입되었다는 점을 간과할 수 없다.[22] 발해사를 다루고 있는 列傳도 중국과의 교섭관계를 중심으로 기술되어 있어서, 발해의 내정이나 사회에 대한 내용을 이해하는 데 많은 어려움이 있다. 『구당서』와 『신당서』가 발해사 연구의 중요한 사료임에도 불구하고, 그 기술내용은 양국관계의 변화에 따라서 서로달리 기술되었을 한계점도 있다. 그럼에도 발해사를 연구하기 위해서는 『舊唐書』「渤海靺鞨傳」과 『新唐書』「渤海傳」을 이용할 수밖에 없다.

---

22) 韓圭哲, 1988, 「肅慎·挹婁研究」『白山學報』35, 白山學會, 12~13쪽.

『舊唐書』「渤海靺鞨傳」과『新唐書』「渤海傳」에서는 大祚榮의 출자를 각각 달리 기술하고 있다. 이후에 간행된 중국의 발해관련 사료는 대부분『舊唐書』와『新唐書』를 바탕으로 한 것이다. 발해를 고구려인이 건국하였다는 입장에서 기술한 사료는『舊唐書』를 비롯하여『唐會要』·『五代會要』·『舊五代史』·『太平環宇記』·『冊府元龜』·『新五代史』·『武經總要』·『資治通鑑』·『高麗圖經』·『宋史』·『遼史』·『宋會要』 등이 있다. 말갈인들의 역할을 강조한 기록은『新唐書』이외에『通典』·『玉海』·『文獻通考』·『金史』 등이 있다.

발해라고 명명하여 입전한 최초의 사료는 宋代 王溥가 편찬한『唐會要』와『五代會要』이다. 특히『五代會要』에는 乞乞仲象, 왕족의 칭호, 大諲譔代 이후 東丹國 시기까지의 조공관계 기사 등『舊唐書』에 없는 새로운 내용을 담겨 있다. 그래서 張建章이 기록한『渤海記』를『新唐書』보다 먼저 참고하였다고 생각된다.[23]

元代에 편찬된 서서들에서는 발해 관련 기록이 상대적으로 적다. 다만『宋史』·『遼史』·『金史』에서 약간 기술하였을 뿐이다.『宋史』에서는 발해전 이외에 발해유민들이 세운 정안국도 입전하고 있다.[24]『遼史』에서는 契丹이 발해를 멸망시킨 과정과 발해의 地理에 대해 다른 어느 史書보다 더 구체적으로 기록하였다.『松漠紀聞』에서도 발해의 왕족과 귀족들의 성씨·풍속에 대해서 소개하였을 뿐 아니라 발해국이 멸망한 이후 그 유민과 여진족의 관계도 서술하였

---

23) 李東輝, 2004,「발해의 종족구성과 신라의 발해관」, 부산대학교 박사학위논문, 3쪽.
24)『宋史』卷491, 外國列傳250, 定安國 : 定安國本馬韓之種.

다. 청대에는 『滿洲源流考』·『吉林通志』·『寧安縣志』 등이 편찬
되었다. 『滿洲源流考』 부족조에서는 부여·읍루·삼한·물길·백
제·신라·말갈·발해·완안·건주 순으로 숙신과 관련된 자료들을
열거하고 이에 사론을 덧붙여 그 원류를 해명하였다.[25] 1919년에는
『渤海國志』와 1931년에 출간된 『渤海國記』는 발해사에 대해서 비교
적 체계적으로 기술하였고, 1935년에 金毓黻이 저술한 『渤海國志長
編』은 발해사 연구의 최대성과로 평가받았다.[26]

발해사를 기록한 국내사료로는 『三國史記』·『三國遺事』를 포함
하여 약 40여종이 알려져 있다. 『三國史記』에는 2차례 '北國'에 사신
을 보냈다는 기록을 제외하고 대부분 발해와의 전쟁 및 신라 북변에
서의 축성 등 대립적인 상황을 볼 수 있는 기사뿐이다. 그러함에도
불구하고 고구려·백제·신라를 한국사의 주류에서 서술하면서도
고구려 멸망후는 발해사를 기술하지 않아 한국사의 흐름에서 배제시
켰다는 비판도 받았다. 그러나 『三國遺事』에서는 「新羅古記」를 인
용한 대목에서 '大祚榮을 高麗舊將'이라고 기록하였다. 『帝王韻紀』
에서는 『三國遺事』와 동일하게 서술하여 발해의 성격을 이해하는
실마리를 제공하면서도 발해와 말갈사료들을 인용한 부분에서는 말
갈을 이민족으로 인식하는 등 편찬태도상의 한계를 보이기도 하였다.

고려시대에는 발해유민과 고려 태조의 역사인식을 관련시킨 연구
가 많다. 우선 고려 태조와 발해를 '婚姻' 혹은 '親戚之國' 관계로 기
록한 사료가 있는데[27], 이것은 긍정하기도[28] 부정하기도 한다.[29]

25) 朴仁鎬, 1998, 「明·淸代 중국 지리서에 나타난 對朝鮮 역사지리인식-조선시
기 역사지리 연구의 추이와 관련하여-」, 『慶北史學』21, 경북사학회, 1018쪽.
26) 李東輝, 2004, 「발해의 종족구성과 신라의 발해관」, 부산대학교 박사학위논
문, 4쪽.

즉, 발해와 고려의 혼인기사는 大光顯을 고려의 宗籍에 올린 사실을
가리키는 것으로 인식하기도 하고,[30] 고려 태조의 북진정책과 관련
하여 발해의 옛 영토, 곧 고구려 땅을 회복하려는 대의명분으로 이해
하기도 한다.[31]

『高麗史』에는 발해 멸망이후 고려로 투항해 온 유민들에 대한 기
록이 많다. 고려 태조는 발해 유민들을 적극적으로 포용한 반면에,
契丹에 대해서는 '萬夫橋事件'과 같은 강경책을 취하였다. 비록 발
해 유민을 받아들인 목적이 그들을 북진정책에 이용하려 한 것이었
다고 하더라도 발해유민의 투항배경은 고려의 고구려 계승성을 표방
한 역사귀속과 깊이 관련되었다고 추정된다.[32]

---

27) 『資治通鑑』卷285, 「後晋紀」齊王 開運 2年 10月 : 初高麗王建用兵呑滅鄰
國 頗強大 因胡僧襪囉言於高祖曰 勃海我婚姻也 其王爲契丹所虜 請與朝
廷共擊取之 高祖不報 … 晉天福中 有西域僧襪囉來朝 善火卜 俄辭高祖 請
遊高麗 王建甚禮之 時契丹併渤海之地有年矣 建因從容謂襪囉曰 勃海本吾
親戚之國 其王爲契丹所虜 吾欲爲朝廷攻而取之 且欲平其怨 師廻爲言於天
子 當定期兩襲之 襪囉還具奏 高祖不報.

28) 金毓黻, 『渤海國志長編』卷3, 世紀, 末王15년 春2月條 ; 박시형, 1962, 「발해
사 연구를 위하여」『력사과학』1, 과학백과사전종합출판사, 28~29쪽 ; 金恩國,
1992, 「발해 멸망에 관한 再檢討-거란침공과 그 대응을 중심으로」『白山學報』
40, 白山學會.

29) 鄭求福, 1981, 「李齊賢의 歷史意識」『震檀學報』51, 震檀學會, 248~249쪽 ;
金光錫, 1983, 「高麗 太祖의 歷史認識-그의 渤海觀을 中心으로-」『白山學報』
27, 白山學會 ; 金光錫, 1996, 『渤海高句麗史硏究』, 86~97쪽.

30) 林相先, 1993, 「高麗와 渤海의 關係-高麗 太祖의 발해인식을 중심으로-」『素軒
南都泳博士古稀紀念 歷史學論叢』, 民族文化社, 128~129쪽.

31) 石井正敏은 高麗가 영토회복을 위한 명목으로 발해를 이용했을 가능성도 함
께 제기하였다. 그리고 적어도 양국의 지배층이 모두 고구려의 후계자라는
의식을 지니고 있었다는 것, 이른바 공통된 민족감정의 기반위에 세워졌다는
점이 크게 관계되었을 것으로 추론하였다(石井正敏, 1978, 「朝鮮における渤
海觀の變遷-新羅・李朝-」『朝鮮史研究會論文集』15 ; 임상선 역, 1990, 『발
해사의 이해』, 신서원, 27쪽).

32) 李孝珩, 1996, 「高麗와 渤海 사이의 婚姻關係에 대한 검토」『釜山史學』,
18~19쪽.

조선시대에 편찬된 역사책 가운데 대표적인 것은 『東國通鑑』이다. 徐居正이 완성한 이 책은 단군에서 조선까지 기술하고 있지만, 기본적으로는 『三國史節要』『高麗史節要』를 근간으로 하고 있어 새로운 역사 사실을 담고 있지는 않다.[33] 그러함에도 여기에서는 발해사를 우리 역사와 무관한 것으로 보고 있다는 점이 주목된다. 이러한 논조의 저술에는 『東史綱目』·『東國史略』·『東史纂要』·『東史補遺』·『東國通鑑提綱』·『東國歷代總目』 등이 있다.

발해사에 대한 인식은 실학시기에 이르러 더욱 심화되었다. 당시에는 兩亂 이후 조선이 약소국이 된 이유를 모색하는 움직임이 두드러졌기 때문이다.[34] 그래서 조선이 과거에서 현재까지 어떠한 국가였는가를 밝히려고 서술범위도 단군으로부터 시작하였다. 이것은 이전 시기와는 다른 분명한 차이점이다. 이 시기에는 조선이 약소국으로 전락한 원인을 고구려 고토 상실에서 찾았으므로, 고구려를 계승한 발해로 자연스럽게 관심이 전이되었다. 따라서 이에 대한 인식의 폭이 확대되어 발해를 '高句麗繼承國'으로 서술하거나 또는 독립된 장으로 서술하였다. 이러한 유형의 대표적인 저술은 韓百謙의 『東國地理誌』이다.[35]

이후 발해가 영토적·종족적인 면에서 고구려를 계승하였다는 인

---

33) 鄭求福, 1977, 「16~17세기의 私撰史書에 대하여」 『全北史學』1, 全北大學校 史學會, 47쪽

34) 宋基豪, 1991, 「조선시대 史書에 나타난 발해관」 『韓國史研究』72, 한국사연구회, 56~57쪽.

35) 鄭求福, 1977, 「16~17세기의 私撰史書에 대하여」 『全北史學』1, 全北大學校 史學會, 48~49쪽 ; 鄭求福, 1987, 「韓百謙의 史學과 그 影響」 『震檀學報』63, 震檀學會, 175~177쪽 ; 宋基豪, 1991, 「조선시대 史書에 나타난 발해관」 『韓國史研究』72, 한국사연구회, 57쪽 ; 김진광, 2007, 「발해사 관련 자료와 인식-발해 관련 한국 자료」 『발해의 역사와 문화』, 동북아역사재단, 382쪽.

식은 더욱 팽배해졌다.[36] 발해는 단순히 신라나 고구려에 부속한 국
가가 아닌 엄연한 우리 역사의 한 부분으로 위치가 격상되었다. 이러한
유형에는 『增補文獻備考』·『東史』·『紀年兒覽』·『修山集』·『海東
繹史』·『海東繹史續』·『疆域考』·『大東地志』·『渤海考』 등이
포함된다. 이 가운데서 柳得恭의 『渤海考』는 주지하다시피 서문에
기록된 그의 확고한 渤海觀으로 인해 사학사적인 위치가 높다. 『渤
海考』는 모두 9장으로 서술되어 있다. 대부분이 자료정리에 그치고
있어서 역사서로서의 체계는 갖추지 못하였으나 새로운 판본 검토에
따르면, 지리비정은 당시 최고의 수준인 정약용의 주장보다 앞서는
것으로 평가된다. 그는 서문에서 고려가 발해까지 우리 역사에 포함
시켜 南北國史를 기술해야 했지만, 그렇지 않았다고 비판하였다. 이
와 동시에 발해를 세운 大氏는 고구려인이고, 발해가 차지하고 있던
땅도 고구려 땅이므로 발해가 고구려를 계승한 국가였음을 강조하여
'南北國時代論'을 주창하였다.[37]

일제시기에는 박은식·신채호·장도빈 등 민족주의 사학자들을
중심으로 발해사에 대한 인식이 재차 고양되었다.[38] 이 시기는 일제
강점기라는 특수한 사회적 배경 아래에서 독립운동과 연계하여 만주
역사에 깊은 관심을 보이기 시작하였다. 그들은 柳得恭 이래의 '南北
國時代論'을 설정하였을 뿐만 아니라, 심지어 '南北朝'로 설정하여
북방사를 적극적으로 한국사에 포함시켰다.[39]

---

36) 鄭求福, 1987, 「韓百謙의 史學과 그 影響」 『震檀學報』63, 震檀學會, 185쪽.
37) 고구려연구재단, 2004, 『발해사자료집』 상, 331쪽.
38) 鄭求福, 1987, 「韓百謙의 史學과 그 影響」 『震檀學報』63, 震檀學會, 186쪽.
39) 李東輝, 2004, 「발해의 종족구성과 신라의 발해관」, 부산대학교 박사학위논
문, 15쪽.

이상과 같이 발해사를 다룬 국내외의 대표적인 사료에 대해 간략
하게 언급하였다. 이들 자료의 서술내용은 기본적으로『舊唐書』와『新
唐書』의 서술범위를 넘지는 않지만, 兩唐書에서 기술하고 있지 않은
많은 발해사의 편린들을 담고 있다. 그러므로 발해사를 복원하는데
없어서는 안 될 귀중한 가치를 지니고 있다고 하겠다.

현재까지 발해의 지배체제를 다룬 논문은 많이 나왔다. 이에 관한
연구는 疆域[40], 中央機構의 設置[41]와 5京制[42], 都城制와 遷都[43],

40) 松井等, 1913,「渤海の疆域」『滿鮮地理歷史研究報告』1, 東京築地活版製造
所 ; 손영종, 1980,「발해의 서변에 대하여」2『력사과학』2, 과학백과사전출판
사 ; 孫進己, 1982,「渤海疆域考」『北方論叢』4, 北方論叢編輯部 ; 王承禮,
1983,「渤海的疆域和地理」『黑龍江文物叢刊』4, 黑龍江省文物出版社 ; 魏
國忠, 1984,「渤海疆域變遷考略」『求是學刊』6 ; 1997,「高句麗渤海研究集
成」渤海 卷2, 哈爾濱出版社 ; 日野開三郎, 1984,「小高句麗國の研究」『東
洋史學論集』8, 三一書房 ; 魏國忠, 1985,「渤海王國占有遼東考」『龍江史苑』2 ;
『高句麗渤海研究集成』渤海 卷2, 哈爾濱出版社 ; 陳顯昌, 1985,「論渤海國
的疆域」『學習與探索』2, 吉林人民出版社 ; 채태형, 1992,「료동반도는 발해
국의 령토」『력사과학』1, 사회과학출판사 ; 孫進己, 1994,「渤海國的疆域與
都城」『東北民族研究』1, 中州古籍出版社 ; 승성호, 1995,「발해국 초기의 령역」
『력사과학』1, 사회과학출판사 ; 방학봉, 1996,「발해의 강역과 행정제도에 관
한 연구」, 연변대학출판사 ; 宋基豪, 1997,「渤海의 盛衰와 疆域」『白山學報』
47, 白山學會 ; 趙二玉, 1999,「新羅와 渤海의 國境問題」『白山學報』52, 白
山學會 ; 東潮, 2000,「渤海墓制와 領域」『朝鮮學報』106 · 107, 朝鮮學會 ;
金鎭光, 2002,「8世紀 渤海의 遼東進出」『三國時代研究』2, 學研文化社 ;
李美子, 2003,「渤海の遼東地域の領有問題をめぐって」『史淵』140, 九州
大學人文學研究院 ; 韓圭哲, 2003,「渤海國의 서쪽 邊境에 관한 연구」『역
사와 경계』47, 부산경남사학회 ; 金鎭光, 2004,「발해 건국초기의 강역-營州
道를 중심으로」『先史와 古代』21, 韓國古代學會.
41) 鳥山喜一, 1968,「渤海王國の制度と文化」『渤海史上の諸問題』, 風間書房
; 박시형, 1979, [발해의 국가제도]『발해사』, 김일성종합대학출판사 ; 宋基豪,
1992,「발해 文王代의 개혁과 사회변동」『韓國古代史研究』6, 한국고대사학
회 ; 방학봉, 1996,『발해의 강역과 행정제도에 관한 연구』, 연변대학출판사
; 한규철, 1996,「지방·군사제도」『한국사 10-발해』, 국사편찬위원회 ; 림호
성, 2001,「발해 동부의 일부 지방행정단위와 그 주민구성」『력사과학』2, 과
학백과사전종합출판사.
42) 주영헌, 1966,「발해중경현덕부에 대하여」『고고민속』2 ; 魏國忠, 1984,「唐代

地方統治體制[44]등을 포함한다. 그런데, 지금까지 이루어진 관련 연

渤海五京制度考」『博物館研究』3 ; 河上洋著, 林相先譯, 1990, 「渤海の交通路と五京」『國學研究』3, 국학연구소 ; 채태형, 1990, 「발해 동경룡원부·혼춘팔련성설 재검토」『력사과학』3, 사회과학출판사 ; 채태형, 1991, 「발해남경남해부의 위치에 대하여」『력사과학』3, 사회과학출판사 ; 방학봉, 1993, 「발해의 오경에 대하여」『역사교육』53, 역사교육연구회 ; 張國鍾, 1993, 「渤海の領域と五京制」『高句麗渤海と古代日本』, 雄山閣 ; 孫進己, 1994, 「唐代渤海之五京」『東北民族史研究』1, 中州古籍出版社 ; 駒井和愛, 1997, 「渤海の五京とその名産」『中國都城·渤海研究』, 雄山閣 ; 酒寄雅志, 1998, 「渤海の王都と領域支配」『古代文化』50-9, 古代學協會 ; 韓圭哲, 1998, 「渤海의 西京鴨淥府 研究」『韓國古代史研究』14, 한국고대사학회 ; 濱田耕策, 1999, 「渤海國の京府州郡縣制の整備と首領の動向」『白山學報』52, 白山學會 ; 宋基豪, 2002, 「발해 5京制의 연원과 역할」『강좌 한국고대사』7, 駕洛國事蹟開發研究院 ; 정영진, 2002, 「渤海의 강역과 五京의 위치」『韓國史論』34, 國史編纂委員會 ; 曉辰, 2003, 「也談渤海五京制的起始年代」『北方文物』3, 北方文物雜誌社 ; 趙炳舜, 2004, 「渤海 南京南海府의 位置 推定에 對한 考察」『書誌學報』28, 韓國書誌學會.

43) 孫玉良, 1983, 「渤海遷都淺議」『北方論叢』3, 北方論叢編輯部 ; 방학봉, 1985, 「발해 상경성의 궁성건축에 대하여」『발해사연구』6, 연변대학출판사 ; 장상렬, 1987, 「발해의 도시성에 대하여」『조선고고연구』3, 사회과학출판사 ; 林相先, 1988, 「渤海의 遷都에 대한 考察」『淸溪史學』5, 한국정신문화연구원 청계사학회 ; 방학봉, 1992, 「발해는 무엇 때문에 네 차례나 수도를 옮겼는가」『白山學報』39, 白山學會 ; 방학봉, 1993, 「발해 수도의 변화과정에 대한 연구」『발해사연구』3, 연변대학발해사연구실 ; 송기호, 1994, 「발해의 초기 도읍지와 천도과정」『于江權兌遠敎授定年紀念論叢-民族文化의 諸問題』, 간행위원회 ; 김종복, 2003, 「발해 상경성의 성립과 구조」『한국의 도성-都城造營의 傳統』, 서울시립대부설 서울학연구소 ; 金瑛河, 2004, 「古代 遷都의 역사적 의미」『韓國古代史研究』36, 한국고대사학회 ; 宋基豪, 2004, 「발해의 천도와 그 배경」『韓國古代史研究』36, 한국고대사학회 ; 曉辰, 2004, 「論渤海文王大欽茂時期的都城建制」『北方文物』2, 北方文物雜誌社 ; 임상선, 2005, 「중국의 발해도성 연구와 복원」『중국의 한국고대문화연구』, 고구려연구재단 ; 임상선, 2006, 「발해의 都城體制와 그 특징」『韓國史學報』24, 한국사학회 ; 김기섭·김진광, 2007, 「발해의 상경 건설과 천도」『韓國古代史研究』45, 한국고대사학회.

44) 李龍範, 1972, 「渤海王國의 形成과 高句麗遺族」上·下, 『東國大論文集』10·11 ; 金鍾圓, 1980, 「渤海의 首領에 대하여-地方統治와 관련하여」『全海宗博士華甲記念史學論叢』, 일조각 ; 河上洋, 1983, 「渤海の地方統治體制-一つの試論として」『東洋史研究』42-2 ; 임상선, 1990, 『발해사의 이해』, 신서원 ; 鈴木靖民, 1985, 「渤海首領制-渤海の社會と地方支配」『歷史學研究』

구 대부분은 지방통치체제를 구명하기 위하여 수령의 성격과 그 역할에 주목한 것들일 뿐, 文王代를 주목하고 그가 재위기간에 실시한 많은 정책들이 세계관의 형성이라는 틀 속에서 이루어졌음을 고찰한 논문은 없다. 이 논문과 관련하여 支配體制를 구성하는 상술한 주제에 대한 연구성과를 서술해 보면 아래와 같다.

발해의 강역에 대해서는 강역의 범위, 요동지역의 확보, 확장방향 등이 주된 문제이다. 『舊唐書』「渤海靺鞨傳」에서는 '사방 2천리, 編戶 10여만, 勝兵 수만'이라고 기록하고 있고, 『新唐書』「渤海傳」에서는 '사방 5천리, 編戶 10여만, 勝兵 수만'이라고 하여 그 범위를 달리 기술하고 있다. 이에 대해서 학계에서는 일반적으로 高王이 발해를 건국했을 당시에는 '사방 2천리'였고, 발해가 가장 강성했을 宣王시기에 '사방 5천리'였을 것이라고 인식하였다. 그 대표적인 학자는 孫玉良과 孫進己이다.

孫玉良은 "高王 大祚榮은 재위 22년 동안, 압록강 양안, 牧丹江과 松花江 상류의 넓은 지역을 확보하였다. 남으로는 신라와 泥河를 경계로 하였고, 서쪽으로는 遼河에 이르러 거란과 이웃하였으며, 동쪽으로는 일본해에 이르렀고, 북쪽으로는 黑水部에 접하는 2천리에 달하는 강역을 경영하였다."고 하였다.[45] 孫進己도 『新唐書』「渤海傳」에 기술된 高王의 확장기록으로 보면, 振國[46]시기에 강역이 이미 '5

---

547 ; 한규철, 1996, 「渤海國의 주민구성」 『韓國史學報』창간호, 고려사학회 ; 김동우, 1996, 「발해의 지방통치체제와 首領」 『韓國史學報』창간호, 고려사학회 ; 宋基豪, 1997, 「渤海 首領의 성격」 『韓國古代·中世의 支配體制와 農民』, 金容燮敎授停年紀念韓國史學論叢刊行委員會 ; 朴眞淑, 2002, 「渤海의 地方支配와 首領」 『國史館論叢』97, 國史編纂委員會.

45) 孫玉良, 1986, 「渤海高王大祚榮」 『東北歷史人物傳記古代』卷上, 吉林文史出版社 ; 『高句麗渤海硏究集成』 渤海 卷2, 184쪽.

천리'에 이르렀다고 하여 『新唐書』 기록이 잘못된 것이라고 하였다. 게다가 高王의 확장지역 가운데 '海北諸國'도 宣王시기에 이르러야 확장이 가능하다고 하였다.[47] 이와는 반대로 姚中岫는 '高王시기에 黑水部를 제외한 白山·伯咄·安居骨·拂涅·號室 등 말갈 7부[48] 가운데 5부를 병합하고 扶餘·沃沮·弁韓 등지를 점령하여 사방 5천리에 이르렀다[49]라고 하여 견해를 달리하였다.

발해의 요동진출문제도 이 지역에 당나라의 羈縻를 받는 '小高句麗國'이 존재하였다는 설[50]과 발해의 후국인 '高麗侯國'이 존재하였다는 견해[51]가 있다. '小高句麗國' 또는 '高麗侯國'의 강역범위에 있어서도 발해의 강역권에 포함되었다는 견해[52]와 그렇지 않다는 견

---

46) 발해 건국 당시의 國號에 대해서 『舊唐書』 「渤海靺鞨傳」에서는 '振國'이었다고 하고, 『新唐書』 「渤海傳」에서는 '震國'이라고 전한다. 국호에 대한 해석은 다음의 논고가 참고가 된다. 박시형, 1962, 「발해사 연구를 위하여」 『력사과학』1, 과학백과사전종합출판사, 18쪽 ; 酒寄雅志, 1976, 「渤海の國號に關する一考察」 『朝鮮史研究會會報』44, 朝鮮史研究會.

47) 孫進己, 1994, 「渤海國の疆域與都城」 『東北民族研究』1, 中州古籍出版社 ; 『高句麗渤海研究集成』 渤海 卷2, 339쪽.

48) 말갈 7부에 대한 일반적인 호칭은 속말말갈·백돌말갈·안거골말갈·불열말갈·호실말갈·흑수말갈·백산말갈이다. 그러나 흑수부와 흑수말갈을 구별하는 견해도 있으므로(韓圭哲, 1988, 「高句麗時代의 靺鞨 研究」 『釜山史學』14·15, 부산사학회, 11쪽 ; 韓圭哲, 1994, 『渤海의 對外關係史 -南北國의 形成과 展開』, 신서원, 39쪽), 여기서는 '~부'로 부른다.

49) 姚中岫, 1979, 「海東盛國-渤海史略」 『牡丹江師院學報』2, 北方文物雜誌社 ; 『高句麗渤海研究集成』 渤海 卷1, 60쪽.

50) 盧泰敦, 1981, 「高句麗遺民史研究-遼東, 唐內地 및 突厥方面의 集團을 中心으로」 『韓沽劤博士停年紀念史學論叢』, 지식산업사, 88~90쪽 ; 日野開三郎, 1984, 「小高句麗國の研究」 『東洋史學論集』8, 三一書房, 122쪽, 418~419쪽.

51) 채태형, 1992, 「료동반도는 발해국의 영토」 『력사과학』1, 사회과학출판사, 55쪽 ; 승성호, 1995, 「발해국 초기의 령역」 『력사과학』1, 사회과학출판사, 43쪽 ; 장국종, 2000, 「발해의 '고려후국'의 존립과 그 수도에 대하여」 『자주독립국 발해』, 천지출판, 137~152쪽).

52) 金毓黻, 『渤海國志長編』 卷19 ; 孫玉良, 1986, 「渤海武王大武藝」 『東北歷史人物傳記古代』卷上, 吉林文史出版社 ; 『高句麗渤海研究集成』 渤海 卷2,

해53)로 대립된다. 한국학계에서는 요동지역에서 발해의 행정구역이 발견되지 않는다는 점에 착안하여 '小高句麗國'이 존재했다는 견해도 있다.54)

이와는 달리 발해의 요동진출을 긍정하는 논고에서도 영토확장 시기는 武王代55)와 宣王·大彛震代56)로 구별된다. 전자는 발해와 당나라 사이에 발생한 전쟁의 교두보로서 요동지역 확보가 필수적이라는 점에 근거한 것이고, 후자는 발해가 이 시기에 이르러서야 최대로 영토를 확장했다는 점에 주목한 것이다. 그러므로 아직까지는 발해의 강역권에 대해서 이견이 남아 있는 셈이다.

『舊唐書』와 『新唐書』에서는 高王시기에 "扶餘·沃沮·弁韓·朝鮮·海北諸國을 모두 얻어서, 사방 2천리, 편호 수십만, 승병 수만에 이른다."고 하였고, 武王代에는 "크게 강역을 확장하니 동북의 오랑캐들이 모두 두려워 신속하였다."고 서술하였다.57) 文王 당시에는

188쪽.

53) 王成國, 1990, 「關于渤海史硏究的幾個問題」 『渤海史學術討論會論文集』 ; 『高句麗渤海硏究集成』 渤海 卷1, 24쪽 ; 趙哲夫, 1994, 「關于渤海國歷史的三個問題」 『北方文物』4, 北方文物雜誌社 ; 『高句麗渤海硏究集成』 渤海 卷1, 17쪽.
54) 盧泰敦, 1981, 「高句麗遺民史硏究-遼東, 唐內地 및 突厥方面의 集團을 中心으로」, 『韓㳂劤博士停年紀念史學論叢』, 지식산업사, 88~90쪽 ; 韓圭哲, 1996, 「발해의 정치·경제와 사회」 『한국사 10-발해』, 국사편찬위원회, 137쪽 ; 박진숙, 2007, 「내분기의 왕위계승-선왕의 중흥」 『발해의 역사와 문화』, 동북아역사재단, 81쪽.
55) 魏國忠, 1985, 「渤海王國占有遼東考」 『龍江史苑』2 ; 『高句麗渤海硏究集成』 渤海 卷2, 360쪽 ; 金鎭光, 2002, 「8世紀 渤海의 遼東進出」 『三國時代硏究』2, 學硏文化社, 178쪽 ; 韓圭哲, 2003, 「渤海國의 서쪽 邊境에 관한 硏究」 『역사와 경계』47, 부산경남사학회, 85쪽.
56) 陳顯昌, 1982, 「唐代渤海國政治的發展」 『黑龍江文物叢刊』3, 黑龍江文物出版社, 45쪽 ; 王承禮·劉振華 主編, 1991, 『渤海的歷史與文化』, 延邊人民出版社, 130쪽 ; 孫進己, 1994, 「渤海國的疆域與都城」 『東北民族硏究』1, 中州古籍出版社 ; 『高句麗渤海硏究集成』 渤海 卷2, 340쪽.
57) 승성호는 부여는 고구려에 통합되었던 後扶餘國으로서 발해의 부여부가 설치

그 구체적인 강역 범위나 확장에 관한 기록은 보이지 않지만, 당나라
와 말갈제부 사이에 이루어진 조공기사를 통해, 말갈지역으로 영토
가 확장되었음을 확인할 수 있다. 宣王시기에도 "크게 강역을 확장
하여 海北諸部를 얻었으며, 이에 공이 있었다."고 기록하고 있어 발
해의 강역권이 건국 이후 지속적으로 확대되었음을 살펴볼 수 있다.

그러나 宣王시기에 영토가 가장 넓었다는 견해는 검토가 필요하
다. 발해는 건국 이후 끊임없이 국경을 확장하여 文王시기에 영토를
최대로 확보했다고 판단된다. 이후 4대 廢王에서 9대 簡王에 이르는
25년간은 6왕이 교체되는 비정상적인 왕위계승과정으로 말미암아
오히려 국력이 위축되었고, 발해에 복속되었던 말갈제족들은 그 세
력권에서 이탈하려는 움직임을 보였다.[58] 이러한 당시의 정황이 바
로 宣王이 강역을 확장하도록 한 근본적인 이유였다.

다음으로 발해의 행정구역과 중앙기구의 설치시기에 대한 문제이
다. 행정구역 설치는 府州縣制와 5경15부62주를 언제 설치하였는가
에 대한 해석과 밀접하게 관련되어 있다. 이것 역시 文王시기,[59] 宣

된 곳이며, 옥저는 동옥저와 북옥저인들이 살던 옛 고구려의 동부지역, 즉 발
해의 東京龍原府와 南京南海府가 설치된 곳이다. 또한 조선은 단군조선의
수도였던 평양일대와 遼東半島의 천산산맥이남지역을 의미하며, '海北諸國'
은 忽汗河로 보든 興凱湖로 보든 흑수말갈을 비롯한 여러 말갈종족들을 가리
키는 것으로 인식하였다(승성호, 1995, 「발해국 초기의 령역」『력사과학』1,
사회과학출판사, 42~43쪽). 그러나 장국종은 조선은 단군조선의 수도 평양을
중심으로 한 곳이며, 이 지역을 차지한 고려후국으로 명시하고 있다(장국종,
1997, 『발해사연구』1, 사회과학출판사, 24쪽).
58) 천보 연간인 741~745년 무렵 발해 통치권으로 흡수되었던 말갈제부, 즉 虞婁
部·越喜部·黑水部·靺鞨로 표현되는 집단이 文王이 사망하기 1년 전인 792
년부터 宣王이 즉위하는 819년까지 27년간 5번에 걸쳐 당나라에 조공을 하였
다. 이것은 文王이 사망한 이후 4대 廢王시기로부터 9대 簡王에 이르는 기간
동안 말갈제부에 대한 통제력이 이완되었음을 보여주는 것이다.
59) 陳顯昌, 1982, 「唐代渤海國政治的發展」『黑龍江文物叢刊』3, 黑龍江文物出

王시기,[60] 大彛震시기,[61] 그리고 大玄錫시기[62]로 나뉘는데, 주된
견해는 역시 宣王시기라고 할 수 있다. 그 주된 이유는 이 시기는
'海東盛國'으로 불렸으며, 강역확장 이후 '郡邑을 설치하였다.'[63]는
점 때문이다. 그러나 文王시기로 인정하는 견해에서는 그가 '文治'를
통하여 중원의 제도를 본받았던 점에 무게를 둔다. 특히 이 시기에는
舊國·上京·東京·中京·若忽州·木底州·玄菟州·南海府·扶
餘府·鴨淥府 등 京府州의 이름이 보이고,[64] 중앙정치기구로서 政

版社, 43~44쪽 ; 王承禮·劉振華 主編, 1991, 『渤海的歷史與文化』, 延邊人
民出版社, 126~127쪽 ; 魏國忠, 1984, 「渤海疆域變遷考略」『求是學刊』6 ;
『高句麗渤海硏究集成』渤海 卷2, 331쪽 ; 孫玉良, 1986, 「渤海武王大武藝」
『東北歷史人物傳記古代』卷上, 吉林文史出版社 ; 『高句麗渤海硏究集成』
渤海 卷2, 188쪽 ; 盧泰敦, 1996, 「발해의 성립과 발전」『한국사 10-발해』,
국사편찬위원회, 35쪽 ; 장국종, 1997, 『발해사연구』1, 사회과학출판사, 36쪽
; 韓圭哲, 1996, 「발해의 정치·경제와 사회」『한국사 10-발해』, 국사편찬위
원회, 138쪽.
60) 姚中岫, 1979, 「海東盛國-渤海史略」『牧丹江師院學報』2, 北方文物雜誌社
; 『高句麗渤海硏究集成』渤海 卷1, 61쪽 ; 丹化沙, 1982, 「渤海歷史地理硏
究情況述略」『黑龍江文物叢刊』1, 黑龍江文物出版社, 16쪽 ; 王承禮, 1983,
「渤海的疆域和地理」『黑龍江文物叢刊』4, 黑龍江文物出版社 ; 『高句麗渤
海硏究集成』渤海 卷2, 311쪽 ; 陳顯昌, 1983, 「渤海國史槪要」2『齊齊哈爾
師範學院學報』2, 北方文物雜誌社 ; 『高句麗渤海硏究集成』渤海 卷1, 82쪽
; 黑龍江文物考古硏究所, 1986, 「渤海磚瓦窯址發掘報告」『北方文物』2, 北
方文物雜誌社, 38쪽 ; 孫進己, 1994, 『東北民族史硏究』, 中州古籍出版社 ;
『高句麗渤海硏究集成』渤海 卷2, 308쪽 ; 濱田耕策, 2000, 『渤海國興亡史』,
吉川弘文館, 68~72쪽.
61) 佟柱臣, 1981, 「'渤海記'著者張建章'墓志'考」『黑龍江文物叢刊』4, 黑龍江文
物出版社, 22쪽 ; 『高句麗渤海硏究集成』渤海 卷2, 哈爾濱出版社, 303쪽 ;
孫進己, 1994, 「渤海國的建置官制與人口」『東北民族史硏究』, 中州古籍出
版社 ; 「唐代渤海之五京」『東北民族史硏究』, 中州古籍出版社 ; 『高句麗渤
海硏究集成』渤海 卷2, 309쪽, 379쪽.
62) 姜守鵬, 1982, 「渤海隷屬于唐朝」『學習與探索』4, 學習與探索雜誌社 ; 王承
禮·劉振華 主編, 1991, 『渤海的歷史與文化』, 延邊人民出版社, 116쪽.
63) 『遼史』卷38, 志8 地理志2 興遼縣條 : 渤海王大仁秀南定新羅 北略諸部 開
置郡邑 遂定今名 戶一千.
64) 魏國忠, 1984, 「渤海疆域變遷考略」『求是學刊』6 ; 『高句麗渤海硏究集成』

堂省 · 司賓寺 등의 중국식 관제와 外命婦制 · 東宮制 · 王室陵墓制 등이 문헌과 고고유물에서 확인되기 때문이다.[65]

5京制의 연원문제도 발해에서 시작되었다는 견해[66]와 고구려의 5部, 5京에서 연원하였다는 견해[67], 그리고 당나라의 5京에서 기원하였다는 견해[68] 등으로 대별된다. 발해에서 시작되었다는 견해는, 당나라의 5京 성립 이후 지속기간이 매우 짧으며, 설치 목적에서 발해의 5京과 차이가 난다는 점에 주목한다. 발해는 광활한 지역에 다양한 종족들이 거주하고 있었으므로[69] 이들을 효과적으로 지배해야 할 필요성을 느꼈을 것이다.

고구려의 5部 · 5京을 계승하였다는 견해는 고구려에 國內城 · 平

渤海 卷2, 331쪽.

65) 宋基豪, 1988, 「발해의 歷史와 思想」『傳統과 思想』Ⅲ, 韓國精神文化研究院, 12~13쪽 ; 盧泰敦, 1996, 「발해의 성립과 발전」『한국사 10-발해』, 국사편찬위원회, 34쪽 ; 김종복, 2001, 「발해 폐왕 · 성왕대 정치세력의 동향」『역사와 현실』41, 한국역사연구회, 129쪽.

66) 金毓黻, 『東北通史』上篇.

67) 손영종, 1990, 「발해는 조선 중세의 당당한 독립국가」『력사과학』2, 사회과학출판사, 44쪽 ; 張國鍾, 1993, 「渤海の領域と五京制」『高句麗渤海と古代日本』, 雄山閣, 161쪽 ; 韓圭哲, 1996, 「발해의 정치 · 경제와 사회」『한국사 10-발해』, 국사편찬위원회, 148쪽.

68) 丹化沙, 1979, 「略談渤海上京龍泉府」『黑龍江大學學報』 ;『高句麗渤海研究集成』渤海 卷2, 哈爾濱出版社, 599쪽 ; 孫玉良, 1983, 「渤海遷都淺議」『北方文物』3, 北方文物雜誌社 ;『高句麗渤海研究集成』渤海 卷2, 哈爾濱出版社, 333쪽 ; 魏國忠, 1984, 「唐代渤海五京制度考」『博物館研究』3, 吉林省博物館 ;『高句麗渤海研究集成』渤海 卷2, 哈爾濱出版社, 376쪽 ; 孫進己, 1994, 「唐代渤海之五京」『東北民族史研究』1, 中州古籍出版社 ;『高句麗渤海研究集成』渤海 卷2, 哈爾濱出版社, 379쪽 ; 盧泰敦, 1996, 「발해의 성립과 발전」『한국사 10-발해』, 국사편찬위원회, 36쪽 ; 宋基豪, 1998, 「발해 5京制의 연원과 역할」『강좌 한국고대사』7, 駕洛國事蹟開發研究院, 222~230쪽.

69) 韓圭哲, 1994, 『渤海의 對外關係史-南北國의 形成과 展開』, 신서원, 60쪽, 66쪽.

壤城 · 漢城 · 北平壤城 · 卒本城의 5京이 있었고, 이것이 멸망시기까지 변하지 않고 계승되었다는 점을 강조한다.[70] 또한 신라의 5小京이 수도의 편재성을 보완하기 위하여 지방지배의 거점을 마련하는 과정에서 형성되었다는 점을 부각시키기도 한다.[71] 한편 당나라에서 연원하였다는 견해는 文王이 중원의 선진문물을 적극적으로 수용하였다는 점에 근거한다. 『新唐書』의 "대체로 중원의 제도를 본받았다."라고 하는 기록에 근거하여, 발해의 문물제도는 당연히 중원의 그것을 본받았을 것이라는 견해이다. 당나라의 5京制가 '安史의 亂'이 발생한 이후 757년에 완성되어 761년에 폐지되었으므로, 발해의 그것은 당연히 757년보다 이를 수 없다고 한다.[72]

또한 사상적인 측면에서 5京은 음양오행설을 반영하고 있다고 한다. 그러나 고구려의 고분벽화를 보면, 5세기 초에 이미 음양오행사상이 반영되기 시작하였고, 7세기에 들어서는 사신도가 널리 유행하였다. 이뿐만 아니라 백제의 경우도 武寧王陵의 입지 선정에 이미 풍수지리적인 요소들이 반영되었다.[73] 고구려와 백제의 사례는 한반도에서 풍수지리사상이 보편화되었음을 보여주는 것이다. 그러므로 오행사상을 당나라 고유의 사상으로 간주할 수는 없다.

그런데 여기서 고민해 보아야 할 점은 바로 文王이 처한 시대적인

---

70) 張國鍾, 1993, 「渤海の領域と五京制」 『高句麗渤海と古代日本』, 雄山閣, 161쪽.
71) 梁起錫, 2001, 「신라 5소경의 설치와 서원소경」 『新羅 西原小京 硏究』, 서경문화사, 81~82쪽 ; 김기섭 · 김진광, 2007, 「발해의 상경 건설과 천도」 『韓國古代史硏究』45, 210~211쪽.
72) 宋基豪, 1998, 「발해 5京制의 연원과 역할」 『강좌 한국고대사』7, 駕洛國事蹟開發硏究院, 231쪽.
73) 姜仁求, 2000, 『韓半島의 古墳』, 아르케, 265쪽.

상황이다. 高王과 武王이 처한 시대 상황이 영토를 확장하여 국가의 안위를 보장하는 것이었다면, 文王의 그것은 새롭게 확대된 강역과 백성을 어떻게 효율적으로 나누고 통치하여 국가의 기틀을 반석 위에 올려 놓는가였을 것이다. 따라서 그는 적극적으로 당나라의 선진 문물을 수용하고, 국가의 통치체제를 정비하여 마침내 '天孫意識'으로 대표되는 天下觀을 형성하기에 이른 것이다.

다음은 천도를 통한 지방지배문제이다. 천도는 국가의 중심을 옮기는 중대한 정치행위이다. 文王은 재위 57년 동안 3번에 걸쳐서 도읍을 옮겼다. 건국지 '舊國'74)에서 天寶 연간 도읍을 中京의 顯州로 옮겼고, 다시 天寶 말에는 上京으로 도읍을 옮겼다. 그리고 30여년

---

74) '舊國'이라는 명칭은 『新唐書』「渤海傳」에서 '상경이 舊國에서 곧장 300리 떨어져 있다'는 기록에 보인다. 지금까지 '舊國'의 의미에 대한 많은 논의가 있었다. 대표적인 견해는 크게 3가지가 있다. 첫 번째는 '舊國'이 단순히 敖東城을 가리킨다는 설로 曹廷杰에 의해서 제기되었고(曹廷杰, 『東三省興地圖說』), 많은 연구자들이 따르고 있다. 두 번째는 '舊國'은 城山子山城과 敖東城을 지칭한다는 견해로, 劉忠義에 의해서 제기되었다(劉忠義, 1982, 「東牟山在哪里?」『學習與探索』4, 學習與探索雜誌社 ; 劉忠義·馮慶余, 1984, 「渤海東牟山考」『松遼學刊』1 ; 王承禮·劉振華 主編, 1991, 『渤海的歷史與文化』, 延邊人民出版社, 209쪽). 세 번째는 협의의 의미로 '舊國'은 王都 및 城邑을 가리키지만, 광의로는 옛 王都지역을 가리킨다는 견해이다(丹化沙, 1982, 「渤海歷史地理硏究情況述略」『黑龍江文物叢刊』1, 黑龍江文物出版社, 17쪽 ; 『高句麗渤海硏究集成』 渤海 卷2, 哈爾濱出版社, 304쪽 ; 魏存成, 1983, 「關于渤海都城的幾個問題」『史學集刊』3 ; 劉曉東, 1985, 「渤海舊國諏議」『學習與探索』2, 學習與探索雜誌社 ; 劉曉東·羅葆森·陶剛, 1987, 「渤海國渤州考」『北方文物』1, 北方文物雜誌社, 42쪽 ; 王承禮·劉振華 主編, 1991, 『渤海的歷史與文化』, 延邊人民出版社, 196쪽, 214~215쪽). 즉 舊都는 '舊國'의 범주 안에 포함되지만, '舊國'은 舊都의 범주 내로 포함될 수 없다. 뿐만 아니라 수당 이후 '舊國'은 고토, 舊地에 대한 지역적인 개념으로 사용되었으므로, 발해국의 전신인 '振國'의 고토, 舊地를 넓게 지칭할 가능성이 있다(劉曉東·羅葆森·陶剛, 1987, 「渤海國渤州考」『北方文物』1, 北方文物雜誌社, 42쪽)고 하였다. 따라서 이 논문에서는 건국지를 가리키는 범칭의 의미로서 '舊國'을 사용한다.

이 지난 貞元 연간에 東京으로 천도를 하였다. 이후 文王이 사망한 지 1년 만에 成王에 의해서 上京환도가 이루어졌다.

천도를 다룬 논문[75]은 주로 그 원인을 구명하는데 목적을 두었다. 그래서 도성의 입지와 대외적인 관점에서 천도의 원인을 분석하였다.[76] 더 나아가서 도성지와 그 주변에 분포하고 있는 유적들을 분석하여 영역지배의 특징을 모색하거나,[77] 도성과 도성 주위에 분포하고 있는 유적을 검토하여 발해의 도성체제를 도출해 내고자 하였다.[78] 이 논문들은 문헌자료와 고고자료가 충분하지 않은 한계에도 불구하고, 현재까지 보고된 자료들을 이용하여 그 입지나 관련성을 통해 특징을 추출하려고 노력하였다. 이러한 과정은 방법론적인 측면에서 매우 주목할 만한 시도라고 할 수 있다.

---

75) 발해의 천도에 대해서 논증한 논문은 아래와 같다.
　　孫玉良, 1983, 「渤海遷都淺議」『北方論叢』3, 北方論叢編輯部 ; 林相先, 1988, 「渤海의 遷都에 대한 考察」『淸溪史學』5, 한국정신문화연구원 청계사학회 ; 何光岳, 1990, 「渤海大氏的來源和遷都」『求索』2기 ; 방학봉, 1992, 「발해는 무엇 때문에 네 차례나 수도를 옮겼는가」『白山學報』39, 白山學會 ; 宋基豪, 1994, 「발해의 초기 도읍지와 천도과정」『于江權兌遠敎授定年紀念論叢』, 기념논총간행위원회 ; 김종복, 2001, 「발해 폐왕·성왕대 정치세력의 동향」『역사와 현실』41, 한국역사연구회 ; 宋基豪, 2004, 「발해의 천도와 그 배경」『韓國古代史硏究』36, 한국고대사학회.

76) 劉曉東·魏存成, 1987, 「渤海上京營築時序與刑制淵源硏究」『中國考古學會第6次年會文集』, 文物出版社 ;『高句麗渤海硏究集成』渤海 卷2, 哈爾濱出版社, 574~575쪽 ; 林相先, 1988, 「渤海의 遷都에 대한 考察」『淸溪史學』5, 韓國精神文化硏究院 淸溪史學會, 16~17쪽, 39~46쪽 ; 방학봉, 1992, 「발해 상경용천부에 대한 몇가지 문제」『先史와 古代』2, 韓國古代學會, 149~152쪽 ; 방학봉, 1992, 「발해는 무엇 때문에 네 차례나 수도를 옮겼는가」『白山學報』39, 白山學會, 31~46쪽 ; 宋基豪, 1995, 『渤海政治史硏究』, 一潮閣, 99쪽 ; 張高, 1997, 「論渤海遷都上京的原因」『高句麗渤海硏究集成』渤海 卷2, 哈爾濱出版社, 588쪽.

77) 酒寄雅志, 1998, 「渤海の王都と領域支配」『古代文化』50-9, 古代學協會.

78) 林相先, 2006, 「발해의 都城體制와 그 특징」『韓國史學報』24, 韓國史學會.

그럼에도 발해국에 대해서는 해결되지 않은 부분이 너무나 많다. 文王과 成王시기에 이루어진 4번의 천도79)도 그 가운데 하나이다. 천도가 이와 같이 文王代에 집중적으로 이루어질 수밖에 없었던 이유와 목적이 무엇이며, 당시 발해의 어떤 모습을 반영하고 있는지, 그리고 文王 당시 시행되었던 각종 체제정비와는 어떠한 관련성이 있는지에 대해서는 그다지 명쾌한 해석을 내리지 못하였다. 이뿐만 아니라 4번의 천도가 文王과 그의 사후 1년 안에 이루어졌다는 점을 간과한 측면도 있다. 한 왕대에 천도가 이와 같이 집중되어 있다는 점은 일반적인 천도와는 차이가 존재할 가능성도 배제할 수 없다.

도읍지에는 왕궁과 관리들을 위한 가옥, 전 도시를 바둑판처럼 정교하게 분할하는 도로, 그리고 백성들이 거주하는 거주 공간 및 교역의 장소, 또한 그들의 사상과 이념을 관장하는 사찰 등 다양한 형태와 의미를 반영한 시설들이 있다.80) 그러므로 천도가 단순히 거주지의 이전만을 의미하지 않는 것은 당연한 이치이다. 즉, 천도에는 많은 논란이 따르지만, 천도가 계획되고 실행되었던 것은 그만큼 절박한 사정이 있었을 가능성도 보여주기 때문이다.

천도와 관련해서 가장 많이 인용되는 것이 『書經』「尙書」 盤庚篇이다. 상나라는 '前八 後五'로 모두 13번이나 도읍을 옮겼다. 周나라

---

79) 遷都는 사료에 따라서 移都·徙都 등으로 나타나지만, 본문에서는 일괄적으로 遷都라는 용어를 사용한다. 발해에서 이루어진 4번의 천도는 文王 당시와 그의 사후 1년이 지난 成王代에 이루어져서, 발해의 천도는 文王시기에 모두 이루어졌다고 해도 과언이 아니다. 천도는 국가의 중심을 옮기는 국가의 대사로서, 발해에서 이루어진 모든 천도행위가 文王代에 집중되어 있는 점은 그의 통치 방향과 밀접하게 관련되었다고 생각한다. 따라서 이후에서는 천도가 이루어진 시기는 文王代로, 횟수는 4회로 일괄적으로 기술한다.

80) 김기섭·김진광, 2007, 「발해의 상경 건설과 천도」『韓國古代史硏究』45, 한국고대사학회, 191쪽.

5회를 포함하여 漢·魏·吳·晉·隋 등 여러 왕조에서 천도를 단행하였다.[81] 한국에서는 고구려의 졸본-국내-평양, 백제의 한성-웅진-사비로의 천도와 신라에서 神文王대 達丘伐로 천도를 계획했다가 무산된 사실이 있다.[82]

발해의 천도는 분명 신라나 고구려, 그리고 백제의 그것과 차이를 보인다. 발해 천도의 원인이나 목적을 究明하는데 대내적인 목적이나 의도를 배제한 채 외부적인 환경변화에만 주목한 한계가 있다. 즉, 기존의 논문에서는 발해 자신의 발전이라는 능동적이고 적극적이며 개별적인 특수성을 홀시하였다. 따라서 遷都 목적에 대해서 발해 자체의 발전과 내재적인 推動力에 주목하여 종합적으로 분석하고 고찰하여야 한다.

2. 硏究 目的 및 內容

文王은 737년 왕위에 올라 793년 東京에서 사망할 때까지 57년간 재위하였다. 그는 발해 전 기간에 걸쳐 가장 길게 왕위에 있었다. 그가 통치했던 이 기간은 발해가 '海東盛國'으로 발돋움하는 매우 중요한 시기였음을 간과해서는 안 된다. 왕위에 있던 동안 그의 주된 정책은 시호에서도 알 수 있듯이 '文治'로, 文王이 펼친 정책의 요체이다.

---

81) 宋基豪, 2004, 「발해의 천도와 그 배경」『韓國古代史硏究』36, 한국고대사학회, 114쪽.
82) 金瑛河, 2004, 「古代 遷都의 역사적 의미」『韓國古代史硏究』36, 한국고대사학회, 11~12쪽.

文王代가 발해 전시기에 걸쳐서 어떠한 위치에 있었는가에 대한 정확한 이해가 선결되지 않고서는 이 문제는 해결되지 않는다. 文王은 발해의 제3대왕이다. 그는 재위기간에 3차례 도읍지를 옮겼고, 高王과 武王 당시의 주된 국정운영을 '武治'에서 '文治'로 전환하였다. 그리고 拂涅·越喜·鐵利部를 복속시켜[83] 3대에 걸쳐 진행되어 온 영토확장을 일단락 짓고 발해의 外延을 사방 5천리로 확대시켰다.[84]

文王은 대내적으로는 통치체제를 정비하였다. 그는 중앙통치기구를 설치하고, 官等制·官服制·東宮制·內外命婦制·陵墓制 등 제도를 제정하였으며, '大唐開元禮'로 대표되는 律令을 수용하였다. 그는 재위 57년간 4번 책봉을 받고, 당나라의 문물제도를 익히고 수용하여, 발해의 정치·경제·사회·문화를 두드러지게 발전시켰다.[85] 이 뿐만 아니라 확대된 영토를 효과적으로 다스리기 위하여 府·州·縣의 행정제도를 마련하고,[86] 5京을 건설하여 지방거점을 공고히 하여 통치의 효율성을 향상시켰다.[87] 발해의 국력이 발전했

---

83) 朴眞淑, 2001, 「渤海의 地方支配와 首領」『國史館論叢』97, 국사편찬위원회, 9쪽.
84) 宋基豪, 1988, 「발해의 歷史와 思想」『傳統과 思想』Ⅲ, 韓國精神文化研究院, 12~13쪽 ; 盧泰敦, 1996, 「발해의 성립과 발전」『한국사 10-발해』, 국사편찬위원회, 34쪽 ; 김종복, 2001, 「발해 폐왕·성왕대 정치세력의 동향」『역사와현실』41, 한국역사연구회, 129쪽.
85) 姜守鵬, 1982, 「渤海隸屬于唐朝」『學習與探索』4, 學習與探索雜誌社 ; 陳顯昌, 1982, 「唐代渤海國政治的發展」『黑龍江文物叢刊』3, 黑龍江文物出版社, 43쪽 ; 王承禮·劉振華 主編, 1991, 『渤海的歷史與文化』, 延邊人民出版社, 115~116쪽, 126쪽.
86) 金東宇, 2006, 「渤海 地方 統治 體制 研究」, 고려대학교 박사학위논문, 79쪽.
87) 丹化沙, 1982, 「渤海歷史地理研究情況述略」『黑龍江文物叢刊』1, 黑龍江文物出版社, 16쪽 ; 陳顯昌, 1982, 「唐代渤海國政治的發展」『黑龍江文物叢刊』3, 黑龍江文物出版社, 43~44쪽 ; 陳顯昌, 1983, 「渤海國史概要」2『齊齊哈爾師範學院學報』2, 北方文物雜誌社 ; 『高句麗渤海研究集成』渤海 卷1, 79쪽 ; 魏國忠, 1984, 「渤海疆域變遷考略」『求是學刊』6 ; 『高句麗渤海研究集成』

다는 것은 60여회에 달하는 당나라로의 사신파견이나 일본과의 빈번한 교류를 통해서 알 수 있다. 또한 思想的 理念的 기반인 儒學과 佛敎를 받아들이고, '轉輪聖王' 개념을 도입하여 새로운 많은 백성들의 다양하고 차별적인 思惟를 통일시켰다. 더 나아가 771년에는 일본과의 외교문서에 자신을 '天孫'으로 지칭하였다.[88]

그런데 주목되는 것은 바로 高王 武王代 영토를 확장한 이후, 文王이 즉위하여 대내적으로 통치체제를 공고히 하고, 문화적 정통성을 주장하며, '天孫意識'을 내세운 상황과 4~6세기 三國의 그것과 매우 닮았다는 점이다. 4~5세기 고구려는 小獸林王 · 故國壤王 · 廣開土大王 · 長壽王을 거치면서 지배질서를 확립하고, 영역의 확대하였다. 이와 동시에 대외교섭의 강화를 통한 王權專制化를 배경으로 고구려의 天下觀을 형성하였다.[89] 백제도 5세기 후반 北魏나 北齊에 요청한 관작의 제수에 '王' · '后' · '太守' 등의 개념이 포함되었고, 신라도 6세기 眞興王巡狩碑에 '大王' · '朕'과 같은 용어와 年號사용으로 자신들의 천하관념을 드러내었다.[90] 고구려 · 백제 · 신라의 경우 여러 시대를 거쳐 대내외적인 안정을 확보하면서 世界觀을 확립한 데 비해, 발해는 文王代에 집중되었다는 점이 차이가 있을 뿐이다.

渤海 卷2, 331쪽 ; 孫玉良, 1986, 「渤海武王大武藝」『東北歷史人物傳記古代』卷上, 吉林文史出版社 ;『高句麗渤海硏究集成』渤海 卷2, 188쪽 ; 孫玉良, 1982, 「略述大欽茂及其統治下的渤海」『社會科學戰線』4 ;『高句麗渤海硏究集成』渤海 卷2, 196~198쪽 ; 盧泰敦, 1996, 「발해의 성립과 발전」『한국사 10-발해』, 국사편찬위원회, 35쪽 ; 濱田耕策, 2000,『渤海國興亡史』, 吉川弘文館, 68~72쪽.

88) 『續日本紀』卷32, 寶龜 3年 2月 己卯.
89) 朴京哲, 2002, 「高句麗人의 '國家形成' 認識 試論」『韓國古代史硏究』28, 한국고대사학회, 61~62쪽.
90) 梁起錫, 1983, 「4~5C 高句麗 王者의 天下觀에 對하여」『湖西史學』11, 湖西史學會, 45쪽.

이처럼 고구려를 비롯한 삼국에서 이루어진 天下觀의 형성과정과 文王代의 정책방향은 일정하게 맥을 같이 한다. 그렇다면, 발해가 건국한 이후 文王代까지 이루어진 영토확장과정, 행정구역 및 통치 제도의 정비, 도성건설과 천도, 지방거점으로서의 5京의 조영 등 일련의 정책은 그의 世界觀과 밀접하게 관련되어 있을 가능성이 높다. 따라서 이 논문에서는 강역의 확장을 비롯하여 행정구역의 편제 및 중앙기구의 설치, 천도를 통한 도성건설과 방어체제, 지방거점인 5京의 설치 등의 내용을 주된 서술대상으로 삼아서, 支配體制 확립되는 과정을 구명해 보고자 한다.

이러한 문제를 해결하기 위해서 문헌자료는 물론, 최근까지 보고된 고고학 연구성과들을 적극적으로 이용하고자 한다. 그 대표적인 자료는 1980년대 길림성 전역을 조사하여 그 결과물로 출판된『縣文物志』이다. 이 자료는 대체로 地表調査에 국한되어 있다. 그러함에도 불구하고 고고발굴성과가 원활하게 보고되지 않는 작금의 현실을 감안할 때, 현재까지는 가장 자세한 조사결과를 반영하였다고 할 수 있다. 이밖에 黑龍江지역의 유적·유물현황에 대한 소개와 유적분포도를 싣고 있는『牧丹江市文物保護單位保護區計劃』도 주된 자료이다. 본 논문은 크게 4장으로 구성하였다.

제Ⅰ장에서는 공간적인 측면에서 발해국의 영토확장과정을 살펴보았다. 이것은 곧 발해국의 통치력 범위를 구명하는데 있어서 선결되어야 할 부분이다. 만약 강역범위가 명확하지 않다면, 그 토대 위에서 시행되는 제반 정책도 유동적이기 때문이다.

건국 이후 3대에 걸친 광활한 영토확장은 또한 문화적인 다양성과 인적구성의 복잡성을 불러왔다. 따라서 발해는 다민족·다문화 국가가 되었다. 인위적인 노력에 의해서 수많은 종족과 문화가 하나의 범주 안으로 포함되었다는 것은 그만큼 많은 사유체계가 존재함을 의미한다. 이것은 발해의 국정을 담당한 위정자들로 하여금 어떻게 그 문화와 종족, 그리고 삶의 방식 및 사유체계를 하나로 통합할 것인가에 대한 강한 고민을 불러일으켰을 것이다.

발해가 존재했던 지역은 그 역사의 유구함만이 아니라 문화적·인적·공간적으로 다양함이 존재한다. 이 다양함은 곧 발해 발전의 원동력이 되었다. 그러므로 발해의 주민구성과 문화권역에 대한 이해는 발해가 각 문화권역에 대해서 어떤 정책을 수립하였고, 어떠한 방법으로 통치하고 범주화해 나갔는지를 살필 수 있는 중요한 자료가 된다. 따라서 이 장에서는 상술한 점에 근거하여 건국 이후 3대에 걸친 영역확장과정을 살펴보고자 한다.

제Ⅱ장에서는 文王代에 중점적으로 실시된 제도정비과정을 살펴보았다. 武王의 뒤를 이어 즉위한 文王은 전국을 효과적으로 통치하기 위한 많은 노력을 경주하였다. 文王은 그의 재위기간만으로도 알수 있듯이, 발해사에서 차지하는 위치가 매우 높다. 당나라와의 관계나 일본과의 관계에서도 그는 적극적으로 문화를 수용하였다. 이와 같은 노력을 통하여 발해의 앞날을 반석 위에 올려놓았다.

그 중에서 두드러진 것이 확보된 강역에 행정구역을 설치한 것이다. 또한 그는 중앙에도 이를 통제하고 관리할 기구를 만들었다. 그가 설치했던 행정구역이나 통치기구는 곧 발해의 전망과 밀접하게 관련되어 있다. 따라서 이 장에서는 행정구역 및 중앙기구의 설치를 통해서 어떻게 정국을 안정시키고, 전국을 효과적으로 통치하여 나갔는지를 고찰하였다.

제Ⅲ장에서는 발해가 조성한 도읍지에 대한 분석을 시도하였다. 4번에 걸쳐서 이루어진 천도는 분명 여타의 국가에서 이루어진 그것과 차이가 있다. 그러므로 이에 대한 이해가 선결되어야만 발해의 지배체제의 확장과정이 명확하게 구별될 수 있다. 다행히 발해의 영토 안에는 수많은 유적과 유물들이 흩어져 있다. 따라서 지금까지 남아있는 많은 유적들이 어떠한 입지에, 어떠한 규칙성을 지니고 분포하고 있는가에 주목하였다.

발해의 5京지역은 발해의 중요한 도성유적이다. 그 가운데서 舊國·上京·中京·東京은 천도하여 왕이 거처하였던 곳이다. 도성지에는 많은 관련 유적이 남아있다. 유적의 현재 상태는 차이가 있지만, 유적의 입지와 분포, 유물, 그리고 유적의 성격, 도성과의 관련성 등을 추적하면, 발해 도성에 대한 어느 정도의 이해를 심화시킬 수 있다. 특히 여러 차례에 걸쳐 도읍이 옮겨졌으므로 都城制 및 발해의 국가운영에 대한 어느 정도의 해답을 찾을 수 있을 것이다. 만약 발해가 이들 지역에 천도를 하고 도성으로서 이 지역을 경영하였다면, 舊國·上京·中京·東京에 대한 유적의 분포형태나 유형의 분석 등을 통하여 그 규칙성을 도출할 수 있다.

제Ⅳ장에서는 Ⅲ장의 분석을 토대로 발해의 지배체제에 대한 인식을 도출하고자 하였다. 발해는 건국지인 舊國을 포함하여 上京·中京·東京에 도읍을 하였다. 그 성격이 일반적인 천도인가에 대해서는 다시 고찰을 필요로 하지만, 분명한 것은 이들 지역이 도성으로서의 성격을 지닌다면 분명히 공통적인 요소들을 추출할 수 있을 것이다.

도읍지는 필요에 따라서 옮겨질 수 있다. 고구려나 백제의 예에서 기능적 중심지 이동이라는 측면을 강조하기도 한다.[91] 그럼에도 文

王 재위 57년간 3곳에 도성을 경영했다는 것은 의문이 아닐 수 없다. 그 과정에서 발해의 5京制가 형성되었다. 5京은 단순히 '도읍'으로서 의 기능이 아니라 더욱 근본적인 이유와 필요에 의한 산물이며, 이는 발해 통치제도의 핵심을 보여주는 단면이다.

　거듭된 지적이지만, 3대 文王이 발해사에서 차지하는 위치는 매우 크다. 그의 재위기간에 이루어진 천도는 분명 통치력의 확장과정과 밀접하게 연관되어 있을 것이다. 따라서 이 장에서는 5京制가 어떻 게 발생되고 형성되었는가와 그 기능은 무엇이며, 그것이 지배체제 의 확립과정과 어떠한 관련성이 있는가를 고찰하였다. 이뿐만 아니 라 771년에 표방한 '天孫意識'과의 관련성도 고찰을 시도하였다. 결 국 文王代에 실시된 정책들은 그의 天下觀과 밀접하게 관련될 것으 로 추측되기 때문이다. 또한 천도나 5京制의 성립으로 발해가 중앙과 지방에 대한 통치를 효과적으로 발휘하였을 것이나, 그의 연호에서 보이듯이 '寶曆'에서 '大興'으로 환원하는 부작용도 보이고 있고, 설치 한 많은 행정구역에도 역시 지역적인 질서를 해체하지 못한 면도 발 견된다. 따라서 지배체제 확립과정에서의 한계도 고찰하였다.

　이상과 같은 방법을 통하여 발해가 존속한 229년간 어떠한 공간적 범위에서 어떠한 방법으로 통치 구조를 확립시키고, 이를 하층까지 적용시켜 나갔는가를 살펴보았다.

91) 趙景徹, 2006, 『百濟佛教史의 展開와 政治變動』, 韓國學中央研究院 박사학 위논문, 140~149쪽.

I 　渤海의　疆域擴張과 支配基盤의　造成

　발해의 강역범위는 어느 정도였을까. 이에 대한 연구는 상당히 많이 이루어졌다.[1] 『舊唐書』「渤海靺鞨傳」과 『新唐書』「渤海傳」에는 발해 건국 초기의 영토를 '사방 2천리'[2]와 '사방 5천리'[3]로 기록되

---

 1) 강역에 대한 연구는 다음과 같다.
　　松井等, 1913, 「渤海國の疆域」『滿鮮地理歷史硏究報告』1, 東京帝國大學 文科大學 ; 孫進己, 1982, 「渤海疆域考」「北方論叢」4, 北方論叢編輯部 ; 王承禮, 1983, 「渤海的疆域和地理」『黑龍江文物叢刊』4. 黑龍江文物出版社 ; 魏國忠, 1984, 「渤海疆域變遷考略」『求是學刊』6, 求是學刊編輯部 ; 陳顯昌, 1985, 「論渤海國的疆域」『學習與探索』2, 學習與探索雜誌社 ; 승성호, 1995, 「발해국 초기의 령역」『력사과학』, 과학백과사전종합출판사 ; 방학봉, 1996, 『발해의 강역과 행정제도에 관한 연구』, 연변대학출판사 ; 宋基豪, 1997, 「渤海의 盛衰와 疆域」『白山學報』47, 白山學會 ; 東　潮, 2000, 「渤海墓制と領域」『朝鮮學報』106 · 107, 朝鮮學會 ; 정영진, 2002, 「渤海의 강역과 五京의 위치」『韓國史論』34, 國史編纂委員會 ; 金鎭光, 2002, 「8世紀 渤海의 遼東進出」『三國時代硏究2』, 學硏文化社 ; 李美子, 2003, 「渤海の遼東地域の領有問題をめぐって-拂涅 · 越喜 · 鐵利等靺鞨の故地と關聯して」『史淵』140, 九州大學 人文學硏究院 ; 韓圭哲, 2003, 「渤海國의 서쪽 邊境에 관한 연구」『역사와 경계』47, 부산경남사학회 ; 김진광, 2004, 「발해 건국초기의 강역-營州道를 중심으로」『先史와 古代』21, 韓國古代學會.
 2) 『舊唐書』卷199下, 列傳 第149下 北狄「渤海靺鞨傳」: … 地方二千里 編戶

어 있다. 발해를 立傳한 두 사료의 이와 같은 차이는 주목한 대상 시기의 차이에서 기인한 것으로써 전자는 발해 전기, 후자는 발해 후기의 상황을 반영한 것이라고 한다. 따라서 이번 장에서는 건국에 서 文王代까지의 영토 확장과정을 살펴보고자 한다.

1 高王의 建國과 統治基盤

1) 渤海의 建國과 安東都護府

高王 大祚榮은 698년 오늘날의 중국 吉林省 敦化市에서 渤海를 건국하였다. 그는 고구려 멸망 이후 營州에 강제로 옮겨져 살았다. 『舊唐書』「渤海靺鞨傳」에서, "渤海靺鞨의 大祚榮은 본래 '高麗別 種'[4]으로 고구려가 멸망하자 가솔을 이끌고 營州로 옮겨가 살았다."[5] 고 기술한 것으로 보아, 고구려와 밀접한 관련이 있었음을 미루어 짐작할 수 있다.[6] 고구려 멸망 이후 당나라는 평양에 安東都護府를

十餘萬 勝兵數萬人 ….

3) 『新唐書』卷219, 列傳 第144 北狄「渤海傳」: … 地方五千里 戶十餘萬 勝 兵數萬 ….

4) 別種에 대한 논고는 아래와 같다.
張博泉, 1983,「'別種'芻議」『社會科學戰線』4, 吉林人民出版社 ; 劉 慶, 1988,「別種雜說」『北方文物』1, 北方文物雜誌社 ; 李東輝, 2001,「舊唐書 渤海靺鞨傳의 本高麗別種'에 관하여-別種用例분석을 중심으로-」『지역과 역사』9, 부산경남역사연구소.

5) 『舊唐書』卷199下, 列傳 第149下 北狄「渤海靺鞨傳」: … 渤海靺鞨大祚榮 者 本高麗別種也 高麗旣滅 祚榮率家屬徙居營州 ….

6) 발해 건국에 중심적인 역할을 한 사람들은 고구려인 집단이며, 그들을 지휘한 사람은 고구려의 무장이었던 大祚榮이라고 하여, 大祚榮의 출자에 대해서 고 구려인설을 적극적으로 주장하는 설(박시형, 1979, 『발해사』, 김일성종합대학 출판사 ; 古畑徹, 1984,「渤海建國關係記事の再檢討-中國側史料の基礎的

설치하였다. 또한 그 유민들을 원활히 통치하기 위하여 영향력이 있는 2만 8천호를 당나라의 도성 주변 및 황무지로 강제로 사민시켰다.[7] 그런데 이들이 일차적으로 머무르던 곳이 육로는 營州이고, 해로는 登州지역이었다. 大祚榮이 이곳 營州로 옮겨가 살았다고 한 것은 비록 그가 달관한 관리는 아니었다고 하더라도 고구려에서 어느 정도의 영향력을 끼치는 위치에 있었던 자였음을 알게 한다.[8] 그러다가 697년 營州都督 趙文翽의 학정으로 인해 발생한 거란인 李盡忠의 난을 기회로 大祚榮은 말갈 추장인 乞四比羽와 각각 무리를 이끌고 동쪽으로 탈출하였다.

　그런데 『舊唐書』에는 "李盡忠이 이미 사망하자 則天이 右玉鈐衛

　　硏究」,『朝鮮學報』113, 朝鮮學會 ; 韓圭哲, 1991, 「渤海의 對外關係 硏究-新羅와의 關係를 中心으로-」, 고려대학교 박사학위논문), 고구려에 오랜 기간 복속한 白山 혹은 靺鞨人이라는 설(鳥山喜一, 1968,『渤海史上의 諸問題』, 風間書房 ; 新妻利久, 1969, 「渤海國史及び日本との國交史의 硏究」, 東京電氣大學出版局), 고구려에 깊이 동화된 말갈계 고구려인이라는 설(송기호, 1991, 「大祚榮의 出自와 발해의 건국과정」,『아시아문화』7, 翰林大學아시아文化硏究所) 등이 있다.

7)『舊唐書』卷5, 高宗紀 總章 二年 五月 庚子條 : 移高麗戶二萬八千二百 車一千八十乘 牛三千三百頭 馬二千九百疋 駝六十頭 將入內地萊營二州 般次發遣量 配於江淮以南及山南並凉以西諸州空閑處安置. 한편『資治通鑑』唐紀18, 總章 2年 4月條에서는 고구려의 백성들 가운데 이탈하고 배반하는 자들이 많아서 고구려 호 38,200호를 江淮의 남쪽과 山南·京西 여러 주의 황무지로 이주시켰다고 기록하고 있어서,『舊唐書』의 기록과 만 여명의 차이가 있다. 그러나 이와 같은 숫자의 다소와 관계없이, 고구려가 멸망한 이후 당나라의 고구려에 대한 지배정책이 얼마나 철저했는가 그 단면을 엿볼 수 있다는 점에서 의미가 있다.

8) 한규철은 발해 건국에 주도적인 역할을 하였던 大祚榮의 아버지 乞乞仲象 무리는 대체로 松花江 유역 등지에서 활동하던 고구려의 장수가 아닐까라고 추측하였다(한규철, 2005, 「주민구성으로 본 계승관계」,『고구려와 발해의 계승관계』, 고구려연구재단, 108쪽). 그러나 김종복은 乞乞仲象과 乞四比羽의 營州徙居에 대해서 681년 무렵 寶藏王과 말갈이 통모한 사건으로 인하여 營州에 강제 이주되었다고 하였다(金鍾福, 2002, 「渤海 政治勢力의 推移 硏究」, 성균관대학교 사학과 박사학위논문, 40쪽, 48쪽).

大將軍 李楷固로 하여금 그 남은 무리를 토벌하게 하매,[9] 먼저 乞四
比羽를 쳐서 참수하고, 다시 天門嶺[10]을 넘어 大祚榮을 압박하였
다."[11] 라는 기록이 있다. 이 기사대로라면, 大祚榮과 乞四比羽는
단순히 거란인의 반란을 틈타서 동쪽으로 도망한 것이 아니라, 營州
의 반란에 어느 정도 관여하였음을 엿볼 수 있다.

大祚榮과 乞四比羽의 무리가 이번 난리에서 어느 정도의 역할을
담당했는지는 명확하지 않다. 그렇지만, 당나라 토벌군의 편성으로
볼 때, 重任을 담당하고 있었음은 추측할 수 있다. 그러나 그들의
영향력은 어느 정도 한계에 부딪쳤고, 각자 무리를 이끌고 도망하는
처지에 놓였다. 大祚榮은 '용맹하고 용병을 잘하였다.'[12]고 평가된
것처럼 고구려와 말갈의 무리들을 연합하여 李楷固의 추격을 天門
嶺에서 격파하였다.[13] 이에 그는 무리들을 이끌고 桂婁故地[14]인 東

---

9) 松井 等은 「討其餘黨」의 '其'를 거란으로 보아서 大祚榮 집단에 대한 추격전
   과 거란 잔당 토벌전을 동일한 작전으로 보았다(松井等, 1915, 「契丹勃興考」,
   『滿鮮地理歷史硏究報告』1, 東京帝國大學文科大學, 269쪽).
10) 天門嶺의 위치는 長廣才嶺說(丁謙), 承德縣 西境說(『滿洲源流考』), 오늘날
    輝發河와 渾河의 분수령인 長嶺子 부근으로 비정하는 설(松井等, 1913, 「渤
    海の疆域」『滿洲歷史地理』1, 南滿洲鐵道株式會社), 요하의 서쪽인 老哈河
    유역으로 비정하는 설(金毓黻, 1980, 『東北通史』, 社會科學戰線雜誌社, 255
    쪽), 그리고 현재 몽고족자치현인 阜新의 疾藜山으로 비정하는 설(譚其驤,
    1982, 『中國歷史地圖集』6冊, 地圖出版社, 5쪽), 요서 일대의 어느 곳이라는
    설(魏國忠·朱國忱·郝慶云, 2006, 『渤海國史』, 中國社會科學出版社,
    42~43쪽)이 있다.
11) 『舊唐書』 卷199下, 列傳 第149下 北狄 「渤海靺鞨傳」: … 盡忠旣死 則天命右
    玉鈐衛大將軍李楷固 率兵討其餘黨 先破斬乞四比羽 又度天門嶺以迫祚榮 ….
12) 『舊唐書』 卷199下, 列傳 第149下 北狄 「渤海靺鞨傳」: … 祚榮驍勇善用兵 ….
13) 『舊唐書』 卷199下, 列傳 第149下 北狄 「渤海靺鞨傳」: … 祚榮合高麗靺鞨
    之衆 以拒楷固 王師大敗 楷固脫身而還….
14) 발해의 건국지에 대해서 『五代會要』에서는 '桂婁'를 '挹婁'로 고쳤고, 『新唐
    書』에는 '태백산의 동북'이 '挹婁의 東牟山'으로 대체되어 있어서, 挹婁인지
    桂婁인지에 대해서 의견이 분분하다. 이용범은 大武藝와 大都利行이 모두

牟山[15]에 근거하여 성을 쌓고 거처하였다.[16]

東牟山은 발해의 초기 건국지로서 현재 중국 吉林省 敦化市로 비정된다. 기록과 대조하면, 이곳이 바로 桂婁故地가 된다.[17] 大祚榮이 건국한 터전은 곧 전 왕조 고구려의 강역권에 포함되어 있었다. 게다가 그는 고구려와 말갈 무리를 연합하여 추격해오는 당나라 李楷固의 군대를 격파하였다. 여기에서 언급한 고구려와 말갈 무리는 곧 자신이 營州로부터 인솔하여 나온 무리들과 李楷固의 공격으로 四分五裂되었던 乞四比羽의 무리를 가리키는 것이다.

大祚榮이 건국한 요동지역, 다시 말해서 '安東'에는 고구려가 멸망한 이후에도 많은 유민들이 거주하고 있었다.[18] 당나라는 고구려 유

당나라로부터 桂婁郡王에 봉해졌다는 점을 근거로 하여 桂婁故地說을 주장하였다(李龍範, 1988, 「渤海王國의 社會構成과 高句麗遺裔」『中世滿洲蒙古史의 硏究』, 同化出版公司, 22~31쪽). 그러나 중국학계에서는 『五代會要』는 기본적으로 『舊唐書』「渤海傳」과 『唐會要』와 동일한 입장에서 발해의 기원을 기술하여 상세하고 명확할 뿐만 아니라, 張建章의 『渤海國記』의 내용이 첨가되어 있으므로 더욱 신뢰할 만하다고 하여 挹婁故地說을 주장한다(魏國忠·朱國忱·郝慶云 著,『渤海國史』, 中國社會科學出版社, 46~47쪽). 한편, 계루부족의 조상이 일찍이 장백산 일대에 거주했던 것은 사실이므로 『舊唐書』에 기록된 '桂婁故地'는 역사적인 사실을 바탕으로 한 것이라는 유보적인 견해도 있다(張昌熙, 1992, 「祚榮東保桂婁之故地剖述」『延邊大學第二次渤海史學術討論會論文集』;『高句麗渤海硏究集成』渤海 卷2, 357쪽).

15) 발해가 건국한 '舊國'의 위치에 대해서는 의견이 많다. 사료에도 『舊唐書』와 『新唐書』의 기록이 일치되지 않고, '桂婁'나 '挹婁'의 위치나 東牟山의 위치도 확실치 않기 때문이다. 종래 '舊國'의 위치를 吉林省 敦化市 敖東城으로 주장하는 견해가 우세했다. 그러나 최근에는 성 동쪽에 위치한 永勝遺蹟을 舊國으로 보려는 것과 관련하여, 敦化市 城山子村 城山子山城을 東牟山으로 보려는 주장이 점차 힘을 얻고 있다.

16) 『舊唐書』卷199下, 列傳 第149下 北狄「渤海靺鞨傳」: … 祚榮遂率其衆東保桂婁之故地 據東牟山 築城以居之.

17) 李龍範, 1988, 「渤海王國의 社會構成과 高句麗遺裔」『中世滿洲蒙古史의 硏究』, 同化出版公社, 22~31쪽 ; 韓圭哲, 2004, 「주민구성으로 본 계승관계」『고구려와 발해의 계승관계』, 고구려연구재단, 126~127쪽.

18) 『資治通鑑』卷201, 「唐紀」18 總章 2年 4月條 : 高麗之民多離叛者 勅徙高麗

민들의 부흥의지를 제거하기 위하여 고구려의 유력한 상층인사들을 중국 내지로 사민시켰는데, 이와 같은 정책은 오히려 고구려 유민들의 저항을 받았다. 그 결과 安東都護府가 유민들에 의해서 함락되기도 하였고,[19] 安市城에서는 당나라에 대한 저항도 일어났다.[20] 이뿐만 아니라 劍牟岑[21]과 安勝[22]이 亂을 일으켜 저항하는 등 다방면에서 부흥운동을 전개하였다. 이러한 상황에서 大祚榮에게 더욱 많은 유민들이 귀부해 왔고,[23] 그 세력은 더욱 확장되어 聖曆 원년인 698년에 왕을 칭하기에 이르게 된 것이다.[24]

건국후 大祚榮은 突厥에 사신을 보내 발해건국사실을 알리고, 당에 대한 공동대처를 모색하였다.[25] 신라로부터는 5품 관직 大阿湌을 제수받기도 하였다.[26] 이와 같이 신속한 돌궐과의 제휴를 통하여

戸三萬八千二百於江淮之南 及京西諸州空曠之地 留其貧弱者 使守安東.

19) 『資治通鑑』 卷202, 「唐紀」18 高宗 儀鳳 元年 二月 甲戌條 : 咸亨 元年 楊昉·高侃討安西 始拔安東都護府 自平壤城移於遼東州 儀鳳 元年 二月 甲戌 以高麗餘衆反叛 移安東都護府於遼東城.

20) 『三國史記』 卷22, 高句麗本紀 第10 「寶藏王下」 : 咸亨 二年 辛未歲 秋 七月 高侃破餘衆於安市城.

21) 『資治通鑑』 卷201, 咸亨 元年 四月條 : 高麗酋長劍牟岑反 立高藏外孫安舜 爲主 以左監門大將軍高侃爲遼東州道行軍總管 發兵討之 安舜殺劍牟岑 奔新羅.
『新唐書』 卷3, 「高宗紀」 咸亨 元年 四月條 : 咸亨 元年 四月 高麗酋長鉗牟岑叛 寇邊 左監門衛大將軍高侃爲東州道行軍總管 右領軍衛大將軍李謹行 爲燕山道行軍總管 以伐之.

22) 『三國史記』 卷22, 「高句麗本紀」 寶藏王 下 二十六年條 : 總章 二年 己巳 二月 王之庶子安勝 率四千餘戸 投新羅.

23) 高王 大祚榮에게로의 귀속은 크게 營州에서 '東走'하는 시기, 天門嶺 전투 이후의 시기, 그리고 건국시기로 대별할 수 있다.

24) 발해의 건국연대는 『舊唐書』 「渤海靺鞨傳」의 "聖曆中 自立爲振國王" 이라고 하는 '聖曆中'의 모호한 표현으로 정확한 건국연대를 알 수 없었다. 그러나 『類聚國史』 卷193, 殊俗 「渤海上」에 있는 "後以天之眞宗豊祖父天皇二年 大祚榮始建渤海國"의 기사에 근거하여 698년에 건국하였음을 알게 되었다.

25) 『舊唐書』 卷199下, 列傳 第149下 北狄 「渤海靺鞨傳」 : … 遣使通于突厥 ….

당나라를 견제하고, 삼국통일전쟁으로 인해 급속하게 당나라와의 관계가 냉각되었던 신라와도 동맹을 맺음으로써 대외적인 안정을 도모하였다.

[그림 1] 舊國의 遺蹟 位置圖

(李建才, 2002,「渤海初期都城考」『北方文物』3, 北方文物雜誌社, 34쪽)

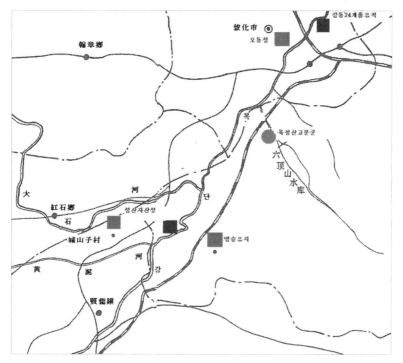

高王은 당나라에 대한 경계를 늦추지 않았다. 왜냐하면, 비록 李楷固가 이끌던 당나라 군사가 天門嶺 전투에서 패퇴하기는 하였지만, "契丹과 奚가 突厥에 투항하여 도로가 막힘으로써 則天武后가

---

26)『東文選』卷33, 表箋 謝不許北國居上表條 : … 初建邑居 來憑隣授 其酋長 大祚榮 始受臣蕃第五品大阿湌之秩 ….

토벌 할 수 없었다."[27]고 한 것으로 보아, 당나라는 여전히 발해를 토벌하려는 뜻을 버리지 않았기 때문이다.

그런데 여기서 주목해야 할 것은 高王이 나라를 세운 敦化지역이다. 이곳은 '桂婁故地'로, 그 아들 武王과 손자 大都利行이 桂婁郡王에 책봉된 것[28]과 관련지어 보면, 발해가 건국된 곳은 옛 고구려의 강역권 안임을 알 수 있다. 당나라는 평양을 함락시킨 이후 安東都護府를 설치하여 고구려 영역과 주민에 대한 통제를 강화하였다. 그렇다면 어떻게 이곳에 건국할 수 있었는가가 궁금해진다. 이전에는 단순히 발해의 성장으로 인해서 당나라의 도호부가 西遷하였다고 인식하였다.[29] 그러나 발해가 건국하기 이전부터 遼東에서의 당나라 통제력은 매우 미약하거나 특정 지역을 제외하고는 그 세력을 떨치지 못하고 있었던 것이 아닌가 한다. 왜냐하면, 645년 安市城에서 高延壽와 高惠眞이 항복하고 3,300명의 말갈인들이 생매장되는 피해를 보았음에도 669년 고구려가 멸망한 시점에서 '未降城'으로 건재했던 점에서 고구려인들이 정체성을 가지고 거주하고 있었고, 안동도호부가 발해 건국이 이루어지던 바로 그 시점에서 그 격이 낮추어져 요동지역이 완전히 장악되지 못하였기 때문이다.

---

27) 『舊唐書』卷199下, 列傳 第149下 北狄「渤海靺鞨傳」: … 屬契丹及奚盡降突厥 道路阻絶 則天不能討 ….
28) 『舊唐書』卷199下, 列傳 第149下 北狄「渤海靺鞨傳」: … 開元 七年 祚榮死 玄宗遣使弔祭 乃冊立其嫡子桂婁郡王大武藝 襲父爲左驍衛大將軍 渤海郡王 忽汗州都督.
   『欽定滿洲源流考』卷6,「渤海」: … 8年 6月 冊武藝嫡男大都利行 爲桂婁郡王.
   『冊府元龜』卷1000,「外臣部」: … 渤海國王武藝 本高麗之別種也 其父祚榮東保桂婁之地 自立爲振國王 以武藝爲桂婁郡王.
29) 金鎭光, 2002,「8世紀 渤海의 遼東進出」『三國時代硏究』2, 學硏出版社, 166쪽.

安東都護府의 연혁 및 시기별 이동 현황을 작성하면 [표 1]30)과
같다.

[표 1] 安東都護府 沿革 및 時期別 移動現況
(日野開三郎, 1984,「小高句麗の研究」『東洋史學論集』8, 35쪽)

時期	年 號	西曆	沿 革	治所位置	現地名
제1기	總章元年	668	설립	平壤	平壤
	總章 2年	669	도호이주	新城	撫順
제2기	儀鳳元年	676	정식이전	遼東郡故城	遼陽
	儀鳳 2年	677	〃	新城	撫順
	聖曆元年	698	廢止		
제3기	神龍元年	705	도호부 재설치	幽州	北京
	開元 2年	714	정식이전	平州	盧龍
	天寶 2年	743		遼西郡故城	義縣東南
	至德 3年	758	폐지		

安東都護府는 설치 이후 80년간 13회에 걸쳐 그 치소를 옮겼다.
평양에서 新城으로, 그리고 遼東故城으로 이전을 하였으나, 高王이
나라를 세운 698년에는 都督府로 강등되었다. 이것은 단순히 발해가
건국되었다는 것만이 아니라, 遼東을 중심으로 한 원 고구려 지역에
서 당나라에 대한 저항이 상당한 정도로 성과를 거두었음을 의미한
다. 따라서 고구려에 대한 당나라의 통제가 수세에 몰린 것으로 짐작
된다. 大祚榮이 동쪽으로 향할 때 당나라는 安東都護府의 군사력을

---

30)『新唐書』卷39,「地理志」安東都護府條 : 安東上都護府 總章 元年 李勣平
高麗國 得城百七十六 分其地爲都督府九 州四十二 縣一百 置安東都護府
於平壤城以統之 用其酋渠爲都督刺史縣令 上元 三年 徙遼東郡故城 儀鳳
二年 又徙新城 聖曆 元年 更名安東都督府 神龍元年 得故名 開元 二年 徙
于平州 天寶 二年 又徙于遼西故郡城 至德後廢 土貢人葠.

전혀 동원하고 있지 못한 점도 이를 방증한다.

발해의 건국과 영토확장은 당나라를 불안케 하였다. 당시 거란과 해는 돌궐과 연합하여 당나라에서 요동으로 진출하는 유일한 길을 봉쇄하였다.[31] 신라조차도 발해와의 교류관계를 유지하고 있는 상황이었다.[32] 당나라는 자신의 통제를 벗어나 건국한 발해의 안전을 외교적으로 보장해주지 않을 수 없었다.[33] 이렇듯 당나라는 대동북아정책에 혼선을 거듭하면서, 요동지역과 발해에 대해서 그 어떠한 조치도 취하지 못하였다.

Ⅰ-① 中宗이 즉위하여 侍御使 張行岌을 보내 招慰하였다. 大祚榮도 아들을 보내 입시하였다. 이에 책립하려고 하였으나 마침 契丹 과 突厥이 해마다 국경을 침범하여 사신이 도달하지 못하였다. 先天 2년 郎將 崔訢을 보내 大祚榮을 左驍衛員外大將軍 渤海 郡王에 책봉하고, 다스리는 곳을 忽汗州를 삼았으며, 忽汗州都 督을 제수하였다. 이로부터 매년 사신을 보내 조공하였다.[34]

---

31) 『舊唐書』 卷199下, 列傳 第149下 北狄 「渤海靺鞨傳」: … 屬契丹及奚盡降
突厥 道路阻絶 則天不能討 ….
『新唐書』 卷219, 列傳 第144 北狄 「渤海傳」: … 於是契丹附突厥 王師道絶
不克討.
32) 『東文選』 卷33, 「表箋」 謝不許北國居上表: … 初建邑居 來憑隣援 其酋長
大祚榮 始授臣藩第五品大阿餐之秩 ….
33) 『新唐書』 卷219, 列傳 第144 北狄 「渤海傳」: … 中宗時 使侍御史行岌招
慰 … 睿宗 先天中 遣使拜祚榮爲左驍衛大將軍渤海郡王 以所統爲忽汗州
領忽汗州都督 …. 이에 대해서 魏國忠은 당시 당나라는 '后東突厥人이 빈번
하게 남침한 사건때문에 여러 나라들과 동맹을 맺지 않을 수 없었으므로, 비
로소 神龍 3년인 707년에 侍御使 張行岌을 보내 招慰와 旁結하도록 결정하
였다'라고 하여(魏國忠 · 朱國忱 · 郝慶云 著, 2006, 『渤海國史』, 中國社會科
學出版社, 54쪽), 大祚榮에 대한 책봉이 당나라를 둘러싸고 형성된 국제적
고립을 해결하기 위한 방편이었다고 인식하였다.
34) 『舊唐書』 卷199下, 列傳 第149下 北狄 「渤海靺鞨傳」: 中宗卽位 遣侍御使

  당나라는 李盡忠의 난 이후 상실했던 營州를 회복하고자 노력하였다. 長安 2年인 702년 魏元忠을 安東道按撫使로 삼은 것은 그러한 의지의 표현이었다.[35] 이어 704년 8월 唐休璟으로 하여금 幽州·營州 都督을 겸임케 하고, 아울러 安東都護에 임명하였다. 705년 2월에는 安東都督府를 다시 安東都護府로 승격시켰다.[36] 원래 安東都護府는 요동 지역의 고구려 유민 및 말갈제부의 통제를 위해 설치되었지만, 이때 부활된 安東都護府의 都護는 幽州와 營州의 都督을 겸하였다는 점에서 기본적으로 營州지역의 회복을 목적으로 한 것이었다.[37] 中宗의 이와 같은 조치는 당나라의 동북정책에 대한 적극성을 표현한 것이다.

  발해 건국을 전후한시기에 당나라의 외교적 고립은 상당기간 지속되었던 것 같다. 당나라는 張行岌을 보내어 高王 大祚榮을 책봉코자 하였다. 그러나 일이 여의치 않아 실행되지 못하였고, 713년에 다시 崔訢을 보냈다. 그런데 崔訢의 사행길은 전적으로 해로로만 이루어진 것 같지는 않다.[38]

  張行岌往招慰之 祚榮遣子入侍 將加冊立 會契丹與突厥年歲寇邊 使命不達 睿宗 先天 二年 遣郎將崔訢 往冊拜祚榮爲左驍衛員外大將軍 渤海郡王 仍以其所統爲忽汗州 加授忽汗州都督 自是每歲遣使朝貢.

35) 『新唐書』卷4, 本紀4 則天武后 : 長安 二年 十二月 甲午 魏元忠爲安東按撫使

36) 『新唐書』卷4, 本紀4 則天武后 : 長安 四年 八月 庚申 唐休璟兼幽營二州都督安東都護.
  『唐會要』卷73, 安東都護府 : 神龍元年 二月 四日 改安東都督爲安東都護府.

37) 金鍾福, 2002, 「渤海 政治勢力의 推移 硏究」성균관대학교 사학과 박사학위 논문, 60쪽.

38) 崔訢의 使行路는 등주에서 도리해구, 압록강 하구를 거쳐서 발해로 온 것으로 인식되었다(王承禮, 1979, 「靺鞨的發展和渤海王國的建立」『吉林師大學報』 3, 北方文物雜誌社 ; 『高句麗渤海硏究集成』渤海 卷1, 125쪽 ; 陳顯昌, 1982, 「肅愼的發展和渤海國的建立」『學習與探索』4, 學習與探索雜誌社 ; 『高句麗渤海硏究集成』渤海 卷1, 130쪽). 그러나, 高王 책봉의 주된 의도는 조

高王을 책봉할 당시의 국제 상황은 당나라에 불리하게 조성되었
다. 즉 당시 당나라 이외의 또 다른 강자였던 突厥에 契丹과 奚가
귀부함으로써 당나라의 동방정책 교두보인 營州가 함락되는 상황이
발생했기 때문이었다. 만약 그가 賈耽의「邊州入四夷道里記」에 기
술되어 있는 해로를 따라서 사행을 왔다면, 당연히 旅順 黃金山에
머물 필요가 없이 압록강을 따라 발해로 들어왔을 것이다.

그런데, 당나라는 高王의 책봉을 통해서 관계개선을 모색하는 동
시에 契丹 · 奚 · 突厥과의 연대를 단절시키고자 하는 의도, 즉 조기
에 營州를 수복하여 동방정책의 교두보를 회복하는 것과 발해와 契
丹 · 奚 및 突厥의 연대를 단절시키려는 목적을 지니고 있었기 때문
에, 이들의 사행길은 반드시 그 목적에 부합되는 곳으로 진행되었을
것이다. 이러한 추론이 가능하다면, 당시 崔訢은 登州에서 발해의 도
리해구에 이른 후, 營州道를 따라 발해의 왕성으로 향했을 것이다.[39]

崔訢의 사행은 발해와의 동맹도 동맹이지만, 발해의 동의를 끌어
낸 상황에서 營州지역에 근거한 契丹 · 奚 및 突厥에 대한 방어역량
을 높이려는 적극적인 목적도 있었을 가능성이 높기 때문이다. 따라
서 그들은 돌아오는 길에 旅順의 黃金山에 鴻臚井石刻을 남길 수
있게 된 것이다. 사행로의 선택은 곧 契丹 · 奚 및 突厥 등의 存在로

기에 營州를 수복하여 동방정책의 교두보를 회복하는 것이고, 다음은 발해와
거란 · 해 · 돌궐의 연대를 단절시키는데 있었다. 이러한 분석이 가능하다면,
당시 崔訢은 등주에서 발해의 도리해구에 이른 후, 營州道를 따라서 발해의
왕성으로 향했을 가능성이 높다.
39) 酒寄雅志는 崔訢이 압록강의 泊汋城에서 고구려의 왕도였던 集安을 지나고,
神州의 臨江까지 배를 타고 거슬러 올라간 이후, 육로로 撫松을 지나서 中京
에서 上京에 이르렀다고 하여, 振國시기에 이곳에 대한 지배력을 행사하였다
고 인식하였다(酒寄雅志, 1998,「渤海の王都と領域支配」『古代文化』50-9,
古代學協會, 530쪽).

인해 취해진 것이지만, 고구려와의 전쟁 이후 당나라의 외교력과 방어역량이 그만큼 약화되었음에 기인한다.

당나라가 高王을 서둘러 책봉한 것은 그가 東牟山에 터를 잡은 이후 신속하게 사방으로 세력을 확대하고 영향력을 강화했기 때문이다. 이러한 상황은 요동지역에 대해 속수무책일 수밖에 없었던 당나라의 토벌의지를 더욱 드높였던 것 같다. 따라서 당나라는 발해를 통제 하려는 목적으로 高王을 책봉하던 705년에 그 동안 기능이 상실되었던 安東都護府를 幽州에 다시 설치하였다. 705년 幽州에서 安東都護府가 다시 설치된 것이 발해의 책봉과 밀접하게 연관되어 있음은 재론의 여지가 없다. 그러함에도 당나라는 실질적으로 어떠한 조치도 취하지 못하고 있었다. 이후에도 安東都護府는 정책의 추이에 따라 幽州와 平州를 오가며 두어졌다.[40]

高王집단이 營州를 벗어나 첫 번째로 정착한 곳은 요동지역으로서 天門嶺 서쪽의 옛 고구려 땅이었다. 그 구체적인 지역에 대해서는 遼西地方說,[41] 吉林地方說,[42] 太子河 유역의 梁水地域說[43] 등

---

40) 『新唐書』卷39,「地理志」安東都護府條 : 安東上都護府 總章 元年 李勣平 高麗國 得城百七十六 分其地爲都督府九 州四十二 縣一百 置安東都護府 於平壤城以統之 用其酋渠爲都督刺史縣令 上元 三年 徙遼東郡故城 儀鳳 二年 又徙新城 聖曆 元年 更名安東都督府 神龍 元年 得故名 開元 二年 徙于平州 天寶 二年 又徙于遼西故郡城 至德後廢 土貢人蔘.

41) 遼西地方說은 高王 집단에 대한 토벌이 요동에 있는 당나라 군대가 아니라 본토에서 파견된 군대에 의해서 진행되었다는 것을 근거로 한다. 그러나 당나라의 토벌군이 본토에서 파견되었기 때문에 高王 집단이 반드시 遼西에 있어야 한다는 가설은 『五代會要』에서 乞乞仲象과 乞四比羽가 각각 왕이 된 곳이 遼東의 高麗故地라는 기록과도 차이가 나고, 『新唐書』에서 遼水를 건넜다고 한 내용과도 어긋난다(林相先, 1998,「渤海의 支配勢力 硏究」, 한국정신문화연구원 박사학위논문, 36~37쪽). 따라서 이 세력에 대한 토벌보다는 회유의 방편을 위해 봉작한 것으로 보는 것이 합리적으로 판단된다.

42) 高王의 '東走'집단을 粟末靺鞨로 인식하고, 이들이 자신들의 본거지였기 때문

이 제기되었다. 그러나 高王이 동쪽으로 도망가는 과정에서 처음으로 머물렀던 곳이 어디이건 간에 高王의 '東走'에 대한 토벌은 요동지역에 있는 당나라의 군대가 아니라 서쪽의 본토에서 파견된 군대에 의해서 이루어졌다.[44] 이것은 당나라가 高王 건국 당시 이 지역을 통제하지 못하였음을 의미한다. 왜냐하면, 高王이 '東走'하는 초기에 그가 요수를 건너 요동지역에 정착하였고, 그 이후 天門嶺을 넘어 현재의 吉林省 敦化市의 東牟山에 이르기까지 당나라의 安東都護府는 [표 1]에서 볼 수 있듯이 여전히 요동지역에 존재하였기 때문이다.

당나라의 安東都護府의 가장 중요한 목적이 옛 고구려 지역에 대한 통제였음을 감안한다면, 高王 집단 및 乞四比羽 세력을 토벌하는 것은 역시 安東都護府가 담당해야 옳을 것이다. 비록 安東都護府가 단독으로 군사행동을 할 수 없었다고 할지라도, 본토의 군대와 협공의 형태가 보여야 하겠지만, 安東都護府의 움직임은 전혀 보이지 않는다. 따라서 高王이 東牟山에 건국할 당시 많은 고구려 유민들이 그에게 귀부할 수 있었던 것이다.

이며, 이후 天門嶺을 넘어 和龍의 西古城으로 나아갔다고 하는 견해(和田淸, 1955,「渤海國地理考」『東亞史研究』滿洲編, 東洋文庫, 63쪽)는 발해의 건국지로 敦化의 東牟山으로 비정하는 것과 많은 괴리를 이루므로 받아들이기 어렵다.

43) 梁水地域說은 발해의 건국과정과 관련하여 가장 신뢰할 만한 견해이다. 이곳은 현재의 遼陽 부근으로서 高王의 '東走'과정에서 1차로 정착했다고 하는 지역과 매우 근접한 견해이다. 그러나 이 지역에는 친당세력인 遼東都督 高仇須가 있었고, 부근의 新城에는 安東都護 裴玄珪가 있었다고 하지만(林相先, 1998,「渤海의 支配勢力 研究」, 한국정신문화연구원 박사학위논문, 38쪽), 본문에서 언급하였듯이 高王의 '東走'에 대해서 전혀 安東都護府나 遼東州에서 군사적인 활동이 보이지 않는 점으로 볼 때, 가장 신뢰성이 있다.

44) 盧泰敦, 1981,「渤海 建國의 背景」『大丘史學』19, 대구사학회, 26쪽.

2) 高王의 領土擴張 過程

高王은 점차 강역을 확장하기 시작하였다. 그가 어떤 과정을 거쳐서 영역을 개척해 갔는지에 대해서는 자세하지 않다. 그렇지만,『新唐書』「渤海傳」에서, "扶餘・沃沮・弁韓・朝鮮・海北諸國을 모두 얻었다."[45]라고 하여 그가 지속적으로 영토를 확대해서 국력을 향상해 갔음을 보여준다. 상기 기록에 근거하면, 高王의 확장방향은 크게 다섯 방향으로 나눌 수 있다.

첫 번째는 서쪽의 부여방향이다. 扶餘府는 현재 吉林省 吉林市 農安古城으로 비정된다.[46] 農安古城은 평면이 방형이고, 동벽 936m, 서벽 937m, 남벽 984m, 북벽 983m, 둘레 3,840m이다. 네 벽과 모서리에는 성문과 角樓가 있다.[47] 農安古城은 부여시기부터 청나라 때

---

45)『新唐書』卷219, 列傳 第144 北狄「渤海傳」… 盡得扶餘沃沮朝鮮海北諸國 …. 이에 대해서 姚中岫는 大祚榮시기에 흑수말갈을 제외한 말갈5부를 병합하고, 扶餘・沃沮・弁韓 등 지역을 점령하여 사방 5천리에 이르렀다고 인식하였다(姚中岫, 1979,「海東盛國-渤海史略」『牧丹江師院學報』2, 北方文物雜誌社 ;『高句麗渤海硏究集成』渤海 卷1, 60쪽). 뿐만 아니라 승성호와 장국종도 단군조선의 수도였던 평양일대를 중심으로 한 조선지역을 강역범위로 삼았다고 한다(승성호, 1995,「발해국 초기의 령역」『력사과학』1, 사회과학출판사, 42~43쪽 ; 장국종, 1997,『발해사연구』1, 사회과학출판사, 24쪽). 그러나 陳顯昌은 무왕시기에나 이르러야 扶餘・沃沮・高句麗・濊貊유민을 통일하였다고 인식한다(陳顯昌, 1983,「渤海國史槪要2」『齊齊哈爾師範學院學報』2, 北方文物雜誌社 ; 1997,『高句麗渤海硏究集成』渤海 卷1, 哈爾濱出版社, 76쪽).

46) 金毓黻은 요나라 通州를 발해 扶餘故地로 인식하고, 扶餘府를 지금의 長春 서남쪽 懷德과 梨樹縣 등지로 비정하였고(金毓黻, 1977,『渤海國志長篇』卷14, 경인문화사영인본),『中國歷史地圖集 東北地區資料匯編』에서는 그의 설을 따라서 吉林省 四平市 서쪽의 一面城으로 비정하였다. 그러나 孫進己는『遼史』「地理志」에 근거하여, 通州는 扶餘府의 故地가 아니며,『遼史』「本紀」天贊 4年 12月~天顯 元年까지의 기사를 인용하고 날수를 계산하여 扶餘城은 비교적 동쪽에 있어야 하므로 四平이 아니라 農安이어야 한다고 하였다(孫進己, 1994,「唐代渤海國的十國」『東北民族史硏究』1, 中州古籍出版社 ;『高句麗渤海硏究集成』渤海 卷2, 389쪽).

47) 吉林省文物志編委會, 1987,『農安縣文物志』.

까지 사용되었으나, 관련 유물은 거의 보이지 않는다. 거란이 늘 강한 군대를 보유하고 있었으므로 발해는 건국 이후 정예군을 두어서 방비하였다.[48] 이 기록은 단순히 거란의 강인함과 용맹함만을 표현한 것이 아니라, 高王이 강역을 확장해가는 과정에서 어느 정도 충돌이 불가피하였음을 보여준다.

발해는 '舊國'의 서북쪽에 帽兒山山城,[49] 西北岔山城,[50] 背蔭砬子山城[51] 등을 축성하였다. 모아산산성과 서북차산성은 서로 마주하여 산 정상에 축조되었다. 두 성 사이는 협곡을 이룬다. 이곳에서 철제 화살촉과 철제 칼이 출토되었다. 배음립자산성은 珠爾多河 남안에 위치해 있다. 역시 산꼭대기 절벽에 축조되었고, 雉를 설치하여 방어능력을 강화하였다. 모아산산성에는 2개의 작은 성이 있는데, 主城에서 3중 성벽, 3개의 雉 및 甕城 구조가 확인되었다. 이것은 마주하고 있는 서북차산성이나 배음립자산성과 비교할 때, 방어능력

---

48) 『新唐書』卷219, 列傳 第144 北狄「渤海傳」: 扶餘故地爲扶餘府 常屯勁兵扞契丹 領扶仙二州.

49) 帽兒山山城은 帽兒山 정상의 양지바른 곳에 있다. 성은 방형으로, 3개의 雉와 甕城이 있으며, 성 안에서 철제 화살촉과 철제 칼이 출토되었다. 발해시기에 설치되어 요금시기까지 사용되었다.

50) 西北岔山城은 산세를 따라 쌓은 土築으로 둘레는 1,185m이다. 성 모서리에는 雉가 설치되어 있고, 성 안에서 철제 화살촉과 철제 칼이 출토되었다. 성의 위치와 지세 및 형식으로 분석하면, 아마도 발해시기에 축조되어 요금 시기에 연용된 것으로 생각된다(王禹浪·王宏北 編著, 1994, 『高句麗渤海古城址研究匯編』下, 哈爾濱出版社, 768쪽).

51) 背蔭砬子山城은 불규칙한 장방형으로 산세를 따라 축조하였다. 산성은 土築으로 성문 1곳과 雉 1곳이 있으며, 둘레는 286m에 이른다. 성 안에서는 일찍이 철제 창(鐵矛)과 철제 화살촉(鐵鏃)이 출토되었다. 성은 발해시기에 축조되어 요금 시기에 이용되었다는 설(王禹浪·王宏北 編著, 1994, 『高句麗渤海古城址研究匯編』下, 哈爾濱出版社, 766쪽)과 금나라시기에 설치되었다는 견해(吉林省文物志編委會, 1985, 『敦化市文物志』, 72쪽)가 있다. 그러나 敦化 주변의 유적분포를 통해서 보면, 전자의 설이 타당하리라 생각한다.

이 상대적으로 월등함을 보여준다. 이 성들은 서북쪽에서 敦化로 들어오는 동서교통의 요충지에 위치하여, 서북을 방어하고 있음을 알수 있다. 따라서 성의 입지와 형식, 그리고 방어목표 등을 감안하면, 발해는 건국초기부터 서쪽의 거란과 어느 정도의 갈등이 있었다고 판단된다.

두 번째는 동쪽 沃沮방면으로 확장이다. 琿春 일대를 중심으로 활동하던 최초의 정치세력은 북옥저이다.[52] 北沃沮는 고구려 蓋馬大山의 동쪽, 東沃沮의 북쪽에 있었다. 正始 연간에 위나라 장군 毌丘儉이 고구려를 토벌할 때 東川王이 달아난 곳도 이곳이었다.[53]

北沃沮는 오늘날 함경북도 및 두만강일대로 비정되는데, 일명 置溝婁라고도 한다. 『三國史記』에 따르면, B.C.28년에 고구려에 복속되었다고 한다.[54] 北沃沮가 있던 柵城지역에는 국왕이 누차 순수를하여 다른 곳과 달리 중앙에서 관리를 보내서 통제했다.[55] 이곳에서는 양질의 철재와 목재가 생산되었고, 북으로 挹婁와 扶餘, 남으로南沃沮와 이웃하고 있어서 전략적으로 중요한 지역이다. 또한 말갈지역이나 신라로 통할 수 있는 길목임과 동시에 일본으로 왕래할 수있는 지역이기도 하다. 이 뿐만 아니라 이곳에서 신라 泉井郡 사이

---

52) 『三國志』卷30, 魏書30「東沃沮傳」.
53) 『三國志』卷19,「毌丘儉傳」: … 正始六年復征之 宮遂奔買溝 ….
54) 朴京哲, 2003,「高句麗 異種族支配의 實狀」『2003년 고려사학회학술대회-한국사의 특수신분』, 고려사학회, 15쪽 ; 임상선, 2007,「발해 '東京'지역의 고구려 문화 요소」『高句麗硏究 25-동아시아와 발해Ⅰ』, 고구려연구회, 54~55쪽.
55) 고구려의 직접지배가 이루어진 柵城에는 都督이 파견되었다. 697년에 당나라에서 죽은 고구려 유민 高慈墓誌銘에 "그의 조인 量이 고구려의 三品柵城都督位頭大兄兼大相을 역임하였다"고 기록되어 있다(임상선, 2007,「발해 '東京'지역의 고구려 문화 요소」『高句麗硏究 25-동아시아와 발해Ⅰ』, 고구려연구회, 55쪽).

에 39역이 설치되었다[56]고 한다.

발해가 이곳으로 진출한 시기는 건국 이후 얼마 되지 않은 시기이다.[57] 이곳은 발해 건국 후 반세기가 되지 않아 5京의 하나인 東京이 되었다. 727년에 발해는 처음으로 일본에 사신을 파견하였다. 그런데 그가 출발한 항구가 현재 러시아 沿海州 크라스키노성으로 비정되고 있으므로, 이미 이 시기에 이 지역까지 영향력을 확대했음을 엿볼 수 있다.[58]

세 번째는 弁韓지역이다. 弁韓이 한반도에 있던 三韓 가운데 하나인 점으로 보아 남쪽, 특히 한반도 북부 지역으로 세력을 확장한 것으로 보인다.[59] 이곳은 고구려가 멸망한 이후 잠시 安東都護府의 세력권에 포함되었던 적이 있지만, 安東都護府가 옮겨진 이후에는 전혀 주도적인 세력이 존재하지 않았다.

신라는 732년에 발생했던 발해와 당나라의 전쟁에 참여한 공로[60]

---

56) 『三國史記』 卷37, 雜志 「地理」 4 : 賈耽古今郡國志云 渤海國南海 · 鴨淥 · 扶餘 · 柵城四府 幷是高句麗舊地也 自新羅井泉郡至柵城府 凡三十九驛.
57) 孫進己는 振國시기에는 그 강역범위가 琿春지역까지 이르지 않았다고 인식한다(孫進己, 1994, 「渤海國的疆域與都城」, 『東北民族硏究』1, 中州古籍出版社 ; 『高句麗渤海硏究集成』 渤海 卷2, 339쪽).
58) 발해가 東京으로 진출한 시기에 대해서는 武王 시기로 비정하는 견해(金東宇, 2006, 「발해의 지방통치체제 운영과 그 변화」, 『韓國史學報』24, 325~369쪽 ; 임상선, 2007, 「발해 '東京'지역의 고구려 문화 요소」, 『高句麗硏究 25-동아시아와 발해 I』, 고구려연구회, 60쪽)가 있다. 그러나 東京 지역으로의 진출은 高王 시기에 이루어졌고, 武王 시기에는 이를 발판으로 더욱 동북의 黑水部를 포함한 靺鞨諸部로 영향력이 확대된 것으로 판단하는 것이 옳을 듯하다.
59) 姚中岫, 1979, 「海東盛國-渤海史略」, 『牧丹江師院學報』2, 北方文物雜誌社 ; 『高句麗渤海硏究集成』 渤海 卷1, 60쪽.
60) 『三國史記』 卷8, 「新羅本紀」 聖德王 32年條 : 秋七月 唐玄宗以渤海靺鞨 越海入寇登州 遣太僕員外卿金思蘭歸國 仍加授王爲開府儀同三司寧海軍使 發兵擊靺鞨南鄙 會大雪丈餘 山路阻隘 士卒死者過半 無功而還.

로 735년 대동강 이남에 영향력을 행사할 수 있었다.[61] 그러므로 그 이전에는 많은 제약이 있었다.[62] 이러한 상황에서 高王이 대동강 이북지역 경영의 주도권을 잡았다고 할 수 있다.

네 번째는 朝鮮방면으로의 확장이다.[63] 조선방면에 대해서 자세하지는 않지만, 아래의 기사가 주목된다.

> Ⅰ-② 東京遼陽府는 본래 조선의 땅이다. 周나라 武王이 箕子를 놓아주어 朝鮮으로 갔으므로 그를 책봉하였다. … 여기에 安東都護府를 설치하였으나, 후에 발해 대씨가 소유하였다.[64]

> Ⅰ-③ 儀鳳(676~679) 연간에 高宗이 高藏을 開府儀同三司 遼東都督으로 제수하고 朝鮮王에 봉하였다. 安東에 살면서 고구려 유민을 다스리게 하였다. 高藏이 安東에 이르러 몰래 말갈과 서로 모반을 도모하였다.[65]

---

61) 『三國史記』卷8,「新羅本紀」聖德王 34年條 : … 義忠廻 勅賜浿江以南地.
62) 한편 趙二玉은 『文苑英華』卷471,「曲江集」권5,「勅新羅都護金興光書」를 근거로 하여, 聖德王이 遣唐使 金思蘭에게 보낸 글에서 浿江에 수자리를 두고자 한다는 적극적인 의지를 분명히 보여주고 있었기 때문에, 당나라 현종은 견당사 金義忠이 돌아올 때 浿江 이남의 영유권을 승인하였다고 인식하였다 (趙二玉, 1999,「新羅와 渤海의 國境問題」『白山學報』52, 白山學會, 719쪽).
63) 승성호와 장국종은 단군조선의 수도였던 평양일대를 중심으로 한 조선지역을 강역범위로 삼았다고 여겨, 당시에 이미 이곳에 세력을 형성하고 있었던 고려후국을 복속시켰다고 이해한다(승성호, 1995,「발해국 초기의 령역」『력사과학』1, 사회과학출판사, 42~43쪽 ; 장국종, 1997,『발해사연구』1, 사회과학출판사, 24쪽).
64) 『遼史』卷38, 志 第8「地理」2 : 東京遼陽府 本朝鮮之地 周武王釋箕子囚 去之朝鮮 因以封之 … 於此置安東都護府 後爲渤海大氏所有.
65) 『舊唐書』卷199上, 列傳 第149上「高麗」: 儀鳳中 高宗授高藏開府儀同三司 遼東郡와 封朝鮮王 居安東 鎭本蕃爲主 高藏至安東 潛與靺鞨相通謀叛.

Ⅰ-④ 垂拱 2년(686) 다시 高藏의 손자 寶元을 朝鮮郡王으로 책봉하
였다. 聖曆 원년(698)에는 左鷹揚衛大將軍을 제수하고, 忠誠
國王으로 책봉하여 安東의 고구려 유민통치를 맡기려 하였으
나, 일이 끝내 실행되지 않았다.[66]

Ⅰ-⑤ 遼水의 동쪽은 朝鮮의 땅이다.[67]

Ⅰ-⑥ 遼나라의 땅은 본래 朝鮮의 옛 강역이다.[68]

1-②는 東京遼陽府는 본래 '朝鮮' 땅인데, 후에 발해 대씨가 소유
하였다라고 하여, '朝鮮'이라는 곳이 遼東城이 위치해 있던 遼陽이었
음을 알려준다. 1-③은 676년에 고구려 寶藏王을 朝鮮王으로 책봉
한 사실을 알려준다. 1-④는 686년에 손자 高寶元을 朝鮮郡王으로
책봉하여 고구려유민통치를 맡기려 했다는 내용이다. 이 사료들은
安東都護府가 설치되어 있었던 遼陽이 '朝鮮' 땅이었음을 알려준다.
1-⑤와 ⑥에서도 '朝鮮'지역이 遼水 동쪽에 있었고, 요나라가 차지한
그 땅은 '朝鮮'의 옛 강역이라는 점을 알려준다. 일반적으로 이 지역
을 檀君朝鮮의 수도였던 평양성 일대로 인식하지만, 상기한 기록들
을 근거로 살펴보면, 高王이 영토를 개척한 '朝鮮'은 바로 遼東지역
임을 알 수 있다.

1-②의 『遼史』 본문에서 "이곳에 安東都護府를 설치하였다."고

---

66) 『舊唐書』 卷199上, 列傳 第149上 「高麗」: 垂拱 二年 又封高藏孫寶元爲朝
鮮郡王 聖曆 元年 進授左鷹揚衛大將軍 封爲忠誠國王 委其統攝安東舊戶
事竟不行.
67) 『舊唐書』 卷53, 列傳 第3 「李密傳」: 遼水之東 朝鮮之地.
68) 『遼史』 卷49, 志18 「禮志」1 : 遼本朝鮮故壤 ….

기록하고 있다. 당나라 高宗이 고구려를 평정하고 이곳에 安東都護府를 설치하였다고 하여 시간적인 추이가 보이지 않는다. 하지만, 安東都護府는 676년에 遼東郡故城, 즉 遼陽에 설치되었던 적이 있다. '朝鮮'에 대한 명칭도 인용문에만 보인다. 이것은 발해가 건국 직후 이곳으로의 영향력을 확장했을 가능성을 보여주는 것이다.

발해가 요동을 점령했다는 인식에 대해서 학계에는 이견[69]이 남아 있다. 그러나 필자는 732년 당나라 登州를 공격하기 전, 이곳으로 세력 확장이 이루어졌다고 판단하고 있다.[70] 상술한 기록들과 高王의 업적을 살펴보면, 그 시기는 건국 초기로 상향될 가능성도 배제할 수 없다. 그러나 이 입장은 요동지역에 친당적인 羈縻州가 존재했다는 설[71]이라든가, 발해의 지배를 받는 侯國이 존재했다는 설[72]과도

---

69) 손영종은 『舊唐書』「渤海靺鞨傳」과 『新唐書』「渤海傳」에 근거하여, 713년 부터 대조영이 국호를 渤海로 고쳤는데, 이것은 늦어도 8세기 초에 대조영이 발해 연안지역을 장악하였음을 말해준다고 하였다. 그리고 그는 뒤에서 賈耽의 「道里記」에 보이는 '고려와 발해로 가는 길'이란 말에서 발해 직속지로 가기 전에 '고려'라는 나라가 있었다는 사실의 반영일 수 있다고 하였다(손영종, 1980, 「발해의 서변에 대하여(1)」 『력사과학』1, 과학백과사전출판사, 39~40쪽, 42쪽 ; (1980, 「발해의 서변에 대하여(2)」 『력사과학』2, 과학백과사전출판사, 30쪽 ; 1990, 「발해는 조선 중세의 당당한 독립국가」 『력사과학』2, 사회과학출판사, 44쪽).

70) 金鎭光, 2002, 「8世紀 渤海의 遼東進出」 『三國時代硏究』2, 學硏文化社, 178쪽 ; 韓圭哲, 2003, 「渤海國의 서쪽 邊境에 관한 연구」 『역사와 경계』47, 부산경남사학회, 83쪽.

71) 盧泰敦, 1981, 「高句麗遺民史硏究-遼東, 唐內地 및 突厥方面의 集團을 中心으로」 『韓㳓劢博士停年紀念史學論叢』, 지식산업사, 88~90쪽. 한편 日野開三郎은 고구려 멸망부터 王建이 세운 고려 건국 이전에 보이는 '고려'관련 기사를 검토하고 이를 '小高句麗國'이라고 명명하였으며, 그 영역은 安東都護府와 요동을 포함하는 지역이라고 하였다(日野開三郎, 1984, 「小高句麗國の硏究」 『東洋史學論集』8, 三一書房, 122쪽, 418~419쪽).

72) 채태형은 "료동반도에는 「고려」 「고구려」라고 하는 대발해국의 후국이 있었는데, 대발해국은 5경 15부를 직접 관할하여 통치하였을 뿐만 아니라 侯國王을 통하여 요동지방을 통치하였다"고 하였고(채태형, 1992, 「료동반도는 발해

괴리를 이루고 있어서 아직 검토가 필요하다.

다만 조심스럽게 유추한다면, 高王이 營州를 탈출하여 東牟山으로 오는 과정에서 1차적으로 정주한 곳이 있었는데, 그곳은 遼水를 건넌 후에 정착한 遼東지역일 것이다. 이렇게 두 세력이 이곳에 정착할 수 있었던 근본적인 원인은 이곳에 고구려 유민이 상주하고 있었고, 이들에게 호의적이었다라는 점에서 찾을 수 있을 것이다. 따라서 高王이 '朝鮮'지역을 회복한 것은 바로 이 시기의 상황을 언급하는 것이 아닌가 한다. 다만 營州道가 高王이 東牟山으로 왔던 노선과 일치한다는 견해73)로 비춰보면, 역시 이 지역이 당시의 영토 확장의 한 방향이었음을 충분히 고려할 만하다.

마지막으로는 '海北諸國'74)으로의 확장이다. 이곳은 말갈제부의 거주지역에 해당한다. 중국 동북의 松花江 일대를 중심으로, 북쪽으로 黑龍江 중하류, 남쪽으로 한반도 동북부에 걸치는 광범위한 지역에는 일찍부터 시대에 따라 肅愼 · 挹婁 · 勿吉 등으로 불린 부족이

국의 영토」『력사과학』1, 사회과학출판사, 55쪽), 승성호도 이와 동일하게 인식 하였다(승성호, 1995,「발해국 초기의 령역」『력사과학』1, 사회과학출판사, 43쪽) 더 나아가서 장국종은 고구려 멸망 후 오늘날의 평안남 · 북도 서쪽지역과 요동지역에 2백여 년간「고려」라는 이름을 지닌 나라가 존재하였다고 하고, 고구려나 王建이 세운「고려」와 구별하여 발해의 후국이라는 의미에서「고려후국」이라 명명하였다. 그는 명확하게「고려후국」이라 명명하였을 뿐만 아니라, 그 강역의 범위까지 분명하게 하였다(장국종, 2000,「발해의 '고려후국'의 존립과 그 수도에 대하여」『자주독립국 발해』, 천지출판, 137~152쪽).

73) 金鎭光, 2004,「발해 건국초기의 강역-營州道를 중심으로-」『先史와 古代』21, 韓國古代學會.

74) '海北諸國'은 바다 북쪽의 모든 나라라는 의미로서 발해국의 북쪽에 있던 黑水部를 포함한 말갈제부를 가리키는 것이다. 그러나 '海北諸國'이 黑水部 전체를 의미하는 것은 아니었다고 판단되지만, 여기서는 러시아 하바로프스크주 아무르강 유역에 흩어져 살던 南黑水部만을 염두에 둔 것으로 생각되며, 일부 北黑水部도 발해의 통제 아래에 있었다고 말할 수 있다(승성호, 1995,「발해국 초기의 령역」『력사과학』1, 과학백과사전종합출판사, 42~43쪽).

정치적 통일을 이루지 못하고 반농반렵 상태의 생활을 하고 있었다. 그들은 隋·唐시기에는 말갈이라고 불렀는데, 그 대표적인 것이 말갈 7부이다.[75] 그러므로 사서에 보이는 '海北諸國'은 바로 말갈지역을 의미하며, 이를 통하여 高王시기에 이미 북으로 말갈지역까지 세력확장이 진행되었음을 알 수 있다.[76]

---

75) 王承禮, 1984, 『渤海簡史』, 黑龍江人民出版社 ; 宋基豪 譯, 1988, 『발해의 역사』, 翰林大學아시아文化硏究所, 49~51쪽.

76) 孫玉良은 大祚榮 통치기간에 북쪽으로 흑수부에 이르는 2천리의 강역을 경영하였다고 인식하였고(孫玉良, 1986, 「渤海高王大祚榮」『東北歷史人物傳記』古代 卷上, 吉林文史出版社 ;『高句麗渤海硏究集成』渤海 卷2, 184쪽), 魏國忠도 '振國'시기에 興凱湖지역까지 이르렀다는 견해를 제기하였다(魏國忠, 1984, 「渤海疆域變遷考略」『求是學刊』6 ;『高句麗渤海硏究集成』渤海 卷2, 328~329쪽). 그러나 孫進己는 '海北諸國'을 정복한 것은 宣王시기라고 여겼고(孫進己, 1994, 「渤海國的疆域與都城」『東北民族硏究』1, 中州古籍出版社 ;『高句麗渤海硏究集成』渤海 卷2, 339쪽), 陳顯昌도 宣王시기에 이곳을 강역권에 두었다고 하였다(陳顯昌, 1982, 「唐代渤海國政治的發展」『黑龍江文物叢刊』3, 黑龍江文物出版社, 45쪽 ; 王承禮·劉振華 主編, 1991, 『渤海的歷史與文化』, 延邊人民出版社, 130쪽).

[그림 2] 土壙墓分布圖

(김태순, 1999, 「발해 무덤 연구」『國史館論叢』85, 國史編纂委員會, 208쪽)

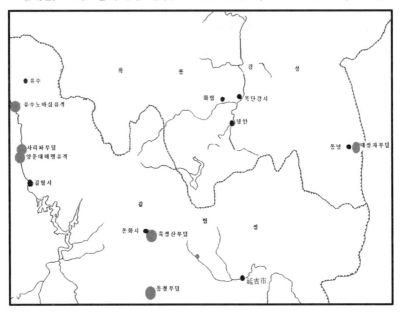

발해가 '海北諸國'으로 불리는 말갈지역으로 세력을 확장한 것은 고고학적인 측면에서도 엿볼 수 있다. 그것은 바로 고분의 형태, 즉 말갈제부의 전형적인 묘제로 일컬어지고 있는 土壙墓의 존재[77]와 여기서 출토된 도기형태의 변화이다. 土壙墓는 인류의 보편적인 매장문화라고 인식되고 있다.[78], 건국 초기 왕실귀족무덤떼인 六頂山 古墳群에서 4기가 발견된 이외에, 黑龍江省 東寧縣 大城子古城에 서 1기, 吉林省 永吉縣 楊屯 大海猛遺跡에서 40여기, 吉林省 柳樹縣

---

77) 鄭永振, 2003, 『高句麗渤海靺鞨墓葬比較硏究』, 延邊大學出版社, 174쪽 ; 2006, 『고분으로 본 발해 문화의 성격』, 동북아역사재단, 125쪽.
78) 韓圭哲, 1999, 「古墳文化를 통해 본 渤海國」『國史館論叢』85, 國史編纂委員會, 160~164쪽 ; 姜仁求, 2000, 『韓半島의 古墳』, 아르케, 136~137쪽.

老河深遺跡에서 30기, 永吉縣 査里巴古墳에서 45기가 발견되었다.

1994년에 발굴 조사된 黑龍江省 海林市 河口遺跡은[79] 말갈시기 문화층과 발해시기 문화층을 포함한다. 발해문화층에서는 侈口缸·直腹罐·鼓腹罐 등이 대량으로 발견되었다. 주거지는 반수혈식으로 규모가 작아지는 한편 지상 건물이 출현하는 특징을 보인다. 이밖에 河口遺跡에서 출토된 유물은 綏濱 蘿北 團結遺跡 또는 綏濱 同仁遺跡·古墳에서 출토된 말갈시기의 器物과 비슷하지만, 지상 건물이 나타난다는 점에서 발해시기로 추정된다. 이 유적들은 모두 鏡泊湖 이북 지역 및 제2송화강 유역의 柳樹·永吉·九台·舒蘭·德惠 등지에서 발견된 발해 권역에서 가장 북쪽에 위치한 고분들이다.[80]

그런데 지금까지 발견된 토광묘의 분포가 주로 흑룡강 이북에 분포하고 있는 점으로 보면, 여전히 말갈제부가 상용했던 묘제로 볼수 있다. 다시 말하면, 흑룡강이남 지역에서는 六頂山古墳群에서 발견된 4기의 토광묘 이외에는 보고 예가 없다. 오히려 흑룡강 이북에서 발해 시기의 중심묘제로 인정되는 석실봉토묘가 보이고 있는 점으로 보아, 발해의 영향력이 '海北諸國'으로 확장되는 문화적인 현상을 엿볼 수 있다. 따라서 海林 二道河子古墳群에서 발견된 적석봉토분, 頭道河子·三道中學古墳群에서 발견된 석실분은 발해가 북

---

79) 黑龍江省文物考古研究所·吉林大學考古學係, 1996, 「黑龍江海林市河口遺址發掘簡報」『考古』2, 科學出版社, 52~60쪽.

80) 金太順은 발해 건국 이전 시기 말갈의 표지적인 유물로서 深腹罐·長頸鼓腹罐·長頸壺 등을 들고 있다(金太順, 1999, 「발해 무덤 연구」『國史館論叢』85, 國史編纂委員會, 178~190쪽, 196쪽). 그러나 한규철은 "고구려나 발해시기에 있어서 토광묘는 피지배 주민들이 일반적으로 사용하던 묘제로 간주할수 있다"라고 하고, 金太順이 분류한 말갈의 전형적인 묘제로서의 토광묘에 대한 분류에 의문을 제기했다(韓圭哲, 1999, 「古墳文化를 통해 본 渤海國」『國史館論叢』85, 國史編纂委員會, 162~163쪽, 174쪽).

쪽으로 영향력을 확대해 간 것으로 이해할 수 있다.

중국학계에서는 粟末部가 발해를 세웠다는 전제 아래 吉林市 일대의 속말부 고분군에서 敦化市의 六頂山古墳群으로 변화해 간 것으로 단정하였다. 즉 말갈제부의 활동범위가 확대되면서 점차 고구려 묘제를 채택한 것으로 이해하였다. 이에 따라 말갈인들이 土壙墓를 조영하다가 점차 石墓를 받아들여 六頂山古墳群 단계에 이르면 마침내 石墓가 주류를 이루게 된 것으로 파악하였다.

그러나 土壙墓에서 石墓로 이행해 나갔던 과정을 이와 같이 인식하기에는 무리가 있다. 粟末部의 고분들에 보이는 石墓는 말갈인들이 고구려 묘제를 채택한 결과가 아니라 발해가 건국된 뒤에 발해 묘제에서 영향을 받아 조성된 것으로 보아야 할 것이다. 발해를 건국한 고구려계의 건국집단이 石墓를 조영하였고, 이러한 인물들이 石墓 중심의 무덤을 만들어감에 따라 土壙墓전통을 지닌 粟末部들도 이러한 영향을 받아서 石墓 양식을 받아들이게 된 것으로 판단된다.[81]

발해의 건국 집단이 粟末部이고 그들의 대표적인 묘제가 土壙墓라면, 발해의 건국지 '舊國'에는 土壙墓의 분포가 두드러져야 한다. 그러나 오히려 '舊國' 敦化지역에는 발해의 전형묘제로 분류되고 있는 石室封土墳의 분포가 두드러진다. 이 뿐만 아니라 '舊國' 주변에 분포하는 산성 유적에는 고구려 성의 특징인 雉, 甕城 등이 설치되어 있고, 산성과 평지성이 결합된 고구려 도성의 특징을 분명하게 보이고 있다. 그러므로 발해가 건국된 이후 지속적으로 말갈지역으로 세력을 확장하고 있음을 알 수 있다.

---

81) 宋基豪, 2000, 「史實과 前提 : 발해 고분 연구의 경우」 『韓國文化』25, 서울大學校 韓國文化硏究所, 94~95쪽.

이와 같이 말갈과 발해의 문화층이 공존하는 것은 高王시기에 '海北諸國'으로 불리는 흑룡강 북부로 강역이 확장되거나 영향력이 확대되었으며, 이 과정을 통해 발해 문화가 '海北諸國'으로 흘러들어가게 되었다고 판단된다.[82] 그러나 海北의 여러 부, 즉 靺鞨諸部가 이후에도 여전히 당나라로 조공을 하는 상황으로 미루어본다면, 이들에 대한 직접지배가 완벽하다고 할 수는 없을 지라도 그 지배력은 상당한 수준에 도달하였음을 짐작할 수 있다. 따라서 발해의 강역이 '지방 2천리'의 규모를 가졌다고 표현한 것은 이런 사실을 반영한 것으로 판단된다.

2. 武王의 靺鞨諸部 및 遼東으로의 疆域擴張

1) 武王의 黑水部 征伐

"開元 7년 高王 大祚榮이 사망하였다. 玄宗은 사신을 보내어 문상하고 그의 장자인 桂婁郡王 大武藝를 左驍衛員外大將軍 渤海郡王 忽汗州都督으로 삼아서 아버지를 잇게 하였다."[83] 이에 그 나라에서는 사사로이 '高王'이라 시호하고, 연호를 고쳐서 '仁安'이라고 하였

---

82) 鄭永振, 1984, 「渤海墓葬硏究」『黑龍江文物叢刊』2, 北方文物雜誌社, 9쪽 ; 방학봉, 1990, 「발해인의 매장 습관과 그의 특징에 대하여」『韓國傳統文化硏究』6, 曉星女子大學校 韓國傳統文化硏究所, 3쪽 ; 魏存成, 1998, 「第二松花江中游地區的靺鞨渤海墓葬」『北方文物』1, 47쪽 ; 金太順, 1999, 「발해무덤 연구」『國史館論叢』85, 國史編纂委員會, 199쪽.

83) 『舊唐書』卷199下, 列傳 第149下 北狄「渤海靺鞨傳」: … 開元 七年 祚榮死 玄宗遣使弔祭 乃冊立其嫡子桂婁郡王大武藝 襲父爲左驍衛員外大將軍 渤海郡王 忽汗州都督 ….

다.[84] 武王은 전대에 비해서 더욱 넓게 강역을 확장하였다. 『新唐書』 「渤海傳」에 의하면, "그가 크게 땅을 넓히니 동북의 모든 오랑캐들이 두려워 그에게 신속하였다."[85]라고 기록하고 있기 때문이다. 이것은 高王의 치적을 바탕으로 하여 이루어진 것임에 의문이 없다.

高王의 영토확장이 이루어질 때 黑水部는 적어도 발해에 대해서 적대적이지 않았던 것으로 판단된다. 이것은 이후의 일이지만, 당나라가 黑水州를 설치하려 한 것과 관련하여 『新唐書』와 『舊唐書』에서는 다음과 같은 내용을 전하고 있다.

> Ⅰ-⑦ 黑水가 우리의 길을 빌려서 처음으로 당나라와 서로 通交하였고, 옛날에 突厥에 吐屯을 청할 때 모두 먼저 우리에게 말하고 함께 갔는데, 지금은 만나지도 않고 바로 당나라의 관리를 청하였으니, 이것은 분명히 당나라와 서로 모의하여 앞뒤에서 공격하려고 한 것이다[86]

이 문장을 이해하는데 다음을 주목해야 한다. 하나는 "우리에게 길을 빌려 처음으로 당나라와 通交하였다."이고, 다른 하나는 "돌궐에 吐屯을 청할 때 먼저 우리에게 말하고 함께 갔다."라는 부분이다.

---

84) 『新唐書』 卷219, 列傳 第144 北狄 「渤海傳」 : … 祚榮死 其國私謚爲高王 子武藝立 斥大土宇 東北諸夷畏臣之 私改年曰仁安 ….

85) 『新唐書』 卷219, 列傳 第144 北狄 「渤海傳」 : … 子武藝立 斥大土宇 東北 諸夷畏臣之 ….

86) 『舊唐書』 卷199下, 列傳 第149下 北狄 「渤海靺鞨傳」 : … 黑水途經我境 始與唐家相通 舊請突厥吐屯 皆先告我同去 今不計會 卽請漢官 必是與唐 家通謀 腹背攻我也.
『新唐書』 卷219, 列傳 第144 北狄 「渤海傳」 : … 黑水始假道於我與唐通 異時請吐屯於突厥 皆先告我 今請唐官不吾告 是必與唐腹背攻我也.

그런데 Ⅰ-⑦을 살펴보면, 후자가 시간적으로 앞선다. 발해와 당나라의 교류관계가 확립되었음은 "中宗이 즉위하자 侍御使 張行岌으로 하여금 高王을 招慰하게 하니, 高王이 그 아들을 보내어 입시케 하였다."고 한 기록에서 확인할 수 있다.

이보다 앞서 高王은 건국한 직후에 사신을 보내어 突厥과 교류하는 동시에, 신라에도 사신을 보내어 大阿湌의 관등을 받았다. 突厥이나 신라로의 사신파견이 대외적인 안전을 담보하기 위한 포석이었음을 감안한다면, 당나라와의 교류보다 선행함을 알 수 있다. 건국 이후 발해와 黑水部의 관계는 상대적으로 우호적이었다고 판단된다.[87] 高王의 강역확장방향에서 동북지역이 배제되었던 것도 이와 같은 상황을 이해하는데 도움을 준다.

그런데 武王 즉위 이후, 黑水部와의 관계는 급변하였던 것 같다. 왜냐하면, 武王의 공적을 기록하여 "크게 강역을 확장하였다."[88]라고 기술한 이후에 黑水部와의 관계가 기술되어 있는 점에서 저간의 사정을 엿볼 수 있다. 그는 高王에 이어 영토를 확장하는 과정에서

---

87) 발해와 黑水部가 함께 당에 조공한 시기에 대해서, 金毓黻은 722년에 처음으로 흑수부가 당나라에 처음 사신을 파견한 것으로 인식하였다(金毓黻, 1977, 『渤海國志長編』, 卷3, 世紀1 渤海國志1 ; 卷19 總考 渤海後志 2). 박영해도 722년 무렵 동북쪽에 있던 흑수부가 발해와 친교를 맺고 당나라에 대해서 발해와 같은 입장을 취하였다고 하였다(박영해, 1987, 「발해의 대외관계에 대하여」, 『력사과학론문집』, 과학백과사전출판사, 193쪽). 그러나 김성호는 『舊唐書』의 '옛날', 『新唐書』의 '다른 때', 『資治通鑑』의 '지난 번'이라고 한 표현을 통해서, 옛날 보다 이후의 시기까지 포괄하고 있는 개념이므로, 돌궐에 사신을 파견한 건국 직후, 다시 말하면 적어도 발해 초기부터 716년까지의 시기라고 인식하였다(김성호, 1993, 「726년 발해의 흑수말갈원정에 대하여」, 『력사과학』3~4, 과학백과사전종합출판사, 41~42쪽).
88) 『新唐書』卷219, 列傳 第144 北狄「渤海傳」: … 祚榮死 其國私諡爲高王 子武藝立 斥大土宇 東北諸夷畏臣之 ….

黑水部와 갈등을 빚게 되었다. 그래서 黑水部는 당나라를 더욱 의지하게 되었다.

당나라는 자국의 안전을 위해 黑水部의 요청을 빌미로 삼아 관리를 파견하여 발해를 견제코자 하였다. 安東都護 薛泰는 요동 지역에 대한 통제력을 장악해야 하는 임무를 지닌 자였다. 그는 黑水部를 羈縻州로 편입시키고, 長史를 파견하여 직접 통제하고자 하였다.[89] 長史를 파견하여 黑水部를 제어하는 것은 요동에서 상실한 통치력을 회복하고 이곳에서 성장하고 있는 발해에 대한 견제를 가능케 하는 것이었기 때문이다.

그러나 발해는 건국 직후 외교력을 동원하여 당나라의 토벌을 무력화시키고, 국제적인 승인을 얻어 겨우 요동 지역에서의 통합을 이루었다. 이 시기에 다시 당나라의 견제를 받는다는 것은 도저히 간과할 수 없는 일이었다. 더욱이 발해의 발전에도 커다란 장애가 되었다. 그래서 武王은 일찍이 당나라에서 숙위를 하였던 大門藝와 任雅相으로 하여금 黑水部를 토벌케 하였다.[90]

발해가 黑水部를 공격한 이후의 결과는 사료에 기록이 없다. 단지 黑水部 토벌과정에서 불거진 武王과 門藝의 대립과정이 더욱 자세하게 기술되어 있을 뿐이다. 즉 발해내부의 갈등양상이 묘사됨과 동시에 당나라가 黑水部에 대해 통제력을 강화하였는지 어떠한 언급

---

89) 『舊唐書』 卷199下, 列傳 第149下 北狄 「渤海靺鞨傳」：… 開元 十三年 安東都護薛泰請於黑水靺鞨內置黑水軍 續更以最大部落爲黑水府 仍以其首領爲都督 諸部刺史隷屬焉 中國置長史 就其部落監領之.
『新唐書』 卷219, 列傳 第144 北狄 「渤海傳」：… 未幾 黑水靺鞨使者 入朝 帝以其地建黑水州 置長史臨總.
90) 『新唐書』 卷219, 列傳 第144 北狄 「渤海傳」：… 乃遣弟武藝及舅任雅相 發兵擊黑水.

도 없다. 그러나 발해와 말갈제부가 당나라로 조공했던 기록을 검토해 보면, 당나라가 黑水部를 羈縻州로 만들고자 한 의도는 그다지 효과를 거두지 못했음을 알 수 있다.

海北지역에 대한 세력확장은 高王시기에 이루어졌다. 그러나 武王시기에 때때로 당나라로 조공을 하던 말갈제부에 대한 영향력은 더욱 강화되었다. 이러한 현상은 武王 재위 1/3시기까지 지속되던 말갈제부의 당나라 조공이 급속하게 감소하고 있는 점에서 추론할 수 있다. 그는 黑龍江省 寧安市 일대와 牧丹江市 일대까지 그 세력을 확장하고, 새로 복속된 지역을 경영하기 위해 방어시설을 축조하였다. 그 대표적인 유적이 바로 牧丹江邊墻이라고 할 수 있다.

[그림 3] 牧丹江邊墻 및 遺蹟分布圖

(牧丹江市土地管理局·牧丹江市文物管理站, 1992,
『牧丹江市文物保護單位保護區規劃』, 25쪽, 167쪽을 재구성)

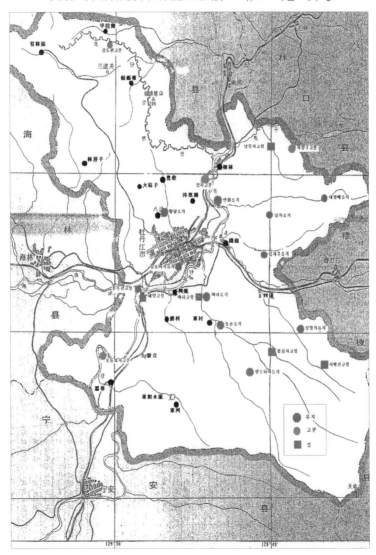

牧丹江邊墻은 대체로 동남-서북방향으로 뻗어있다. 동쪽은 牧丹江 좌안, 즉 樺林鎭 長安屯 西溝北山 주봉에서 시작된다. 이어서 서북쪽으로 長廣才嶺 동쪽 산맥을 따라 굽이굽이 뻗어 西北砬子 북쪽 산기슭으로 이어진다.[91] 邊墻은 해발 400~700m에 위치하며, 전체 길이는 50km에 이른다. 성벽은 일반적으로 土築이나 石築과 土石으로 混築한 곳도 있다. 邊墻에는 북쪽으로 돌출되어 있는 雉가 많다. 邊墻 안쪽에는 반수혈식 주거지가 있고, 일부 구간에서는 발해시기의 封土積石墓도 발견되었다. 현재까지 시대를 판단할 만한 유물은 발견되지 않았다. 그러나 邊墻은 長城형태의 방어시설임을 긍정할 만하며, 아마도 발해시기 黑水部의 남침을 방어하기 위하여 변경을 따라서 축조한 방어시설일 가능성이 높다.[92]

만약 牧丹江邊墻이 黑水部의 방어와 밀접하게 관련된 유적이라면, 그 축조 시기는 늦어도 武王시기까지 올라갈 것이다.[93] 아직까

---

91) 劉曉東·祖延苓, 1988, 「南城子古城·牧丹江邊墻與渤海的黑水道」『北方文物』3, 北方文物雜誌社, 32쪽.

92) 牧丹江文物管理站, 1986, 「牧丹江邊墻調査簡報」『北方文物』3, 北方文物雜誌社 ; 劉曉東·祖延苓, 1988, 「南城子古城·牧丹江邊墻與渤海的黑水道」『北方文物』3, 北方文物雜誌社, 33쪽 ; 牧丹江市土地管理局·牧丹江市文物管理站 編著, 1991, 『牧丹江市文物保護單位保護區規劃』, 26쪽.

93) 劉曉東은 "초기에 아마도 발해가 黑水靺鞨을 방어하기 위하여 축조한 것으로, 黑水靺鞨이 발해에 패하여 세력이 나날이 약화된 이후에는 발해시기의 방어선이 그 역사적 사명을 완성한 것이다"라는 하였다(牧丹江文物管理站, 1986, 「牧丹江邊墻調査簡報」『北方文物』3, 北方文物雜誌社). 이에 근거하여 보면, 宣王 이후에는 黑水部가 발해에 복속되었으므로 당연히 방어시설을 축조할 필요가 없었을 것이다. 그러므로 축조 연대는 발해 10대 宣王 시대보다 늦지 않을 것임을 암시한다고 하였다. 뿐만 아니라 牧丹江邊墻의 입지·재료의 사용·성벽의 형식·축조방법과 부속시설 등이 기본적으로 牧丹江 유역에 위치한 발해 초기 산성과 유사한 점을 들어서, 牧丹江邊墻의 축조 시기는 분명히 발해전기라고 하였다 (劉曉東·祖延苓, 1988, 「南城子古城·牧丹江邊墻與渤海的黑水道」『北方文物』3, 北方文物雜誌社, 33~34쪽). 더 나아가 그는 牧丹江邊墻의 축조시기에 대해서 文王이 상경으로 천도한

지 분명하게 그 연대를 단정지을 수는 없지만, 장성의 입지와 형태는 분명 黑水部와 밀접한 관련을 맺고 있음에 의문이 없다. 특히 50km에 이르는 규모에도 놀라움을 금할 수 없지만, 장성이 土築이나 石築, 그리고 土石混築이 지형에 따라서 혼합되어 있고, 고구려 산성 구조의 특징적인 요소라고 할 수 있는 雉도 상당수 발견되었기 때문이다.[94]

雉는 모두 북쪽으로 설치되어 있어서 그 주된 방어방향이 북쪽이었음을 보여준다. 이 邊墻은 단순히 차단성의 역할만을 담당했던 것 같지는 않다. 왜냐하면, 그것은 장성의 안쪽 즉, 남쪽에 수많은 주거지가 발견되고 있기 때문이다.[95] 따라서 장성은 武王이 黑水部를 토벌한 것을 시작으로 海北에 위치한 말갈제부에 대한 영향력을 확대함과 동시에 새로 복속된 지역에 대한 영역화 작업에 착수하였다는 주된 근거로 삼을 만 하다. 그러므로 사서에서는 武王의 업적에 대해서 "크게 강역을 확장하니 동북의 오랑캐들이 모두 두려워 신속하였다."[96]고 기술하였고, 727년 일본으로 보낸 국서에서도 "武藝가

시기와 대체로 비슷하거나 동경으로 천도한 시기보다 늦지 않을 것이라고 하였다(劉曉東·祖延苳, 1988, 「南城子古城·牧丹江邊墙與渤海的黑水道」『北方文物』3, 北方文物雜誌社, 34쪽). 그러나 발해가 상경으로 천도가 가능하기 위해서는 우선적으로 안전이 확보되어야 한다. 따라서 그 축조 시기는 武王이 黑水部를 토벌한 이후였다고 판단된다. 아울러 牧丹江邊墙 내에서 발해 시기의 封土積石墓가 발견되고 있는 점도 牧丹江邊墙의 축조시기를 논하는데 참고가 된다.

94) 雉는 馬面이라고도 한다. 치는 성벽에 접근하는 적을 정면 또는 측면에서 격퇴시키기 위해 성벽 일부를 밖으로 돌출시켜 장방형 또는 원형으로 쌓은 구조물이다(방학봉, 2002, 『발해성곽연구』, 연변인민출판사, 208쪽).
95) 牧丹江市土地管理局·牧丹江市文物管理站, 1992, 『牧丹江市文物保護單位保護區規劃』, 26쪽.
96) 『新唐書』卷219, 列傳 第144 北狄「渤海傳」: … 斥大土宇 東北諸夷畏臣之 ….

列國의 사이에 있으면서, 함부로 여러 나라들을 지배하여 高麗의 옛 영토를 회복하고 扶餘의 풍속을 소유하였다."97)라고 한 것이다. 이 것은 武王시기 발해의 세력범위가 기본적으로 완성되었음을 의미한 다고 할 수 있다.

중국에서 이루어진 고고 발굴성과에 기초하면, 黑龍江省 海林市 에서 말갈-발해초기의 유적이 보고되어 上京城 북부에 대한 세력 확 장이 건국초기부터 이루어지고 있음을 엿볼 수 있다. 그 주된 시기는 武王 당시로, 영토 개척이 최고조에 달했음은 어렵지 않게 살펴볼 수 있다. 또한 琿春은 日本·新羅·黑水部로 통하는 교통의 요지이 다. 東京지역에 위치한 유적 유형을 분석해 보면, 琿春河를 따라서 산성과 평지성, 그리고 촌락이 자리를 잡고 있다. 琿春河를 따라서 동북으로 고성들이 즐비한 것은 琿春河를 따라 남하하는 黑水部에 대한 방비가 목적이었음을 보여준다고 할 수 있다.

2) 遼東確保와 登州攻擊

한편, 海北지역에 대한 정벌이 일단락되자 武王은 관심을 遼東으 로 돌렸다. 발해와 당나라의 전쟁은 黑水部 토벌과정에서 노출된 발 해 지도층의 분열양상에서 비롯되었다. 그것은 唐으로 망명한 大門 藝의 처리문제를 놓고, 그를 제거하고자 하는 발해 정권과 그를 비호 하려는 당나라 사이의 대립이었다.

登州는 山東半島에 위치해 있다. 이곳은 지난날 고구려·백제· 신라 및 발해가 당나라로 들어가는 해상관문이었다. 賈耽은 「邊州

---

97) 『續日本紀』 卷10, 神龜 5年 正月 甲寅條 : … 武藝添當列國 濫惣諸蕃 復高 麗之舊居 有扶餘之遺俗 ….

入四夷道里記」에서 이곳을 '高麗渤海道'[98]라고 하였다. 연안 항해
가 발달해 있던 당시에는 발해와 당나라가 왕래하는 첩경이었다. 또
한 이곳에는 신라방[99]과 발해관 등이 형성되어 있어서 당나라와 교
역을 하는 상인들 및 사신들을 맞이하는 근거지이기도 하였다.

발해의 登州공격은 732년 9월에 시작되었다. 武王은 張文休를 보
내어 당나라의 登州를 공격하는 한편, 육로로는 장성 밖 山海關 근
처의 馬都山을 공격하였다.[100] 張文休는 登州刺史 韋俊을 죽이고

---

98) 『新唐書』 卷43下, 「地理志」 邊州入四夷道里記條 : … 登州海行入高麗渤
   海道 ….

99) 당나라 황해 연안인 楚州와 泗州 漣水縣의 성 안에는 신라인들이 집단적으로
   거주하는 新羅坊이 있었고, 산동반도와 江淮 지방의 연해안에는 신라인들이
   모여 살던 촌락들이 흩어져 있었다. 이처럼 당나라에는 新羅坊과 新羅村 등
   의 在唐新羅人 사회가 형성되어 있었다(權悳永, 2001, 「在唐 新羅人 社會의
   形成과 그 實態」, 『國史館論叢』95, 國史編纂委員會, 80쪽).

100) 『舊唐書』 卷199下, 列傳 第149下 北狄 「渤海靺鞨傳」: … (開元) 二十年
    武藝遣其將張文休 率海賊攻登州刺史韋俊 ….
    『新唐書』 卷219, 列傳 144 北狄 「渤海傳」: … 後十年 武藝遣大將張文休
    率海賊攻登州 ….
    馬都山 전투에 대해서는 일찍이 金毓黻이 관심을 갖고 서술한 이래 여러
    견해가 나왔다. 金毓黻은 발해가 공격한 길은 압록강을 나와 등주를 공격한
    노선과 營州에서 나와서 馬都山에 이르는 노선 두 갈래라고 하였다(金毓黻,
    1977, 『渤海國志長編』 卷19, 叢考). 이러한 관점에서 논의를 전개한 사람은
    다음과 같다(손영종, 1980, 「발해의 서변에 대하여(2)」, 『력사과학』2, 과학백
    과사전출판사, 30~31쪽 ; 박영해, 1987, 「발해의 대외관계에 대하여」, 『력사
    과학론문집』12, 195~196쪽 ; 손영종, 1990, 「발해는 조선 중세의 당당한 독립
    국가」, 『력사과학』2, 45쪽 ; 림호성, 1994, 발해군사력의 강대성과 그 요인」,
    『력사과학』3, 62쪽 ; 李仁哲, 2001, 「6~7世紀의 靺鞨」, 『國史館論叢』95, 國
    史編纂委員會, 58쪽 ; 魏國忠 · 朱國忱 · 郝慶云 著, 2006, 『渤海國史』, 中
    國社會科學出版社, 93~94쪽). 더 나아가서 손영종은 발해와 당의 전쟁을 통
    해서 요동반도가 발해의 영역이었음을 증명하려 하였다. 朱國忱은 樊衡의
    「爲幽州長史薛楚玉破契丹露布」에서 언급한 '東構渤海'라는 부분을 인용
    하여, 거란의 협조와 묵인이 있었다고 하여, 대외적인 측면에서 이번 전쟁을
    분석하려 하였다(손영종, 1990, 「발해는 조선 중세의 당당한 독립국가」, 『력
    사과학』2, 45쪽). 이러한 관점과는 달리, 古畑徹은 등주공격 이후 해로를 통
    해 馬都山 부근에 상륙한 것으로 인식하였다(古畑徹, 1986, 「唐渤紛爭의 展

登州를 초토화시켰다. 이 공격은 곧 大門藝 사건으로 비화된 것이지만, 당시 세계의 중심을 자처하던 당나라와 정면으로 일전을 치를 수 있을 만큼 발해의 국력이 성장한 결과였다.

  Ⅰ-⑧ 발해말갈이 登州를 공격하여 刺史 韋俊을 죽이니 左領軍將軍 蓋福順에게 명하여 군대를 이끌고 토벌하게 하였다.[101]

  Ⅰ-⑨ 발해 大武藝와 동생 門藝가 서로 싸우던 중 門藝가 귀부하여 왔다. 조서에서 말하기를 太僕卿 金思蘭과 더불어 范陽과 신라병 10만으로 토벌하게 하였으나 공이 없었다. 武藝가 자객을 보내어 東都에서 門藝를 죽이려고 하였다. 병사를 이끌고 馬都山에 이르러 마을을 도륙하였다. ….[102]

  Ⅰ-⑧과 ⑨는 모두 발해가 登州와 馬都山을 공격한 것에 대한 당의 대응을 보여준다. 이것에 대해서 당나라는 전연 뜻밖의 조치를 취하였다. 登州刺史 韋俊을 죽자, 左領軍將軍 蓋福順으로 하여금 대응하게 하였다. 그리고 大門藝를 幽州로 보내어 10만 병사를 이끌고[103] 馬都山을 공격한 발해의 군사를 상대하게 하였을 뿐만 아니라, 신라에게 발해의 남쪽 변경을 공격하게 하였다.[104] 그러나 당나라는 그

開と 國際情勢」『集刊 東洋學』55, 20~22쪽).
101) 金毓黻, 1977, 『渤海國志長編』 卷1, 唐玄宗 開元 二十年 九月 乙巳條 : 渤海靺鞨寇登州 殺刺史韋俊 命左領軍將軍蓋福順 發兵討之.
102) 『新唐書』 卷136, 列傳 第61「烏承玼傳」: 渤海大武藝與弟門藝戰國中 門藝來 詔與太僕卿金思蘭 發范陽新羅兵十萬討之 無功 武藝遣客刺門藝於東都 引兵至馬都山 屠城邑 ….
103) 『新唐書』 卷66, 方鎮表 幽州項 開元 二十年條 : 幽州節都使兼河北採訪處置使 領衛·相·洛·貝·冀·魏·深·趙·恒·定·邢·德·博·棣·營·鄭十六州 及安東都護府.

어디에도 安東都護府나 平盧軍의 병력을 동원하지도 않았다.

平盧軍節都使의 주된 임무는 室韋와 靺鞨 방어이다. 그 산하에는
平盧·盧龍 2軍과 楡關守捉·安東都護府가 소속되어 있다. 그렇기
때문에 발해의 馬都山 전투에 平盧軍의 동원은 필연적이다.

[표 2] 平盧軍 沿革

(日野開三郎, 1984,「小高句麗國の硏究」『東洋史學論集』, 三一書房, 232쪽)

年代	西曆	沿革	節度使
開元 7年	719	創置, 獨立	張敬忠, 許欽澹, 張懷亮, 潁王澐
開元 16年頃	728	幽州藩帥의 一元指揮	
開元 20年	732	廢置, 幽州藩과 合置	
開元 27年	739	復藩, 獨立	烏知義, 王斛斯
開元 29年	741	幽州藩帥의 一元指揮	
天寶 元年	742	獨立, 傳任	安祿山
天寶 3年 以後	744	幽州藩帥의 兼任	安祿山

平盧軍은 설치 이후 독립과 통합으로 일관되었다. 그런데 주목되
는 것은 開元 16년인 728년과 개원 20년인 732년 平盧軍의 임무가
幽州로 합치된 점이다. 開元 16년인 728년에 그 임무가 幽州로 통합
된 것은 黑水州를 설치하는 문제로 발해와 긴장이 고조되었던 사실
과 관련이 있다. 또한 開元 20년인 732년의 그것은 발해가 당나라의
登州를 공격하고, 거란이 幽州에서 당나라 군대에 의해 패퇴한 것과
관련이 있다.[105) 그러므로 이 해에 平盧軍의 임무가 幽州로 합치된
점은 시사하는 바가 매우 크다.

---

104)『資治通鑑』卷213, 開元 二十一年 正月 庚申條;『三國史記』卷8,「新羅
　　本紀」聖德王 三十二年 秋七月條: 開元 二十一年 正月 庚申 …命太僕員
　　外卿金思蘭使于新羅 發兵擊其南鄙 會大雪丈餘 山路阻隘 士卒死者過半
　　無功以還.
105)『資治通鑑』卷212,「唐紀」28 開元 二十年 二月 癸酉條: 信安王禕帥裴耀
　　卿 及幽州節度使趙含章 分道擊契丹.

[표 3] 平盧軍節都使의 兵力

(『舊唐書』卷38,「地理志」地理1 平盧軍節都使條)

	兵 數	馬 數	位 置
平盧軍節都使	17,500	5,500	在營州
平盧軍	16,000	4,200	在營州城內
盧龍軍	10,000	300	在平州城內
楡關守捉	300	100	在營州城西480里
安東都護府	8,500	700	在營州東 270里
合 計	52,300	10,800	

발해가 登州와 馬都山을 공격한 사건에 대해서 高宗시기 요동지역에서 당나라의 통제력이 이완되었다는 관점에서 논지를 전개한 글이 있다.[106] 발해가 靺鞨諸部로 세력을 확장한 것은『新唐書』「地理志」安東都護府 羈縻州條에 種族名을 띤 州名이 다수 보이는 점에서도 추측할 수 있다.『新唐書』「地理志」에 기록되어 있는 安東都護府 羈縻 23州 가운데 9주는 靺鞨諸部의 이름을 州名으로 삼은 것이다. 그러므로『新唐書』「地理志」에 기록된 羈縻州가 증설되는 시점에 靺鞨諸部가 발해로 통합되었음을 추측할 수 있다. 발해가 黑水部를 공격할 수 있었던 이유는 遼東 지역이 발해의 영향권으로 편입되었기 때문이다.

한편 金毓黻은 "安東都護府가 고구려 멸망 이후, 평양성에 설치되었으나, 곧 遼東郡故城·新城으로 옮겨졌고, 開元 2年에는 平州로, 天寶 2年에는 遼西郡故城으로 옮겨졌다가 至德 2年에 비로소 폐지되었는데, 安東都護府가 이와 같이 자주 옮겨진 것은 말갈이 고구려

---

106) 金毓黻, 1977,『渤海國志長篇』卷19.

를 대신해서 일어나서 점차 동쪽을 침략한 증거이며, 開元 2年에 치소를 平州로 옮긴 것은 발해 건국 이후, 그 세력이 遼河 동쪽연안까지 이르렀음을 보여주는 증거"라고 하였다.

발해가 登州나 馬都山을 공격하기 위해서는 반드시 요동을 확보하지 않고서는 불가능하다.[107] 왜냐하면, 登州를 공격하기 위해서는 반드시 요동지역을 거쳐야 하는데, 요동지역이 당나라의 통제력 아래에 있었다거나, 이곳에 당나라의 지배를 받는 또 다른 정치체가 있었다고 한다면,[108] 결코 이루어질 수 없기 때문이다. 필자는 이전에 古畑徹의 견해를 따랐으나, 발해가 등주를 공격하여 刺史 韋俊이 전사하자 左領軍將軍 蓋福順으로 하여 방어하게 하고, 馬都山 공격에 대해서는 門藝가 幽州의 병사 10만 명을 동원하여 방어하고 있었던 점으로 판단할 때, 육로와 해로 양방향에서 공격이 진행되었다고 생각한다.

---

107) 손영종, 1980, 「발해의 서변에 대하여(2)」 『력사과학』2, 과학백과사전출판사, 30~31쪽.

108) 日野開三郎은 고구려 멸망부터 王建이 세운 고려 건국 이전에 보이는 '高麗' 관련 기사를 검토하여 이를 '小高句麗國'이라고 이름하고, 그 강역을 安東都護府와 遼東을 포함하는 지역이라고 하였다(日野開三郎, 1984, 「小高句麗國の硏究」 『東洋史學論集』8, 三一書房, 122쪽). 그러나 장국종은 발해의 후국이라는 의미에서 '高麗侯國'이라고 이름하였다(장국종, 2000, 「발해의 '고려후국'의 존립과 그 수도에 대하여」 『자주독립국 발해』, 천지출판사, 137~152쪽). 이 두 학자의 설은 동일한 대상이 어느 나라의 영향권에 있었는가에 따라서 그 명칭이 달라졌다고 할 수 있으나, 본질적으로 요동 지역에 발해 이외의 또 다른 정치체가 존재하고 있었다고 하는 점에서는 동일하다고 할 수 있다.

[표 4] 唐代 守捉의 分布現況

관할도	설치지역	守捉의 명칭
河北道	平州	渝關守捉
	營州	燕郡守捉城, 巫間守捉, 懷遠守捉, 汝羅守捉, 襄平守捉, *安東守捉*
	薊州	鹽城守捉, 洪水守捉
	檀州	北口守捉, 東軍守捉
	幽州	納降守捉城
河東道	嵐州	岢嵐守捉
	云州	云中守捉, 樓煩守捉
	蔚州	清塞守捉城
河南道	登州	東牟守捉, 東萊守捉
隴右道	涼州	白亭守捉, 交城守捉, 張掖守捉, 赤水守捉, *烏城守捉*
	甘州	蓼泉守捉城, 同城守捉
	河州	平夷守捉
	肅州	威遠守捉城, 酒泉守捉城
	瓜州	豹文山守捉, 百帳守捉
	伊州	羅護守捉, 赤亭守捉, 獨山守捉
	西州	張三城守捉
	庭州	烏宰守捉, 張堡守捉, 俱六城守捉, 獨山守捉,
	鄯州	綏和守捉城, 合川守捉城
	安西都護府	蘭城守捉城, 坎城守捉城, 葱嶺守捉城, 于術守捉城, 楡林守捉城, 龍泉守捉城, 東夷僻守捉城, 西夷僻守捉城, 赤岸守捉城
	北庭都護府	沙鉢城守捉, 馮洛守捉, 耶勒城守捉, 俱六城守捉, 張堡城守捉, 烏宰守捉, 葉河守捉, 黑水守捉, 東林守捉, 西林守捉
黔南道	翼州	合江守捉城, 谷颺守捉城, 三谷守捉城
	彭州	羊灌守捉, 田朋守捉, 笮繩橋守捉, 白沙守捉城
	黎州	邛崍守捉
	姚州	澄川守捉城, 南江守捉城
	維州	乾溪守捉城, 白望守捉城, 暗桶守捉城, 赤鼓守捉城, 溪石守捉城, 梯達守捉城, 節鶊守捉城, 口質臺守捉城, 駱駝守捉城, 通耳守捉城, 瓜平守捉城, 侏儒守捉城, 箭上守捉城, 谷口守捉城

요동지역에서 당나라의 세력이 크게 약화되었음은 守捉기사를 통해서도 엿볼 수 있다. 守捉은 본래 변경을 관할하는 군사기구이다. 守捉의 존재는 곧 주변 이민족들의 강역범위를 확정하는데 있어서 중요한 단서이다.

> I -⑩ 당나라 초기에 변방을 지키는 것으로 큰 것을 軍이라고 하고, 작은 것을 守捉, 城, 鎭이라고 하며 이를 전체적으로는 道라고 한다. 武德으로부터 天寶이전에 변방의 제도로서 軍·城·鎭·守捉에 관리를 파견하였다.[109]

I -⑩은 守捉의 성격과 그 설치시기를 가늠하는 실마리를 제공한다는 점에서 중요한 의미를 갖는다. 守捉은 변방군사조직 가운데 하나이다. 그 설치시기는 武德 연간부터 天寶 연간까지이다. 『新唐書』「兵志」에는 그 기원을 '邊將이 屯兵하며 지키는 것에서 유래되었다.'[110]고 기술하였다. 즉 당나라의 건국과 아울러 守捉의 존재가 확인되기 시작하여, 755년 '安史의 亂'이 발발한 이후, 번진의 발호로 인해 그 기능이 축소되거나 폐지된 것으로 추정된다.

[표 6]에 의하면, 5도 25주에 83개의 守捉이 설치되어 있다. 이는 당나라의 10도 중에 절반에 해당한다. 그 지역을 살펴보면 발해·거란과 접경하고 있는 河北道, 突厥과 접경하고 있던 지역인 河東道, 발해의 鴨淥道의 중간기점인 河南道, 吐藩·突厥과 접경한 隴右道,

---

109) 『新唐書』 卷50, 「兵志」: 唐初 兵之戍邊者 大曰軍 小曰守捉 曰城 曰鎭 而總之者曰道.
110) 『新唐書』 卷50, 「兵志」: 夫所謂方鎭者 節度使之兵也 原其始起於邊將之 屯防者.

토번과 경계를 마주하고 있는 黔南道 등으로, 당나라의 강역과 접경한 지역이다. 특히 이 조직은 吐藩·突厥과 접경한 지역에 집중되어 있으나, 발해와 경계를 이루고 있는 河北道에도 12곳이나 설치되어 있다.

> Ⅰ-⑪ 다시 上·中·下의 都督府가 있다. 무릇 천하에 軍은 40, 府는 634, 鎭은 450, 수자리는 590, 守捉은 35가 있었다.[111]

> Ⅰ-⑫ 천하 12도에 軍 80, 守捉 67, 城 38, 鎭 39개가 있다. 武德으로부터 天寶이전에 지키기가 쉽지 않았으므로 軍, 城, 鎭, 守捉에 모두 관리를 파견하였다 … .[112]

그런데 Ⅰ-⑪과 ⑫에는 守捉의 전체수가 35와 67로 기록되어 있어 양자간에 시기적인 차이가 보인다. Ⅰ-⑪은 貞觀 원년 627년의 상황이고, Ⅰ-⑫는 천하가 12도로 분리된 이후 天寶 연간까지의 상황을 반영하고 있다. 특히 후자에서는 "武德으로부터 天寶 연간까지 지키기가 쉽지 않다."고 하여, 守捉이 설치될 수밖에 없는 이유를 언급하고 있다. 이것은 주변제국 특히 突厥·吐藩·契丹·渤海 등 주변 민족의 득세가 당나라에게 커다란 위협으로 작용했고, 그에 대한 반대급부로서 이러한 군사기구의 확대개편이 이루어졌음을 반영한다고 할 수 있다.

---

111) 『唐會要』卷70, 量戶口定州縣等第例條 : … 又有上中下都督府 凡天下軍有四十 府有六百三十四 鎭有四百五十 戍五百九十 守捉有三十五.

112) 『歷代兵制』卷6, 唐條 : … 天下十二道 爲軍八十 爲守捉六十七 爲城三十有八 爲鎭三十有九 自武德至天寶以前 守之不易 其軍城鎭守捉皆有使 ….

I -⑬ 당시(개원 24년) 散騎常侍 崔希逸이 河西節度使가 되어 涼州
에서 鎭守할 때, 吐藩과 漢은 守柵으로서 경계를 삼고 守捉使
를 두었다. 希逸이 吐藩의 장수 乞力徐에게 말하기를 양국이
和好하였는데 어찌 모름지기 守捉으로 백성들이 농사짓는 것
을 방해할 수 있는가라고 하고 없애기를 청하였다. 113)

守捉은 비록 설치되어 있었다고 하더라도 그 운용에 있어서는 다
른 조직에 비해 훨씬 탄력적이었다고 할 수 있다.

당나라는 713년부터 발해 접경 지역에 守捉을 지속적으로 설치하
였고, 天寶 1年, 永泰 元年, 貞元 2年에 일부의 守捉을 軍으로 승격
시켰다. 아울러 12곳에 수자리를 증치하였다. 이와 같이 기구의 승격
과 증치가 이루어지는 현상은 守捉만으로는 발해의 성장과 팽창을
방어할 수 없다는 인식이 작용했기 때문이다. 당나라는 건국 이후
지속적으로 정치·경제·문화·군사 등 전 분야에서 발전을 구가하
고 있었지만, 突厥·吐藩·契丹의 발호와 발해의 건국으로 인해 더
이상 건국 이후 지속되어 온 국력을 유지할 수가 없었다. 뿐만 아니
라, 당나라는 급기야 '安史의 亂'으로 쇠락의 길로 접어들었다. 이러
한 상황에서 당나라는 불안한 국내정세와 맞물려 발전하는 발해를
견제하지 않으면 안 되었다. 따라서 발해와 인접한 지역에 수자리를
증설할 수밖에 없게 된 것이다.

羈縻州는 반독립적인 상태를 유지하면서, 중앙과 책봉·조공의
형식적인 외교관계를 맺는 것이다. 114) 실제로 당나라의 전체 356주

---

113) 『舊唐書』 卷196上, 列傳 第146上 「吐蕃」上 : … 時散騎常侍崔希逸 爲河
西節度使 於涼州鎭守 時吐蕃與漢 樹柵爲界 置守捉使 希逸謂 吐蕃將乞力
徐曰 兩國和好 何須守捉 妨人耕種 請皆罷之.

에 두 배가 넘는 865곳의 羈縻州가 당나라 주변에 설치되었음은 발
해 강역권을 설정하는데 있어서 시사를 준다.

동북지역 특히 營州지역에는 많은 말갈·거란인들로 구성된 羈縻
州가 설치되었다. 당나라는 이민족들이 거주하고 있던 지역을 주로
편입시키거나, 망명해 온 이들의 거주지를 마련해주면서 당나라의
주로 편입시킨 것이다. 따라서 이 기미주들은 모두 토지가 없이 이름
만 존재하였으므로[115] 이들에게는 역이 부여되지 않았다.[116] 羈縻
州를 설치한 목적은 고구려 멸망 이후 유력가호 3만 8천여 호를 당나
라의 내지로 사민시킨 것과 비교해 본다면 좀 더 분명해진다.

따라서 당나라가 말갈·거란 등 당나라의 내지로 투항해 온 이민
족들을 변경에 羈縻州라는 이름으로 편성하여 거주케 한 것은 이민
족 성장 저지라는 목적 하에 이루어진 것으로 파악된다.

3. 文王의 服屬地 擴大

文王은 왕위에 올라 연호를 '大興'으로 개원하였다. 당나라는 내시
段守簡을 보내어 文王을 渤海郡王으로 책봉하고 左驍衛大將軍 忽
汗州都督으로 삼았다. 이에 文王은 조서를 받들어 그 나라에 사면령

---

114) 金翰奎, 1999, 「7~8世紀 東아시아 世界秩序의 構造的 特性과 그 運營體制
　　 의 機能」 『震檀學報』88, 震檀學會, 412~419쪽.
115) 『舊唐書』 卷39, 「地理志」 河北道 營州上安東都護府條 : 乾元 元年 復爲
　　 燕州 舊領縣一 無實土戶 所領戶出粟 皆靺鞨別種 戶五百.
116) 『舊唐書』 卷39, 「地理志」 河北道 安東都護府條 : … 自燕以下十七州 皆
　　 東北蕃降胡散諸處 幽州營州境內 以州名羈縻之 無所役屬.

을 내렸다.[117] 文王은 737년 즉위하여 793년까지 57년간 왕위에 재
위하였다. 그가 재위한 기간 동안 영역의 변화가 어떠하였는가에 대
한 구체적인 기록은 없다. 그러나 말갈제부가 당나라로 조공한 기록
을 살펴보면, 文王시기 강역확장의 대략을 확인할 수 있다.

발해는 黑水部 토벌을 통해서 명실상부하게 '海北諸國'으로의 영
향력을 확대하였다. 黑水部 문제는 당과의 갈등을 불러왔고, 그 결
과 전쟁으로 확대되었다. 발해가 고구려시기의 1/3에도 미치지 못하
는 국력[118]을 가지고 세계의 중심을 자처하였던 당나라를 공격할 수
있었던 것은 발해의 국력이 지속적으로 성장하였음을 의미한다. 또
한 대외적으로는 북방의 최대강적이었던 黑水部를 정벌하고 동북의
말갈제부가 발해의 영향권 내로 귀속되어 대외적인 위험요소가 사라
졌기 때문에 가능하였다.

文王시기 대외확장의 주된 대상지역은 어디였을까. 이와 관련한
분명한 기록은 보이지 않는다. 그러나 당나라로 행해졌던 말갈제부
의 조공기사를 보면, 文王시기의 일단을 엿볼 수 있다. 이에 따르면,
文王이 즉위한 이후 741년까지 拂涅·越喜·鐵利部가 당나라로 조
공을 하였다. 黑水部도 747년부터 753년까지 6번에 걸쳐서 당나라에
조공하였다. 『新唐書』「靺鞨傳」에서 "拂涅은 大拂涅이라고도 부른
다. 拂涅·鐵利·虞婁·越喜는 때때로 중국과 통교하였으나 郡利·

---

117) 『舊唐書』 卷199下, 列傳 第149下 北狄「渤海靺鞨傳」: 武藝病卒 其子欽茂
嗣立 詔遣內侍段守簡冊欽茂爲渤海郡王 仍嗣其父爲左驍衛大將軍忽汗
州都督 欽茂承詔赦其境內.
118) 『舊唐書』 卷199下, 列傳 第149下 北狄「渤海靺鞨傳」: 昔高麗全盛之時
强兵三十萬 抗敵唐家 不事賓伏 唐兵一臨 掃地俱盡 今日渤海之中 數倍少
於高麗.

窟說·莫曳는 모두 스스로 능히 통하지 못하였다."[119]라고 한 기록
으로 본다면, 拂涅·越喜·鐵利部 사회는 상당한 세력을 유지하였
던 것으로 생각된다. 그러나 742년을 기점으로 조공횟수는 급격하게
감소하였고, 또한 발해가 말갈을 모두 복속시킨 이후, "다시는 왕과
의 만남에 참여하지 못하였다."고 하여 이 지역이 발해의 세력권으로
귀속되었음을 추측할 수 있다.

그런데 『續日本紀』에는 746년에 1,100명에 달하는 발해인과 鐵利
人들이 일본으로 온 기록[120]이 보인다. 779년에도 사신 高洋弼을 따
라서 일본에 온 鐵利人들에 관한 기록[121]이 보이는데, 이 해에 鐵利
官人이 渤海通事를 능멸하고 윗자리에 앉으려고 한 사건이 발생하
였다. 746년 사건은 鐵利部가 발해에 병합되어 일본으로 도망간 것
을 의미하는 것이다.[122] 渤海通事와 鐵利官人의 자리다툼은 곧 발
해사회와 鐵利部의 위상이 어느 정도 대비될 수 있기에 가능한 것이
다. 다시 말하면, 文王이 740년대 말갈제부를 정복한 이후에도 그
사회는 해체되지 않고, 독자적인 세력이 어느 정도 유지되고 있었음
을 엿볼 수 있다.

한편, 文王시기에 拂涅·越喜·鐵利지역으로 영향력을 확장했음

---

119) 『新唐書』 卷219, 「靺鞨傳」 : 拂涅亦稱大拂涅 開元天寶間八來 獻鯨睛貂鼠
　　白免皮 鐵利開元中六來 越喜七來 貞元中一來 虞婁貞觀間再來 貞元一來
　　後 渤海盛靺鞨皆役屬之 不復與王會矣
120) 『續日本紀』 卷16, 天平 18年, 是年條 : 是年 渤海人及鐵利 惣一千一百餘
　　人 慕化來朝 安置出羽國 給衣糧放還.
121) 『續日本紀』 卷35, 寶龜 10年 11月 丙子條 : 丙子 檢校渤海人使言 鐵利官
　　人爭坐說昌之上 恒有凌侮之氣者 太政官處分 渤海通事從五位下高說昌
　　遠渉滄波數迴入朝 言思忠勤 授以高班次彼鐵利之下 殊悲優寵之意 宜異
　　其禮位以顯品秩.
122) 宋基豪, 1995, 『渤海政治史硏究』, 一潮閣, 112쪽.

을 살필 수 있는데, 그렇다면, 이들의 주된 거주지는 어디인가를 살펴볼 필요가 있다.

Ⅰ-⑭ 越喜故地에 懷遠府를 두었다. 아래에 達州, 越州, 懷州, 紀州, 富州, 美州, 福州, 邪州, 芝州 9주를 다스린다. 安遠府는 寧州, 郿州, 慕州, 常州를 다스린다.[123)]

Ⅰ-⑮ 聖曆 중에 스스로 나라를 세워 振國王이 되고 사신을 보내어 突厥과 통교하였다. 그 지역은 營州의 동쪽 2,000리에 있는데, 남으로는 신라와 서로 접해 있고, 越喜靺鞨, 동북으로는 黑水靺鞨에 이르며, 지방이 2,000리이다.[124)]

Ⅰ-⑯ 振國은 본래 고려이다. 그 지역은 營州의 동쪽 2,000리에 있다. 남쪽으로 新羅와 접해 있고, 서쪽으로는 越喜靺鞨과 접해 있으며, 동북으로는 黑水靺鞨에 이른다. 지방이 2,000리이다. 編戶는 10여 만이고, 병사는 수만 인이다. 풍속은 고려 및 거란과 같으며, 자못 文字와 書記가 있다.[125)]

Ⅰ-⑰ 廣州는 본래 발해의 鐵利府인데 鐵利州로 고쳤다. 또한 철이 많이 난다. 東平縣은 본래 한나라 襄平縣 고지로 철이 생산된다.[126)]

---

123) 『新唐書』卷219, 列傳 第144 北狄「渤海傳」: 越喜故地爲懷遠府 領達越懷紀富美福邪芝九州. 安遠府領寧郿慕常四州.

124) 『舊唐書』卷219, 列傳 第149 北狄「渤海靺鞨傳」: 聖曆中 自立爲振國王 遣使通于突厥 其地在營州之東二千里 南與新羅相接 越喜靺鞨 東北至黑水靺鞨 地方二千里.

125) 『冊府元龜』卷959,「外臣部」土風門: 振國本高麗 其地在營州之東二千里 南接新羅 西接越喜靺鞨 東北至黑水靺鞨 地方二千里 編戶十餘萬 兵數萬人 土風與高麗及契丹同 頗有文字及書記.

Ⅰ-⑭는 越喜部 주거지에 설치된 행정구역의 상황을 설명한 것이고, Ⅰ-⑮와 Ⅰ-⑯은 말갈제부의 거주지를 설명하는 것이다. Ⅰ-⑮에서는 越喜部의 구체적인 방위가 기록되어 있지 않으나, Ⅰ-⑯에서는 그 방향을 서쪽으로 기록하고 있다. 사료 Ⅰ-⑰에서는 鐵利府에 설치된 廣州의 산하에 있는 東平縣이 한나라 시기의 襄平縣이라고 언급하였다. 襄平縣은 바로 遼陽지역이었으므로, 鐵利府의 거주지역시 요동지역에 속한다고 인식한 것이다. 위의 기록을 통해서 보면, 越喜故地에 설치되었다고 하는 懷遠府와 安遠府, 鐵利故地에 설치되었다는 鐵利府는 발해의 서쪽에 설치되어 있어야 한다.

그런데, 拂涅·越喜·鐵利部 가운데 처음으로 사서에 기록되어 있는 것은 拂涅部로 다음의 기록이 주목된다.

Ⅰ-⑱ 勿吉國은 고려의 북쪽에 있다. … 다시 북쪽으로 15일을 가면 태악로수 이르고, 다시 동북으로 18일을 가면 그 나라에 이른다. 나라에는 큰 강이 있는데 너비가 2리 정도에 이르며, 粟末水라고 부른다. 그 부에는 모두 7종이 있다. 하나는 粟末部라고 부르는데 고려와 접해 있다. 勝兵은 수천이며, 용감한 자들이 많고 누차 고려를 노략질한다. 두 번째는 伯咄部로 粟末의 북쪽에 있으며, 승병은 7천이다. 세 번째는 安居骨部로 伯咄의 동북에 있다. 네 번째는 拂涅部로 伯咄部의 동쪽에 있다. 다섯 번째는 號室部로 拂涅의 동쪽에 있다. 여섯 번째는 黑水部로 安居骨部의 서북에 있다. 일곱 번째는 白山部로 粟末의 동남쪽에 있고, 勝兵은 3천을 넘지 않는다. 그리고 黑水部는

---

126) 『遼史』 卷60, 志 第29 「食貨志」 下 : 廣州本渤海鐵利府 改曰鐵利州 亦多鐵 東平縣 本漢襄平縣故地 産鐵.

특히 강건한데, 拂涅의 동쪽은 화살에 석촉을 사용하는데, 바로 옛 肅愼氏이다. 東夷 가운데서 강국이다.[127]

위의 기록에서는 黑水部가 가장 강하며, 拂涅部의 동쪽은 화살에 석촉을 사용하는데, 바로 옛 肅愼氏라고 기록하여, 黑水部를 拂涅部의 동쪽에 기술하고 있다.

I-⑲ 『唐會要』에 말갈에는 수십 부가 있는데 黑水靺鞨이 가장 북쪽에 있으며 16부락으로 나뉘어 있다. 또한 남북으로 木柵을 쌓았다. 옛날에 말하기를, 서북에는 思慕靺鞨이 있고 정북에서 약간 동쪽으로 10일거리에 郡利靺鞨이 있다고 한다. 동북으로 10일을 가면 窟說靺鞨이 있고, 동남으로 10일을 가면 莫曳皆靺鞨이 있다. 지금 黑水靺鞨의 국경 남쪽은 발해국 德里府와 접해있다.[128]

I-⑳ 黑水靺鞨은 肅愼 땅에 있는데 또한 挹婁라고 한다. 元魏시기에 勿吉로 불리었고, 京師에서 동북으로 6천리 떨어져 있다. 동쪽으로 바다에 접해 있고, 서쪽으로 突厥과 이어졌으며, 남쪽으로 高麗와 북으로 室韋와 접해 있다. 수십 부로 나뉘었는데 우두머리가 각각 스스로 다스린다. 두드러진 것으로는 粟末部가 있다. 가장 남쪽에 있다. 太白山 또는 徒太山에 이르고 고려와 접해 있다. 粟末水에 의지하여 사는데 물은 산에서 발

---

127) 『北史』 卷94, 「勿吉傳」.
128) 『欽定滿洲源流考』 卷9, 「疆域」 2 靺鞨條 : 唐會要靺鞨有數十部 黑水靺鞨最處北方 分爲十六部落 又以南北爲柵舊說 黑水西北有思慕靺鞨 正北微東十日程 有郡利靺鞨 東北十日程 有窟說靺鞨 東南十日程 有莫曳皆靺鞨 今黑水界南 與渤海國德里府接.

원하여 서북으로 它漏河로 흘러간다. 약간 동쪽에는 伯咄部가
있고, 또한 다음은 安居骨部가 있으며, 더욱 동쪽으로는 拂涅
部가 있다.

… 또한 拂涅, 虞婁, 越喜, 鐵利 등 부가 있는데, 그 지역은
남쪽으로 발해의 북쪽과 접해 있고, 동으로 바다에 이르며, 서
쪽으로 室韋와 맞닿아 있는데, 남북 2,000리이고, 동서 1,000리
이다. 拂涅, 鐵利, 虞婁, 越喜는 때때로 중국과 통교하였으나
郡利, 屈設, 莫曳는 모두 스스로 능히 통하지 못하였다.[129]

Ⅰ-⑲은 黑水部가 남쪽으로 발해의 德里府와 접해 있는 사실
을,[130] Ⅰ-⑳은 黑水部의 지리상황과 말갈 16부에 대한 상황을 알려
준다. 인용문에서 주목되는 것은 바로 黑水部의 사방을 기록하여 동
쪽으로 바다에 접해 있고, 서쪽으로 突厥과 이어졌으며, 남쪽으로
고구려와 북으로 室韋와 접해 있다고 한 점이다. 그런데 바로 뒤에서
다시 拂涅·虞婁·越喜·鐵利部 등이 남쪽으로 발해의 북쪽과 이어
졌고, 동쪽으로는 바다와, 서쪽으로는 室韋와 접해 있다고 하였다.
앞에서 언급한 黑水部의 사방과 비교하여 검토하면, 拂涅·虞婁·

---

129) 『新唐書』 卷219, 列傳 第144 北狄 「黑水靺鞨傳」: 黑水靺鞨居肅愼地 亦曰
挹婁 元魏時曰勿吉 直京師東北六千里 東瀕海 西屬突厥 南高麗 北室韋
離爲數十部 酋各自治 其著者曰粟末部 居最南 抵太白山 亦曰徒太山 與高
麗接 依粟末水以居 水源於山 西北注它漏河 稍東北曰汨咄部 又次曰安居
骨部 益東曰拂涅部 … 又有拂涅虞婁越喜鐵利等部 其地南距渤海 北東際
於海 西抵室韋 南北袤二千里 東西千里 拂涅鐵利虞婁越喜 時時通中國 而
郡利屈設莫曳 皆不能自通.

130) 방학봉은 拂涅·虞婁·越喜·鐵利가 원래 黑水部에 귀속되어 있었다고 인
식하고, 鐵利府의 주거지는 懷遠府의 남쪽·東平府의 서쪽·鄚頡府의 동
북쪽·龍泉府 북쪽에 있으며, 바로 德里鎭이 鐵利府의 중심지이고, 오늘날
의 依蘭縣이라고 하였다(方學鳳, 2000, 『中國境內 渤海遺蹟硏究』, 白山資
料院, 390쪽).

越喜·鐵利部는 黑水部의 동쪽에 위치한 것이 아니라, 그 서쪽에 위치하고 있는 것이 된다.[131] 다시 말하면, 黑水部는 室韋와 고구려 사이에 있는데, 그 중에서 가장 서쪽은 拂涅을 포함한 4말갈이 위치하고 있는 것이다. 게다가 "거란은 북쪽으로 말갈과 室韋와 접해 있다."[132]고 한『新唐書』「契丹傳」의 기록과 결부하여 검토하면, 거란의 북쪽에 위치하고 있는 말갈은 바로 拂涅·越喜·鐵利部일 것이다.

『遼史』「地理志」東京道에서도 이에 관한 기록이 보인다. 그 기록에 근거하면 越喜故地는 요하 중류의 康平·新民일대에 있고, 불열은 東遼河유역, 鐵利는 遼陽을 중심으로 하는 渾河·太子河유역에 있다고 한다.[133] 따라서 越喜를 비롯한 拂涅·鐵利部는 요동 북부와 거란 사이에 위치하고 있던 것으로 생각된다. 그러므로『舊唐書』와『冊府元龜』에서 越喜部를 발해의 서쪽에 위치했다고 하였던 것이다.

위의 추론이 설득력이 있다면, 越喜故地에 설치되었던 懷遠府·安遠府·鐵利府와 東平府는 발해의 동북 변경이 아니라 서쪽으로 비정해야 한다. 왜냐하면,『舊唐書』와『冊府元龜』에서 명확하게 발해의 서쪽에 越喜部와 맞닿아 있다고 하였고,『新唐書』「契丹傳」에

---

131) 金毓黻은 당나라가 安東都護府에 설치한 기미 23주 가운데 拂涅州와 越喜州는 후대의 拂涅部와 越喜部이고, 識利는 鐵利의 잘못이라고 하였다. 그는 또한 후대의 鐵利部 지역이 현재의 우수리강 동쪽에 있어 말갈과 인접한 것은 고구려의 영토와 서로 맞지 않으며, 安東都護府의 임무가 고구려 유민을 통솔하는 것 이외에 동북지방의 오랑캐들을 아울러 다스리는 것이라고 인식하고, 諸北·拜漢·衛樂·舍利·居素·去旦 등 기미 6주는 모두 말갈 땅이라고 하였다(金毓黻, 1934,『東北通史』4장 5절「都護府의 移轉과 改稱」).
132)『新唐書』卷219, 列傳 第144 北狄「契丹傳」: 契丹北接靺鞨室韋 ….
133) 李美子, 2003,「渤海の遼東地域の領有問題をめぐって-拂涅越喜鐵利等靺鞨の故地と關聯して」『史淵』140, 九州大 人文科學硏究院, 130쪽.

서도 거란의 북쪽으로 말갈, 室韋와 이어져 있다고 하였으므로, 거란과 발해 사이에는 越喜部를 비롯한 鐵利·拂涅部가 자리를 잡았던 것으로 판단되기 때문이다.

　그런데 발해가 요동지역을 확보한 것과 관련하여 越喜·鐵利·拂涅部의 동향을 분석한 것이 주목된다. 여기에서는 安東都護府 기미주 내에 拂涅州·越喜州를 비롯한 9개의 종족명을 띠고 있는 羈縻州 등이 보이고 있어서 불열을 비롯한 말갈제부의 세력지를 요동 부근으로 비정하였는데, 이것은 발해의 강역확장이라는 측면에서 일정한 정도의 참고가 된다. 또한 『遼史』 「東京道」의 "廣州는 본래 발해의 鐵利府인데 鐵利州로 고쳤다. 또한 철이 많이 난다. 東平縣은 본래 한나라 襄平縣 고지로 철이 생산된다."[134]고 한 기록에 근거하여 역시 越喜, 鐵利, 拂涅部의 거주지를 요동지역으로 비정하였다.

[표 5] 渤海와 靺鞨諸部의 朝貢記事

(『冊府元龜』 卷971, 外臣部, 朝貢 ; 『同書』 卷974, 外臣部, 襃異)

朝 : 『冊府元龜』 外臣部 朝貢門　　　　＊ : 2회 조공
襃 : 『冊府元龜』 外臣部 襃異門　　　　遠藩靺鞨·靺鞨은 渤海로 처리
朝(襃) : 朝貢門과 襃異門에 모두 기록　　靺涅은 拂涅로 처리

時期	西曆	渤海	拂涅	越喜	鐵利	黑水	時期	西曆	渤海	拂涅	越喜	鐵利	黑水
開元 1年12	713	朝					18年 1	730	朝(襃)	襃			
2年 2	714		朝	朝	朝		2	〃	朝(襃)				
4年閏 12	716	朝	朝				5	〃	朝(襃)				朝(襃)
5年 3	717		朝				6	〃					襃
5	〃	朝					9	〃	朝(襃)				
6年 2	718	朝(襃)	朝(襃)		朝(襃)		19年 2	731	襃＊				
7年 1	719		朝	朝			10	〃	朝(襃)				
2	〃		朝				23年 3	735		朝	朝	朝	
8	〃		朝				8	〃		朝	朝	朝	

---

134) 『遼史』 卷60, 志 第29 「食貨志」 下 : 廣州本渤海鐵利府 改曰鐵利州 亦多
　　鐵 東平縣 本漢襄平縣故地 産鐵.

9年	11	721	朝(獻)	朝(獻)		朝(獻)	
10年閏	5	722					獻
	9	"		獻		獻	
	10	"			朝(獻)		
	11	"	朝				
	12	"					獻
11年	11	723		獻	獻	獻	
12年	2	724	朝				
	5	"			獻		
	12	"	獻	獻	獻	獻	獻
13年	1	725	朝				朝(獻)
	3	"		獻	獻	獻	獻
	4	"	獻			獻	
	5	"	獻				獻
14年	3	726	獻				
	4	"	獻				
	11	"				獻	
15年	2	727					
	4	"	獻				
	8	"	朝				
	10	"	朝				
	11	"				獻	
16年	9	728	獻				
17年	2	729	朝*				
	3	"	獻*				

24年	9	736			朝		
	11	"	獻				
25年	1	737	朝	獻			
	4	"	朝(獻)				
	8	"	獻				
26年閏	8	738	朝				
27年	2	739	朝(獻)	朝			
	10	"	朝(獻)				
28年	2	740			朝	朝	
	10	"	朝				
29年	2	"	朝(獻)		朝(獻)	朝(獻)	
	3	741		朝			
	4	"	朝				
天寶2年	7	743	獻				
5年	3	746	朝				
6年	1	747	朝			朝	
7年	1	748					
	3	"				朝	
8年	3	749	朝				
9年	1	750				朝	
	3	"	朝				
11年	11	752				朝	
	12	"				朝	
12年	3	753	朝				
	12	"	朝				

그렇다면 말갈제부는 어떻게 단독 혹은 동반으로 조공을 할 수 있었던 것일까. 이 문제는 발해의 통제력이 이곳에 미쳤는가 아닌가에 의미가 아니라, 발해의 통치방식이 무엇인가에 그 주안점이 있다. 주지하다시피 발해의 통제권에는 고구려·말갈제부를 포함하여 생활방식과 거주공간을 달리하는 많은 부족들이 있었고, 건국초기 모집단의 확장은 발해 위정자의 가장 커다란 숙원 가운데 하나였다. 특히 文王시기에 이르러서는 체제를 정비하였지만, 그로 인해 편제된 시스템이 자리를 잡아가는 데는 다소 시간이 필요했을 것이다. 따라서

『冊府元龜』의 「朝貢門」과 「褒異門」에는 발해를 제외한, 발해에 복
속되었다고 판단되는 많은 말갈제부의 조공기사가 산견되는 것이
다.[135] 이것은 발해의 통치력과 통치시스템이 점차 자리를 잡아가고
있음을 보여주는 것이라고 하겠다.

文王시기의 발해 강역을 살펴보면, 지리적으로는 武王의 강역권
을 계승하고, 말갈제부에 대한 영향력을 더욱 확대하여 공간적 기반
을 형성하였다. 이를 바탕으로 발해의 영토를 살펴보면, 동쪽은 바다
에 이르고, 서쪽은 요하를 경계로 대련만과 요하북부를 포함하는 지
역, 남쪽으로는 泥河를 경계로 하였고, 북쪽으로는 黑水部와 접경한
지역이었다. 따라서 '당나라 시기의 영역을 서술함에 있어서 동쪽으
로는 미치지 못하였다'고 기술하였던 것이다.

이상과 같이 이 장에서는 高王으로부터 文王까지 어떠한 과정을
통하여 영토를 확장하였고, 그 중심 방향이 어디였는지를 검토하였
다. 高王의 영토확장은 『新唐書』「渤海傳」에 "扶餘 · 沃沮 · 弁韓 ·
朝鮮 · 海北諸國을 얻었다."고 하여 그 실마리가 보인다. 이것을 통
해 본다면, 高王은 영역을 건국지인 敦化 東牟山을 중심으로 東京지
역과 南京지역, 그리고 遼陽이 위치하고 있는 요동지역, 일부 牧丹
江 중 · 하류 지역으로 확장했음을 알 수 있다. 武王은 북쪽 및 동북

---

135) 『冊府元龜』의 조공기록에 근거하면, 발해 文王이 즉위하는 737년부터 753
년까지 拂涅部는 開元 25年 1회 · 開元 27年 1회 · 開元 29年 1회로 3회에
걸쳐서 당나라에 조공을 하고 있다. 越喜部는 開元 28年 1회 · 開元 29年
1회로 2번, 鐵利部는 開元 28年 1번에 걸쳐서 당나라에 조공을 하고 있다.
黑水部는 開元 29年에 1회 · 天寶 6年 1회 · 天寶 7年 2회 · 天寶 9年 1회 ·
天寶 11年과 12年 각각 1회씩 당나라에 조공을 하였다.

쪽에 위치한 黑水部와 요동지역으로 세력을 넓혔다. 그는 먼저 단독
으로 당나라와 외교관계를 맺으려는 黑水部를 토벌하고 그 경계에
장성을 축조하였다. 그리고 흑수지역에서 발해로 통하는 牧丹江 양
안을 따라 **빽빽**하게 고성을 축조하여 黑水部에 대한 방비를 강화하
였다. 732년에는 당나라의 登州와 馬都山을 공격하였다. 그러므로
武王은 登州 및 馬都山을 공격한 시기보다 앞서 요동지역을 확보하
였던 것으로 판단된다. 文王시기에는 재위 초기에 上京의 존재가 확
인된다. 그리고 말갈제부의 조공기록이 단절되고 있는 점으로 미루
어 보아, 당시에 黑水部에 대한 완벽한 통제력을 행사했음을 알 수
있다. 文王이 즉위한 이후, 服屬民들에 대한 통제력은 더욱 강화되
었다. 그래서 새로 복속된 지역이 진정한 의미에서 발해의 판도로
편입됨으로써 영토확장은 완료되었다.

行政編制와 支配力의 擴大

文王은 현재의 黑龍江省·吉林省·遼寧省·沿海州와 북한에 이르는 광대한 강역을 개척하였다. 그러나 발해는 그 문화적인 연원과 인적구성이 매우 복잡하였다. 발해의 자연지리는 크게 4개의 권역으로 나눌 수 있다. 첫째는 小興安嶺과 三江平原지구이고, 둘째는 백두산지구이며, 셋째는 시호테산지구이고, 넷째는 松嫩平原지구이다. 또한 이 지역은 생산방식에 따라 서부 농업지역, 중부 농업 및 어업 수렵지역, 동부와 북부의 어업 수렵구역으로 구별할 수 있다.[1]

이밖에 그 사회도 "우두머리는 있지만 하나로 통일되어 있지 않다."[2]고 한 것처럼 사회가 매우 복잡하고 다양하였음을 알 수 있다. 이러한 지리·경제적 생활방식의 차이와 인적구성의 다양성은 발전과정에서 커다란 걸림돌이 아닐 수 없었다. 이러한 상황을 해결한

1) 王承禮著, 宋基豪譯, 1987, 『발해의 역사』, 翰林大學아시아文化硏究所, 103~107쪽.
2) 『魏書』 卷100, 列傳 第88 「勿吉傳」: 邑落各自有長 不相總一.

군주는 文王이다.

高王과 武王은 당나라의 통제를 벗어나서 건국의 기틀을 세우는 데 온 힘을 기울였다. 文王은 영토내의 다양한 문화권과 인적구성에 대해서 통치력을 향상시키는 데 주력하였다. 그래서 그는 중앙기구를 신설하여 통치력 행사를 위한 창구를 개설하였을 뿐만 아니라, 전국에 행정구역을 설치하였다. 따라서 이 장에서는 행정구역 편제의 배경과 행정구역의 설치를 통해 文王이 지배력을 확장해 가는 과정을 검토하고자 한다.

1. 行政編制와 支配構造의 擴大

1) 行政編制의 背景

행정구역은 전국을 단일한 시스템으로 편제하여 제어하는 하나의 방법이다. 나라들마다 전국을 통일한 이후 자국의 실정에 맞게 전국을 재편하였다. 당나라는 건국 이후 산천을 경계로 하여 전국을 10도로 나누어 부·주·현제를 실시하였고, 신라는 小京과 州제도를 시행하였다. 발해도 역시 전국을 단일체계로 구획·편제하였다.

『新唐書』에는 발해의 전역에 설치했던 5경 15부 62주에 대한 상세한 기록이 남아 있다. 다른 기록과 비교해볼 때, 그 내용이 매우 상세한 것은 바로 발해로 사행을 갔던 瀛州司馬 張建章이 저술했다는 『渤海記』의 내용이 포함되었기 때문이라고 한다. 1956년 북경의 德承門 밖에서 출토된 「張建章墓地」[3]에 따르면, "발해국왕 大彝震이 司賓卿 賀守謙을 幽州로 파견하매, 幽州節度府에서 回聘을 논의하고 833년 瀛州司馬 張建章을 발해로 보내니, 다음 해인 834년에 忽汗州에 도착하였고, 835년에 幽州로 돌아왔다."[4])고 한다. 그는 幽州로 돌아온 이후, 上京에서 머물던 1년 동안 보고 들은 도성의 궁전 건축·말갈인의 풍속 등을 정리하여 『渤海記』를 만들었다. 『渤海記』에 실린 내용은 당시 중원인사가 발해의 역사와 문화 상황에 대해 서술한 첫 저술이다.

『新唐書』「渤海傳」에는 각 지역에 대한 행정구역 설치 기사가 보인다. 즉 '肅愼故地'를 上京으로 삼고, 그 남쪽을 中京으로 삼았으며, '濊貊故地'를 東京으로, '沃沮故地'를 南京으로, '高麗故地'를 西京으로 삼았다고 한 것 등이 그것이다. 또한, 『新唐書』에는 『舊唐書』와는 달리 시호·연호·지리·관제·물산 등이 상세히 기록되어 있다. 그래서 행정구역의 설치시기도 일반적으로 적어도 '海北諸部를 토벌하고 크게 강역을 넓혔다.'는 宣王시기, 또는 '이때에 이르러 海東盛國이 되었다.'라는 기록과 결부시켜 11대 大彝震시기로 인식한다.[5] 그러나 상술한 武王代의 영토확장과 결부해 보면, 이미 武王代

---

3) 張建章墓誌는 1956년 11월 북경 德勝門 밖에서 발견되었다. 당시에는 그 중요성이 알려지지 않았고, 북경도서관에 있던 탁본마저도 정리되어 있지 않았는데, 1977~78년 도서관 소장 탁본 정리과정에서 徐自强에 의해 처음으로 알려지게 되었다. 묘지는 정방형의 덮개와 묘지석으로 구성되어 있다(徐自强, 1979, 「'張建章墓志考」『文獻』; 『高句麗渤海硏究集成』渤海 卷 3, 哈爾濱出版社, 518쪽).

4) 孫玉良, 1992, 『渤海史料全編』, 吉林文史出版社, 420쪽.

5) 임상선은 발해의 영토확장 및 5경 15부 62주 설치 시기를 10대 宣王이 "바다 북쪽의 여러 부락을 정벌하여 크게 영토를 개척하였다"는 기록과 결부시켜 이해하였다(임상선, 2007, 「발해 '東京'지역의 고구려 문화 요소」『高句麗硏究 25-동아시아와 발해 Ⅰ』, 고구려연구회, 60쪽). 그러나 魏國忠은 발해 五京설치는 대체로 文王이 국왕으로 승격된 지 얼마 지나지 않은 시기일 것으로 추정하였다(魏國忠, 1984, 「唐代渤海五京制度考」『博物館硏究』3, 吉林省博物館, 37~40쪽; 『高句麗渤海硏究集成』渤海 卷(2), 哈爾濱出版社, 378

에 上京 지역으로의 확대가 이루어져 전성기의 영역을 확보하였음을 살펴볼 수 있다. 文王代에는 이 지역에 전국적인 규모의 행정제도가 마련되고, 설치되기 시작하였을 것으로 생각된다. 한편, 10대 宣王시기에도 크게 강역을 확장하였고, 이때에 이르러 海東盛國이 되었다고 하는 기록[6]이 있으므로 宣王 당시에도 대내적으로 비약적으로 발전했고, 대외적으로는 국제적인 위상도 크게 상승했음을 부인할 수 없다.

그런데 여기서 주목해야 할 것은 文王의 사망 이후부터 宣王이 재위할 때까지의 발해 상황이다. 이 기간은 794년부터 818년까지로, 25년간 6명의 왕이 교체되었다. 왕위의 교체 원인에 대해서 알 수 있는 구체적인 기록은 없다. 그러나 廢王 元義의 즉위과정과 성왕의 즉위과정을 통하여 文王 사망 이후 급속하게 왕위를 둘러싼 분쟁이 있었음을 짐작할 수 있을 뿐이다.[7] 그 후 4代 成王에서 9代 簡王에 이르는 기간에는 각 왕들의 구체적인 공적은 알려진 바가 없고, 단지 연호만이 남아있을 뿐이다. 이들의 연호를 살펴보면, 대략 宣王의 재위 이전 각 왕들이 목표했던 국정운영의 대략을 짐작할 수 있다.

쪽). 송기호도 5京 설치의 상한을 762년부터 760년대 후반, 범위를 더 좁혀서 760년대 중반의 文王시대로 인식하였다(宋基豪, 2002, 「발해 5京制의 연원과 역할」, 『강좌 한국고대사』7, 駕洛國事蹟開發硏究院, 235쪽). 뿐만 아니라 朱國忱도 至德 2年인 757년, 당나라가 5京을 갖춘 지 얼마 지나지 않아서, 文王이 '郡王'에서 '國王'으로 승격되었고, 점차 '皇上'이라고 칭하면서 당나라의 제도를 본받아서 五京을 설치하였는데, 그 구체적인 시기는 774년 혹은 그보다 약간 늦은 시기라고 주장하였다(魏國忠·朱國忱·郝慶云 著, 2006, 『渤海國史』, 中國社會科學出版社, 121~122쪽).

6) 『新唐書』卷219, 列傳 第144 北狄 「渤海傳」: 仁秀頗能討伐海北諸部 開大境宇有功 … 初其王數遣諸生詣京師太學 習識古今制度 至是遂爲海東盛國.

7) 김종복, 2001, 「발해 폐왕·성왕대 정치세력의 동향」 『역사와 현실』41, 한국역사연구회, 120~123쪽.

Ⅱ-① 周禮에 천자, 제후가 나라를 나누어 각각 그 연호를 기록하여
　　　나라 안에 행한다. 매번 나라의 임금이 새로 즉위하면 반드시
　　　연호를 고치는 것으로 시작하는데, 이것을 改元이라고 한다.[8]

　廢王 元義는 재위 1년도 못되어 '國人'[9]들에 의해서 살해되었으므
로, 그의 연호는 알 수 없다. 廢王을 뒤이어 즉위한 成王은 '中興'으
로 개원하고 발해의 수도를 上京으로 옮김으로써 文王代부터 시작
된 지배체제를 완성시켰다. 이후 즉위한 康王 嵩璘은 '正曆'으로, 定
王 元瑜는 '永德'으로, 僖王 言義는 '朱雀'으로 簡王 明忠은 '太始'로,
그리고 宣王 仁秀는 '建興'으로 연호를 개원하였다.[10]

　文王의 연호가 '大興'이었고, 잠깐의 혼란을 거쳐서 즉위한 成王은
조부의 덕에 견줄 수 있기를 기원하며 '中興'으로 국정운영의 방향을
제시하고, 천도를 단행했다. 康王은 '正曆'으로 연호를 고쳤는데, 그

---

8) 『春秋屬辭比事記』 卷1, 改元.
9) '國人'에 대하여 방학봉은 상층 통치집단 내부의 대씨왕족 적계를 위수로 한
　파를 가리킨다고 하였고(방학봉, 1989, 「발해 대원의가 피살된 사회적 배경과
　그 성격에 대한 연구」 『발해사연구』, 정음사, 122쪽), 酒寄雅志도 국인을 8세
　기말 발해에서 王權 자체를 좌우할 수 있는 세력이었던 귀족층=지배층으로
　추정하였다(酒寄雅志, 1979, 「渤海王權の一考察-東宮制を中心として」 『朝
　鮮歷史史論集』上卷, 龍溪書舍 ; 임상선 편역, 1990, 『渤海史의 理解』, 신서원,
　152쪽). 한규철은 이 시기 국인의 성격을 왕권에 대립하는 집단이라기보다는
　귀족집단 내부의 주도권 쟁탈로 해석하였다(韓圭哲, 1994, 『渤海의 對外關係
　史-南北國의 形成과 展開-』, 신서원, 106쪽). 임상선은 국인이 일반귀족뿐만
　아니라 대씨 왕족도 포함되어 있는 귀족연합세력이라고 인식하였다(임상선,
　1999, 『발해의 지배세력연구』, 신서원, 110~111쪽).
10) 『新唐書』 卷219, 列傳 第144 北狄 「渤海傳」: … 族弟元義立一世 猜虐 國
　人殺之 推宏臨子華璵爲王 復還上京 改元中興 死 謚曰成王 欽茂少子崇鄰
　立 改年正歷 … 謚康王 子言瑜立 改年永德死謚定王 弟言義立 改年朱雀
　幷襲王如故事 死 謚僖王 弟明忠立 改年太始 立一世死 謚簡王 從父仁秀立
　改年建興 ….

의미는 '왕위를 바로 잡는다' 또는 '달력을 바로 잡는다'는 의미이다.
이것은 바로 전시기에 있었던 발해 왕실 내부의 불협화음을 어느 정
도 감지할 수 있는 단서이다. 定王은 '永德'으로 개원하였다. 이것은
'武王 또는 文王의 덕을 영원히 한다'는 의미로, 발해의 융성에 대한
의지를 표현한 것이라 볼 수 있다. 9대 簡王의 경우는 太始를 연호로
삼아서, 재도약의 의지를 다졌다. 그러나 1년이 채 되지 않아 사망하
여, 10대 宣王에게 왕위가 전달되었다. 宣王은 즉위하자마자 곧 '建
興'으로 고쳐서 발해 발전의 초석을 다지겠다는 의지를 표명하였다.
그의 이러한 의지는 文王 이후 벌어진 왕실내부의 분열 등 국내외적
인 불안과 무관하지 않았다고 여겨진다. 宣王이 건국자인 高王의 동
생인 大野勃의 4세손이었다는 점[11]에서 宣王의 즉위도 정상적인 단
계를 거쳐 진행되지 않았음을 엿볼 수 있다.[12] 어찌되었든 그는 발해
의 국력향상에 대해서 많은 목적의식을 지니고 있었다고 하는 점에
서는 의문이 없다.

　宣王이 그와 같은 의지를 담게 된 것은 역시 4~9대에 걸치는 비상
식적인 왕위계승과 관련이 있을 것이다. 불과 25년 만에 발해는 국력
이 매우 약해졌고, 발해에 종속되었던 '海北諸部'로 표현되는 말갈제

---

11) 『新唐書』 卷219, 列傳 第144 北狄 「渤海傳」 : … 從父仁秀立 改年建興 其
　　四世祖野勃 祚榮弟也.
12) 임상선은 宣王 大仁秀는 大祚榮의 동생인 大野勃의 4세손으로서 즉위할 수
　　있었던 배경으로는 康王係가 大明忠의 죽음으로 단절되었다는 현실적인 이
　　유와 함께 당시 발해 왕실 내에서 차지하고 있던 그의 권력이 배경이 되었을
　　것으로 생각하였다. 그리하여 宣王은 簡王 大明忠이 후사가 없이 사망하여
　　왕위계승에 혼란이 초래되었을 때, 자신이 차지하고 있던 실권을 배경으로
　　여타 왕위계승 후보자를 누르고 즉위할 수 있었으며, 宣王의 즉위로 새로운
　　왕계가 시작되었다는 것은 그의 즉위에 적지 않은 장애가 있었음을 보여준다
　　고 하였다(林相先, 1998, 『渤海의 支配勢力 硏究』, 韓國精神文化硏究院 博
　　士學位論文, 83~84쪽).

부의 이탈이 심화되었다. 이 뿐만 아니라 그들이 거주하고 있는 지역
도 자연스럽게 발해의 세력권에서 벗어나고 있었다. 따라서 그는 발
해의 통제에서 벗어나 이탈해 독자적으로 활동하던 세력들을 복속시
켜야 했다. 이 시기에 '海北諸部들을 토벌하여 크게 강역을 개척하는데
공이 있다.'[13]고 특기한 것은 바로 발해가 처한 당시의 국내 상황 때문
이었다. 이것은 그가 연호를 建興으로 내세우게 된 가장 큰 이유일 것
이다.

[표 6] 王室內紛期 渤海 및 靺鞨諸部의 對唐朝貢

(『冊府元龜』 卷972, 「朝貢五」;『同書』 卷976, 「褒異」)

時 期	西曆	渤海	靺鞨	虞婁靺鞨	越熹靺鞨	黑水靺鞨
貞元 8年 12月	792		朝			
14年	798			褒		
18年 1月	802			朝	朝	
20年 11月	804	朝				
元和元年 12月	806	朝				
2年 12月	807	朝				
5年 1月	810	朝				
5年 11月		朝				
7年	812	朝				
8年 12月	813	朝				
9年 1月	814	朝				
9年 11月		朝				
9年 12月		朝				
10年 7月	815	朝				朝
11年 3月	816	朝	朝			
12年 2月	817	朝				

文王이 사망하기 1년 전인 792년부터 宣王이 즉위하는 818년까지
당나라로 조공한 전체 19회 가운데, 발해를 제외한 靺鞨諸部가 조공

---

13) 『新唐書』 卷219, 列傳 第144 北狄 「渤海傳」: … 仁秀頗能討伐奚北諸部
   開大境宇有功.

한 횟수는 6회에 이른다. 여기에는 말갈 2회와 虞婁部 2회를 포함하여, 越喜部·黑水部가 각각 1회씩 당나라에 조공하였다. 물론 802년에 이루어진 조공에서는 虞婁部와 越喜部가 함께 조공하였고, 816년에 이루어진 조공에서는 발해와 말갈이 함께 조공하였다. 발해와 말갈이 함께 조공한 이번 경우를 제외하더라도, 공고하게 발해의 통치권에 귀속되어 있던 말갈제부가 점차 독립적으로 당나라로 조공을 진행하였다는 점은 적어도 이 시기에 있어서 말갈세력의 이탈 움직임이 포착되었고, 그 주된 대상은 虞婁·越喜·黑水部였음을 짐작할 수 있다. 따라서 宣王시기의 강역확장에 대한 특기는 바로 4대 廢王부터 9대 簡王시기까지 있었던 발해 왕실의 정치적 혼란으로 통제력이 이완되거나 이탈하여 간 靺鞨諸部에 대한 재통합으로 인식할 수 있다.

특히 그의 강역확장이 '海北諸部'로 한정되어 있고, 이어서 "강역을 크게 확장하는데 공이 있었다."고 기록하고 있는 점은 그의 주된 복속대상이 말갈제부였음을 보여준다. 이것은 상기한 왕실내분으로 인한 말갈제부의 이탈에 대한 재통합의 결과였고, 그동안 말갈제족들의 독립의지나 불복종으로 인한 정신적·물리적 이탈에 대한 회복으로 인정할 수 있다.

왕실의 불협화음을 극복한 宣王의 가장 큰 고민은 무너진 왕실의 권위와 국가의 기강을 바로 잡는 것이었다. 왕실의 권위를 세우는 일들은 궁궐수축분야에서 이루어졌고, 국가의 기강을 바로잡는 일은 영토 회복과 지방지배의 근간인 행정구역의 재정비에 있었다.[14] 다

---

14) 『遼史』卷38, 志 第8「地理志」2 : 十有二世至彛震 僭號改元 擬建宮闕 有五京十五府六十二州 爲遼東盛國. 발해가 '海東盛國'으로 불린 시기에 대해서

시 말하면, 이것은 宣王 재위 이전에 운영되고 있었던 제도의 회복이 그 주된 목적이었음을 의미하는 것이다. 따라서 10대 宣王 또는 11대 大彛震 당시에 발해의 5경 15부 62주 행정구역의 완비되었다고 하는 것은 재론의 여지가 있다.

발해는 건국 이후 지속적으로 말갈제부에 대한 통제력을 강화하였고, 그 중심 시기는 바로 文王代이다. 그는 발해가 존속한 전 기간에 걸쳐서 가장 긴 57년간 재위하였고, 武王과는 달리 대외적인 확장보다는 대내적인 정비와 안정에 전력한 인물이다. 그는 '文治'를 추진하기 위해서 적극적으로 당나라의 문물제도를 수용하였다.

2) 行政區域의 設置

文王은 즉위 이후 지속적으로 당나라에 사신을 파견하여, 중국의 제도와 문물을 적극적으로 수입하였다. 그는 57년간 61회에 걸쳐 당나라에 사신을 파견하였는데, 많은 때는 한 해에 4~5회에 이른다.[15] 이 뿐만 아니라 즉위 초에는 여러 번에 걸쳐서 諸生을 京師의 太學에 보내어 고금의 제도를 익히고 배우게 하였고,[16] 開元 27년인 738

는 宣王시기 또는 大彛震시기로 그 주장이 나뉘고 있다. 宣王재위 기간의 가장 중요한 국정운영의 방향은 역시 무너진 왕실 권위의 회복과 침탈된 강역의 회복이었다. 따라서 大彛震시기에는 점차 '海東盛國'이라는 문화적인 전성기를 맞았던 것으로 판단된다.
15) 宋基豪, 1995, 『渤海政治史研究』, 一潮閣, 107쪽. 그러나 濱田耕策은 『舊唐書』에 '한해에 2~3번' 발해 사신이 왔다는 기록과 『新唐書』의 현종 재위 중에 29회, 대종의 대력연간에 25회의 견당사가 왔다는 기록에 근거하여, 文王 재위기간의 견당사의 횟수를 54회로 계산하고 있다(濱田耕策, 1999, 「大欽茂(文王)時代-渤海의 歷史的性格-」 『고구려연구-발해건국1300주년(698~1998)』 6, 學研文化社, 72쪽).
16) 『新唐書』 卷219, 列傳 第144 北狄 「渤海傳」 : … 初其王數遣諸生詣京師太學 習識古今制度 …. 이 기록에 대해서 김종복은 文王 때도 유학생을 파견하

년에는 발해에서 사신을 파견하여 『唐禮』『三國志』『晉書』『三十
六國春秋』를 필사해 왔다.[17] 여기서 말하는 『唐禮』는 『大唐開元禮』
를 의미한다.[18] 이것은 국가를 통치하기 위한 5례를 규범하고 있는
책으로, 의례에 필요한 律·令·格·式을 담고 있다. 그런데 불과
반포된 지 6년 만에 이를 수입하였다는 것은 文王의 의도가 얼마나
분명한 지를 엿볼 수 있다. 즉 그는 이것을 도덕규범과 사회규범으로
삼아서 통치하는 데 적용하고자 하였던 것이다.[19] 당시 발해의 문화
성장은 1949년과 1980년에 발견된 六頂山의 貞惠公主墓와 龍頭山의
貞孝公主墓에서 출토된 묘비에 인용된 많은 중국의 전적들을 통해
엿볼 수 있다.[20]

文王은 이보다 한 해 전인 737년 즉위와 동시에 책봉을 받았고,
당나라에 사신을 파견하였다. 그는 즉위한 이 해에 모두 4번에 걸쳐

였을 가능성이 있지만, 사료에서 발해의 학생 파견이 확인되는 사례는 『舊唐
書』「渤海靺鞨傳」의 太和七年條의 "正月 遣同中書右平章事高寶英來謝冊
命 仍遣學生三人 隨寶英赴上都學問 先遣學生三人 事業稍成 請歸本國
許之"가 처음이라고 하였다(김종복, 2006, 「발해의 상경 건설과 천도」에 대한
토론문, 한국고대사학회 12월 정기발표회). 그러나 발해와 당나라 사이에 공
식적으로 외교관계가 성립된 다음 해인 開元 2년인 714년에 학생 6인을 당나
라에 파견하여 공부하도록 하였다는 기록이 보인다(『玉海』 卷153, 「朝貢」
外夷來朝 唐渤海遣子入侍條 : … 開元二年 令生徒六人入學 …). 그리고 발
해의 왕자가 시장에 나아가 교역하고 절에서 예배할 수 있도록 청한 일(『冊府
元龜』 卷971, 「朝貢」 四 : 靺鞨王子來朝 奏曰 臣請就市交易 入寺禮拜 許之)
등과 결부하여 본다면, 이후 발해는 당나라의 선진문물과 사상 및 문화를 수
용하기 위한 많은 노력을 경주했음을 미루어 짐작할 수 있다.

17) 『唐會要』 卷36, 「蕃夷請經史」 : 開元二十六年 六月二十七日 渤海遣使求寫
唐禮及三國志晉書三十六國春秋 許之.

18) 宋基豪, 1995, 『渤海政治史硏究』, 一潮閣, 107쪽.

19) 宋基豪, 1995, 『渤海政治史硏究』, 一潮閣, 107쪽.

20) 방학봉, 1990, 「발해정효공주묘지병서에 대한 고역」, 『발해사연구』1, 연변대
학출판사 ; 1990, 「정혜공주묘와 정효공주묘에 대하여」, 『발해사연구』1, 연변
대학출판사 ; 2006, 『渤海國史』, 中國社會科學出版社 105쪽.

조공하였고, 738년에는 2번 조공하였다. 『冊府元龜』를 살펴보면, 開
元 26년 윤8월에 조공기록이 있다. 그러나 『唐會要』를 살펴보면, 그
해 6월에도 조공이 이루어졌음을 알 수 있다. 그렇다면 6월에 이루어
진 사행에서도 법령집과 역사서에 대한 도입을 시도하였음을 알 수
있다.

文王은 이와 같이 신속하게 당나라의 문물을 수입하고, 적극적으
로 '文治'를 추진하였다. 이것은 곧 새로 복속된 지역에 대한 통치와
국가를 효율적으로 운영하기 위한 조치였다. 그는 사신파견을 통하
여 경제적인 이익을 창출하고 국가의 재부를 풍족하게 하였다. 이와
동시에 그는 당나라의 문물제도와 통치술에 대해서도 이해를 심화시
켰다. 이러한 노력은 그의 재위기간에 이루어진 대당 조공의 횟수가
전대미문의 수치인 60회를 넘어서고 있는 데서도 확인된다.

그런데 어떻게 文王이 그토록 빈번하게 사신을 파견하고 선진문
물을 수입하는 것이 가능했을까. 文王의 업적이 文治라는 점은 누구
도 부인하지 않는다. 그러나 바로 전시기인 武王代에 黑水部의 토벌
을 둘러싸고 大門藝를 중심으로 하는 親唐派와 武王을 중심으로 하
는 自主派간의 갈등이 있었다. 이 과정에서 門藝가 당나라로 망명하
면서, 발해의 정국운영의 주도권이 武王을 중심으로 하는 自主派에
게 귀속되었다.[21]

武王시기에는 高王 당시 책봉을 받는 것으로 공식적인 외교관계
가 형성되어 당나라의 토벌 위협이 사라졌다. 그렇지만 발해 주변에
는 여전히 발해의 영향권에 포함되지 않은 많은 위협세력이 존재하

---

21) 金鍾福, 2002, 「渤海 政治勢力의 推移 硏究」, 성균관대학교 박사학위논문,
88쪽.

고 있었다. 이들을 정벌하고 발해의 영향력을 확대하여 대외적인 위협요소를 불식시키는 것은 武王의 선결과제였다. 따라서 725년 安東都護 薛泰의 주청에 의해서 黑水部를 羈縻州로 삼고 長史를 파견하여 통제하려고 한 사건에 대해서 토벌이라는 강경대응을 취할 수밖에 없었다.

黑水部가 당나라의 羈縻州가 되는 것은 단순히 黑水部만의 문제는 아니었다. 발해를 둘러싸고 있는 국제정세가 발해에게 불리하게 작용할 수 있음을 의미한다. 黑水部가 당의 세력권에 포함된다면, 발해의 장래를 보장할 수 없는 심각한 상황이 초래될 수 있었다. 따라서 武王은 黑水部에 대한 토벌을 단행한 것이다.

반면에 文王은 武王이 이루어놓은 기반 위에 새로운 통치구조인 행정구역을 설치함으로써 새로 복속된 지역에 대한 영향력을 확대하였다. 동시에 아직까지 독립적 성향이 강한 말갈제부, 즉 拂涅·越喜·鐵利·黑水部에 대한 통제를 강화하였다. 그는 한편으로는 전국을 편제하고 다른 한편으로는 회유[22]를 통하여 말갈제부를 자신의 세력범위로 포함시켰다. 이 과정에서 천도가 이루어진 것이다. 따라서 武王과 文王은 저마다 처한 정치상황은 다르지만, 모두 발해의

---

22) 발해 조공사 가운데는 727년에 당으로 파견된 大首領 烏借芝蒙과 首領 謁德, 그리고 727년 大昌勃價와 동행한 首領이 있다. 또한 727년 일본으로 파견된 발해 사절 가운데는 대사 寧遠將軍 高仁義와 함께한 高齊德, 737년에 사신을 간 大首領 木智蒙과 大首領 多蒙固, 739년에 胥要德과 함께 파견된 己珍蒙·己閼棄蒙 등이 있다. 이들은 재지세력의 우두머리이면서, 발해정권에 흡수되어 조공사로서 파견된 소위 首領이다. 이와 같은 사례는 발해가 재지세력을 통합하는 과정에서 이들에게 관직을 제수하는 소위 首領支配體制의 整備過程을 반영하는 것이다(李美子, 2003, 「渤海の遼東地域の領有問題をめぐって-拂涅·越喜·鐵利等 靺鞨の故地と關連して」『史淵』140, 九州大人文科學硏究室, 127~130쪽).

지배력을 확장하는 방향에서 대응하였던 것이다.

당나라의 문물제도를 적극적으로 수용함에 따라서 여러 방면에서 구체적으로 변화가 드러나기 시작하였다. 그 중의 하나가 바로 행정구역 설치이다.23) 『新唐書』에 그 구체적인 내용이 기술되어 있다.

Ⅱ-② 그 나라에는 5경 15부 62주가 있다. 肅愼故地를 上京으로 삼고 龍泉府라고 불렀다. 龍, 湖, 渤 3주를 거느린다. 그 남쪽은 中京을 삼고, 顯德府라고 불렀다. 盧, 顯, 鐵, 湯, 榮, 興 6주를 거느린다. 濊貊故地를 東京으로 삼고 龍原府 또는 柵城府라고 불렀다. 慶, 鹽, 穆, 賀 4주를 거느린다. 沃沮故地를 南京으로 삼고 南海府라 불렀다. 沃, 睛, 椒, 3주를 다스린다. 高麗故地를 西京으로 삼고 鴨淥府라고 불렀다. 神, 桓, 豊 正 4주를 거느린다. 長嶺府가 있는데 瑕州와 河州를 다스린다. 扶餘故地를 扶餘府라 부르는데, 항상 강한 군대를 두어서 거란을 방어하였다. 扶州와 仙州를 거느린다. 鄚頡府는 鄚州와 高州를 거느린다. 挹婁故地를 定理府로 삼았으며, 定州와 潘州를 거느린다. 安邊府는 安州와 瓊州를 거느린다. 率濱故地는 率濱府로 삼았으며, 華, 益, 建 3주를 거느린다. 拂涅故地를 東平府로 삼았으며, 伊, 蒙, 沱, 黑, 比 5주를 거느린다. 鐵利故地를 鐵利府로 삼았으며, 廣, 汾, 蒲, 海, 義, 歸 6주를 거느린다. 越喜故地를 懷遠府로 삼았으며, 達, 越, 懷, 紀, 富, 美, 福, 邪, 芝 9주를 거느린다. 安遠府는 寧, 郿, 慕, 常 4주를 거느리

---

23) 발해의 행정구역 설치에 대해서 宣王이 보편적으로 府·州·縣, 즉 행정기구로서 원래의 부락조직체계를 대체하여 군읍을 설치하였다고 하는 견해도 있다(魏國忠·朱國忱·郝慶云 著, 2006, 『渤海國史』, 中國社會科學出版社, 139~140쪽).

고, 또한 郢, 銅, 涑 3주를 獨奏州로 삼았다. 涑州는 그것이 涑沫江 이른바 粟末水와 가깝기 때문이다.[24)]

발해가 건국한 처음부터 이와 같이 완비된 경·부·주 제도가 완비되었던 것은 아니다. 발해의 지배력은 행정구역의 편제를 통하여 점차 강화되었는데, 그 근간을 이루는 것이 율령격식이다. 율령격식 도입의 실례는 上京龍泉府 上京城의 구조와 배치를 통해서도 살펴볼 수 있다. 또한 문헌적으로는 738년에 사신을 파견하여 『唐禮』로 대표되는 법령집과, 『三國志』『晉書』『三十六國春秋』 등과 같은 역사책에 대한 수입을 도모하고 있는 점에서 확인된다. 그런데 여기서 주목해야 할 것은 바로 당나라의 법령집과 역사책이 도입된 해이다.

앞에서 인용한 사료 II-②는 京·府·州에 대한 내용이 매우 정제되어 있다. 이것을 '完備'라는 측면에서 이해하면, 文王시기에 이와 같이 정비되었을 것인가에 대한 의문이 남는다. 경·부·주 제도의 설치에 대한 견해는 文王시기,[25)] 宣王시기,[26)] 大彝震시기,[27)] 그리

---

24) 『新唐書』卷219, 列傳 第 144 北狄「渤海傳」: 地有五京十五府六十二州 以肅愼故地爲上京 曰龍泉府 領龍湖渤三州 其南爲中京 曰顯德府 領盧顯鐵湯榮興六州 濊貊故地爲東京 曰龍原府 亦曰柵城府 領慶鹽穆賀四州 沃沮故地爲南京 曰南海府 領沃晴椒三州 高麗故地爲西京 曰鴨淥府 領神桓豊正四州 曰長嶺府 領瑕河二州 扶餘故地爲扶餘府 常屯勁兵捍契丹 領扶仙二州 鄚頡府領鄚高二州 挹婁故地爲定理府 領定潘二州 安邊府領安瓊二州 率濱故地爲率濱府 領華益建三州 拂涅故地爲東平府 領伊蒙沱黑比五州 鐵利故地爲鐵利府 領廣汾蒲海義歸六州 越喜故地爲懷遠府 領達越懷紀富美福邪芝九州 安遠府領寧郿慕常四州 又郢銅涑三州爲獨奏州 涑州以其近涑沫江 蓋所謂粟末水也.

25) 陳顯昌, 1982, 「唐代渤海國政治的發展」『黑龍江文物叢刊』3, 黑龍江文物出版社, 43~44쪽 ; 王承禮·劉振華 主編, 1991, 『渤海的歷史與文化』, 延邊人民出版社, 126~127쪽 ; 魏國忠, 1984, 「渤海疆域變遷考略」『求是學刊』6 ; 『高句麗渤海硏究集成』渤海 卷2, 331쪽 ; 孫玉良, 1986, 「渤海武王大武藝」『東北歷史人物傳記古代』卷上, 吉林文史出版社 ; 『高句麗渤海硏究集成』

고 大玄錫시기[28)로 나뉘는데, 주도적인 입장은 宣王시기라고 할 수
있다. 그 이유는 宣王代를 '海東盛國'이라고 불린 시기로 이해할 뿐
만 아니라 강역확장을 이룬 이후 '군읍을 설치하였다'는 점 때문이다.
그러나 文王시기로 인정하는 견해에서는 그가 '文治'를 통하여 중원
의 제도를 적극적으로 수용했던 점에 무게를 둔다.

이와 관련하여 고려해야 할 것은, 일본에 파견된 사신들의 관직에
서 지방의 주명이 보이고 있다는 점이다. 예컨대, 739년에 파견된
胥要德은 若忽州都督이었고,[29) 758년에 파견된 楊承慶은 行木底州
刺史였으며,[30) 759년에 파견된 高南申은 玄菟州刺史였다.[31) 발해

渤海 卷2, 188쪽 ; 盧泰敦, 1996, 「발해의 성립과 발전」『한국사 10-발해』,
국사편찬위원회, 35쪽 ; 장국종, 1997, 『발해사연구』1, 사회과학출판사, 36쪽
; 韓圭哲, 1996, 「발해의 정치・경제와 사회」『한국사 10-발해』, 국사편찬위
원회, 138쪽 ; 韓圭哲, 1998, 「渤海의 西京 鴨淥府 硏究」『韓國古代史硏究』
14, 한국고대사학회, 361~362쪽.

26) 姚中岫, 1979, 「海東盛國-渤海史略」『牧丹江師院學報』2, 北方文物雜誌社
;『高句麗渤海硏究集成』渤海 卷1, 61쪽 ; 丹化沙, 1982, 「渤海歷史地理硏
究情況述略」『黑龍江文物叢刊』1, 黑龍江文物出版社, 16쪽 ; 王承禮, 1983,
「渤海的疆域和地理」『黑龍江文物叢刊』4, 黑龍江文物出版社 ;『高句麗渤
海硏究集成』渤海 卷2, 311쪽 ; 陳顯昌, 1983, 「渤海國史槪要」2『齊齊哈爾
師範學院學報』2, 北方文物雜誌社 ;『高句麗渤海硏究集成』渤海 卷1, 82쪽
; 黑龍江文物考古硏究所, 1986, 「渤海磚瓦窯址發掘報告」『北方文物』2, 北
方文物雜誌社, 38쪽 ; 孫進己, 1994, 『東北民族史硏究』, 中州古籍出版社 ;
『高句麗渤海硏究集成』渤海 卷2, 308쪽 ; 濱田耕策, 2000, 『渤海國興亡史』,
吉川弘文館, 68~72쪽.

27) 侈柱臣, 1981, 「渤海記著者張建章'墓志'考」『黑龍江文物叢刊』4, 黑龍江文
物出版社, 22쪽 ;『高句麗渤海硏究集成』渤海 卷2, 哈爾濱出版社, 303쪽 ;
孫進己, 1994, 「渤海國的建置官制與人口」『東北民族史硏究』, 中州古籍出
版社 ;「唐代渤海之五京」『東北民族史硏究』, 中州古籍出版社 ;『高句麗渤
海硏究集成』渤海 卷2, 309쪽, 379쪽.

28) 姜守鵬, 1982, 「渤海隸屬于唐朝」『學習與探索』4, 學習與探索雜誌社 ; 王承
禮・劉振華 主編, 1991, 『渤海的歷史與文化』, 延邊人民出版社, 116쪽.

29)『續日本紀』卷13, 天平 11年 12月 戊辰 : … 仍差若忽州都督徐要德等充使
令廣業等 令送彼國 ….

건국 초기에는 역시 제도가 완비되어 있지 않았다. 그러나 '舊國'에
서 천도한 中京지역을 顯州라 부르고 있는 점을 주목할 필요가 있다.
이것은 '舊國' 이후부터의 수도에서 새롭게 고쳐진 발해식의 府州名
을 사용하였던 기록이다. 그렇다면 5京 이외의 지역에서는 3글자로
이루어진 고구려식의 주명을 사용하였겠지만, 도성 중심지역에서는
발해식으로 고쳐진 '顯州'와 같은 주명이 사용되었을 가능성이 높
다.32) 이와 같은 맥락에서 顯德府의 中京이나, 龍泉府의 上京, 그리
고 龍原府의 東京 및 南海府의 南京과 함께 鴨淥府의 西京도 같은
시기에 설치되었을 개연성이 있다.33)

> Ⅱ-③ 처음에 설치한 羈縻州 14개, 1582호를 거느리며, 京師에서
> 4,625리 떨어져 있고, 동도에서 3,820리 떨어져 있다. 新城州都
> 督府, 遼城州都督府, 哥勿州都督府, 建安州都督府, 南蘇州,
> 木底州, 蓋牟州, 代那州, 倉巖州, 磨米州, 積利州, 黎山州, 延
> 津州, 安市州, 무릇 이 14개의 주는 城池가 없으며, 고구려에
> 서 항복한 戶를 이곳에 흩어져 살게 하였고, 모든 軍鎭은 그
> 우두머리를 都督·剌史로 삼아서 그들을 羈縻하게 하였다.34)

---

30) 『續日本紀』卷21, 天平寶子 2年 9月 丁亥 : … 渤海大使輔國大將軍 兼將軍
行木底州刺史 兼兵署少正 開國公 楊承慶已下卄三人 隨田守來朝 便於越
前國安置.

31) 『續日本紀』卷22, 天平寶子 3年 10月 辛亥 ; … 渤海使輔國大將軍 兼將軍
玄菟州刺史 兼押衙館 開國公 高南申 相隨來朝 ….

32) 韓圭哲, 1998,「渤海의 西京 鴨淥府 硏究」『韓國古代史硏究』14, 한국고대
사학회, 371쪽.

33) 韓圭哲, 1998,「渤海의 西京 鴨淥府 硏究」『韓國古代史硏究』14, 한국고대
사학회, 372쪽.

34) 『舊唐書』卷39,「地理志」河北道 安東都護府條 : 初置領羈縻州十四 戶一
千五百八十二 去京師四千六百二十五里 至東都三千八百二十里 新城州都
督府 遼城州都督府 哥勿州都督府 建安州都督府 南蘇州 木底州 蓋牟州 代

若忽州 · 木底州 · 玄菟州 등의 주명에서는 『新唐書』「渤海傳」에서 보이는 주명과는 달리 세 글자로 되어 있는데, Ⅱ-③ 사료가 참고가 된다. Ⅱ-③은 고구려가 멸망한 이후 '高麗故地'에 설치되었던 羈縻州名이다. 安東都護府 산하에 설치되었던 羈縻州의 명칭이 모두 3자로 이루어져 있다. 이것은 고구려의 城 단위를 州 단위로 전환하였기 때문이다. 즉 당나라는 고구려의 지방지배체제를 해체하지 못한 채 그대로 州로 재편하였다는 의미이다. 이것은 앞에서 언급하였듯이 발해 건국초기에 3자의 주명이 보이고 있는 점과 일맥상통한다.

이 뿐만 아니라, 일본으로 파견되었던 胥要德 · 楊承慶 · 高南申 등의 관직을 보면, 모두 都督과 刺史이다. 이들 관직의 유래는 Ⅱ-③에서 찾을 수 있다. 당나라가 安東都護府 산하에 14개의 羈縻州를 城단위에 설치하였는데, 그 統帥는 刺史나 都督이 된 원 지역의 우두머리들이었다. 이것이 발해 초기에 都督이나 刺史의 관직이 보이게 된 연유이다.

당나라가 羈縻州를 설치할 당시 요동의 정세는 전쟁 이후 몹시 혼란한 상태였기 때문에 그들의 책임자 또한 무관직을 지니고 있었다. 발해가 건국한 이후에도 이들 지역으로 영향력을 확장하면서 고구려의 주명을 그대로 계승하였던 것이다. 이것은 발해가 초창기 고구려 시대의 주 이름을 그대로 사용하였음을 보여주는 것으로써[35] 그 하한은 759년쯤이다. 따라서 지방제도도 文王 후기에 들어서 중국식인 府 · 州 · 縣制의 3단계 체제로 바뀌기 시작하였다.[36] 그러나

那州 倉巖州 磨米州 積利州 黎山州 延津州 安市州 凡此十四州 幷無城池 是高麗降戶散此 諸軍鎭以其酋渠爲都督 刺史 羈縻之.
35) 박시형저, 송기호 해제, 1989, 『발해사』, 이론과실천, 127쪽.
36) 宋基豪, 1995, 『渤海政治史硏究』, 一潮閣, 108쪽.

文王이 즉위한 이후 지속적으로 체제변화가 나타났음은 부인할 수 없다.

발해가 中京으로 천도한 시기인 742년을 전후한 시기에 이미 중국 식의 주 이름이 출현한다. 文王이 중국의 예를 따라 발해의 통치권을 재편하였다. 이 과정에서, 전반기에는 주로 고구려의 舊制와 당나라 의 新制가 일정하게 공존하였다. 이후 발해는 전국을 새롭게 개편하 였다. 이 이론적인 토대는 재론할 필요없이 당나라의 제도이다. 발해 는 건국 이후 지속적으로 당나라의 문물과 제도를 수용하기 위해서 심혈을 기울였기 때문이다.

발해에 남아있는 유적 가운데, 이 시기에 해당하는 유적이 기본적 으로 고구려의 유습을 내포하고 있음에도, 당나라의 선진문물을 수 용하고자 하였던 이유는 무엇일까. 그것은 고구려가 멸망한 이후에 진행된 당나라의 이민족 지배정책과 장기간에 걸친 전란 때문일 것 이다. 당나라는 고구려에서 명망있는 사람들을 당나라의 도성근처나 벽지로 사민시켰다. 동시에 고구려 전역에서 백성들을 수탈하고 핍 박하였다. 이로 인해 발해는 고구려를 계승하여 일어섰음에도 고구 려시기의 많은 것들을 계승할 수 없었다.

고구려의 중심지역은 ① 평양성을 중심으로 한 남부, ② 요동지역, ③ 부여성을 중심으로 한 중부 만주, ④ 국내성 일대의 동가강 유역 과 압록강 중류유역, ⑤ 동부여가 있었던 柵城지방으로 나눌 수 있 다. 그러나 고구려의 요동지역, 부여를 포함한 서부, 국내성과 평양 성을 중심으로 하는 남부지역은 장기간에 걸친 전란과 668년 후의 격동으로 피폐해졌다. 그 주민은 대규모로 徙居되었거나 종종 신 라·돌궐·말갈 등지로 흩어져서 호구가 크게 감소되었다. 이것이 발해가 건국된 이후 고구려의 전 영역을 거의 회복한 후 동만주 지역이 발해의 중심지역이 되었던 원인의 하나였다.[37] 그러나 발해는 문화적 성장을 동력으로 하는 고구려 전 시기의 문헌 및 선진문물이 철저하게 파괴되어 因襲하지 못하였다.

발해는 국가를 유지하기 위해서 당시 동아시아에서 최적화된 규범인 당나라의 제도와 관습, 그리고 이를 유지하기 위한 시스템을 수용하지 않을 수 없었다. 그래서 高王은 사신 행렬에 딸려 숙위를 파견하였다.[38] 武王은 학생 6명을 파견하여 당나라의 제도와 문화를 익히게 하였다.[39] 文王은 재위기간 내내 당나라로 학생을 파견하고, 당나라 역사책의 필사하도록 하였다. 더 나아가 사찰에서의 예불행위까지[40] 다방면에서 선진문물을 수용하고자 하였다. 이것은 문화적, 인적 구성이 복잡한 발해가 어떻게 국가를 효과적으로 통치하여 나라의 기틀을 반석 위에 올려놓을 것인가에 대한 근본적인 고민이기도 하였다.

한편, 『新唐書』「지리지」의 내용에, '顯州는 天寶 中 王所都'라는 기록이 보인다. 文王이 上京으로 천도하는 시기를 즈음해서는 京의 존재도 확인된다. 위의 기록에서 언급한 顯州는 현재의 吉林省 和龍市 西古城으로 비정된다. 天寶 연간은 742~756년까지로 이 기간에 顯州에 도읍을 한 왕은 文王이다.[41]

---

37) 盧泰敦, 1981,「渤海 建國의 背景」『大丘史學』19, 대구사학회, 2쪽, 8~9쪽.
38) 『舊唐書』卷199下, 列傳 第149下 北狄「渤海靺鞨傳」: 中宗卽位 遣侍御使 張行岌 往招慰之 祚榮遣子入侍.
39) 『玉海』卷153,「朝貢」外夷來朝 唐渤海遣子入侍條 : 開元 二年 三月 令生徒六人入學 新羅七人.
40) 『玉海』卷153,「朝貢」外夷來朝 唐渤海遣子入侍條 : 開元 二十六年 渤海遣使來 寫唐禮及三國志晉書三十六國春秋.

文王은 737년에 즉위하였으므로 742년까지는 약 5년여의 공백이 있는데, 이 기간 그는 제도정비를 통한 통치력의 재편을 도모하고 있었다. 그런데 742년에 이르러서 당나라식 주명이 등장하고 있는 점과 비교해 본다면, 즉위 이후에 당나라 문화를 수용하고 행정구역의 설치 및 재편을 통해서 영향력을 확대하고 있었다고 판단된다. 그러나 758~759년에도 木底州와 玄菟州가 사료에 등장하고 있으므로, 한 시기에 일괄적으로 당나라식 주명으로 편제되었던 것이 아님을 알 수 있다. 다만 文王이 上京으로, 東京으로 이주하였다가 다시 上京으로 천도하는 시기까지 발해는 기존의 질서를 인정함과 동시에 새로 복속된 지역에 대해서는 새로운 편제를 행했던 것으로 보인다. 文王代에 실시된 지방통치운영에서 주목할 것은 새로 복속된 지역에 鐵利府·東平府·懷遠府·安邊府·定理府 등을 설치한 것이다. 이 시기 지방관직과 관련된 사료를 분석하면, 이 지역에서는 기미적인 성격에 부주체제로 운영한 듯하다. 즉 虞侯婁蕃將 茹富仇를 지방관인 都督으로 임명한 사료와 靺鞨都督 密阿古, 押領使나 押靺鞨使의 존재, 鐵利官人 등이 그 실례라고 할 수 있다.[42]

文王 당시에는 새로운 복속지에 대해 행정구역과 구체적인 편제가 정돈되고 강화되었으며, 당나라의 제도를 본받아서 새로운 군과 현을 설치하였고, 아울러서 5京을 모두 설치하였다.[43] 즉 上京이 그

---

41) 송기호는 『武經總要』의 '天寶以前王所都'라는 기록을 근거로 '文王代에는 顯州에서 上京으로, 上京에서 다시 東京으로 두 차례나 천도하였으므로, 舊國에서 顯州로 천도한 것은 文王 이전에 해당할 가능성이 크다'라는 견해를 피력하였다(宋基豪, 1995, 『渤海政治史硏究』, 一潮閣, 97쪽).

42) 金東宇, 2006, 『渤海 地方 統治 體制 硏究』, 고려대학교 박사학위논문, 103쪽.

43) 魏國忠·朱國忱·郝慶云, 2006, 『渤海國史』, 中國社會科學出版社, 121쪽.

것으로, 755년 또는 756년을 전후하여 上京으로 천도할 당시 이미
5京制가 출현하고 있기 때문이다. 주지하다시피 上京은 北京을 의
미한다. '上京' 출현은 곧 방위상의 대칭개념이 존재하고 있었음을
의미하므로, 上京천도와 그 즈음해서 발해에서는 5京制가 새롭게 출
현한 것이다. 上京을 비롯한 京체제가 출현하기 시작하였다는 것은
기본적으로 발해의 영역이 확정되었음을 의미한다.

행정구역을 통한 지방지배의 大綱이 형성된 시기는 774년 寶曆으
로 개원될 당시로 판단된다. 寶曆이란 단어는 왕이 새해에 신하들에
반사하는 달력을 뜻하며, 달력을 반사하는 것은 왕의 고유한 권한이
다. 즉 여기에는 달력으로 상징되는 천하질서를 주재하는 왕의 위상
이 투영되어 있다. 결국 寶曆이라는 연호의 사용은 왕권을 강화하겠
다는 의지를 투영하였다고 볼 수 있다.[44] 따라서 文王은 당나라로부
터 학습한 내용을 바탕으로 전국을 구획함과 동시에 중앙에 통치를
위한 기구들을 설치하여 통치력을 강화하였다.

고구려 멸망 이후 설치된 府·州·縣 제도는 당연히 당나라의 영
향 아래에 있었다. 『三國史記』 「高句麗本紀」 寶藏王 下에서, "고구
려가 멸망할 당시 고구려에는 5부 176성이 있고, 그 호수는 69만 호
였는데, 당나라가 이를 9都督府 42州 100縣으로 재편하였다."[45]고

---

44) 종래 이에 대해서는 '寶曆'이란 단어가 당나라 태종의 통치이념이 담긴 『貞觀
政要』에서 따온 것이라는 인식에 근거하여, 국력신장에 따라 왕권을 강화하
고자 한 것으로 본 견해(宋基豪, 1995, 『渤海政治史硏究』, 一潮閣, 122쪽),
'寶曆'으로 개원한 해가 代宗 大曆 7년에 해당하므로 이는 당나라의 大曆시대
를 숭상한다는 의미로 이해하는 견해가 있다(金毓黻, 1956, 「關于渤海貞孝公
主墓碑硏究的補充」 『考古學報』2기 ; 王承禮·劉振華 編, 1991, 『渤海的歷
史與文化』, 延邊人民出版社. 433~434쪽). 그러나 '寶曆'으로 연호를 고친 것
은 중원의 선진문물을 바탕으로 지배체제를 재편하고 왕권을 강화한 것과 밀
접하게 연관된다고 할 수 있다.

하였기 때문이다. 고구려에는 멸망 당시까지 중국의 府·州·縣제
도가 존재하지 않은 것을 알 수 있다. 그렇다면, 文王 초기에 보이는
若忽州·木底州·玄菟州의 경우는 고구려를 멸망시킨 이후 당나라
에 의해서 재편되었던 행정구역의 잔재라고 할 수 있다. 다만 이 경
우 城의 명칭을 주의 이름으로 그대로 사용하였다는 점에서는 고구
려의 유습이 그대로 남겨있다고 할 수 있다.[46]

한편, 宣王은 남쪽으로 신라와의 국경을 안정시키고 북쪽으로 제
부를 경략하여 크게 강역을 확장하였다. 그는 이러한 기초 위에 郡縣
制를 북방의 새로운 복속지로 확대하였다. 동시에 요동일대에 安定
郡, 銅山郡 등의 군현을 설치하였다. 그런데 이 기록에 앞서 주목되
는 것은 바로 "처음에 그 왕이 제생들을 경사의 태학에 보내어 고금
의 제도를 배우고 익히게 하였고, 이때에 이르러 비로소 海東盛國이
되었다."[47] 라는 기록이다.

宣王이 즉위한 이후 그의 첫 번째 정책은 바로 지난 몇 대에 걸쳐
서 발해의 통제력을 벗어나서 발해의 안전에 위협을 가하는 무리들
을 다시 복속시키는 것이었고, 그 주된 대상인 海北諸部는 곧 黑水

---

45) 『三國史記』卷22,「高句麗本紀」寶藏王 下 : … 分五部 百七十六城 六十九
萬餘戶 爲九都督府 四十二州 百縣 … 擢我將帥有功者爲都督刺史縣令 與
華人參理 ….

46) 그런데, 고구려 시대의 지명을 띤 官制가 대일교섭 과정에서만 나타난다는
점에서 세심한 주의가 필요하다. 발해의 고구려 계승의식은 대일외교에서 주
로 등장한다. 그런데 이에 대해서는 일본이 발해를 예전의 조공국인 고구려의
후예로서 인식한 점을, 오히려 발해가 대일외교를 원활히 하고 무역을 진흥시
키려는 외교적 의도에서 이를 이용한 측면이 있다(石井正敏, 1974,「日渤 交
涉における渤海高句麗繼承意識について」『大學院硏究年報』4, 中央大學
; 임상선 편역, 1990, 『발해사의 이해』, 신서원, 229쪽).

47) 『新唐書』卷 219, 列傳 第144 北狄「渤海傳」: 初 其王數遣諸生詣京師太學
習識古今制度 至是遂爲海東盛國 ….

部를 포함한 말갈세력들이다. 이들은 그 끝을 알 수 없는 넓은 지역에 거주하던 자들로서, 강하고 용맹하여 발해에 위협이 되었다. 그러므로 宣王代에 "크게 해북의 제부들을 토벌할 수 있었다."고 한 것은 전왕 시기에 이탈해 간 종족들을 정복한 것이었다. 따라서 기본적으로 宣王 이후의 강역권의 범위는 일명 내분기 또는 혼란기[48]로 인정되는 시기 이전의 강역권과 큰 차이가 없어 보인다.

발해의 주·현제도의 설치에서 감안해야 할 것은 당연히 上京천도이다. '舊國'을 기반으로 하였던 발해가 어느 시기에 上京지역을 도

---

48) 발해사의 시기구분에 대해서는 여러 설이 있다. 한규철은 발해와 신라의 교섭기만을 기준으로 '발해건국기(8C초)'와 '新羅 貴族抗爭期(8C말-9C초)', '渤海滅亡期(10C초)로 구분하였다(한규철, 1983, 「新羅와 渤海의 政治的 交涉過程-南北國의 사신파견을 중심으로-」 『韓國史研究』43, 韓國史研究會). 송기호는 남북국의 관계라는 측면에서 ① 대조영시대(698~719)로 당의 세력을 경계하여 신라에 의지하던 때, ② 2대와 大武藝시대부터 3대왕 大欽茂 시대 중반까지(719~762년경)로 상호 대립하던 때, ③ 大欽茂시대 중반부터 9대왕 大明忠시대까지(762경~818)로 상호 교류하던 때, ④ 10대왕 大仁秀시대부터 14대왕 大瑋瑎시대까지(818~906)로 다시 반목하던 때, ⑤ 마지막왕 大諲譔(906~926)로 거란의 진출에 대항하고자 신라·고려와 연계 또는 반목하던 때로 구분하였다(宋基豪, 1989, 「발해사 연구의 문제점-발해와 신라의 외교관계를 중심으로-」 『韓國上古史』, 韓國上古史學會). 한편 중국에서는 발해의 정치적 변화에 따른 구분방법이 주종을 이룬다. 陳顯昌은 ① 大祚榮에서 2대왕 大武藝시기로 국가가 세워져 초보적 발전을 이루던 시기, ② 3대왕 大欽茂시대의 노예사회에서 봉건사회로 발전해 가면서 정권이 강대했던 시기, ③ 大欽茂 사후 9대왕 大明忠시기까지 왕족 간 치열한 권력 쟁탈의 시기, ④ 10대왕 大仁秀 통치 및 그 후 몇 십년간의 번영·중흥의 시기, ⑤ 그 후 점점 쇠약해지는 시기로 나누고(陳顯昌, 1983, 「渤海國史槪要(2)」 『齊齊哈爾師範學院學報』1, 109쪽), 楊保隆은 ① 大祚榮, 大武藝, 大欽茂 세 왕 시기로서 각 방면에서 부단하게 확대 상승해가는 시기, ② 4대왕 大華璵에서 9대왕 大明忠에 이르기까지의 약 25년간 상대적으로 정체해 있던 시기, ③ 10대왕 大仁秀가 신라 등을 정벌하면서 중흥을 일으켰던 시기, ④ 11대왕 大彛震 시대에 들어가면서 '海東盛國'의 전성기에 들어가 40~50년을 보냈던 시기, ⑤ 14대왕 大瑋瑎부터 끝 왕 大諲譔까지의 멸망기로 나눈다(楊保隆 編著, 1988, 『渤海史入門』, 靑海人民出版社, 4쪽 ; 韓圭哲, 1994, 『渤海의 對外關係史-南北國의 形成과 展開-』, 신서원, 95쪽 注1) 재인용).

읍지로 결정하고, 上京을 경영하였는가는 바로 文王시기 통치력 파급의 단면을 살필 수 있다는 점에서 매우 주목된다. 지금까지 天寶 말은 756년으로, 그 구체적인 원인은 '安史의 亂'이었다고 인식하였다. 물론 발해가 '安史의 亂'이 발발한 이후 일본에 사신을 파견하고, 일본에서도 '安史의 亂'의 후폭풍에 대해서 고심하고 대책을 마련했던 점[49]으로 미루어 본다면, 이 역시 발해의 천도에 적지 않은 영향을 주었을 것임은 분명하다.

그러나 위의 원인은 발해의 上京천도시기에 대한 구체적인 원인이라고 볼 수 없다. 주지하듯이 발해는 건국 이후 끊임없이 강역을 확장하였고, 중원과의 관계가 회복된 이후부터는 일년에 4~5차례나 사신을 파견할 정도로 당나라의 문물을 받아들이는데 적극적이었다. 발해가 당나라의 문물제도를 수용한 것은 단순히 당나라를 모방하는데 있었던 것이 아니라, 당시 발해의 내정을 위한 급선무였음은 재론이 필요치 않다. 따라서 발해는 끊임없이 당나라와의 교류를 통해서 그들의 장점을 받아들이고자 하였다.

그렇다면, 上京에 대한 경영은 언제부터 이루어진 것인가. 文王이

---

49) 『續日本紀』 卷21, 天平寶字 2月 12月 戊申條 : … 至德 元載 己卯 天子至于益州 平盧留後事徐歸道 遣果毅都尉行柳城縣兼四府經略判官張元澗 來聘渤海 且徵兵馬曰 今載 十月當擊祿山 王須發騎四萬 來援平賊 渤海疑其有異心 且留未歸 … 十二月 丙午 … 安東都護王玄志仍知其謀 帥精兵六千餘人 打破柳城斬徐歸道 自稱權知平盧節度 進鎭北平 … 至德 三載 四月 王玄志遣將軍王進義 來聘渤海 且通國故曰 天子歸于西京 迎太上天皇于蜀 居于別宮 彌滅賊徒 故遣下臣來告命矣 渤海王爲其事難信 且留進義遣使祥問 行人未至 事未至可知 其唐王賜渤海國王勅書一卷 亦副狀進 於是 勅大宰府曰 安祿山者 是狂胡狡竪也 違天起逆 事必不利 疑是不能計西 還更掠於海東 古人曰 蜂蠆猶毒 何況人乎 其府帥船王 及大貳吉備朝臣眞備 俱是碩學 明顯當代 簡在朕心 委以重任 宜知此狀 豫設奇謀 縱使不來 儲備無悔 其所謀上策 及應備雜事 一一具錄報來.

실행하고자 했던 통치거점에 대한 이해가 선결되어야만, 발해의 전
역에 설치된 행정구역에 대한 더욱 분명한 인식을 얻을 수 있다. 이
를 이해하기 위해서는 高王·武王代에 이루어진 강역확장에 주목하
지 않을 수 없다.

　　Ⅱ-④ (고왕) 발해의 강역은 營州에서 동쪽으로 2천리 떨어져 있으
　　　　　며, 남쪽으로 신라와 서로 이웃하고 있고, 越熹靺鞨, 동북으로
　　　　　黑水靺鞨에 이르며, 지방은 2천리이다 ….50)

　　Ⅱ-⑤ (고왕) 扶餘, 沃沮, 弁韓, 朝鮮, 海北의 諸國을 모두 얻었다 ….51)

　　Ⅱ-⑥ 武藝가 그 부속에게 말하기를 黑水가 우리의 경내를 빌려서
　　　　　비로소 당나라와 서로 상통하였고, 옛날에 突厥에 吐屯을 청
　　　　　할 때에도 모두 먼저 우리에게 알리고 함께 갔는데, … 이것은
　　　　　당나라와 서로 모의하여 앞뒤에서 공격하고자 하는 것이다. 이
　　　　　에 아우 大門藝와 任雅에게 군대를 이끌고 가서 黑水를 공격
　　　　　하게 하였다.52)

　　Ⅱ-⑦ 아들 武藝가 왕위에 올라 크게 강역을 개척하니 동북의 오랑
　　　　　캐들이 두려워 신하가 되었다.53)

50) 『舊唐書』卷199下, 列傳 第149下 北狄 「渤海靺鞨傳」: 其地在營州之東二
　　千里 南與新羅相接 越熹靺鞨 東北至黑水靺鞨 地方二千里 ….
51) 『新唐書』卷219, 列傳 第144 北狄 「渤海傳」: 盡得扶餘沃沮弁韓朝蘇海北
　　諸國.
52) 『舊唐書』卷199下, 列傳 第149下 北狄 「渤海靺鞨傳」: 武藝謂其屬曰 黑水
　　途經我境 始與唐家相通 舊請突厥吐屯 皆先告我同去 今不計會 即請漢官
　　必是與唐家通謀 腹背攻我也 遣母弟大門藝及其舅任雅發兵以擊黑水.
53) 『新唐書』卷219, 列傳 第144 北狄 「渤海傳」: 子武藝立 斥大土宇 東北諸夷

Ⅱ-④~⑦은 高王과 武王代에 이루어진 강역확장의 일단을 잘 보여준다. 여기서 주목해야 할 것은 바로 上京이 위치하고 있는 지역을 언제 확보하여 국가의 중심지로 경영할 뜻을 품었는가 하는 문제이다. Ⅱ-④~⑦을 살펴보면, 발해는 高王시기에 이미 '海北諸國'을 얻었다고 기록하고 있고, 무예 또한 '크게 강역을 개척하니 동북의 오랑캐들이 두려워 신하가 되었다'고 하였다. 여기서 말하는 '海北'의 '海'는 곧 중국학계의 고증을 따른다면, 바로 현재의 黑龍江省에 위치한 興凱湖이다.54) 이 興凱湖 연안의 나라들을 모두 발해의 통제력이 미치게 하였을 뿐만 아니라, 武王 당시가 되면, 이미 이 지역에 대한 팽창이 일단락되었음을 알 수 있는데, 그것은 武王이 726년 黑水州 설치를 둘러싸고 黑水部를 공격한 것과 크게 강역을 확장하니 동북의 오랑캐들이 두려워 신속하였다고 한 것이 그것이다. 이 두 기록은 바로 발해가 武王시기를 거치면서, 현재의 興凱湖 북쪽의 말갈지역까지 세력을 미쳤고, 이 과정에서 上京 지역에 대한 경영의지를 가졌다고 판단된다.

이들의 세력 동향에 대해서는 『冊府元龜』「朝貢門」과「褒異門」을 통해서 엿볼 수 있다. 이에 근거하면, 高王시기에는 영향력을 '海北諸國'까지 미쳤음에도 불구하고, 이들 종족들은 예전처럼 당나라에 조공을 하는 상황으로 미루어 보아 여전히 그 세력이 소멸되지 않았음을 보여준다. 이들 세력은 조공에 관한 기록으로만 본다면, 武王시기에 그 세력이 현저하게 감소하고 있고, 『新唐書』「黑水靺鞨

畏臣之.
54) 陳顯昌, 1983,「渤海國史槪要」2『齊齊哈爾師範學院學報』2 ;『高句麗渤海研究集成』渤海 卷 1, 哈爾濱出版社, 82쪽.

傳」에, 후에 발해가 융성하자 말갈제부가 모두 예속되었다고 한 것도 참고가 된다. 이 뿐만 아니라 당나라가 발해의 高王에게 준 관직에 忽汗州都督이 보이는데, 이 忽汗州가 곧 鏡泊湖를 중심으로 하는 牧丹江 수계이다. 발해의 강역권은 크게 북으로는 鏡泊湖 이북까지, 동북으로는 黑水部까지, 서쪽으로는 거란까지, 남쪽으로는 泥河를 경계로 신라와, 서남쪽으로는 요하를 경계로 하는 요동지역이 바로 文王이 즉위하기 이전까지의 강역 상황으로 인식된다.55) 따라서 文王의 上京경영과 맞물려서 전국에 대한 행정구역의 편제가 이루어졌을 것이다.

2. 統治力의 變化와 發展

1) 統治機構의 整備

文王은 전국에 대한 행정구역의 설치만이 아니라, 중앙에 대한 정비도 단행하였다. 그 선후 관계에 있어서는 중앙에 대한 기구의 편제가 선결되었을 것이다. 文王이 당나라의 제도를 적극적으로 수용했음은 이미 앞에서 언급하였다. 그는 이를 바탕으로 중앙 통치 기구를 설치하였다.

> Ⅱ-⑧ 官에는 宣詔省이 있는데 左相 左平章事 侍中 左常侍 諫議가 있다. 中臺省에는 右相 右平章事 內史 詔誥 舍人이 있다. 政

---

55) 陳顯昌, 1982,「唐代渤海國政治的發展」『黑龍江文物叢刊』3, 黑龍江文物出版社, 45쪽.

堂省에는 大內相 1인이 있는데 左右相보다 높다. 左右司政이 각각 1명씩 있는데 左右平章事의 아래에 있으며, 僕邪에 비견된다. 左右允은 2丞에 비교된다. 左六司에는 忠部, 仁部, 義部가 있는데 각각 卿이 1명 있고, 司政의 아래에 있다. 支司에는 爵部, 倉部, 膳部가 있고, 部에는 郎中과 員外가 있다. 右六司는 智部, 禮部, 信部가 있고, 支司에는 戎部, 計部, 水部가 있으며, 卿과 郎은 左部에 준하며 六官에 비견된다. 中正臺에는 大中正 1명이 있고, 御史大夫에 비견되며, 司政의 아래에 위치하고, 少正 1인이 있다. 또한 殿中寺, 宗屬寺가 있는데 大令이 있다. 文籍院에는 監이 있으며, 少令, 少監이 있다. 太常寺 司賓司, 大農司에는 卿이 있고, 司藏寺 司膳寺에는 令과 丞이 있으며, 胄子監에는 監長이 있다 巷伯局에는 常侍 등의 관이 있다[56]

발해의 중앙기구 출현은 점진적인 발전과정을 거쳤다. 즉 건국초기의 조직과 기구의 설치상황은 확인할 수 없지만, 高王이 스스로 '振國王'이라고 불렀고, 또한 그 아들을 '桂婁郡王'으로 책봉하였으므로 분명 이에 상응하는 조직의 체계가 갖추어졌을 것이다. 이후 武王과 文王시기 초에는 강역이 확장되고 국가 조직이 강화된 것을 제외하고는 대체로 前例를 따라 운영되었을 것인데, 이것은 胥要德

---

56) 『新唐書』卷219, 列傳 第144 北狄 「渤海傳」: 官有宣詔省 左相左平章事侍中左常侍諫議居之 中臺省 右相右平章事內史詔誥舍人居之 政堂省 大內相一人 居左右相上 左右司政各一 居左右平章事之下 以比僕邪 左右允比二丞 左六司 忠仁義部各一卿 居司政下 支司爵倉膳部 部有郎中員外 右六司智禮信部 支司戎計水部 卿郎準左 以比六官 中正臺 大中正一 比御史大夫居司政下 少正一 又有殿中寺宗屬寺 有大令 文籍院有監 令監皆有少 太常司賓大農寺 寺有卿 司藏司膳寺 寺有令丞 胄子監有監長 巷伯局有常侍等官.

이 忠武將軍, 慕施蒙이 輔國大將軍의 직함을 가지고 있고, 실직도 刺史나 都督이었던 것으로부터 고구려 시기의 유제가 남아 있었음을 알 수 있다.

文王시기에는 지속적으로 당나라의 제도를 본받아서 5京을 설치하고, 더 나아가 3성 6부로 대표되는 중앙통치기구를 확립함으로써 명실상부한 국가의 체제를 갖추었으며, '海東盛國'의 기틀을 마련하였다. 아래에서는 당나라의 제도를 기준으로 하여 발해의 중앙기구인 3성 6부에 대해서 간략히 서술하고자 한다.

宣詔省은 당나라의 門下省에 해당한다. 門下省의 주된 업무는 中書省에서 기초한 조서를 심사하고 그릇됨을 바로잡으며, 尙書省에서 올린 주초를 심의하는 것이다.[57] 그러므로 宣詔省의 업무도 대체로 이와 같을 것이다.

門下省 장관은 정2품의 侍中으로 左相이라고도 한다. 左相이라는 용어는, "龍朔 2년인 662년에 門下省을 東臺로 바꾸고, 侍中을 左相으로 고쳤다."라고 한 데서 연원한다.[58] 이후 몇 번에 걸쳐 변화되었다가 天寶 연간에 다시 左相이라고 부르면서 고정되었다. 侍中 혹은 左相의 직책은 대체로 ① 황제의 명을 출납하고 법을 밝히며, ② 관리의 업무를 총괄하고, ③ 예의를 장려하여 온 천하를 조화롭게 하며, ④ 뭇 일들을 도아서 정사를 통할한다.[59] 즉 일상적으로 왕을 시종하여 그 행동의 예를 돕고 국왕의 자문에 응하며 과오에 대하여 잘못하지 않도록 권유하는 임무를 맡고 있었다. 宣詔省의 장관인 左

---

57) 王仲犖, 1988, 『隋唐五代史』, 上海人民出版社, 26쪽.
58) 『新唐書』 卷47, 「百官志」2 : 龍朔二年 改門下省曰東臺 侍郎曰左相.
59) 任爽 著, 1995, 『唐朝典制』, 吉林文史出版社, 153~154쪽.

相 또한 이와 유사한 업무를 담당했을 것으로 생각된다. 아울러 宣詔省의 대표는 左相 1명이지만, 당나라의 門下省에는 2명의 시중이 있다.

> II-⑨ 貞觀 8년 僕邪 李靖이 병으로 관직을 사퇴하니 조서를 내려서 병이 조금 좋아지면 2~3일에 한번씩 中書門下省에 나와서 일을 처리하라.[60]

한편 宣詔省의 左相 아래에는 左平章事가 있는데, 平章事라는 명칭은 II-⑨에서 연유한다. 政堂省의 左·右司政이 左·右平章事의 아래에 있으며, 僕邪에 비견된다고 하였다. 당나라의 僕邪는 종2품이므로, 左右司政은 아마도 이와 동일하였을 것이고, 平章事는 적어도 그와 같거나 관직이 높았을 것이다.[61] 또한 平章事의 아래에는 侍中·左常侍·諫議가 있다. 侍中은 平章事보다 아래로서 당나라의 정3품 門下侍郎에 해당한다. 侍中의 업무는 정치의 완급과 일을 수합하는 것이다. 左常侍는 당나라의 정3품하인 左散騎常侍로서, 과실을 감찰하고 고문하는 역할을 담당한다. 諫議는 당나라의 정4품하의 左諫議大夫로서, 간언의 득실과 시종하여 보필하는 역할을 한다.[62]

中臺省은 당나라의 中書省에 해당한다. '中臺'라는 명칭은 龍朔 2년 尙書省을 中臺로 고친 데서 유래되었다. 中書省은 제도를 초안하는 기구이다. 그 주된 업무는 조령을 기초하고, 정령을 반포하는 것이다. 발해의 中臺省도 역시 이와 같았을 것이다. 中書省의 장관

---

60) 『文獻通考』 卷49, 「職官考」 3 : 貞觀八年 僕射李靖以疾辭位 詔疾小瘳三兩日 一至中書門下平章事.
61) 魏國忠·朱國忱·郝慶云 著, 2006, 『渤海國史』, 中國社會科學出版社, 299쪽.
62) 任爽 著, 1995, 『唐朝典制』, 吉林文史出版社, 154쪽.

은 정2품의 中書令이다. 龍朔 원년에 中書省을 西臺로 고치고 中書
令을 右相으로 고쳤다. 開元 원년에는 中書省을 紫微省으로, 中書
令을 紫微令으로 고쳤다. 그 후 天寶 원년에 다시 右相으로 고쳤다.
中書令 또는 右相의 주된 업무는 군국의 정령을 맡아서 황제의 재가
를 얻으며, 백성들을 통솔하여 화합시키는 것이다. 아울러서 온 나라
를 다스리며, 백관을 헤아려 천자를 보필한다. 발해의 右相 또한 이
와 유사한 일을 하였을 것이다. 발해 中臺省의 장관인 右相아래에는
平章事·內史·詔誥·舍人이 있다. 內史는 본래 內史省의 內史侍
郞으로 후에 中書侍郞이 되었다. 內史의 주된 업무는 나라의 서무와
조정의 정사에 참여하여 의논하는 일이다. 그 아래에는 詔誥舍人이
있는데, 이는 정5품상의 中書舍人에 해당한다.

　政堂省은 당나라의 尙書省에 해당한다. '政堂'은 재상이 나아가
일을 논의하는 곳을 政事堂이라고 하였는데, 바로 政事堂의 약칭이
다. 尙書省은 서무를 총괄하고 政令이 실행되도록 하는 최고집행기
관이다. 政堂省 장관인 大內相은 당나라의 尙書省 尙書令에 해당한
다. 그 주요 임무는 백관을 감독하는 것이다. 政堂省의 大內相은 左
右相보다 높다고 하였는데, 左相과 右相이 정2품이므로, 적어도 그
와 같거나 높을 것이다. 그 아래에는 左右平章事·左右司政이 있다.
아울러 左·右允이 있는데 4품관으로, 이는 당나라의 左·右丞에 비
견된다. 그 업무는 左六司와 右六司를 통괄하고 政堂省 안을 규찰
하는 것이다.

　한편 政堂省의 아래에는 左六司와 右六司가 있는데, 左六司에는
忠·仁·義部와 支司인 爵·倉·膳部가 있고, 右六司에는 智·
禮·信部와 그 支司인 戎·計·水部가 있다. 忠部는 吏部에 해당되

며 전국의 문관의 선발 · 제수 · 훈봉 · 고과에 관한 모든 일을 담당한다. 장관은 정3품의 卿으로 당나라의 尙書에 해당한다. 장관인 卿의 아래에는 郎中과 員外가 있다. 郎中은 당나라의 郎中官에 해당하며 품질은 종5품상이다. 員外는 당나라의 員外郎에 해당하며, 종6품상이다. 仁部는 당나라의 戶部에 해당하며 천하의 토지 · 백성 · 전곡 · 조세에 관한 일을 담당한다. 장관은 卿이다. 義部는 당나라의 禮部에 해당한다. 천하의 예의 · 제형 · 공거의 일을 담당하며, 그 아래에 仁部와 倉部가 있다. 智部는 당나라의 兵部에 해당하며, 무관의 선발 · 지도 · 거마 · 병장기 등을 관리하며, 그 아래에 智部와 戎部가 있다. 禮部는 당나라의 刑部에 해당한다. 율령 · 형법 · 도예 등을 담당하며, 그 아래에는 計部가 있다. 信部는 당나라의 工部에 해당한다. 세상의 모든 공사 · 둔전 · 산택에 관한 일을 담당한다. 그 아래에는 水部가 있다.

발해는 전국의 백성들에 대한 효과적인 통치를 위하여 제도를 마련하여, 대체적으로는 당나라의 제도를 모델로 하여 점차 완비하였다. 그래서 중앙에는 3성 6부를 대표로 하는 중추기구를 설치하였고, 지방에는 경 · 부 · 주 · 현의 행정구역을 설치하였다. 이 모든 것은 기본적으로 중원의 제도를 바탕으로 하여 만들어진 것이다. 이 관직기구의 설치는 文王 즉위 이후 '大興'에서 '寶曆'으로 개원하는 774년 정도까지는 일단락되었을 것으로 판단된다.

[그림 4] 渤海의 中央制度

3省	宣詔省	左相, 左平章事, 侍中, 左常侍, 諫議
	中臺省	右相, 左平章事, 內史, 詔誥, 舍人
	政堂省	大內相, 左司政, 右司政, 左允, 右允

左 6司	忠部	卿
	仁部	卿
	義部	卿
	爵部	郎中, 員外
	倉部	郎中, 員外
	膳部	郎中, 員外

1臺	中正臺	大中正, 少正
1院	文籍院	監, 少監, 令, 少令
1局	巷伯局	常侍
1監	冑子監	監長

右 6司	智部	卿
	禮部	卿
	信部	卿
	戎部	郎中, 員外
	計部	郎中, 員外
	水部	郎中, 員外

7寺	太常寺	卿
	司賓寺	卿
	大農寺	卿
	司藏寺	令, 丞
	司膳寺	令, 丞
	殿中寺	大令
	宗屬寺	大令

2) 軍事制度의 整備

중앙관서의 설치와 함께 군사제도에 대해서도 정비를 하였다. 발해의 군사제도에 대한 이해는 '海東盛國'으로 불린 발해의 국방력은 어떠했고, 발해의 강역범위는 어디까지이며, 또한 언제 그와 같은 강역의 범위가 확정되었을까에 대한 기본적인 인식이 전제되어야 한다.

> Ⅱ-⑩ 武員에는 左右猛賁衛, 左右熊衛, 左右羆衛, 南左右衛, 北左右衛가 있으며, 각각 大將軍 1명과 將軍 1인이 있다.[63]

발해의 군사제도는 『新唐書』와 『續日本紀』 등 발해에 관한 기록

---

63) 『新唐書』卷219, 列傳 第144 北狄「渤海傳」: 其武員有左右猛賁熊衛羆衛 南左右衛 北左右衛 各大將軍一 將軍一.

을 담고 있는 사료를 통해서 확인할 수 있다. 그렇다면 발해의 군사
제도는 어떠하였을까? 발해의 군사제도의 완비과정은 상기의 기록
에 의하면, 크게 3시기로 분별하여 살필 수 있다. 첫 번째는 건국초기
확장된 영토범위에 행정제도를 마련한 시기, 두 번째는『新唐書』「渤
海傳」에 기록되어 있는 10위 설치시기,[64] 세 번째는 王宗禹가 발해
로 사신 다녀온 이후 보고한 시기이다.

　첫 번째는 전반적으로 제도가 마련되는 시기이다. 이 기간에는 과
거 고구려의 제도가 강하게 남아 있었다.

　　Ⅱ-⑪ 발해국은 고구려 옛 땅에 있는 나라이다. 天命開別天皇 7년
　　　　(668)년 고구려왕 고씨가 당나라에 멸망하였다. 나중에 天之眞
　　　　宗豊祖父天皇 2년(698)에 대조영이 비로소 발해국을 세웠고,
　　　　和同 6년(713) 당나라로부터 책봉을 받았다. 그 나라는 사방이
　　　　2천리에 달하며 州縣에 館驛이 없다. 곳곳에 마을이 있는데,
　　　　모두 말갈부락이다. 그 백성들은 말갈인들이 많고, 土人이 적

---

64) 발해의 군사제도에 대해서 8衛說과 10衛說이 존재한다. 이 두 견해는『新唐
書』「渤海傳」에 기록되어 있는 사료의 해석 차이에 따른 것이다. 8衛說은
南左右衛와 北左右衛를 각각 하나의 조직으로 분석한 것(李基白·李基東,
1982,「統一新羅와 渤海의 社會」『韓國史講座1-古代篇』, 一潮閣, 357~358
쪽 ; 姜成奉, 2005,「渤海의 8衛制 研究」, 성균관대학교 석사논문)으로, 고려
초에 발해가 멸망하기 직전 고려로 망명해 왔던 발해인 가운데 大審理라는
사람의 관직이 左右衛將軍이었다는 것에 근거한다. 10衛說은 南左衛·南右
衛·北左衛·北右衛의 4개로 해석한 것(金毓黻, 1934,『渤海國志長編』卷
15, 職官考 ; 鳥山喜一, 1968,「渤海王國の制度と文化」『渤海史上の諸問
題, 風間書房, 82~83쪽 ; 박시형, 1979,「발해의 국가제도」『발해사』, 김일성
종합대학출판사, 131~134쪽)인데, 한규철은 앞에서 언급한 大審理의 관직인
좌우위장군이 좌위장군과 우위장군의 겸임일 개연성이 있고, 동일한 사례를
다른 데서 찾을 수 없으므로, 발해의 군사제도는 10위제였다고 인식한다(한규
철, 1996,「지방·군사제도」『한국사 10-발해』, 국사편찬위원회, 150~152쪽).

다. 모두 土人을 村長으로 삼는데, 大村에는 都督이라고 부르
고, 다음은 刺史라고 부르며, 그 아래의 百姓은 모두 首領이라
고 부른다. 땅이 매우 차서 수전에 알맞지 않다. 세간에는 자못
글을 알았다. 고씨 이래로 조공이 끊이지 않았다.65)

　Ⅱ-⑪은 菅原都津이 892년에 기술한 내용이다. 위 기록은 발해의
건국 연대를 기술하고 있어서 일찍부터 주목을 받아왔다. 그런데 위
사료는 처음에 入唐 유학승인 永忠이 보낸 글 속에 있는 것이라고
생각되어 8세기말 9세기 초 발해의 상황을 서술한 내용이라고 여겨
졌다.66) 또한 기사 내용 가운데 보이는 '士人'을 고구려계라고 여겨
발해가 고구려를 계승하였다는 논지로도 인용되었다.67) 이 뿐만 아
니라 발해의 지방통치가 都督·刺史·首領을 통해서 이루어졌음을
전하고 있어서 발해의 사회구성과 지방통치체제 등을 연구하는데 있
어서도 중요한 사료이다.68)

65) 『類聚國史』 卷193, 「渤海」 延曆 15年 : 渤海國者 高麗之故地也 天命開別天
　皇七年 高麗王高氏爲唐所滅也 後以天之眞宗豊祖父天皇二年 大祚榮始建
　渤海國 和同六年 受唐冊立 其國延袤二千里 無州縣官驛 處處有村里 皆靺
　鞨部落 其百姓者 靺鞨多土人少 皆以土人爲村長 大村曰都督 且曰刺史 其
　下百姓皆曰首領 土地極寒 不宜水田 俗頗知書 自古氏以來 朝貢不絶.
66) 石井正敏, 1976, 「渤海の日唐間における中繼的位置について」 『東方學』
　51 ; 임상선 편역, 1990, 『발해사의 이해』, 신서원, 234~236쪽.
67) 한규철은 『유취국사』에 보이는 '土人'을 검토하여 동경대 소장본에서만 '士人'
　으로 기록되어 있다고 하였다. 그는 지금까지 '士人'이 지지를 받았던 중요한
　이유는 말갈에 대칭되는 것이 '士人'이고, 당시의 土着人들은 고구려유민이므
　로, 발해가 지배층은 고구려유민과 피지배층은 말갈로 구성되었다고 이해한
　때문이었다. 그러나 '士人'과 '土人' 어느 것이든 이들이 갖는 통치구조상의
　위치는 지배층이었음에 틀림없고, 당시의 土着人으로 말하자면, 오히려 '靺
　鞨'로 표현되는 사람들에 가깝기 때문에 문맥상 보다 적합한 용어는 '士人'
　이라고 하였다(한규철, 2005, 「주민구성으로 본 계승관계」 『고구려와 발해의
　계승관계』, 고구려연구재단, 188~189쪽).
68) 金東宇, 2006, 「渤海 地方 統治 體制 硏究-渤海 首領을 中心으로-」, 고려대

Ⅱ-⑪ 사료에는 발해의 군사제도의 단면을 엿볼 수 있는 부분이 있다. 그것은 바로 "모두 土人을 村長으로 삼는데, 大村에는 都督이 라고 부르고, 다음은 刺史라고 부르며, 그 아래의 백성은 모두 首領 이라고 부른다."라고 한 부분이다. 기존의 연구에 바탕을 두어 이 기 록이 재당 학문승이었던 永忠이 기록한 것이 아니라 발해 건국초기 의 사정을 전하는 것이므로, 발해 사회가 아직 발전하지 않은 모습이 보인다고 하였다.[69] 이러한 견해에 따르면, 건국하고 어느 정도가 지난 시점까지 발해는 지방통치의 주체로서 都督 · 刺史를 파견하고 있었음을 엿볼 수 있다. 이들의 파견은 이미 지방에 이르기까지 중앙 의 영향력이 미치고 있었음을 보여주는 것이다.

고구려가 멸망한 이후 설치된 安東都護府에는 羈縻州가 설치되 어 있었다. 羈縻州는 주로 중요한 정치 · 경제 중심 지역 또는 도시에 府를 설치한 이외에 또한 수많은 주변 지역에 설치되었다. 이는『舊 唐書』『新唐書』에 기록되어 있다.『舊唐書』에는 安東都護府의 산 하에 新城州都督府 · 遼城州都督府 · 哥勿州都督府 · 建安州都督 府 · 南蘇州 · 木底州 · 蓋牟州 · 代那州 · 蒼巖州 · 磨米州 · 積利 州 · 黎山州 · 延津州 · 安市州 등 14개의 羈縻州를 설치하였다고 기 록되어 있다. 그 중에서 4개는 도독부이고, 나머지 10개는 일반 주이 다. 아울러『新唐書』에는 21개의 주가 설치되었다고 기록되어 있는 데, 그 중에서 4개는 都督府이고 나머지 17개는 일반주이다. 아울러 『三國史記』「地理志」에는 압록강 북쪽의 아직 항복하지 않은 11개

학교 박사학위논문, 60~61쪽.
69) 石井正敏, 1976,「渤海の日唐間における中繼的位置について」『東方學』 51 ; 임상선 편역, 1990,『발해사의 이해』, 신서원, 236쪽.

성, 이미 항복한 11개 성과 도망한 7개 성에 대해서 기술하고 있다. 이들은 모두 성을 기본 단위로 하던 고구려의 편제를 주 단위로 편입시킨 것이다. 이러한 요소들이 文王 때까지 지속되었다는 것은 지방 행정부분에서 중앙의 의도가 담긴 전국적인 재편으로 생각하기에는 다소 어려움이 있었음을 보여준다고 하겠다.

이와 같은 기록을 통해서 『類聚國史』를 고찰해 보면, 건국 초기부터 都督이나 刺史를 파견하고 있음을 엿볼 수 있다. 또한 737년에 일본에 파견된 胥要德이 忠武將軍이라는 정4품상의 품계를 지니고 있었던 점으로 보아, 이 시기에는 이미 散階가 형성되었음을 알게 한다. 발해가 당나라를 모방하여 府兵을 설치하였는지에 대해서 기록이 없다.[70] 그러나 발해의 武官 가운데 刺史·郎將·果毅都尉·別將 등이 있다. 이 관직들은 각각 당나라 부병의 將領들과 같은 이름이다. 만약 장군이 있다면, 반드시 군사도 있을 것이다.

  II-⑫ 扶餘府에는 거란의 변경에 있는데, 항상 강병을 설치하여 거란을 방비하였다.[71]

  II-⑬ 阿古只가 강묵기와 더불어 반란을 일으킨 도적들을 토벌하러

---

70) 727년 발해가 德周를 果毅都尉로, 舍航을 別將으로 일본에 파견한 것에 근거하여 발해에 府兵制가 실시되었다는 견해(鳥山喜一, 1968, 「渤海國王の制度と文化」『渤海史上.の諸問題』, 風間書房, 83쪽 ; 임상선 편역, 1990, 『발해사의 이해』, 신서원, 128~129쪽 ; 한규철, 1996, 「지방·군사제도」『한국사 10-발해』, 국사편찬위원회, 151~152쪽 ; 姜華昌·沈仲衡, 1997, 「試論渤海國的軍事制度」『高句麗渤海研究集成』渤海 卷1, 哈爾濱出版社, 314~316쪽)와 그렇지 않은 견해로 나뉜다(李基白·李基東, 1982, 「統一新羅와 渤海의 社會」『韓國史講座1-古代篇』, 一潮閣, 358쪽).
71) 『新唐書』卷219, 列傳 第144 北狄「渤海傳」: 扶餘故地爲扶餘府 常屯勁兵扞契丹.

나섰는데, 鴨淥府에서 구원하러 온 적 遊騎 7천을 만났다.[72]

발해에는 10위 이외에도 각 府에 분명히 지방병이 있었음을 추측할 수 있다. 南京에서 구체적인 군사제도의 면모를 확인할 수는 없다. 그러나 南京으로 비정되는 청해토성 주위에는 거산성·안곡산성·룡전리산성 등이 요충지에 축조되어, 南京南海府를 보위하는 역할을 한다. 또한 이들 유적에서는 角樓와 雉가 축조되어 있고, 성 안에서 무기류·마구류·수레 부속 등 유물이 출토되어 지방병의 운용에 대한 개연성을 보여준다.[73]

이것은 당나라의 부병과 유사하여 변경의 대외작전을 공고하게 하는 중요한 군사력이 되었다. 郞將·別將 등 무관직은 모두 武王 때 출현하였다. 이 시기 발해가 이미 당나라의 군제를 모방하여 禁軍과 地方軍을 설치하여 군제를 실시하고 있었음을 설명한다.

발해인은 본래 장정 3명이면 호랑이도 잡을 정도로 용맹함을 숭상하였다고 했으므로, 군인이 된 자는 매우 용맹하였다. 武王 당시의 병력은 고구려 삼십만 대군의 삼분의 일에 이르렀다고 한다. 당연히 생산과 정복이 상호 결합된 전통시대에는 노약자나 어린이나 모두 군사가 되었고, 심지어는 한 집안의 부자와 형제가 모두 군대에 포함되어 대외전쟁의 수요를 충족시켰을 것이다.

건국초기 군대의 수가 몇 만명에 불과하였던 상황에 비춰보면, 이 시기에는 확대된 강역과 인구에 대한 전반적인 조정이 이루어지고

---

72) 『遼史』 卷73, 列傳 第3 「蕭阿古只傳」.
73) 김종혁, 1990, 「청해토성과 그 주변의 발해유적」『조선고고연구』, 사회과학출판사, 20~23쪽 ; 姜成奉, 2005, 「渤海의 8衛制 硏究」, 성균관대학교 사학과 석사학위논문, 27쪽.

있음을 보여준다. 특히 발해는 주변의 강국인 唐·新羅·突厥·契丹·黑水部 등과 국경을 마주하고 있었다. 초기의 강력한 팽창정책으로 인하여 주변과의 관계가 악화되어 있던 상황, 그리고 당나라의 압제에서 벗어나 천신만고 끝에 건국한 초기의 특수한 상황, 고구려의 멸망을 목도했던 것 등이 발해로 하여금 군사적 측면에서의 강화와 정비가 더욱 요구되었을 것이다. 따라서 이 시기는 발해가 확장된 강역범위에 고구려의 유제를 바탕으로 기반을 닦는 시기라고 할 수 있다.

[그림 5] 渤海의 文武官職體系

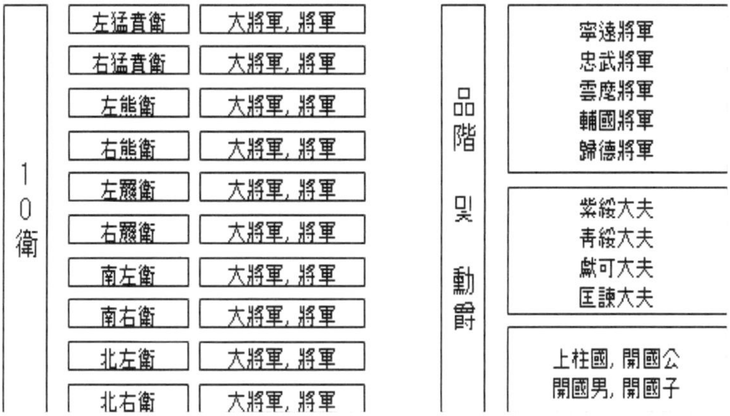

10衛		
左猛賁衛	大將軍, 將軍	
右猛賁衛	大將軍, 將軍	
左熊衛	大將軍, 將軍	
右熊衛	大將軍, 將軍	
左羆衛	大將軍, 將軍	
右羆衛	大將軍, 將軍	
南左衛	大將軍, 將軍	
南右衛	大將軍, 將軍	
北左衛	大將軍, 將軍	
北右衛	大將軍, 將軍	

品階 및 勳爵

寧遠將軍
忠武將軍
雲麾將軍
輔國將軍
歸德將軍

紫綬大夫
靑綬大夫
獻可大夫
匡諫大夫

上柱國, 開國公
開國男, 開國子

두 번째는 『新唐書』 「渤海傳」에 기록된 중앙부서와 10위가 설치되는 시기이다. 文王이 즉위한 이후 많은 변화가 발생하였다. 기존의 확대된 공간에서의 영향력은 더욱 강화되었고, 이전의 어느 정도의 독립성을 유지하고 있던 종족 거주지는 발해의 강력한 영향권 내에서 주 단위로 편입되기에 이르렀다.

중앙에 설치된 3성 가운데 하나인 政堂省에는 군대를 관리하고

선발하며, 지도와 전차·수레·무기를 관리하는 관할 부서인 智部가
설치되었다. 그 하위에도 戎部·水部 등 실무기구가 설치되어 있었
다. 그래서 전국의 군병에 대한 일원적인 관리가 가능하게 되었다.
이 뿐만 아니라, 758년 일본으로 사신 간 楊承慶의 경우는 중앙관직
인 輔國大將軍 兼將軍과 지방장관의 관직인 木底州刺史 및 중앙의
국방을 담당하는 兵署의 少正[74]으로 기록되어 있다. 兵署의 경우는
그야말로 군사를 담당하는 실무부서로 보인다. 이와 같이 제도를 완
비해가는 과정에서 발해는 군사를 담당하는 중심부서인 智部와 그
하위부서인 戎部 또는 兵署를 설치하여 조직화하였다.

발해에는 "左·右猛賁, 左·右熊衛, 左·右羆衛, 南左右衛, 北左
右衛가 있으며 각각 대장군과 장군이 1인씩 있었다."고 한다. 대장군
은 정3품에 해당하고, 장군은 종3품에 해당한다. 발해의 10위는 당나
라의 16위 혹은 12위와 같은 맥락에서 출발한 것으로 생각된다. 각
衛는 왕실 내외의 경비를 담당하며, 지방의 府兵을 관할한다. 1960
년 발해 上京龍泉府 왕성 서남쪽 유지에서 발해 "天門軍之印" 1점이
발견되었다. 이것은 발해의 위에 소속된 군대가 京城의 각 성문을
나누어 지켰음을 보여준다.

한편『續日本紀』의 기록에는 728년에 온 사신단 가운데 游將軍
果毅都尉 德朱가 포함되어 있다. 당나라 府兵制에는 상·중·하 3
등의 折衝府가 있는데, 각 부에는 折衝都尉 1명과 左右 果毅都尉
2명이 있다. 이 가운데, 상부의 果毅都尉는 종5품 하, 중부의 果毅都

---

74) 兵署少正에 대해서는 兵署를 兵部의 소속관청으로서 무기를 관할하는 부서로
　　파악하고, 少正은 그 職名의 하나였다는 견해(박시형, 1979,『발해사』, 김일성
　　종합대학출판사, 133쪽)와 兵署少正을 唐나라의 衛尉寺 소속의 武器署 丞과
　　같다고 보는 견해가 있다(金毓黻, 1977,『渤海國志長編』卷15「職官考」).

尉는 정6품상, 하부의 果毅都尉는 종6품하에 해당된다.

일본으로 간 사신들의 관직을 살펴보면, 정2품의 輔國大將軍, 종3
품상의 雲麾將軍, 종3품하의 歸德將軍, 정4품상의 忠武將軍, 정5품
하의 寧遠將軍 등의 武散階가 보인다. 이와 같은 제도적인 정비를
통하여 발해는 지방지배 및 중앙에 대한 군사적인 역량을 더욱 강화
할 수 있었다. 또한 초기의 사행단의 구성이 무관직에서 문관직으로
사행단의 구성이 변경되고 있는 것은 발해에서 제도적 개편이 이루
어지고, 완성되었음을 나타내는 것이며, 군사적인 위협이 소멸되었
음을 의미하는 것이다.

발해가 지배력을 확장하는 과정에서 군제를 개편한 것은 필수불가
결한 선택이었다. 文王이 즉위한 초기까지 발해의 영향력이 미쳤던
상당한 지역이 그대로 자신들의 독립성을 유지하고 있었기 때문에
이들에 대한 더욱 더 강력하고 효과적인 제도적인 정비가 마련되어
야 했다. 따라서 文王은 중앙 기구를 신설하거나 재편하였고, 지방에
대해서는 그들의 독립성을 소멸시키고, 중앙의 일원적인 체제에 의
해서 영향력을 확대해 갔다.

세 번째는 王宗禹가 사행을 마치고 돌아온 시기이다. 832년 당나
라의 王宗禹가 발해에서 돌아와 당나라 문종에게 올린 보고에서, "발
해에는 左右神策軍이 있고, 좌우삼군과 120사가 있다."고 하였다.
좌우삼군에 대해서 당나라의 제도를 예로 들면, 左三軍은 左龍武·
左神武·左羽林 삼군이고, 右三軍은 右龍武·右神武·右羽林 삼
군이다. 이 6군은 모두 위군이다.

당나라의 神策軍은 원래 관내 변경을 방비하는 지방군이다. 당나
라 현종 당시에 하서절도사 哥舒翰이 河源九曲에서 둔전을 설치하

고 神策軍이라 불렀다. 당나라 肅宗 당시에도 衛伯玉을 神策軍節都 使로 삼아서 陝州를 지키게 하였다. 당나라 代宗시기에는 토번의 내 침을 방어하기 위하여 神策軍을 禁苑에 주둔시킨 이후 비로소 정식 으로 좌우 神策軍이 되었다.[75]

王宗禹의 보고 내용을 보면, 발해의 군제조직도 당나라를 모방하 여 衛軍과 府兵을 설치하였다고 생각된다. 당나라 제도는 衛軍과 府兵을 나누어 설치하였고, 사병의 근원은 호를 계산하여 병졸을 충 당하였다. 경사의 禁軍이 가장 많았을 때에는 16위에 이르렀고, 매 위마다 만명 이상이었다. 지방에는 부병을 설치하여 전국에 모두 634 개의 府를 설치하였다. 府에는 郎將을 두고 각각 衛의 통치를 받도 록 예속시켰다. 이러한 엄격하고 방대한 군사기구는 발해에 대해 매 우 커다란 영향을 미쳤고, 이를 모방하여 10위와 神策軍 등을 설치하 였다.

발해는 당나라의 부병제를 모방하여 10위를 설치하고, 더 나아가 서는 左右神策軍과 左右三軍, 그리고 120司로 군 체계의 개편을 도 모하였다. 이것은 이 시기 발해의 대외적인 정세가 건국초기에 비해 대단히 안정되었으며, 모든 역량이 대내적으로 집중되어 갔음을 의 미한다고 할 수 있다. 이러한 제도의 확립과 확장, 강화를 통하여 발해는 전국을 통치하고 대외적인 위협에 대비하며, 나아가 문화가 매우 발전한 '海東盛國'의 기틀을 마련하였다.

관직체계의 설치는 上京 조영과 밀접하게 관련된다. 국가 통치에 대한 전반적인 구상이 수도의 선정과 밀접하게 관련되기 때문이다.

---

75) 李殿福 · 孫玉良 著, 1987, 『渤海國』, 文物出版社.

특히 발해가 중앙 및 지방에서 기본적으로 통치구조를 확립한 시기는 上京천도 이후에서 '寶曆' 개원이 이루어지는 774년을 전후한 시기로 생각된다. '寶曆' 개원은 곧 발해가 대내적으로 기본적인 통치구조의 확립이 이루어져서 괄목할만한 성장을 이루고 있음을 보여주는 동시에, 대외적으로도 독립된 정치체로서의 위상이 높아졌음을 의미한다고 하겠다.

이상과 같이 文王은 즉위 이후 강역확장을 일단락하고, 새로 복속된 지역에 대한 행정구역의 편제를 통하여 지배력을 강화하였다. 행정편제는 중앙과 지방 두 방향에서 이루어졌다. 중앙에는 3성 6부를 비롯한 중앙행정기구를 설치하고, 부병제로 대표되는 군사제도를 정비하였으며, 관복제·관등제 등을 제정하여 통치기준을 마련하였다. 文王은 즉위한 초기에 말갈제부 복속을 완료하고, 중원으로 유학생들을 파견하여 선진 문물을 배우고 도입하여 발해의 실정에 맞게 응용하였다. 또한 재위 동안 4번에 걸친 천도를 통하여 5경 15부 62주를 갖추어 전국의 효율적인 통치를 위한 지방거점을 확보하였다. 774년에 이루어진 개원은 文王 즉위 초기의 정책, 즉 새롭게 복속된 지역에 대한 중앙과 지방에 대한 통치시스템이 완비되었음을 의미하는 것이다. 그러므로 행정구역의 정비와 지방통치의 거점인 5京의 설치는 774년 개원 이전이 될 것이다.

都城建設과
支配體制의 整備

　발해는 4번에 걸쳐 遷都[1]한 국가로 알려져 있다. 그 첫 번째는
天寶 연간에 文王이 高王이 건국했던 '舊國'에서 中京으로 옮긴 것
이다.[2] 天寶 연간은 742~756년이므로, '天寶中'이라면 대체로 그 초
기로 인식한다.[3] 두 번째는 文王 '天寶 말'인 755년 또는 756년에

---

1) 발해의 천도에 관한 연구는 다음과 같다.
　孫玉良, 1983, 「渤海遷都淺議」『北方文物』3, 北方文物雜誌社 ; 林相先,
　1988, 「渤海의 遷都에 대한 考察」『淸溪史學』5, 한국정신문화연구원 청계
　사학회 ; 何光岳, 1990, 「渤海大氏的來源和遷都」『求索』2 ; 방학봉, 1992,
　「발해의 중경에 관한 몇가지 문제」『한국사학논총』상, 水邨朴永錫敎授華甲
　紀念論叢刊行委員會 ; 방학봉, 1992, 「발해는 무엇 때문에 네 차례나 수도를
　옮겼는가」『白山學報』39, 白山學會 ; 宋基豪, 1994, 「발해의 초기도읍지와
　천도과정」『于江權兌遠敎授定年紀念論叢』, 간행위원회 ; 김기섭·김진광,
　2007, 「발해의 상경 건설과 천도」『韓國古代史硏究』45, 한국고대사학회.
2) 『新唐書』卷43下, 「地理志」, 邊州入四夷道里記 : … 至顯州 天寶中王所都 ….
3) 송기호는 『武經總要』의 "顯州 渤海國 按皇華四達記 唐天寶以前 渤海國所
　都"를 인용하여 文王의 顯州 遷都에 대한 구체적인 년도를 제시하지는 않았
　으나, 天寶 연간보다는 빠를 것이라는 가능성을 제시하였다(宋基豪, 1995, 『渤
　海政治史硏究』, 一潮閣, 96~97쪽). 더 나아가 김종복은 송기호와 동일한 기
　사를 인용하여 발해국의 中京 遷都가 天寶 연간이 아니라 天寶 이전 즉, 732

中京에서 上京으로 도읍을 옮긴 것이다.[4] 지금까지는 上京천도시기를 일반적으로 755년[5] 또는 '安史의 亂'이 발발한 다음 해인 756년[6]이라고 추정하였다. 그것은 上京천도가 '安史의 亂'을 대비하기 위해 이루어졌다는 점을 강조하였기 때문이다. 세 번째는 貞元 연간인 785~793에 上京에서 東京으로 천도한 것이다.[7] 東京은 고구려시기에 柵城으로 인식되었던 곳이다.[8] 이곳으로의 옮긴 까닭은 일반적으로는 일본과의 관계의 개선을 위한 것이라는 주장[9]과 文王 사후 東京을 중심으로 하는 廢王세력에 의해서 천도가 이루어졌다는 주장이 있다. 그 주된 근거는 바로 廢王의 왕위계승이다.[10] 네 번째는

년 登州 공격을 전후한 시기일 것으로 추정하였다(김종복, 2003, 「발해상경성의 성립과 구조」『한국의 도성-都城造營의 傳統』, 서울시립대부설 서울학연구소, 112~113쪽).

4) 『新唐書』卷219, 列傳 第144 北狄 「渤海傳」: … 天寶末 欽茂徙上京 直舊國三百里忽汗河之東 ….

5) 王承禮 著, 宋基豪 譯, 1987, 『발해의 역사』, 翰林大學아시아文化硏究所 ; 방학봉, 1993, 「발해 수도의 변화과정에 대한 연구」『 발해사연구』3, 연변대학 발해사연구실 ; 이남석, 2005, 「유적으로 본 계승관계」『고구려와 발해의 계승관계』, 고구려연구재단.

6) 林相先, 1988, 「渤海의 遷都에 대한 考察」『淸溪史學』5, 한국정신문화연구원 청계사학회 ; 宋基豪, 1995, 『渤海政治史硏究』, 一潮閣, 97~99쪽.

7) 『新唐書』卷219, 列傳 第144 北狄 「渤海傳」: … 貞元時 東南徙東京 ….

8) 임상선, 2007, 「발해 '東京'지역의 고구려 문화 요소」『高句麗硏究 25-동아시아와 발해 Ⅰ』, 고구려연구회, 55쪽.

9) 林相先, 1988, 「渤海의 遷都에 대한 考察」『淸溪史學』5, 한국정신문화연구원 청계사학회, 44쪽.

10) 동경천도와 관련해서는 文王 말기에 國人層의 대두가 두드러져 文王이 이들의 간섭을 배제하고 왕권쇄신을 도모하기 위하여 천도한 것으로 보는 견해(酒寄雅志, 1979, 「渤海國家の史的展開と國際關係」『朝鮮史硏究會論文集』16, 19~21쪽)와 文王 후기 통치력이 약화됨에 따라 大元義係가 727년 대일통교 이후 교섭창구인 東京지역에서 부를 축적하여 이를 바탕으로 왕권 약화와 세력 강화를 위해 천도를 실행하였으며, 따라서 大元義係는 東京지역에 세력 기반을 가지고 있고, 大華璵와 '國人'은 上京 지역에 유리한 지반을 가졌다고 본 견해(林相先, 1988, 「渤海의 遷都에 대한 考察」『淸溪史學』5, 한국정신문

廢王이 이리처럼 포학하다는 이유로 즉위한 지 채 1년이 되지 않아 국인들에게 살해되었고, 왕위를 이은 成王이 다시 上京으로 환도한 것이다. 文王은 발해 15왕 가운데 재위기간이 가장 길다. 그런데, 발해시기에 이루어진 천도가 모두 이 기간에 집중되어 있는 점은 분명 그 까닭이 단순히 정치적인 요구에만 국한되지 않았을 개연성이 농후하다.

고대의 국가권력이 왕과 일부 귀족에게 집중되었던 시기의 도읍은 그야말로 정치 · 경제 · 군사 · 문화의 절대 중심지였다. 그곳에는 보통 안전과 권위의 상징인 대규모의 성곽과 집들이 즐비하다. 큰 도로는 성 안팎을 연결하며 주변에는 크고 작은 농경지와 지배층의 묘지가 집단적으로 분포한다. 따라서 새로운 도읍을 건설하는 데에는 많은 시간과 막대한 비용이 소요되기 마련이다.

吉林省 · 黑龍江省에는 발해시기로 편년되는 많은 유적들이 남아 있다. 현지에 남아있는 수많은 고고학 자료들은 자신들의 손으로 기록한 자료가 남아있지 않아 그 실체를 구명하는데 많은 어려움이 있었던, 그래서 현재까지도 수수께끼같은 왕국으로 남아 있는 발해국의 실체를 복원하는 데 귀중한 실마리를 제공한다. 다만 지금까지는 현장 답사 및 자료 습득의 제약으로 말미암아, 고고 자료에 대한 분석이 적극적으로 이루어지지 않았을 뿐이다.[11] 다행인 것은 이와 같

화연구원 청계사학회, 44~46쪽)가 있다.

11) 韓圭哲, 1997, 「中國의 渤海遺蹟-吉林省을 中心으로」, 『백산학보』48, 백산학회 ; 酒寄雅志, 1998, 「渤海の王都と領域支配」, 『古代文化』50-9, 古代學協會 ; 韓圭哲, 1998, 「中國 黑龍江省의 渤海 遺蹟」, 『汕耘史學』8, 高麗學術財團 ; 임상선, 2006, 「발해의 都城體制와 그 특징」, 『韓國史學報』24, 한국사학회 ; 김기섭 · 김진광, 2007, 「발해의 상경 건설과 천도」, 『韓國古代史硏究』, 한국고대사학회.

은 불리한 여건 속에서도 이미 수천 편의 관련 논문이 발표되었고, 600여 곳에 이르는 유적이 보고되어[12] 발해국의 대강을 복원하는 데 많은 도움을 준다는 점이다. 따라서 이 장에서는 舊國·上京·中京·東京에 분포하고 있는 유적들의 분포를 통해서 발해 도성방어체제[13]가 어떠했는가를 분석하고자 한다.

1. 舊國의 建設과 防禦體制

1) 舊國의 遺蹟分布

'舊國'[14]은 현재 吉林省 延邊朝鮮族自治州의 敦化市로 비정된다. 敦化市는 牧丹江 상류인 吉林省 동부 산지에 위치해 있다. 이곳은

---

12) 발해 유적에 대해서는 이미 80년대 중반에 중국 吉林省이 중심이 되어, 省에 남아있는 각 시기의 유물을 모두 조사하여 47책으로 출판하였다. 이것은 발해사를 연구하는데 있어서 매우 중요한 1차 자료이다. 그러나 내부 자료로 되어 있어 현재까지 많이 알려져 있지 않았다. 이에 한규철은『文物志』와 黑龍江省 일부 지역에서 발간된 관련 자료들을 정리하여 유적의 분포를 기술하고 이에 대한 목록을 작성하였다(韓圭哲, 1988,「中國黑龍江省의 渤海 遺跡」『汕耘史學』8, 高麗學術財團 ; 韓圭哲, 1997,「中國의 渤海 遺跡-吉林省을 중심으로-」『白山學報』48, 白山學會).

13) 도성 연구에 참고할 만한 연구는 다음과 같다.
單慶麟, 1960,「渤海舊京城址調査」『文物』6, 文物出版社 ; 魏存成, 1982,「渤海城址的發現與分期」『東北考古與歷史』1, 文物出版社 ; 劉曉東·魏存成, 1987,「渤海上京城營築時序與刑制淵源研究」『高句麗渤海研究集成』渤海 卷2, 哈爾濱出版社 ; 劉忠義, 1997,「渤海舊國都城位置新探」『高句麗渤海研究集成』渤海 卷2, 哈爾濱出版社 ; 朱國忱·朱威, 2002,『渤海遺跡』, 文物出版社 ; 陶剛·姜玉珂, 2003,「渤海上京龍泉府考古發現與研究」『해동성국-발해 특별전기념 국제학술대회 발해고고학의 최신성과』, 서울대학교 박물관주최 ; 임상선, 2005,「중국의 발해도성 연구와 복원」『중국의 한국고대문화연구』, 고구려연구재단.

14) 吉林省文物志編委會 主編, 1985,『敦化市文物志』참조.

사방이 산으로 둘러싸여 있다. 동쪽은 哈爾巴嶺이 있어 安圖와 경계를 이루고, 서쪽과 서남쪽은 威虎嶺 · 張廣才嶺 등이 있어 蛟河市와 경계를 이루며, 남쪽은 牧丹嶺 · 黃泥嶺 · 富爾嶺이 뻗어서 安圖 · 樺甸과 경계를 이루는 키 형태의 지형이다.15)

　高王은 '桂婁故地'인 東牟山에 건국하여,16) 中京으로 천도하기 전까지 이곳에서 살았다. '舊國'에는 발해시기로 편년되는 많은 유적이 분포하고 있는데, 그 유적상황을 나타내면 [그림 6]과 같다. 대부분의 유적에서는 일반적으로 베무늬기와가 출토 · 수습되었다. 그 형식과 특징에 근거하여 발해시기로 편년되었으나, 구체적인 시기는 분명하지 않다. 이와 같이 유적 편년이 명확하지 않은 가장 큰 이유는 대부분이 지표조사에 한정되었기 때문이다. 그러므로 발해시기의 보편적이며 특징적인 유물이라고 할 수 있는 기와편에 근거하여 편년이 이루어졌다고 할 수 있다.

　[그림 6]을 보면, 각 지역에 많은 성의 존재가 확인된다. 이 성들도 역시 지표조사에 한정된 경우가 많다. 그렇지만, 성의 경우는 그 입지와 구조 및 형식, 그리고 공반되는 유물에 의해서 시기적인 편년이 가능하다. 따라서 시기 편년의 주된 대상은 발굴이 이루어진 유적과 방어시설인 성으로 한정한다. 특히 지표조사만 이루어진 유적은 입지 · 구조 · 형식과 공반유물의 비교를 통해서 시기 편년을 도모한다. '舊國'에 있는 유적에 대한 소개와 축조시기의 검토를 통하여 초기 건국지 '舊國'의 도성체제를 살펴보고자 한다.

---

15) 中共吉林省委政策硏究室 · 吉林省檔案館, 1984, 『吉林省槪況』, 吉林人民出版社, 599~600쪽.
16) 韓圭哲, 2004, 「주민구성으로 본 계승관계」 『고구려와 발해의 계승관계』, 고구려연구재단, 126~127쪽.

[그림 6] 舊國의 遺蹟分布圖

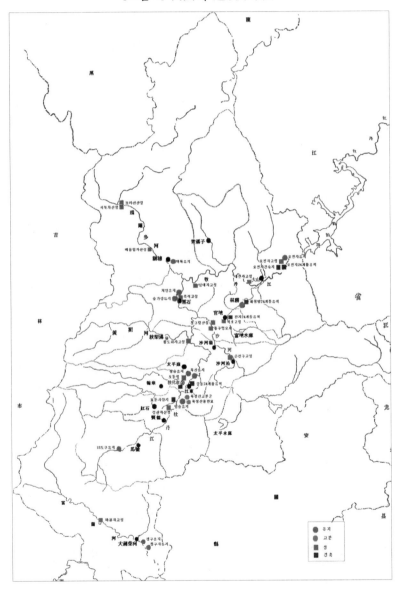

(1) 추정 도성지

발해의 초기 도성지로는 건국지인 城山子山城과 어느 정도의 시간이 흐른 후에 '舊國'의 중심지로서 역할을 했다고 생각되는 敖東城과 永勝遺蹟이 있다.

① 城山子山城[17]

城山子山城은 대체로 타원형이며, 土石混築이다. 둘레는 2,000m 정도로, 산세를 따라 축조하였다. 성벽 기단은 5~7m, 높이는 1.5m~2.5m이다. 동문과 서문은 각각 3m, 4m인 갈고리형태의 보루를 이룬다. 서문에서 동남쪽으로 성벽을 따라 3개의 雉가 있다. 동문 남쪽에는 50여 곳의 반수혈식 주거지가 있다. 성 중간에는 100여m에 이르는 연병장이 있다. 성 안팎에서 창끝·철제 칼·철제 화살촉·開元通寶 등이 출토되었다.

[그림 7] 城山子山城(東牟山) 平面圖

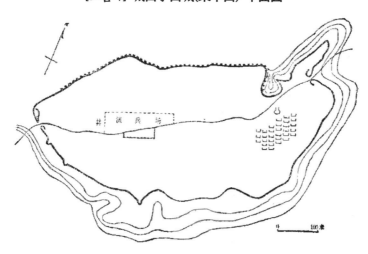

---

17) 吉林省文物志編委會 主編, 1985, 『敦化市文物志』, 54~58쪽.

② 敖東城[18]

敖東城은 敦化市 동남쪽, 牧丹江 북쪽에 있다. 성 평면은 장방형이고, 내성과 외성으로 나뉜다. 외성은 동서 약 400m, 남북 약 200m이다. 남벽에 3개, 북벽에 2개, 서벽에 2개의 雉가 있으나, 동쪽은 분명하지 않다. 내성은 정방형으로 한 변은 80m이다. 내성 주위에는 해자(城壕)가 있다. 문 입구에는 甕城이 있다. 현재 남벽은 252m이고, 서벽은 190m정도 남아 있지만, 북벽은 없다. 여러 해에 걸쳐 동전·돌절구·도기·무기·쇠솥·車穿·벽돌·기와 등 많은 진귀한 문물이 출토되었다.

③ 永勝遺蹟[19]

永勝遺蹟은 江東鄕 永勝村 북쪽 1km 牧丹江 충적평원에 있다. 유적 정면 5km에는 城山子山城, 북동쪽 3km에는 六頂山古墳群이 있다. 永勝遺蹟은 남북 1,000여m, 동서 700여m이다. 유적 안에서 5개의 건축지가 발견되었다. 주위에는 암키와·수키와·와당·방형 벽돌·장방형 벽돌·치미 등이 흩어져 있었다.

(2) 방어 시설

방어시설의 분포는 크게 '舊國'의 남쪽과 서북쪽, 그리고 동북쪽으로 대별된다.

① 馬圈子古城[20]

馬圈子古城은 敦化市 大蒲柴河鎭 浪柴河村 서북 4km 강탁에 있

---

18) 吉林省文物志編委會 主編, 1985, 『敦化市文物志』, 50~54쪽 ; 吉林大學邊疆考古研究中心·吉林省文物考古研究所, 2006, 「吉林敦化市敖東城遺址發掘簡報」『考古』9, 808~822쪽.

19) 吉林省文物志編委會 主編, 1985, 『敦化市文物志』, 11~13쪽 ; 吉林大學邊疆考古研究中心·吉林省文物考古研究所, 2007, 「吉林敦化市永勝金代遺址一號建築基址」『考古』2, 135~143쪽.

20) 吉林省文物志編委會 主編, 1985, 『敦化市文物志』, 58~60쪽.

다. 성은 방형이고, 규모는 동벽 209m, 서벽 317m, 남벽 198m, 북벽 208m이다. 성벽 높이는 2~5m, 위쪽은 1~1.5m이고, 기단은 8m 정도이다. 동문에는 지름 13m 정도의 甕城이 있다. 성벽에는 7개의 雉가 있다. 동북과 서북 모서리에 堡壘형태의 시설이 있다. 이 성에서 유일하게 적을 맞이하는 방향인 북쪽의 방어를 강화하기 위한 것으로 보인다. 성 안에서 도기편·동전·鐵車穿·쇠솥 잔편·숫돌 잔편·조개껍질·말 이빨 등 유물이 수습되었다.

② 大甸子古城[21]

大甸子古城은 林勝鄉 大甸子村 북쪽, 牧丹江 북안에 있다. 성벽은 지형을 따라 축조하였다. 길이는 600m에 달한다. 동남쪽으로 60m 떨어진 곳에 문지가 있으나 강물의 침식으로 인해 흔적이 뚜렷하지 않다. 남벽에는 두 개의 雉 흔적이 있다.

③ 通沟嶺山城[22]

通沟嶺山城은 官地鎮 老虎洞村 동쪽 산 위에 있다. 동·서·북 3면에만 성벽이 있다. 둘레는 2,000여m에 달한다. 성문은 3개인데, 북문에 甕城이 있다. 현재 너비는 7m이다. 성 동남·동북·서북 모서리에는 角樓가 있다. 이밖에 성벽에 堡壘형태의 雉가 모두 9개 있다. 성 안에서 약간의 동전·도기편·철촉 등을 수습했다.

(3) 매장 시설

매장시설의 대표적인 것은 六頂山에 위치하고 있는 六頂山古墳群이다. 여기에서 80여기의 고분이 조사되었다. 貞惠公主墓 발견되어 왕실고분군으로 인정되고 있다.

---

21) 吉林省文物志編委會 主編, 1985, 『敦化市文物志』, 61쪽.
22) 吉林省文物志編委會 主編, 1985, 『敦化市文物志』, 64~66쪽.

① 六頂山古墳群[23]

六頂山古墳群은 敦化市 5km 六頂山 위에 있다. 1949년 8월 敦化市 啓東中學에서 貞惠公主墓를 포함한 9기의 무덤을 조사한 이후, 몇 번에 걸쳐 재발굴 및 조사가 이루어졌다. 六頂山古墳群에는 石室墓 · 石棺墓 · 土壙墓 등 80여기가 있다. 제1무덤구역에는 30여기가 있고, 제2무덤구역에는 50여기가 있는데, 모두 현무암 또는 돌로 쌓아서 축조하였다. 평면은 방형 혹은 장방형이다. 일반적으로 묘실 앞쪽에 甬道와 墓道가 있다. 墓門은 남향이다.

貞惠公主墓는 제1무덤구역의 중앙에 있고, 높이는 1.5m이다. 묘실은 방형으로 지하에 2m에 만들었다. 크기는 남북 2.80~2.94m, 동서 2.66~2.84m, 높이 2.68m이다. 네 벽은 현무암으로 평행하게 쌓았다. 표면에는 백회를 발랐다. 묘실 천정은 13개의 판석으로 모서리를 줄여 쌓았다. 묘실 바닥은 판석으로 棺床을 만들었다. 묘실 남벽 중앙에 甬道가 있다. 貞惠公主墓에서 묘지석 1점 · 암수 석사자 각 1마리 · 鎏金圓帽銅釘 등이 발견되었다. 제1구역에서 또한 玉璧 · 長頸陶瓶 · 陶罐 · 鎏金銅杏葉 · 金環 · 陶盂 · 鐵環 · 鐵帶扣 · 유정문와당 · 十자꽃잎무늬와당 · 수키와 · 암키와 · 무늬없는 기와 · 부조 白灰片 등이 출토되었다.

2) 舊國의 防禦體制

발해의 건국지인 '舊國'에는 도성이거나 그 가능성이 있는 城山子山城 · 敖東城 및 永勝遺蹟을 비롯하여, 왕실고분군인 六頂山古墳群이 있다. 또한 고분군 서남쪽에는 廟屯사찰지가 위치한다. 그리고 서북쪽에는 西北岔山城 · 帽兒山山城 · 背蔭砬子山城 · 黑石古

---

23) 吉林省文物志編委會 主編, 1985, 『敦化市文物志』, 37~44쪽.

城·橫道河子古城 등이 있고, 동북쪽으로는 牧丹江을 따라 通溝嶺
山城·通溝嶺要塞·大甸子古城·要甸子古城 등이 위치한다.

　'舊國'은 발해의 초기 도읍지이다.『舊唐書』「渤海靺鞨傳」에 따
르면, "高王이 무리를 이끌고 와서 '桂樓故地'인 東牟山에 성을 쌓고
살았다."[24]라고 기록하여, 건국집단이 최초에 산성에 근거하였음을
보여주고 있다. 발해 건국지인 東牟山은 敦化市 賢儒鄕 城山子村에
위치하고 있는 城山子山城으로 비정되고 있다.

[그림 8] 敦化 周邊 交通路

(宋基豪, 1995, 83쪽 참조)

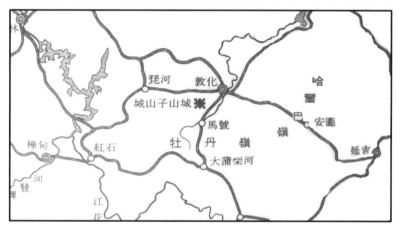

　城山子山城에는 방어시설이 남쪽에 집중되어 있다. 이것은 高王
이 營州를 탈출하여 敦化에 이르는 노정과 밀접하게 관련을 맺고

---

24)『舊唐書』卷199下, 列傳 第 149下 北狄「渤海靺鞨傳」: … 祚榮遂率其衆
　　 東保桂婁之故地 據東牟山 築城以居之 ….
　　『舊唐書』卷199下, 列傳 第 149下 北狄「渤海靺鞨傳」: … 又度天門嶺以迫
　　 祚榮 祚榮合高麗靺鞨之衆以拒楷固 王師大敗 … 祚榮遂率其衆 東保桂婁
　　 之故地 據東牟山 築城以居之 ….

있다. [그림 8]을 보면, 우선 長嶺府로 비정된 樺甸 蘇密城에서 敦化로 들어오는 길은 두 갈래이다. 하나는 樺甸에서 동쪽으로 紅石砬子鎭·老金廠鎭·夾皮溝鎭을 지나 大蒲柴河鎭에 이른 후, 다시 북쪽으로 방향을 바꾸어 江原鎭·賢儒鎭을 거쳐 敦化 城山子山城에 이르는 길이고, 다른 하나는 樺甸에서 紅石砬子鎭에 이른 후 북으로 二道甸子鎭·漂河鎭을 거쳐 琵河에 이르고, 다시 동쪽으로 방향을 바꾸어 敦化의 城山子山城에 이르는 길이다.

지리적인 이점으로 판단하면, 高王은 필경 樺甸에서 紅石砬子鎭에 이른 후, 북으로 二道甸子鎭·漂河鎭·琵河·翰章을 거쳐서 敦化의 城山子山城에 이르는 길을 선택했을 것이다. 물론 비하를 거치는 노선은 威虎嶺을 넘는 긴 산간지역을 통과해야 하기 때문에 大蒲柴河鎭을 거치는 노선보다 훨씬 멀다. 그러함에도 高王이 李楷固의 추격병을 天門嶺에서 격파한 이후에야 비로소 東牟山에 안착할 수 있었다고 하였으므로 高王이 '舊國'에 이르는 구체적인 노선은 후자일 가능성도 있다.[25]

상술한 城山子山城에서 주목되는 것은 산성의 남벽에 중요방어시설인 雉가 설치되어 있는 점과 동서 두 성문의 형태가 갈고리 형태의 甕城구조를 갖추고 있다는 점이다. 이것은 高王이 城山子山城에 근거할 당시의 주된 방어방향과 일정하게 맥을 같이하는 것이다.[26] 城

---

25) 宋基豪, 1995, 『渤海政治史硏究』, 一潮閣, 84쪽 ; 金鎭光, 2004, 「발해 건국 초기의 강역-營州道를 중심으로」 『先史와 古代』21, 韓國古代學會.

26) 송기호는 城山子山城이 북쪽은 大石河와 연결된 절벽이고, 남쪽은 평야와 이어진 완만한 비탈을 이루고 있어서, 이러한 산성의 입지를 살펴보면, 북쪽에서 大石河를 건너오는 적을 막기 위한 것임을 추정할 수 있다고 하였을 뿐만 아니라, 주거지가 성밖의 남쪽 비탈에서 발견되는 것도 이 방향이 적의 공격로가 아님을 암시한다고 하였다(宋基豪, 1995, 『渤海政治史硏究』, 一潮

山子山城의 북쪽은 절벽이며, 남쪽은 완만한 경사지이다. 이러한 특징은 건국초기 당나라의 추격에서 벗어난 상황과 밀접한 관련이 있다.

당나라는 발해로 들어가는 길목인 營州가 거란 등에 의해서 막혀버려,27) 더 이상 高王 집단을 토벌할 수 없었다고 하여 지속적으로 토벌의지를 지니고 있었다. 高王은 언제 있을지 모르는 당나라의 토벌에 대비하지 않을 수 없었다. 그래서 城山子山城 남벽에는 치를 설치하고, 성문에 甕城구조를 만드는 등 이중 삼중의 방어시설을 구축하게 된 것이다.

그런데 '舊國'에 분포하는 성을 보면, 축조지역이 주된 방어방향과 일치하는데, 이는 지리적인 환경과 밀접한 관련이 있는 것이다. 이것은 高王이 무리를 이끌고 東牟山으로 향하였던 길과 차이가 있다. 왜냐하면, 大蒲柴河鎭을 경유하는 것에 비해서 琵河를 거치는 길은 긴 산간지역을 통과해야 하는 어려움이 있기 때문으로 발해 건국 이후 당나라의 주된 공격방향은 高王이 무리를 이끌고 왔던 琵河 방면의 산간지역이 아니라, 馬圈子古城이 위치하고 있는 남쪽이었음을 알 수 있다. 이와 동시에 樺甸에서 大蒲柴河鎭에 이르는 富爾河를 통제할 수 있도록 馬圈子古城이 축조되어 있는 점도 이곳이 요동에서 돈화로 들어오는 주된 교통로였음을 추측할 수 있게 한다.

高王 등은 東牟山에서 평지로 거처를 옮겼는데, 그곳은 '舊國'이라는 이름으로 불리게 되었다.28) 발해가 건국지였던 東牟山에서 평지

閣, 81~82쪽).

27) 『舊唐書』卷199下, 列傳 第149下 北狄「渤海靺鞨傳」: … 屬契丹及奚盡降突厥 道路阻絶 則天不能討 ….
  『新唐書』卷219, 列傳 第144 北狄「渤海傳」: … 楷固還敗 於是契丹附突厥 王師道絶 不克討 ….

의 어느 지역으로 도읍을 옮길 수 있었던 것은 발해와 당의 외교관계
가 성립되었기 때문이다. 따라서 그들은 더욱 안정된 정착생활을 영
위할 수 있었고, 동북 지역에서의 독립성을 보장받기에 이르렀다. 이
것은 당나라의 토벌 위협이 해소됨으로써 옛 고구려 영역에 대한 확
장에 전념할 수 있었다는 의미이다.

그렇다면, 발해가 '舊國'이라고 표현되는 평지성으로 옮겨간 시기
는 언제인가. 이에 대해서는 간단하게 발해 건국 전후의 사정을 살펴
볼 필요가 있다. 당나라는 705년에 건국자 高王을 책봉한 이후, 698
년에 都督府로 강등되어 통치 효력을 상실했던 安東都護府를 幽州
에 다시 설치하였다. 都督府로의 강등은 697년에 발생한 李盡忠의
난이 그 첫 번째 이유가 될 것이지만, 이후에도 營州는 지속적으로

---

28) '舊國'이라는 명칭은『新唐書』「渤海傳」에서 "上京이 舊國에서 곧장 300리
　　떨어져 있다"는 기록에 보인다. 지금까지 '舊國'의 의미에 대한 많은 논의가
　　있었다. 대표적인 견해는 크게 3가지가 있다. 첫 번째는 '舊國'이 단순히 敖東
　　城을 가리킨다는 설로 曹廷杰에 의해서 제기되었고(曹廷杰,『東三省輿地圖
　　說』), 많은 연구자들이 따르고 있다. 두 번째는 '舊國'은 城山子山城과 敖東
　　城을 지칭한다는 견해로 劉忠義에 의해서 제기되었다(劉忠義, 1982,「東牟山
　　在哪里?」『學習與探索』4, 學習與探索雜誌社 ; 劉忠義·馮慶余, 1984,「渤
　　海東牟山考」『松遼學刊』1 ; 王承禮·劉振華 主編, 1991,『渤海的歷史與文
　　化』, 延邊人民出版社, 209쪽). 세 번째는 협의의 의미로 '舊國'은 王都 및 城
　　邑을 가리키지만, 광의로는 옛 王都지역을 가리킨다는 견해이다(丹化沙,
　　1982,「渤海歷史地理硏究情況述略」『黑龍江文物叢刊』1, 黑龍江文物出版
　　社, 17쪽 ;『高句麗渤海硏究集成』渤海 卷2, 哈爾濱出版社, 304쪽 ; 魏存成,
　　1983,「關于渤海都城的幾個問題」『史學集刊』3 ; 劉曉東, 1985,「渤海舊國
　　諏議」『學習與探索』2, 學習與探索雜誌社 ; 劉曉東·羅葆森·陶剛, 1987,「渤
　　海國渤州考」『北方文物』1, 北方文物雜誌社, 42쪽 ; 王承禮·劉振華 主編,
　　1991,『渤海的歷史與文化』, 延邊人民出版社, 196쪽, 214~215쪽). 즉 舊都는
　　'舊國'의 범주 안에 포함되지만, '舊國'은 舊都의 범주 내로 포함될 수 없다.
　　뿐만 아니라 수당 이후 '舊國'은 고토, 舊地에 대한 지역적인 개념으로 사용되
　　었으므로, 발해국의 전신인 '振國'의 고토, 舊地를 넓게 지칭할 가능성이 있다
　　(劉曉東·羅葆森·陶剛, 1987,「渤海國渤州考」『北方文物』1, 北方文物雜
　　誌社, 42쪽)고 하였다.

契丹이나 奚·突厥 등에 의해서 도로가 막히는 일들이 반복되었다.[29] 이것은 당나라의 고구려 고토 통치에 대한 심각한 위협이며 장애가 아닐 수 없었다. 당나라가 高王 大祚榮을 책봉하고자 했던 705년에도 거란과 돌궐이 변경을 노략질하여 요동으로 향하는 길이 단절되어 使命이 발해에 전해지지 못하는 일[30]이 발생하기에 이르렀다.

발해가 막 건국되었을 때만 해도 당나라는 지속적으로 이들 세력에 대한 토벌을 계획했었다. 또한 李盡忠의 난으로 인해서 당나라는 동방정책의 교두보였던 營州에서조차 상당한 손실을 입었다. 그래서 동방으로 관심을 돌릴 겨를이 없었다. 따라서 당나라는 발해를 협상 테이블로 이끌지 않을 수 없었고 그 대가는 바로 발해를 국제적으로 승인하는 것이었다.

당나라는 단순히 발해를 국제적으로 승인하는 데 그치지 않고, 다시 安東都護府를 설치하였다. 이것은 곧 발해를 순순히 인정한 것이 아님을 보여주는 것이다. 당나라의 이중정책은 책봉을 받아들이는 高王의 입장에서도 신경이 쓰이는 것임에 틀림없다. 한편으로는 국제적인 승인으로 당나라와의 우호적인 분위기가 조성되어 대외적인 위협이 소멸되었다는 안도감과 함께, 여전히 자신들을 전담하는 군정기구가 다시 설치되었다는 불안감은 발해의 초기도읍지의 선정에 많은 영향을 주었을 것이다.

그렇다면 敖東城과 永勝遺蹟 가운데 어느 유적이 舊國시기의 도성인가. 지금까지는 敖東城이 발해 건국 초기의 도성지라는 인식이

---

29) 『舊唐書』卷199下, 列傳 第 149下 北狄 「渤海靺鞨傳」: … 屬契丹及奚盡降突厥 道路阻絶 ….

30) 『舊唐書』卷199下, 列傳 第 149下 北狄 「渤海靺鞨傳」: … 中宗卽位 侍御史張行岌往招慰之 祚榮遣子入侍 將加冊立 會契丹與突厥連歲寇邊 使命不達 ….

지배적이었다.[31] 그러나 永勝遺蹟이 발견된 이후 敖東城의 입지는
축소되었다.[32] 敖東城은 둘레가 1,200m에 불과하지만, 永勝遺蹟은
그 둘레가 3,400m에 이르러 敖東城보다 약 3배의 규모를 지니고 있
고, 그 안에서 5개의 건축유지가 발견되었다. 또한 두 유적이 위치해
있는 곳이 牧丹江 충적대지인 것은 동일하다. 그러나 그 주변의 유
적과의 접근성에서 永勝遺蹟이 敖東城에 비해 우세한 면이 있다.
왜냐하면, 발해는 건국하던 시기 공세보다는 수세에 처해 있었을 것
이므로 산성이건 평지성이건 간에 방어에 유리한 지점에 성을 쌓았을
것임은 당연하다.[33] 특히 발해가 東牟山인 城山子山城에서 평지성
으로 그 거처를 옮긴 시점이 적어도 705년 당나라의 책봉의지로 말미
암았다고 가정한다면, 그동안 국제적인 승인을 얻기까지 발해의 국력
강화·영토의 확대, 그리고 이에 수반된 인구의 증가는 바로 敖東城

---

31) 王承禮, 1979, 「靺鞨的發展與渤海王國的建立」『吉林師大學報』3 ;『高句麗
渤海硏究集成』渤海 卷1, 哈爾濱出版社, 125쪽. ; 1962, 「吉林敦化牧丹江上
游渤海遺址調査記」『考古』11, 科學出版社. 그러나 2006년에 보고된 발굴보
고서에서는 2002년에 발굴된 내성 서북 모서리의 주거지의 연대를 금대 후기
로 편년하고, 2003년에 발굴된 서벽 단면 역시 금대의 지층 위에 축조되었다
고 인식하였다(吉林大學邊疆考古硏究中心·吉林省文物考古硏究所, 2006,
「吉林敦化市敖東城遺址發掘簡報」『考古』9, 820쪽).

32) 李强, 1986, 「渤海舊都卽敖東城置疑-兼對敖東周長的考證」『東北亞歷史與
文化硏究』, 遼瀋書社 ;『高句麗渤海硏究集成』渤海 卷2, 哈爾濱出版社,
344~345쪽 ; 방학봉, 1991, 「발해 초기의 수도에 대한 몇가지 문제」『발해문화
연구』, 이론과 실천 ; 리강 저·방학봉 역, 1991, 「발해의 수도 오동성에 대한
의문」『발해사연구』2, 연변대학출판사 ; 방학봉, 1992, 「발해수도의 변화발전
과정에 대한 연구」『발해사연구』3, 연변대학출판사. 李建才는 "오동성은 성
의 규모·유물·형식을 막론하고 발해 초기의 도성이 아니다. 뿐만 아니라
敖東城의 回자형 구조는 당나라 이후에 출현한 것이고, 敖東城 주변의 江東
24개돌유적도 역참거리기준과 다르기 때문에 건국 초기의 도성이 아니다"라
고 결론지었다(李建才, 2002, 「渤海初期都城考」『北方文物』3, 北方文物雜
誌社).

33) 宋基豪, 1995, 『渤海政治史硏究』, 一潮閣, 84쪽.

이 발해초기의 평지성이라는 데 의문을 주기에 충분하다. 또한 永勝
遺蹟 제1건물지에서 발견된 饕餮紋 와당과 六頂山에서 발견된 것이
유사하다는 점도 두 유적간의 관계가 매우 밀접함을 보여준다.[34]

발해의 왕실귀족들은 강 건너의 사찰에서 의례를 진행하였고, 동
시에 그들의 선영으로서 六頂山을 선정하고 그곳에 묻히는 등 주변
에 기본적인 환경을 조성하였다. 이것은 당나라의 승인으로 외교적
인 안정을 보장받았음을 의미함에 틀림없다. 이와 동시에 安東都護
府가 다시 설치된 상황은 발해를 더욱 긴장시켰을 것이기 때문이다.
따라서 그들은 평지성으로의 이전과 함께 언제 다시 있을지 모르는
당나라의 위협적인 조치에 대비하지 않을 수 없었다.

그렇지만 永勝遺蹟은 현재의 조사상황에 비추어 보면 아직까지
성곽이나 담장의 형태가 발견되지 않은 단점을 지니고 있다.[35] 또한
2002년과 2003년의 발굴결과 敖東城 성벽은 金나라시기에 축조되었
고,[36] 그 안에서 발견된 집자리도 金나라의 것으로 확인되었으며,
永勝遺蹟도 같은 시대의 절터로 파악되었다.[37] 이번 발굴이 제한적
인 범위 내에서 이루어졌으므로 향후의 발굴결과가 기대되며, 또한
牧丹江 건너편에 위치한 廟屯사찰지와의 관련성이 재고되어야 한
다. '舊國'의 중심지 선정에 많은 어려움이 있으나 여전히 永勝遺蹟

34) 吉林省文物志編委會 主編, 1985, 『敦化市文物志』, 12쪽.
35) 吉林省文物志編委會 主編, 1985, 『敦化市文物志』, 11~13쪽.
36) 吉林大學邊疆考古研究中心·吉林省文物考古研究所, 2006,「吉林敦化市敖
東城遺址發掘簡報」『考古』9, 820쪽.
37) 吉林大學邊疆考古研究中心·吉林省文物考古研究所, 2004,「吉林敦化敖東
城及永勝遺址考古發掘的主要收穫」『邊疆考古研究』2, 科學出版社 ; 宋基
豪, 2004,「발해의 천도와 그 배경」『韓國古代史研究』36, 한국고대사학회,
117쪽. ; 吉林大學邊疆考古研究中心·吉林省文物考古研究所, 2007,「吉林
敦化市永勝金代遺址一號建築基址」『考古』2, 142쪽.

은 초기의 평지성이었을 개연성은 충분하다고 할 수 있다.

한편 건국초기 발해는 서북의 거란에 대한 방비도 게을리하지 않았다. 발해는 "부여부에 정예군을 상주시켜 거란을 방비했다."[38)는 기록처럼 그들은 敦化 서북에 秋梨溝鄕 橫道河子村의 橫道河子古城, 黑石鄕의 南台子古城 및 黑石古城, 額穆鎭에 西北岔山城·帽兒山山城·背蔭砬子山城 등을 축조하여 거란에 대한 방비를 강화하였다. 이 성들의 입지를 살펴보면, 모두 珠爾多河의 좌우에 위치하여 수로를 통제하고 있음을 살필 수 있다. 또한 帽兒山山城은 3중의 방어벽을 지니고 있는 점으로 보아, 군사적인 중요성이 월등히 높았음도 알 수 있다. 게다가 西北岔山城·帽兒山山城·背蔭砬子山城에는 성벽의 일부를 돌출시켜서 성벽에 접근하는 적을 정면 또는 측면에서 격퇴시키기 위하여 장방형으로 쌓은 치와 옹성이 있다.

이와 같이 '舊國'으로 들어오는 길목에 3중 성벽·치·옹성과 같이 강화된 방어시설을 축조한 것은 곧 발해가 건국 이후 "항상 강한 군사들을 주둔시켜 거란을 방비하게 하였다."는 기록과 맥을 같이 한다. 따라서 발해가 서북지역에 쌓은 평지성과 산성은 곧 거란의 방비를 위한 것임에 의문이 없다. 그 축조시기도 발해의 건국과 멀지 않은 시기로 판단된다.

'舊國'이 위치한 敦化지역은 발해의 중후기 수도였던 上京으로 가는 길목이다. 이곳은 牧丹江 상류에 위치해 있고, 牧丹江을 따라 발해 역참지로 비정되는 24개돌 유적이 늘어서 있다. '舊國'의 중심지역인 敦化市에 江東24개돌이 있고, 북쪽으로 官地24개돌, 海靑房24

---

38) 『新唐書』 卷219, 列傳 第144 北狄 「渤海傳」 : … 扶餘府常屯勁兵扞契丹 … .

개돌, 要甸子24개돌이 차례로 늘어서 있다. 牧丹江 줄기를 따라 永勝遺蹟 · 敖東城 · 沙河沿鎮의 孫船口古城 · 沙河橋鄉 嶺底의 通溝嶺要塞 · 官地 老虎洞의 通溝嶺山城 · 官地 八果樹의 石湖古城 · 海靑房(현 지명은 林勝) 大甸子古城, 그리고 大山嘴子鄉 要甸子村에 要甸子城堡가 있다.

현재 敦化에서 영안까지는 '鶴大'고속도로가 건설 중이다. 이 도로는 바로 상술한 옛길을 따르고 있다. 즉 敦化에서 上京으로 가는 도로는 牧丹江邊을 따라 분포한다. 그런데 그곳에 역참지, 방어시설인 산성과 보루가 위치한다. 이것은 舊國에서 上京으로 향하는 도로의 중요도를 보여준다. 당시의 중요한 방어시설은 산성과 하천 및 수로 방위를 담당하고 있던 방어시설이다. [그림 6]의 분포상황을 보면, 도성인 평지성을 중심으로 도시를 형성하고, 그 외곽에 산성이 둘러싸고 있다. 그 다음에 수도로 들어오는 주요 강변에 촘촘하게 이중 삼중의 방어벽을 형성하고 있다. 특히 이들 유적들은 牧丹江과 평행선을 그리고 있으므로 당시 이곳에 대한 방어가 얼마나 중요했는지를 실감케 한다. 牧丹江邊을 따라 동북으로 늘어서 있는 고성들은 입지면에서 서북에 위치한 고성들과 별반 차이가 없다. 이것은 확실히 동북에서 오는 적들을 방어하기 위한 것임에 틀림없다.

그러나 24개돌유적은 이보다는 늦은 시기에 축조되었다고 판단된다. 왜냐하면, 발해가 건국한 이후의 가장 큰 두려움은 바로 서쪽에서 오는 당나라의 토벌이었다. 책봉을 통하여 안전을 보장받은 이후에는 영토확장과정에서 거란과 말갈세력과의 갈등이 불거졌다. 따라서 발해는 서북지역과 동북지역의 교통의 요충지에 방어시설을 축조하기에 이르렀다. 그런데, 24개돌유적은 上京에서 舊國까지 비교적 일정한 간격으로 위치하고 있다. 이것은 다시 말하면, 그 성격이 어떻든 간에 上京지역이 발해의 영향권 안으로 포함되어 있기 전에는 불가능함을 의미하는 것이다. 즉 이와 같이 규칙적인 간격을 두고 설치될 수 있다는 것은 곧 시점과 종점에 대한 개념이 분명하지 않고서는 안 된다. 따라서 24개돌 유적축조는 上京이 발해의 영향권 내로 귀속되는 武王 이후에 가능한 것이다.

'舊國'을 중심으로 하여 그 주변에 설치되어 있는 많은 24개돌유적과 산성 및 보루 등은 곧 '舊國'이 그 어느 곳과 비교할 수 없는 건국 초기의 중심 지역이었음을 설명한다. 아울러 당나라의 책봉의지로 화해분위기가 무르익었다고 할지라도, 막 기틀을 다진 발해의 건국자인 高王과 건국집단에 있어서 서북의 당나라나 거란에 대한 위협은 깨끗하게 해소되지 않았을 것이다. 따라서 高王은 '舊國'을 중심으로 평지와 산성 그리고 성보 및 上京으로의 교통로 상에 방어시설을 설치하여 자신들의 안위를 담보해야만 했다.

2. 中京의 造營과 防禦體制

中京은 文王이 天寶 연간에 도읍했던 곳이다. 『新唐書』「地理志」에 '天寶 연간에 왕이 도읍한 곳'[39]이라는 기록이 있다. 1980년대에는 中京의 중심지로 비정된 西古城과 서남쪽으로 5km 떨어진 龍頭山古墳群에서 文王의 넷째 딸인 貞孝公主墓가 발견되면서 中京천

---

39) 『新唐書』卷43下, 「地理志」 邊州入四夷道里記 : … 至顯州 天寶中 王所都 ….

도에 대한 관심이 더욱 높아졌다. 中京을 도읍지로 삼은 기간은 天寶 연간이었으므로 길게 잡아도 14년 정도이다.

최근 들어 발해의 中京천도가 730년대 이루어졌다는 주장도 제기되었다.[40] 그러나 이 시기에 수도가 옮겨졌다는 점은 신뢰하기 어렵다. 우선 당시 발해는 黑水部의 토벌과 그 과정에서 생긴 분열, 그리고 登州공격 등으로 도읍을 옮길 여력이 없었을 뿐만 아니라 그 목적도 뚜렷하지 않다.[41] 또한 中京에서 발견된 연화문와당이 上京城의 영향을 받았다는 주장[42]과 中京의 제2궁전지에서 나온 와당이 上京城 5호 궁전지에서 출토된 것과 동일하다[43]는 점은 中京 조영에 시사하는 바가 있다.

40) 宋基豪, 1995, 『渤海政治史硏究』, 一潮閣, 99쪽 ; 김종복, 2003, 「발해 상경성의 성립과 구조」 『한국의 도성·都城 造營의 傳統』, 서울시립대학교 서울학연구소, 112~113쪽.

41) 송기호는 '舊國'에서 '顯州'로의 천도는 언급하지 않고, 상경으로의 천도는 '安史의 亂'이 원인이라고 지적하였다(宋基豪, 1995, 『渤海政治史硏究』, 一潮閣, 98~99쪽). 반면 김종복은 '舊國'에서 '顯州'로의 천도는 무왕 시기에 있었던 일련의 사건, 즉 영토확장·흑수와의 충돌·大門藝의 망명사건·당의 등주공격 등의 사건이 발생한 상황을 감안한다면, '舊國'의 발해의 수도로서 너무 협소하기 때문에 이 시기에 현주로 천도하였을 것이라고 하였다.

42) 秋山日出雄, 1988, 「古代宮室發展段階의 初步的 硏究-渤海諸宮을 手掛리로 하여-」 『橿原考古學硏究所論集』9, 吉川弘文館, 625~626쪽. 최근에 西古城이 顯州 도읍기의 도성이 아니라고 보아 劉曉東·魏存成과 같은 분석 방식을 비판하는 견해가 제기되었다. 이에 따르면, 顯州나 東京에 수도가 있었을 때 上京과 같은 궁전 배치를 가졌던 것이 아니라, 반대로 上京의 건물 배치가 中京과 東京에 응용되었다고 보고 있다. 그 근거로 발해의 대표적인 유물인 연화문와당을 형식 분류한 결과, 西古城과 八連城에서 출토된 연화문와당은 上京城에서 출토된 것보다 시기적으로 늦다고 하는 점을 들고 있다(田村晃一, 2000, 「渤海瓦當文樣에 關する若干의 考察」 『靑山史學』19, 靑山學院大學文學部 史學科硏究室, 10~13쪽). 나아가 上京에서 출토된 연화문와당의 분석 결과 제2궁전터에서 나온 것이 가장 오래된 시기에 속하기 때문에 제2궁전의 조영시기가 756년 무렵의 上京천도기가 아니라고 하였다(田村晃一, 2002, 「渤海瓦當再論」 『早稻田大學大學院文學硏究科紀要』 47집 4분책, 172쪽).

43) 吉林省文物志編委會 主編, 1984, 『和龍縣文物志』, 51~52쪽.

1) 中京의 遺蹟分布

발해 5京중 中京의 소재지로 비정된 西古城은 和龍市 頭道平原의 북쪽에 위치한다. 頭道平原은 海蘭江 유역에서 가장 큰 경작지로 동서 30km, 남북 5km에 이르며, 구릉으로 둘러싸여 있다. 서남쪽에서 동북쪽으로 흘러가는 海蘭江이 頭道平原을 관통하고, 福洞河 · 大五道河 · 八道河 · 二道河 · 長仁江 등이 海蘭江으로 흘러든다. 크고 작은 하천 양안은 충적평지로 땅이 기름져서 경작에 편리하다. 西古城 주위에는 많은 발해시기의 유적이 분포한다. 中京을 중심으로 聖敎古城 · 河南屯古城 · 八家子南山山城 · 獐項古城 · 鼊頭城 등이 있다. 그리고 東南溝寺刹址 · 軍民橋寺刹址 · 高山寺址 · 惠章寺刹址 등이 위치해 있으며, 貞孝公主墓가 있는 龍頭山古墳群 · 龍海古墳群 · 明岩古墳群 · 長仁古墳群 · 得昧古墳群 등 고분이 분포한다. 中京의 외곽지역으로 그 범위를 확대하면, 靑龍古墳 · 長仁古墳群 · 福洞古墳群 · 惠化古墳 등이 조공도와 上京으로 가는 길목에 있다.

[그림 9] 中京의 遺蹟分布圖

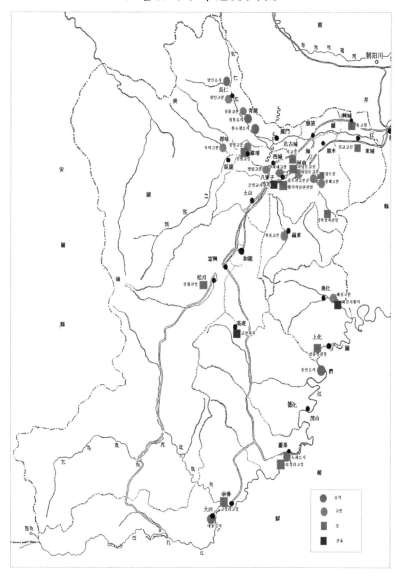

(1) 추정 도성지

① 河南屯古城[44]

河南屯古城은 八家子鎭 河南屯에 있는데, 虛萊城이라고도 부른다. 성은 장방형이고, 둘레는 2.5km에 달한다. 성벽은 판축하였고, 그 규모는 기단 8~10m, 잔고 약 0.5~1m이다. 남벽 중간에 10여m에 달하는 성문지가 있다. 성 중남부에는 500여m의 방형담장이 있다. 담장 중간에 있는 부부무덤에서 금·은 장식품 등이 출토되었다. 성 안에는 꽃무늬 벽돌 잔편·지압문암키와·와당·문자와편·銅佛像·鐵佛像·鐵門樞·銅鈴·鐵鼎과 장방형 화문전 등이 출토되었다.

② 西古城[45]

西古城은 頭道平原의 서북부에 있고, 西城鄕 北古城村과 250m 떨어져 있다. 西古城은 장방형이며, 외성과 내성으로 구성된다. 외성은 장방형이며 진흙으로 판축하였다. 남북 720m, 동서 약 630m, 둘레 2,700m이다. 성문지는 각각 남·북벽 중간에 있다.

내성은 외성 중간 북쪽에 있다. 규모는 남북 약 370m, 동서 약 190m, 둘레 1,000m이다. 내성에는 5개의 궁전지가 있는데, 1·2·5 전지는 남북 중축선 상에 있고, 3·4궁전지는 각각 2궁전지의 동·서쪽에 축조되어 있다. 궁전지 중 2궁전지가 가장 크며, 규모는 동서 약 20m, 남북 약 9m이다. 각 궁전지는 회랑으로 이어져 있다. 출토유물은 암키와·꽃무늬 벽돌·녹유 柱座·녹유연꽃무늬·녹유와와 푸른색 기와 등이 있다.

---

44) 吉林省文物志編委會 主編, 1984, 『和龍縣文物志』, 52~53쪽.
45) 吉林省文物志編委會 主編, 1984, 『和龍縣文物志』, 47~52쪽.

(2) 방어 시설

① 獐項古城[46]

獐項古城은 西城鄕 獐項村 서북 산기슭에 있다. 성은 장방형이다. 성벽은 장방형의 토석혼축이다. 성벽은 남북 90m, 동서 약 75m, 둘레 약 330m에 달한다. 기단부는 너비 약 10m, 상부 너비 약 1m, 현재 높이 약 1.2m이다. 성문지는 분명하지 않다. 성 안에는 벽돌·베무늬기와·수키와·지압문 암키와 잔편 등이 흩어져 있다. 약간의 紅褐·灰褐陶片과 건축재료 등도 볼 수 있다.

② 聖敎古城[47]

聖敎古城은 東城鄕 紅星村 聖敎屯 서북쪽 대지에 있다. 고성은 장방형의 土石混築으로, 현재의 남북 성벽은 보존이 비교적 좋으나, 동벽은 파괴가 심각하다. 고성은 동서 약 120m, 남북 약 67m, 둘레 374m이며, 성벽 기단은 8~10m, 상부는 1~1.5m, 최고점은 약 1.70m이다. 문지와 기타 시설은 자세하지 않다. 성 안에는 重脣口沿·多孔甑底·瘤狀器耳·鷄冠狀耳·圓窩狀·波浪狀 도기편이 있다.

③ 楊木頂子山城[48]

楊木頂子山城은 龍水鄕 楊木頂子沟 산 정상에 있다. 산성은 산의 능선을 따라 축조하여, 불규칙한 타원형을 이룬다. 둘레는 2,680m, 성벽 기단은 10여m, 높이 약 1.50~2.50m이다. 성벽은 土石混築이다. 성벽이 굽어지는 곳에 4개의 각루가 있다. 2곳의 성문지 가운데 한 곳에는 옹성이 있다. 성 안의 완만한 기슭에 건축지가 있다. 성 안에서 삼각형 철제 화살촉 1점·깨진 벽돌 1점·새끼줄무늬 암키와 2점·베무늬 암키와 1점 등이 수습되었다.

46) 吉林省文物志編委會 主編, 1984, 『和龍縣文物志』, 53쪽.
47) 吉林省文物志編委會 主編, 1984, 『和龍縣文物志』, 54~55쪽.
48) 吉林省文物志編委會 主編, 1984, 『和龍縣文物志』, 59~61쪽.

④ 八家子山城[49]

八家子山城은 八家子鎭 남산 정상에 있다. 산성은 불규칙한 凹자 형태로, 둘레는 약 1,500m에 달한다. 성벽은 대부분이 土築이나, 일부는 土石混築이다. 서·남·북 3면은 산세를 이용하여 축조하였다. 성벽 너비는 3m 정도, 높이 약 1.20~1.50m 정도이다. 성문지는 1곳이며, 그 너비는 약 10m이다. 성 안은 남고북저형이다. 성에서 가장 높은 곳에 인공적으로 깎은 대지가 있는데, 봉화대 혹은 전망대로 생각된다.

(3) 매장 시설

① 貞孝公主墓[50]

貞孝公主墓는 龍水鄕 龍海村 서쪽 龍頭山 위에 있다. 貞孝公主墓는 남북향이고, 墓室·甬道·墓門·墓道·塔으로 구성된다. 墓室은 장방형이며, 墓頂은 평행고임천정이다. 무덤 바닥은 남북 3.10m, 동서 2.10m, 墓室 높이는 1.90m이다. 墓室 중간에 棺床을 두었다. 棺床은 남북 2.40m, 동서 1.45m, 높이 약 0.40m이다.

墓室과 甬道사이에 문이 있다. 甬道는 남북 1.90m, 동서 약 1.65m 이다. 甬道 장방형의 벽돌로 墓頂까지 쌓고, 판석으로 덮었다. 墓門은 甬道의 두 벽으로 기둥을 삼고, 지붕덮개돌 가장자리에 백회를 발라서 門額을 만들었다. 墓道는 나팔형태이다. 남쪽이 높고 북쪽이 낮은 계단형식이다. 무덤 윗부분에는 탑이 있는데, 甬道와 墓室 덮개돌 위에 쌓았다. 탑기단은 장방형으로, 남북 5.65m, 동서 5.50m이다.

조사 당시 고분에서 여성 인골 5점과, 남성 인골이 수집되었다. 甬道 동·서벽과 墓室의 동·서·북 3벽에 12명의 인물벽화가 있다.

---

49) 吉林省文物志編委會 主編, 1984, 『和龍縣文物志』, 61~62쪽.
50) 吉林省文物志編委會 主編, 1984, 『和龍縣文物志』, 20~26쪽.

고분에서 陶俑 얼굴잔편 2점·鎏金銅飾件 8점·鎏金銅帽釘 7점·鐵釘 7점·漆片·도기편·벽돌 등의 유물이 수습되었다.

② 河南村墓葬[51]

河南村墓葬은 八家子鎭 河南村 河南屯古城 중앙에 두 기의 무덤이 있다. 무덤은 磚室무덤이며, 규모는 길이 2.40m, 너비 1.40m, 높이 0.47m이다. 墓室 네 벽은 모두 장방형의 푸른색 벽돌로 쌓고, 백회로 메웠으며, 무덤 바닥은 방형의 벽돌을 깔았다. 墓頂은 파괴되었다.

동쪽 무덤에서는 작은 金帶扣 2점·金龍首飾 2점·金釧 1점·金耳環 1쌍·銀釧 1점이 출토되었다. 서쪽 무덤에서는 金帶扣·金銙·鉈尾로 구성된 金帶 1점·金方環 14점·金帶扣 8점·金吊環 9점·鞍形金飾 9점·柄首金飾 4점·刀鞘金飾 4점·金釵 2점·金花飾件 26점·鐵刀 1점·礪石 1점이 출토되었다.

③ 北大古墳群[52]

北大古墳群은 八家子鎭 上南村 북쪽에 있다. 1964년 54기 무덤을 조사하였는데, 모두 單室石室封土墓이다. 무덤은 남북향의 장방형이며, 墓道가 있는 것과 없는 것으로 구별된다. 전자는 모두 14기로, 규모가 비교적 크다. 묘벽은 돌 혹은 장대석으로 축조하였다. 墓道는 남벽 중간에 설치하였다. 墓頂은 평천정과 모줄임천정 2종류가 있다. 덮개돌(盖石)은 일반적으로 3~4개의 커다란 판석을 이용하였다. 후자는 모두 40기로, 규모가 작고, 구조가 간단하다. 墓室은 장방형이며, 길이 2.00~2.90m, 너비 0.76~1.10m, 높이 0.40~1m에 달한다. 묘벽은 돌 혹은 돌덩어리로 쌓았다. 墓頂은 판석으로 평평하게 덮었다. 墓道는 없고, 墓門은 남쪽에 설치하였다.

출토유물은 銀器·銅器·鐵器·釉陶器·陶器·紡織品·佩飾

---

51) 吉林省文物志編委會 主編, 1984, 『和龍縣文物志』, 30~32쪽.
52) 吉林省文物志編委會 主編, 1984, 『和龍縣文物志』, 32~36쪽.

등으로 구별된다. 특히 청동 대구는 14개의 고리로 구성되어 있는데, 帶具·帶銙와 鉈尾 3부분으로 나뉘며, 帶具 전체에는 검은 옻칠을 하였다. 그 중에서 鉈尾는 편평한 혀 모양으로, "泰"자 같은 글자가 새겨져 있다.

(4) 종교 시설

① 龍海사찰지[53]

龍海사찰지는 龍水鄕 龍海村 서북 500m 福洞河 서안 산기슭 대지 위에 있다. 貞孝公主墓 남쪽 50m에 동서 13m, 남북 11m의 벽돌 기단이 있다. 현지인에 따르면, 벽돌더미 아래에서 아궁이가 발견되었다고 한다. 이 건축지는 貞孝公主墓와 동일시기에 축조한 사찰지로 생각된다.

② 高産사찰지[54]

高産사찰지는 德化鄕 高山村 약 500m 산기슭 대지 위에 축조되었다. 지면에 노출된 16개 초석은 내·외로 나뉜다. 안쪽에 8개의 초석이 8각형을 이루며 바깥쪽 테두리도 같다. 안쪽 테두리 중심에 원형의 높은 기단이 있다. 초석으로 보면, 단칸의 팔각형건축이다. 유지 부근에서 銅佛·玉사자·泥佛 잔편·泥佛 얼굴 잔편 2점이 출토되었다. 사찰지 북쪽 약 150m에 많은 지압문 암키와, 연꽃무늬 와당과 도기 잔편, 벽돌 등이 흩어져 있는데, 그 범위는 약 50~60m에 달한다.

③ 東南沟사찰지[55]

東南沟사찰지는 八家子鎭 河南村古城 남쪽 약 1.5km 東南沟 중

53) 吉林省文物志編委會 主編, 1984, 『和龍縣文物志』, 66쪽.
54) 吉林省文物志編委會 主編, 1984, 『和龍縣文物志』, 66~68쪽.
55) 吉林省文物志編委會 主編, 1984, 『和龍縣文物志』, 69~70쪽.

턱 대지 위에 있다. 대지는 남북 50m, 동서 30m이다. 대지 중앙에는 한 변 10m, 높이 1m에 달하는 흙 기단이 있다. 수집된 유물에는 지압문 암키와 · 자루달린 암키와 · 자루달린 수키와 · 연꽃무늬 와당 · 암막새기와 등이 있다.

2) 中京의 造營時期

『新唐書』「地理志」에 근거하면, 발해는 "天寶 연간에 顯州에서 도읍하였다."고 한다.[56] 天寶 연간은 742~756까지이며, 이 기간은 文王 치세 기간에 해당한다. 주목할 만한 것은 中京도읍에 대해서 그 기록된 곳이 『新唐書』의 「渤海傳」이 아니라 「地理志」라는 점이다.

공교롭게도 그 중요한 기록 가운데 '舊國'에서 中京으로 도읍을 옮긴 사실이 누락되어 있다. 『新唐書』「渤海傳」은 발해의 입장에서 본다면, 「本紀」와 같은 것이다. 그러한 중요한 곳에 천도사실, 즉 유독 中京으로의 천도사실이 누락되어 있다고 한 점에서 천도와는 다른 목적이 있었을 가능성을 배제할 수 없다.

---

56) 이에 대해서 김종복은 中京遷都가 천보 연간이 아니라 그 이전의 어느 시기, 구체적으로 732년 전후로 인식하고 있다. 그는 『新唐書』「地理志」의 내용이 단순히 天寶 연간에 도읍을 한 사실만을 언급한다고 하고, 武王代에 활발하게 강역을 확장했으며, 726년 당나라의 黑水州 설치를 둘러싸고 내부 갈등을 겪은 이후 732년에 登州공격이 있었다. 그런데, 이러한 상황을 감안하면, 당시 발해의 수도가 규모가 협소한 舊國이라고 보기 어렵기 때문에 이 무렵을 전후한 시기에 顯州로 천도하였을 가능성이 높다고 하였다(김종복, 2003, 「발해상경성의 성립과 구조」『한국의 도성·都城 造營의 傳統』, 113쪽, 117쪽). 또한 송기호도 文王代는 顯州-上京-東京으로 두 차례나 천도하였으므로 舊國에서 顯州로 천도한 것은 文王 이전에 해당할 가능성이 높다고 보았다(宋基豪, 1995, 『渤海政治史硏究』, 一潮閣, 97쪽). 그러나 당시의 발해의 상황은 국력이 상대적으로 팽창하였고, 당나라와의 대립이 무력충돌로 발전한 상황에서 발해가 도읍을 다른 지역으로 옮겼다는 것은 상정하기 어렵다. 왜냐하면 몇 년간에 걸친 정복과 전쟁 등으로 국력을 분산할 수 없었기 때문이다.

和龍은 1980년대부터 도성지로서 주목을 받아왔다. 中京의 소재지로 인정된 西古城은 頭道平原 중부에 자리 잡고 있고, 남쪽으로 海蘭江과, 북으로는 산지와 이어져 있다. 西古城은 장방형으로 외성과 내성으로 이루어져 있으며, 둘레 길이는 2,700여m에 이른다. 외성과 내성은 흙으로 판축하였으며, 내성 안에는 5개의 궁전지가 +형태로 배치되어 있다.

도성지에는 일반적으로 궁전지로 보이는 건축물이 있다. 西古城 또한 그 성의 규모가 上京의 宮城, 東京 八連城과 유사함으로 인해서 계기적 발전을 이루었다고 인식되었다.[57] 즉 발해가 上京으로 천도할 당시의 도성 규모는 中京을 넘지 못했을 것이라는 인식이 그것이다. 이것은 그 평면구조의 유사성과 文王이 中京에 정도했었다는데 그 근거가 있다. 또한 中京에서 서남 5km 떨어진 龍頭山에서 貞孝公主墓가 발견됨으로써 더욱 그 설은 신뢰되었다.

그렇다면, 中京의 중심지는 어디인가를 해결해야 한다. 지금까지 학계에서는 일반적으로 中京의 중심지는 和龍市 西古城으로 비정하였다. 그 주변에는 동남쪽에 貞孝公主墓를 포함한 龍頭山古墳群·龍海古墳群·石國古墳群이 자리를 잡고 있고, 남쪽에는 河南

---

57) 대표적인 논저로는 劉曉東·魏存成의 논고가 있다(劉曉東·魏存成, 1987, 「渤海上京城營築時序與型制淵源硏究」 『高句麗渤海硏究集成』 渤海 卷2, 哈爾濱出版社). 위 논문은 고고학적인 관점에서 中京·上京·東京의 평면구조를 비교 검토하여 上京은 당시 中京·東京의 규모를 넘지 못하였다고 규정하고, 上京이 현재와 같은 규모로 확대된 것을 3시기로 구분하여 고증을 하였다. 그러나 田村晃一은 中京城의 2호 궁전지에서 출토된 와당의 문양이 上京城의 5호 궁전지와 비슷하고, 발해의 대표적인 연화문와당의 형식 분류 결과 西古城과 八連城에서 출토된 연화문와당이 上京城의 것보다 시기적으로 늦다는 점을 들어, 오히려 中京과 東京이 上京城에서 영향을 받았다고 인식하였다(田村晃一, 2000, 「渤海瓦當文樣に關する若干の考察」 『靑山史學』 19, 靑山學院大學文學部 史學科硏究室, 10~13쪽).

屯古城이 위치해 있다. 이밖에 龍海寺刹址와 東南溝寺刹址가 동쪽
과 남쪽에 있고, 서남쪽에는 八家子南山山城이 위치한다. 西古城은
그 규모에 있어서, 그리고 주변의 발해시기로 편년된 유적의 분포를
통해서 왕이 도읍했던 곳이라는 확증을 얻게 되었다. 西古城 중심에
위치한 2호 궁전지에서 출토된 연화문와당이 발해 上京龍泉府 5호
궁전지에서 출토된 연화문와당과 그 양식에서 동일성을 보이고 있는
점도 하나의 근거가 되었다. 西古城의 동남쪽에 위치한 貞孝公主墓
는 그 고분 형식으로 당나라 문화의 영향이라고 인식되었다. 西古城
역시 당나라의 長安城을 모방한 시설이며, 이에 영향을 받아서 발해
上京城이 축조되었다는 견해가 제기되기도 하였다.

　그런데, 여기에서 주목되는 유적은 바로 西古城의 전방에 위치한
河南屯古城이다. 河南屯古城은 西古城과 4.5km 떨어져 있다. 두
성의 공통점은 우선 장방형의 구조를 지니고 있고, 그 규모도 2.5~
2.7km에 이르며, 성벽은 판축기법으로 축조하였다는 점이다. 또한
성 안에서는 花文磚·指壓文 암키와 및 와당·문자전 등이 발견되
어 그 위상이 그다지 낮지 않음을 보여준다. 더욱 중요한 것은 河南
屯古城 안에서 전축분의 부부합장묘가 발견되었고, 그 안에서 많은
금제 장식품들이 출토되었다는 점이다.[58] 河南屯古城 내에서 발견
된 부부합장묘는 당연히 河南屯古城이 폐기된 이후에 축조된 것이
다.[59] 또한 河南屯古墳에서 출토된 금은 장신구들은 무덤 주인공의

58) 吉林省文物志編委會 主編, 1984, 『和龍縣文物志』, 30~32쪽.
59) 酒寄雅志는 河南屯古城을 賈耽의 『道里記』에 보이는 천보 연간의 왕도이고,
　　西古城은 천보말년에 上京龍泉府로 천도한 이후에 옮긴 것이라고 하였다(酒
　　寄雅志, 1998,「渤海の王都と領域支配」『古代文化』50-9, 古代學協會, 531
　　쪽). 임상선도 河南屯古城의 구조와 출토유물에 근거하여 '舊國' 敖東城에서

신분이 상당히 높았음을 보여준다. 각종 기록을 살펴보면, 발해에서 당나라로 사행을 떠난 행렬 가운데서 중원의 관복을 제수받는 경우가 있었다.

발해는 건국 이후 멸망에 이르기까지 9번에 걸쳐서 과대 및 의복을 하사받았다. 발해가 처음으로 의복을 하사받은 것은 722년이고, 마지막으로 하사받은 것은 725년이다. 그 중에서 금대를 하사받은 것은 722년, 725년, 729년, 737년, 739년 5번에 해당한다. 앞의 3번은 武王代에 해당하고, 뒤의 2회는 文王代에 해당한다. 금대의 하사가 律令制의 도입과 깊은 관련이 있고, 이것으로 말미암아 통치력의 정당성과 권위를 부여한다는 점에서 본다면, 文王의 즉위년에 중원에서의 금대 사여는 발해 정국에 중요한 영향을 미쳤을 것이다. 따라서 河南屯古城의 축조 시기는 고분축조보다는 빨랐을 것이며, 그것은 곧 中京이 아닌 顯州로 표현되어 있을 당시의 중심지였을 가능성이 있다.

'舊國'에서 도읍을 했던 발해가 언제 中京으로 천도하였는가를 살펴보자. 中京천도에 대해서 언급한 사서는 『新唐書』와 『武經總要』이다. 『新唐書』는 발해가 멸망한 지 134년이 지난 北宋 仁宗 嘉佑 5년인 1060년에 완성된 책이고, 「武經總要」는 이보다 16년이 빠른 1044년에 만들어진 병법서이다. 그러나 두 사료의 기록은 약간 차이를 보인다.

Ⅲ-① 顯州는 天寶 연간에 왕이 도읍한 곳이다.[60]

천도한 도성은 西古城보다 이곳일 것이라고 하였다(임상선, 2006, 「발해의 都城體制와 그 특징」『韓國史學報』24, 한국사학회, 305쪽).
60) 『新唐書』卷43下, 「地理志」邊州入四夷道里記 : … 至顯州 天寶中王所都 ….

　Ⅲ-② 顯州 渤海國 皇華四達記에 따르면, 당나라 天寶 이전 발해국
　　 이 도읍한 곳이다.[61]

　사료 Ⅲ-①의『新唐書』에서는 발해 文王이 中京 즉, 엄밀히 말해
서 顯州는 天寶 연간에 도읍한 곳이라고 한 반면에, Ⅲ-②의『武經
總要』에서는『皇華四達記』의 기록을 들어서 '天寶 연간 이전에 도
읍한 곳'이라고 기록하였다. 그래서 발해가 天寶 연간 이전에 顯州에
도읍하였을 가능성을 내비치고 있다. 그렇다면『皇華四達記』는 어
떤 책인가.『新唐書』卷58, 藝文志 第48에 賈耽이 쓴 책 가운데 그
이름이 보인다. 이것은 798년인 貞元 14년에 황제에게 올려진 책으
로, 또한『通志』에도 지리서로만이 아니라 朝聘에 관한 기록서들 가
운데 그 명칭이 보인다.[62]

　　Ⅲ-③『武經總要』에 기록된 諸州는 모두『契丹圖經』과『皇華四達
　　　 記』등 여러 책을 근거로 한 것으로 비록 異域의 傳聞에 분명
　　　 하지 않은 곳이 있지만, 그 사방의 道里는 참고할 만 하다.[63]

　위의 사료 Ⅲ-③에서『武經總要』의 기록이『契丹圖經』과『皇華
四達記』를 근거로 하였으나, '異域의 傳聞에 대해서 분명하지 않은
곳'이 있다고 언급하고 있다. 실제로『皇華四達記』에 기록되어 있는
營州道에 관한 부분에서도『邊州入四夷道里記』와 차이나는 곳이

---

61)『武經總要』前集 卷16下 渤海 : 顯州 渤海國 按皇華四達記 唐天寶以前 渤
　海國所都.
62)『通志』卷66 藝文略 第4.
63)『欽定熱河志』卷60,「建置沿革」6 : 武經總要所紀諸州 皆據契丹圖經 皇華
　四達記諸書 雖異域傳聞間 有未確然 其四至道里 可備參考 ….

있다.[64] 이것은 賈耽이 전적으로 자신의 견문을 토대로 기록한 것이 아님을 보여주는 것이다. 만약 이와 같다면, 『武經總要』에 인용된 『皇華四達記』의 기록 내용도 기록상의 오기로 인정될 수 있을 것이다. 이러한 추론이 가능하다면, 『武經總要』에서 언급한 "顯州 발해국 『皇華四達記』를 살펴보면, 天寶 이전 발해국이 도읍한 곳이다." 라는 기록은 재론이 가능하다. 따라서 발해가 '舊國'에서 中京으로 천도한 시기를 730년대 구체적으로는 735년 정도로 추정하는 데는 약간의 무리가 따른다고 판단된다.

中京으로 천도한 이유에 대해서도, '文王시기에 지나치게 잦은 천도를 하였기 때문에 中京천도는 그 이전일 가능성이 있다'는 견해[65]와, 黑水部의 토벌과 大門藝와의 반목, 그리고 登州공격 등 다양하고 규모있는 대외정책이 추진되기에 '舊國'은 너무 좁기 때문에 이 시기에 中京으로 천도하였을 것이라는 전자보다 구체적인 견해가 제기되기도 하였다.[66] 그러나 발해가 상술한 대외정책이 추진되는 상황에서 국가의 중심을 옮긴다는 것은 더욱 가능성이 희박하다. 당나라와의 전쟁이 치러진 732년 무렵에 도읍이 옮겨졌다고 하는 견해에 대해서는 더욱 그러하다. 만약 730년대 초반에 中京으로의 천도가 이루어졌다면, 당연히 武王을 계위한 文王의 책봉사는 당연히 中

---

64) 『邊州入四夷道里記』에서는 서쪽으로 建安城까지 300리라고 하였으나, 『皇華四達記』를 인용한 『武經總要』에서는 서북으로 建安城까지 약 500리라고 하였고, 남쪽으로 압록강 북쪽의 泊汋城도 '정남쪽에서 약간 동쪽으로'라고 표현하여, 두 기록간의 차이를 보여주고 있다. 따라서 본 기록은 초록 과정의 오류일 수 있다고 판단된다.

65) 宋基豪, 1995, 『渤海政治史研究』, 一潮閣, 97쪽.

66) 김종복, 2003, 「발해상경성의 성립과 구조」『한국의 도성-都城 造營의 傳統』, 서울시립대부설 서울학연구소, 112~113쪽.

京으로 이르렀을 것이다.

그렇다면, 필경 발해의 천도사실에 대해서 분명한 인식을 지녔을 것임에도 발해 기사를 다루고 있는 어떠한 「渤海傳」에서도 기록이 없다. 이것은 中京천도가 일반적인 국가의 중심지 이동과는 거리가 있었음을 의미하는 것이다. 당시는 발해가 전쟁에 대해 전념할 때일 뿐만 아니라, 전쟁이 종료된 이후에는 그동안 소모했던 국력의 회복을 위해서 노력하였을 것이므로, 中京으로의 천도를 계획하고 추진하기에는 다소 무리가 따른다.

그렇지만, 西古城이 도읍을 했던 곳임은 변할 수 없는 사실이다. 이곳은 왕이 정도했던 곳일 수는 있지만, 국가의 중심을 옮긴 정상적인 천도의 과정을 거쳤다고 생각되지는 않는다. 이미 앞에서 언급하였듯이 「渤海傳」이 아닌 「地理志」에 기록이 되어 있고, 文王의 中京천도사실이 이보다 후대의 인물인 張建章의 『渤海記』에 기록되어 있지 않았기 때문이다. 당시 사신의 왕래와 숙위 및 유학생들의 파견이 빈번했던 양국의 상황을 감안하면, 그와 같은 중요한 사건이 누락되었을 가능성은 그다지 높지 않다.

[그림 10] 中京 西古城 平面圖

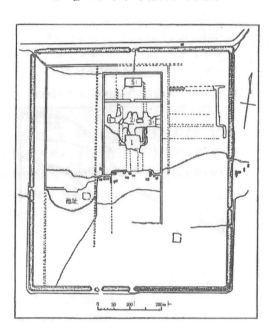

西古城은 頭道平原에 위치해 있는데, 남쪽으로는 海蘭江이 북쪽
으로는 산등성이에 인접해 있다. 내성과 외성으로 구성되어 있고, 외
성은 둘레 2,700m, 내성은 둘레 1,000m에 이른다. 외성은 판축하였
고, 외성 바깥에는 해자유적이 있다. 내성은 외성의 중앙 북쪽에 치
우쳐 있고, 그 내부에는 5기의 궁전이 十자 형태를 이루며 배치되어
있다. 또한 이곳에서 출토된 많은 유물들이 上京城의 그것과 대체적
으로 동일하다는 점에서 이곳이 도성지였음을 보여준다.[67] 劉曉東
도 도성의 형식적인 면에서 上京城 · 八連城과의 관련성을 고찰하여

---

67) 吉林省文物志編委會 主編, 1984, 『和龍縣文物志』, 51쪽.

中京에서 上京으로, 다시 東京으로 그 영향이 미쳤다고 인식하였
다.[68] 그런데 최근에 발굴된 상경 남쪽 5km에 위치한 杏山가마터가
주목된다. 보고자는 杏山가마터의 구조와 출토된 벽돌·기와 등으
로 보면, 대체로 발해 중후기인 730년대를 전후한 시기에 시작되었
다고 하여,[69] 상경축조가 중경보다 먼저 시작되었을 가능성을 피력
하였다. 또한 西古城의 건축형식과 출토유물이 발해의 上京城의 5
호 궁전지와 그곳에서 출토된 유물과 서로 유사하다고 한 견해[70]는
西古城 축조 연대가 上京城의 축조에 비해서 늦을 가능성을 보여준
다고 하겠다.

3) 中京의 防禦體制

발해에는 西古城을 기준으로 남쪽으로는 海蘭江을 넘어 河南屯
古城이 위치하고 있고, 이와 500m 떨어져서는 東南溝寺刹址가 분포
한다. 그리고 서남쪽으로 5km 떨어져서는 貞孝公主墓 및 龍頭山古
墳群·石國古墳群·龍海古墳群·龍海寺刹址·蠶頭城이 분포하고
있고, 다시 서쪽으로는 明岩古墳群·軍民橋寺刹址·北大古墳群,
다시 남쪽으로 八家子南山山城이 위치해 있다. 八家子南山山城과
東南溝寺刹址와는 4km, 東南溝寺刹址와 西古城과는 다시 4.5km,
西古城과 明岩古墳群과 약 4km정도 떨어져 있다. 이 사방 16km 안

68) 劉曉東·魏存成, 1987,「渤海上京城營築時序與刑制淵源硏究」『中國考古
學會第6次年會文集』, 文物出版社 ; 1997,『高句麗渤海硏究集成』渤海 卷2,
哈爾濱出版社.
69) 黑龍江文物考古硏究所, 1986,「渤海磚瓦窯址發掘報告」『北方文物』2, 北方
文物雜誌社, 38쪽.
70) 吉林省文物志編委會 主編, 1984,『和龍縣文物志』.

에 발해의 왕실고분군과 사찰, 그리고 평지성과 산성이 혼합되어 분
포한다. 西古城에서 서북쪽은 살펴보면, 長仁江을 따라 獐項古城
및 獐項古墳群과 마주하고, 다시 산을 넘으면 安圖방향으로 통한다.
주목되는 것은 西古城 서쪽에서 圖們에 이르기까지 장성이 반달형
태로 감싸고 있다는 점이다. 이 장성의 축조시기에 대해서는 더욱
상세한 고찰이 필요하지만, 방어의 방향은 북쪽으로 생각된다.

또한 성의 분포상황을 살펴보면, 西古城과 남쪽의 河南屯古城이
海蘭江을 사이에 두고 서로 대치하고 있고, 八家子南山山城이 그
위성으로 존재한다.[71] 二道河를 따라 獐項古城이 분포한다. 또한
연길에서 上京으로 향하는 노선에는 高城古城 · 安田古城堡 · 興隆
古城堡를 비롯한 평지성 · 산성과 天橋嶺建築地 · 中大川建築地 ·
駱駝山建築地 · 紅雲建築地 등이 있고, 紅雲建築地에서 산맥을 넘
으면 灣口24개돌유적으로 연결된다. 이 노선에는 많은 건축지가 있
고 일반적으로 역참지로 인식되고 있다. 24개돌유적과는 차이가 있
으므로 역참지의 성격에 대해서 고증이 필요하지만, 여기에는 도로
변에 있으므로 왕래에 필요한 역참지로 잠정 기술한다.

中京의 유적분포상황을 보면 평지성과 산성이 분포하고 있지만,
그다지 규칙적으로 배열되어 있지는 않다. 이러한 점은 上京지역에
산성과 평지성이 牧丹江 줄기를 따라서 '舊國'에서 上京으로 분포되
어 있는 점과 비교하면 상당한 차이를 보이는 것이다. 다만 西古城
을 중심으로 하는 中京에서 보다 두드러진 것은 바로 왕실 구성원의
한 사람이었던 貞孝公主墓가 발견된 것이다. 貞孝公主墓에서는 六

---

71) 임상선, 2006, 「발해의 都城體制와 그 특징」『韓國史學報』24, 한국사학회,
306쪽.

頂山古墳群과 마찬가지로 묘지석이 발굴됨으로써 그 가치가 더욱
두드러졌다. 게다가 貞孝公主墓는 西古城과 매우 가까운 거리에 있
고, 당나라의 양식을 따른 전축분이며, 내부에 벽화가 그려져 있어
발해의 생활문화 및 당시의 고분문화를 이해하는 데 있어 귀중한 자
료를 제공하였다. 그리고 2003년과 2005년에 이루어진 발굴을 통해
서 3대 황후의 묘비와 9대 簡王墓가 발견되었다고 하니, 그 중요성은
더욱 부각되었다고 할 수 있다.

　그러나 이 모든 것은 바로 中京의 중요성을 언급할 수 있을 뿐이지
바로 천도의 당위성을 설명하는 것은 아니다. 왜냐하면, 貞孝公主墓
의 발견으로 인해서 귀장풍속에 대한 논고가 줄을 이었으나 왜 이들
이 발해국의 건국지인 六頂山으로 귀장되지 않고, 中京에 매장되었
는지에 대한 설명이 없다. 또한 上京 도읍기간에도 지속적으로 귀장
이 이루어졌는가에 명쾌한 해답을 주지 못하였다. 발해왕실의 무덤
양식에 대해서도 石室墳인 貞惠公主墓에서 塼築墳인 貞孝公主墓
로의 전환은 발해의 왕실이 당나라의 문화적 영향을 강력하게 받은
증거라고 하였다. 그런데 실제로 발해왕실 고분군으로 인정된 고분
가운데는 전축분은 貞孝公主墓 뿐이다. 貞孝公主墓의 동쪽에서 발
견된 簡王의 고분이나 3대 황후의 묘지석이 발견되었다고 하는 고분
도 모두 전축분이 아니라 석실분이다. 또한 上京에서 발견된 삼릉분
도, 그리고 虹鱒魚場 및 大朱屯古墳에서도 약간의 소형전축분을 제
외하고는 모두 석실분이거나 토광묘이다.[72] 이것은 곧 발해의 주된

---

72)　虹鱒魚場古墳群과 大朱屯古墳群에서 몇 기의 전축분이 발굴되었다. 그러나
　　두 고분군에서는 부장품이 현저하게 적고, 고분의 규모가 상대적으로 작다는
　　이유로 일반적으로 평민고분으로 인정되고 있다. 현재까지 上京城에서 발견
　　된 왕실귀족고분은 오직 三靈墳 뿐이다. 그러나 上京城을 중심으로 上京城

고분 형식은 석실분이지 전축분이 아님을 의미하는 것이다. 또한 발해가 당나라의 문화적 영향을 많이 받았다고 할지라도 그들의 매장 습속은 역시 석실묘를 중심으로 하고 있음을 알 수 있다. 이것은 말갈제부가 주로 토광묘를 조영한다는 관점과도 괴리를 보인다.

따라서 고분의 시설로 보면, 석실묘와 전축분 또는 토광묘는 문화적인 연원이 다르다고 할 수 있다. 즉 토광묘는 그 연원이 가장 오래된 장속이다. 이것을 굳이 말갈제부와 연결시키지 않더라도 말이다. 1980~90년대 중국에서는 혈통주의에 입각한 말갈제부의 연원에 대해서 많은 연구를 진행하였다. 이것은 바로 발해의 건국집단이 말갈제부 가운데 하나인 粟末部이며, 이들은 한국학계에서 주장하는 건국자 高王 大祚榮이 고구려인이라는 설과 연관성이 없음을 증명하는 것을 목적으로 하였다. 그러나 최근에 발간된 『渤海國史』에서는 읍루나 말갈제부를 혈통주의적 관점에서가 아니라 지역주의적인 관점에서 기술하고 있는 점이 주목된다.[73] 즉 말갈이라는 것은 지역을 연고로 형성된 집단인 것이다. 그 문화적 연원이 다른 것은 그들의 생활방식과 사유방식의 차이로 인하여 다양한 형태의 문화가 존재하고 있다는 것을 의미한다.

과 가장 가까운 고분군은 三靈墳 · 虹鱒魚場古墳群 · 大朱屯古墳群이다. 이들 두 고분군은 분포 범위도 넓고 上京과의 거리도 가장 가깝다. 삼령분이 명당이라는 근거로서 上京과 서로 매우 가까운 거리에 있다는 점을 들고 있는데, 이것과 부합해서 살펴보면, 나머지 두 고분군도 역시 上京과 매우 가까운 거리에서 서로 마주 바라보이는 곳에 입지하고 있다. 따라서 두 고분군에 대한 세밀한 분석을 필요로 한다.
73) 한규철, 1994, 『渤海의 對外關係史-南北國의 形成과 展開』, 신서원, 66~68쪽 ; 한규철, 2005, 「주민구성으로 본 계승관계」 『고구려와 발해의 계승관계』, 고구려연구재단, 170~172쪽.

3. 東京의 造營과 防禦體制

東京은 현재의 吉林省 琿春지역으로 지형이 험준하고 물산이 풍부하다. 琿春의 동쪽과 남쪽은 琿春嶺을 경계로 하여 러시아와 국경을 마주하고 있고, 서남쪽은 두만강을 경계로 북한과 이어져 있다. 북쪽은 老爺嶺을 경계로 하여 汪淸縣과 黑龍江省 東寧縣과 맞닿아 있다. 琿春의 지형은 북고남저로서 북·동북·서북에 通肯山·琿春嶺·老爺嶺·磨盤山 등이 있고, 사방에는 豆滿江·北大河·密江河·英安河·琿春河 등이 거미줄처럼 얽혀있는 분지이다. 그래서 토양이 기름지고 산림이 우거졌으며 또한 지하자원도 풍부하다. 또한 인삼·녹용·송이·고사리 등 각종 약재를 비롯하여 목재·석탄·금·동·철·석회석 등 광물질이 풍부하다.

1) 東京의 遺蹟分布

琿春은 고구려시기의 柵城으로『三國史記』에 의하면, "태조왕 50년(서기 100년) 8월에 사신을 파견하여 柵城을 按撫하였다."고 한다.[74]『新唐書』에도 琿春 八連城이 고구려시기의 柵城이었다고 기록하고 있다. 이후 발해시기에 들어서는 文王이 780년대에 이곳에 천도하여 東京을 삼았다고 하였다. 따라서 琿春에는 고구려·발해시기에 해당되는 많은 유적들이 남아 있다.

---

74)『三國史記』卷15,「高句麗本紀」第3 太祖大王 : 五十年 秋八月 遣使按撫柵城

[그림 11] 八連城 周邊 地形圖
(日本陸軍參謀本部, 『滿洲十万分一圖』 「琿春縣」, 1942)

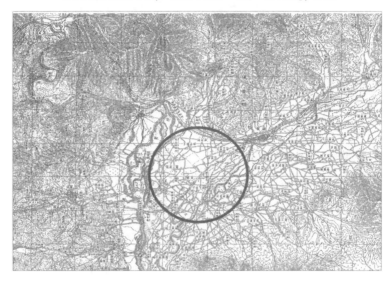

　도성인 八連城을 비롯하여 斐優城과 溫特赫部城 등이 위치한다.
서쪽은 密江河를 따라 慶榮古城 · 密江古城 · 英義城 · 英安古城 ·
孟嶺河口古城堡가 있고, 동북쪽은 琿春河를 따라 小城子古城 · 薩
其城 · 小紅旗河古城堡 · 干溝子古城堡 · 桃源洞南山城 · 農坪山
城 · 通肯嶺山城 등이 분포한다. 또한 八連城을 중심으로 하여 그
주위에는 八連城東南寺刹址 · 新生寺刹址 · 良種場寺刹址 등이 위
치해 있고, 동북쪽에는 五一寺刹址 · 楊木林子寺刹址 등이 있다. 고
분은 密江유역의 密江古墳群과 板石鄕의 新農古墳群, 그리고 馬滴
達塔址 등이다.

[그림 12] 東京의 遺蹟分布圖

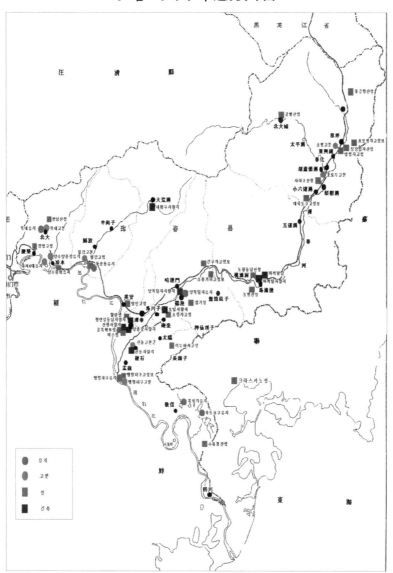

(1) 도성지

① 八連城[75]

八連城은 琿春河 縣國營良種場 안에 있다. 八連城은 내성과 외성으로 구분되며 성벽은 토축이다. 외성은 방형이며, 북벽 712m, 동벽 746m, 서벽 735m, 남벽 701m, 둘레 2,894m이다. 외성 안에 3개의 내성이 있는데, 南城·中城·北城이라고 부른다. 北城은 외성 중앙 북쪽에 있으며 北大城 남벽과 33m 떨어져 있다. 이 성은 장방형으로 남벽 중간 80m는 안쪽으로 5m 들어갔다. 성문지는 중앙에 있고, 너비는 25m이다. 둘레는 1,072m, 남벽과 북벽은 각각 218m, 동벽과 서벽은 각각 318m이다. 성 안에는 동서 45m, 남북 30m에 달하는 높은 기단이 있는데, 이곳은 궁전지이다. 기단 북쪽 약 32m에 궁전지로 생각되는 건물지 3곳이 있는데, 회랑으로 연결되어 있다. 北城에서 기와편·와당·녹유와·문자와 등이 수습되었다.

中城은 北城과 南城의 사이에 있다. 中城은 둘레 길이가 723m이다. 남벽 중간에는 남문지가 있는데 北城의 남문과 마주하고 있다. 南城은 둘레 504m, 동벽과 서벽은 각각 98m, 남벽과 북벽은 각각 154m, 잔고는 약 0.2m이다. 八連城의 유물은 와당·수키와·암키와·花沿瓦·꽃무늬벽돌·녹유와·문자와 등 건축자재 등과 철제 칼·옥으로 만든 장식품·銅泡丁 등 무기와 장식품이 있다.

(2) 방어 시설

① 溫特赫部城[76]

溫特赫部城은 三家子鄕 古城村에 있다. 이 성은 斐優城과 담장

---

75) 吉林省文物志編委會 主編, 1984, 『琿春縣文物志』, 36~40쪽.
76) 吉林省文物志編委會 主編, 1984, 『琿春縣文物志』, 41~42쪽.

을 마주하고 있어서 '姉妹城'이라고 부른다. 성벽 높이는 약 2~3m, 둘레는 2,269m이다. 동벽과 서벽은 각각 710m, 남벽은 381m, 북벽은 468m이다. 성 안과 남벽의 바깥쪽 지면에는 깨진 기와와 도기편이 흩어져 있다. 기와는 대부분 회색의 베무늬기와이고, 紅褐色기와도 있다. 기와편 무늬에는 새끼줄무늬·자리무늬·네모무늬·마름모형태의 回자무늬·비스듬한 네모무늬 등이 있다.

② 英義城[77]

英義城은 '英莪城' 혹은 '英愛城'이라고도 한다. 英義城은 장방형을 이루며, 성벽은 황토로 판축하였다. 비교적 완전한 남벽을 기준으로 하면, 기단부는 8m 높이 약 3m이다. 서벽 이외에 나머지 3벽은 대체로 원래의 모습을 유지하고 있다. 동벽은 296m, 북벽은 250m, 서벽은 311m이다. 성문지는 동·남·북벽 중간에 있다. 성에는 角樓·雉·해자가 없다. 성 안에서 베무늬기와, 시루, 단지(罐) 등 泥質도기의 잔편이 수습되었다. 1963년 소학교를 지을 때, 철제 고기형태의 작두·수면와당·開元通寶 등이 출토되었으며, 아궁이터도 발견되었다.

③ 薩其城[78]

薩其城는 琿春河 하류 충적평원 동북쪽의 남산 위에 있다. 薩其城은 석축산성으로 산등성이를 따라 축조하였다. 그 둘레는 약 7km, 성벽 높이는 약 2~3m로 일정하지 않다. 골짜기 입구 중간에 동서향으로 길이가 70m, 높이 약 10m의 석벽을 축조하여 골짜기 입구를 막았는데, 아마도 북문의 보조적인 방어시설로 생각된다. 산성 동쪽에는 해자가 있다.

성 전체에서 너비 8m 규모의 문지 5곳이 발견되었다. 북문지는

77) 吉林省文物志編委會 主編, 1984, 『琿春縣文物志』, 46~47쪽.
78) 吉林省文物志編委會 主編, 1984, 『琿春縣文物志』, 42~44쪽.

산성으로 출입하는 중요한 도로이므로 안쪽에 특별히 돌로 성벽을 축조하여 수비를 강화하였다. 북문 안 작은 산위에 전망대가 있다. 서문지는 산등성이 위에 있다. 산성 서남쪽과 동남쪽 모서리에 각각 전망대가 1곳씩 있다.

지면에는 비교적 많은 회색과 갈색 새끼줄무늬 암키와와 수키와가 흩어져 있으며, 지압문 암키와 · 회색 자리무늬 암키와 · 비스듬한 네모무늬 암키와와 갈색그물무늬 암키와 · 갈색의 "之"자 무늬 암키와 · 문자와 등이 있다.

(3) 매장 시설

① 馬滴達塔基[79]

馬滴達塔基는 琿春市 馬滴達鄕 동북 산중턱에 있다. 산기슭에 동서 40m, 남북 28m 규모의 말발굽 형태의 평평한 대지가 있다. 그 중앙에 탑지가 있다. 탑은 벽돌로서 축조하였다. 기단 평면은 대체로 정방형으로 남북 길이 4.95m, 동서 너비 4.80m이다. 기단은 묘실 위에 청회색 장방형 벽돌로 엇갈리게 하여 쌓았다.

묘도는 탑기단 남쪽 중앙에 있는데, 전체 길이는 10m, 남쪽 너비는 2.6m이다. 묘실은 중심 높이 2.30m, 너비 1.8m, 길이 2.74m이다. 묘실천정은 2개의 돌로 모줄임하여 쌓았다. 네 벽은 푸른색 벽돌을 엇갈리게 하여 평평하게 쌓고 윗부분은 白灰를 발랐다. 바닥에서 수습된 붉은색이 발라진 白灰덩어리와 가지형태의 부패된 나무 흔적 등으로 추정하면, 아마도 관대로 생각된다. 흩어진 벽돌 가운데 아래턱뼈 · 척추골 · 갈비뼈 · 상하 팔다리뼈 등이 섞여있다. 묘실에서 3점의 鎏金銅泡釘 · 鐵門鼻 · 鐵門鼻擋頭 · 鐵釘 · 붉은색이 칠해진 薄壁

---

79) 吉林省文物志編委會 主編, 1984, 『琿春縣文物志』, 69~72쪽.

小陶罐口沿 · 細泥質靑灰磚 · 長方磚 · 三角磚 · 云蓮紋磚 · 浮彫人面磚 · 刻荷花或網格紋磚 · 文字磚 등 유물이 발견되었다.

② 涼水良種場古墓群[80]

涼水良種場古墓群은 琿春市 涼水鎭 良種場村에 있다. 고분은 주로 대지 남쪽과 동서향 기슭에 분포하며, 그 범위는 동서 200m, 남북 30m이다. 마을 안과 뒤쪽 지면에는 하란석과 약간 가공한 돌, 물레로 만든 灰色 · 黑褐色 泥質陶片이 흩어져 있다.

이 고분군은 土坑墓와 石棺墓로 나눌 수 있다. 土坑墓는 대지의 남쪽에 있다. 石棺墓는 장방형으로 돌을 쌓아 묘실을 만들고 묘실 천정은 판석으로 덮었다. 장식은 분명하지 않으며 부장품도 발견되지 않았다.

③ 孟嶺河口古墓葬[81]

孟嶺河口古墓葬은 孟嶺村 河口屯 안에 있다. 고분군은 두 곳으로 나눌 수 있다. 한 곳은 서산 동쪽기슭에 있다. 그 범위는 동서, 남북이 각각 약 50m이며 무덤은 거의 파괴되었다. 다른 한 곳은 동산 동쪽기슭에 있으며, 고분군 앞에는 사방 3m, 높이 1.5m 규모의 돌이 쌓여있다. 현지인들에 의하면, 동 · 서 양쪽 고분은 돌을 이용하여 네 벽을 축조하고, 묘실 천정은 판석으로 덮은 석관묘라고 한다.

(4) 종교 시설

① 馬滴達寺刹址[82]

馬滴達寺刹址는 馬滴達鄕 북쪽 50m에 있다. 중앙에 동서 32m, 남북 23m, 높이 약 1m의 흙 기단이 있다. 여기에 동서방향으로 배열

---

80) 吉林省文物志編委會 主編, 1984, 『琿春縣文物志』, 65~66쪽.
81) 吉林省文物志編委會 主編, 1984, 『琿春縣文物志』, 68~69쪽.
82) 吉林省文物志編委會 主編, 1984, 『琿春縣文物志』, 72쪽.

된 3행 16개의 초석군이 있다. 이것으로 보면 앞줄은 길이가 22m에 이르나, 뒤쪽 두 줄의 길이는 분명하지 않다. 앞줄과 두 번째 줄의 거리는 14m이고, 두 번째 줄과 세 번째 줄은 약 4m에 이른다. 부근 지표면에 벽돌 잔편·깨진 기와조각과 도기 잔편 등 유물이 흩어져 있다. 이곳에서 출토된 와당·벽돌·기와 등은 八連城과 馬滴達塔址에서 출토된 것과 크기·형식과 무늬가 서로 같다.

② 新生寺利址[83]

新生寺利址는 四方坨子寺廟址라고도 부른다. 사찰은 동서 37m, 남북 25m, 높이 1.5m의 土臺에 축조되었다. 초석은 동서향으로 배열되어 있고, 남북 두 줄은 각각 길이 19m, 간격 7.4m이다. 초석의 배열형태로 보면, 아마도 회랑으로 생각된다. 부근의 지표면에는 깨진 기와조각·도기편 등의 유물이 흩어져 있다. 기와는 대부분이 회색 기와로 안쪽에는 베무늬가 있다. 종류에는 연꽃무늬 와당·자루달린 수키와·지압문기와·花沿瓦·文字瓦·綠釉瓦·浮彫石佛像 잔편 등의 유물이 있다.

2) 東京의 造營時期

東京은 文王이 上京으로 천도한 지 30년 만인 정원 연간에 도읍했던 곳이다. 정원 연간은 785~793년이므로 10년이 못되는 시간이다. 이 기간에 文王은 다시금 上京을 떠나 해안가인 東京으로 천도하였다. 文王의 세 번째 천도에 대해서 일반적으로는 일본과의 관계개선을 위한 이유 때문이었다고 인식한다.[84]

그런데 東京에 도읍한 기간에는 일본과의 교류관계 기사가 보이

---

83) 吉林省文物志編委會 主編, 1984, 『琿春縣文物志』, 72~73쪽.
84) 『新唐書』 卷219, 列傳 第144 「渤海傳」: … 貞元時 東南徙東京 ….

지 않는다.[85] 이것은 일본과의 관계개선이 목적이 아닐 가능성이 있는 것이다. 더욱이 文王시기에는 특별히 일본과의 관계가 악화되지 않았다. 文王은 재위 57년간 선왕들의 모순을 극복하여 상당한 정도로 국내 상황을 안정시켰다.

東京소재지인 八連城은 그 형식에서 中京 소재지 西古城과 매우 유사하다. 성이 내·외 2중성으로 구성되어 있고, 둘레가 2,700m와 2,800m로 거의 유사하며, 성벽은 판축으로 축조하였고, 성 안에서 궁전지로 생각되는 유구가 존재하고 있다. 아울러 출토유물에서 매우 드물게 보이는 녹유와 및 문자와 등의 출토도 中京과 매우 유사한 상황이다.

그러므로 지금까지의 연구 성과에서는 발해 도성의 발전과정을 中京에서 上京城, 그리고 다시 東京으로 이어진다는 관점이 제기되었고, 학계의 호응을 얻고 있다. 그러나 『琿春縣文物志』보고자는 中京 소재지 西古城 제2궁전지에서 출토된 와당이 上京城 5호 궁전지에서 출토된 것과 같다고 보고하고 있다. 또한 八連城 궁전지에서 출토된 연화문와당은 역시 마적달사찰지와 馬滴達塔에서 출토된 동류와 유사하다고 보고하였다.

馬滴達塔은 그 구조에 있어서 和龍市 龍海에서 발견된 발해 제3대왕 文王의 제4녀 貞孝公主墓와 탑기단의 평면은 물론이고, 묘실의 구조·규모·축조법 등이 기본적으로 같은 '무덤과 탑이 결합된 형식의 무덤'이라고 하였다.[86] 이것으로 판단하면, 八連城은 적어도

---

85) 발해의 동경천도를 일본과의 관계개선으로 보는 설(林相先, 1988,「渤海의 遷都에 대한 研究」『清溪史學』5, 한국정신문화연구원 청계사학회, 44쪽)도 있으나, 발해가 동경으로 천도한 785~793년까지는 786년 李元泰를 포함한 65명의 사신단이 파견된 것을 제외하고는 일본과의 관계기사는 보이지 않는다.

馬滴達塔이 형성된 시기를 전후하여 형성되었을 것이다. 또한 中京 西古城과의 관련성을 살펴본다면, 역시 두 도성 유적의 유사성으로 보아 밀접한 관련성이 있었을 것임에 틀림없다.

八連城의 축조연대에 대해서는 사료에서 전하는 기록에 근거해 보면, 貞元 연간에 文王이 천도하고 있으므로, 늦어도 정원 연간이 시작되기 이전에 축조되었을 것이다. 東京도읍이 천도이든 그 밖의 다른 목적에 의한 것이었든 그 이전에 축조가 완료되었을 것이다. 또한 八連城에서 출토된 와당·벽돌의 양식이 馬滴達塔址에서 출토된 것과 크기나 형식에 있어서 동일성을 보이고 있다. 馬滴達塔址는 또한 貞孝公主墓와 동일한 구조를 지니고 있다. 그러므로 八連城의 축조는 貞孝公主墓의 그것과 시기적으로 그다지 멀지 않다고 추론할 수 있다.

貞孝公主는 文王의 넷째 딸이다. 그녀의 무덤에서 출토된 묘비의 내용으로 고찰하면, 그녀는 792년에 사망하여 5개월이 지난 그 해에 '染谷의 西原'에 매장되었다. 그녀가 묻힌 고분형식은 전축분으로 당나라의 영향을 상당히 받았음을 알 수 있다. 물론 馬滴達塔의 축조시기와의 선후관계는 현재로서는 명확하게 추론할 수는 없지만, 그 형식과 유물의 유사성으로 인해서 두 유적은 동일시기의 산물로 판단된다.

이러한 추론이 가능하다면, 八連城의 축조시기에 대해서는 그다지 이견이 없다. 다만 문제는 中京 西古城과의 관련성이다. 中京과 東京의 사이에 있던 上京城의 형식이 동일시기의 中京과 東京의 규모를 넘어서지 못할 것이라는 의견이 개진되었다.[87] 그러나 앞에서

---

86) 吉林省文物志編委會 主編, 1984, 『琿春縣文物志』, 72쪽.

기술하였듯이 中京 西古城의 중심건축인 2호 건물의 와당편이 上京城의 5호 궁전지와 동일한 것은 시사하는 점이 크다고 할 수 있다. 中京과 上京의 계승관계를 피력하고 있는 학자들은 대체로 上京城이 동일시기 西古城의 범위를 넘지 못할 것이라고 판단하고, 당시 上京城은 궁성범위까지만 축조되었다고 하였고, 그 중심 지역도 3~5호 궁전지에서 1~2호 궁전지로 확대되었다고 인식하였다. 이러한 인식이 타당하다면, 西古城 중심건물인 2호 궁전지에서 출토된 와당은 분명 上京城의 4호 궁전지의 것과 동일하여야 할 것이다.

　현재 살필 수 있는 上京城의 평면도를 살펴보면, 上京城 궁성의 1~5호 궁전지의 중심은 역시 2호 궁전지이다. 이곳은 가장 규모도 클 뿐만이 아니라, 궁성 전체에서 가장 중심에 위치하고 있다. 上京城의 평면구조를 살펴보면, 上京城은 매우 정제되고 구획된 계획도시이며, 그 평면은 거의 완벽하게 대칭을 이루고 있다. 이러한 점에서 보면, 3~5호 궁전지는 절대로 上京城 궁성의 중심이 아니고, 이것을 上京 조영 초기에 이루어진 초축의 흔적으로 보기는 어렵다. 따라서 그 중심은 역시 2호 궁전지일 것인데, 그렇다면, 中京의 중심 2호 궁전지에서 출토된 와당이 5호 궁전지와 동일하다고 하는 것은 곧 中京이 上京의 궁성 보다 늦게 조영되고 있음을 보여주는 것이다. 또한 中京의 위상 또한 上京과는 다름을 보여주고 있다. 이러한 관점에서 연화문와당의 형식 분류를 통해서 上京이 中京과 東京의 영향을 받은 것이 아니라, 오히려 中京과 東京이 영향을 받았다고 하

---

87) 劉曉東 · 魏存成, 1987, 「渤海上京城營築時序與刑制淵源研究」 『中國考古學會第6次年會文集』, 文物出版社 ; 『高句麗渤海研究集成』 渤海 卷2, 哈爾濱出版社, 574쪽.

였다고 한 논문은 참고할 만한 가치가 있다.[88] 이 뿐만 아니라 최근
에 발굴된 杏山가마터 발굴보고자는 그 구조와 출토된 벽돌·기와
등으로 보면, 대체로 발해 중후기인 730년대를 전후한 시기에 상경
조영이 시작되었다고 하였는데,[89] 이것도 많은 시사를 준다.

발해가 이 지역을 경영하기 시작한 시기는 적어도 武王시기로 거
슬러 올라간다. 武王의 업적에 "크게 강역을 확장하니 동북의 오랑
캐들이 두려워 신속하였다."고 한 것이 그것이다. 이곳에 대한 영향
력의 확대는 곧 동북지역으로 세력 확대뿐만 아니라 일본과 신라로
도 도모할 수 있는 곳이었다. 신라 내부의 주요 교통간선에서 '北海
通'이 존재하고 있는 점으로 본다면, 발해와의 관계가 얼마나 중요했
는지를 알 수 있다. 또한 현재 주목을 받고 있는 '담비길'도 이곳에서
출발하고 있는 점은 주목할 만하다.

그렇다면 어째서 다시 東京으로 천도가 이루어졌던 것인가. 八連
城이 위치하고 있는 琿春은 교통의 요지이다. 東京은 일본으로 향하
는 항구의 하나인 포시예트만으로 향할 수 있고, 연안을 따라 南京南
海府를 거쳐 신라의 '北海通'과 연결되며, 두만강과 압록강을 따라
西京을 지나 鴨淥道를 거쳐 당나라로도 향할 수 있는 교통의 요지이
다. 이곳은 과거에 北沃沮의 영토였고, 고구려시기에는 柵城이 존재
했던 곳이다. 따라서 東京이 자리잡은 琿春지역은 문화가 발달한 지
역이며, 고구려적인 요소를 다분히 내포하고 있는 곳이다. 이곳은 교
통이 발달했을 뿐만 아니라 산업에서도 농경과 어렵과 수렵, 그리고

---

88) 田村晃一, 2000, 「渤海瓦當文樣に關する高察」『靑山史學』19, 10~13쪽.
89) 黑龍江文物考古硏究所, 1986, 「渤海磚瓦窯址發掘報告」『北方文物』2, 北方
　　文物雜誌社, 38쪽.

상업이 활성화되었던 곳이기도 하다. 그러므로 많은 사람들이 모이는 도회지 중의 하나가 되었다.

東京은 상술한 바와 같이 교통의 요지일 뿐만 아니라 수많은 민족들이 오랜 시간 동안 섞여 살고 있던 지역이었다. 그래서 생산방식에서도 천차만별의 차이를 보이고 있었다. 발해는 건국과정에서 보이듯이 고구려인들을 위시하여 다양한 종족으로 구성된 나라였고, 이들은 건국초기 강력한 영토확장 과정에서 복잡한 구성을 이루게 되었다. 이와 같은 주민구성은 발전과정에 일정한 한계를 지닌다. 특히 이들의 다양한 생산방식, 풍속과 이질적 사유체계는 발해의 발전에 상당한 걸림돌이 될 수 있었다. 그래서 이들에 대한 효율적인 통제가 이루어지지 않는다면, 발해로서는 상당한 위협을 받게 된다.

말갈제부에 대한 영향력의 확대가 高王시기부터 이루어지고 있음에도 이들은 여전히 독자적으로 당나라와 교류하고 있고, 심한 경우에는 당나라의 관리를 파견받으려는 움직임까지 보였다. 또한 발해 후기에 들어서면, '寶露國'으로 지칭되는 말갈인들이 단독으로 신라와 교섭하고 있고,[90] 일본과의 교섭과정에서 말갈수령이 발해사신과 자리를 두고 다툼을 한다거나,[91] 鐵利人들이 집단으로 제도권을 이탈해 일본으로 망명하는 사례 등은 발해의 통치력 행사에 중대한 위협이 되는 것임에 틀림없다.

---

90) 『三國史記』卷11, 「新羅本紀」第11, 憲康王 11年 : 春 北鎭奏 北狄人入鎭 以片木掛樹而歸 遂取以獻 其木書十五字云 寶露國與黑水國人 共向新羅國 和通.

91) 『續日本紀』卷35, 寶龜 10年 十一月 丙子 : 檢校渤海人使言 鐵利官人爭坐 說昌之上 恒有淩侮之氣者 太政官處分 渤海通事從五位下高說昌 遠涉滄波 數回入朝 言思忠勤 授以高班 次彼鐵利之下 殊非優寵之意 宜異其例位以 顯品秩.

3) 東京의 防禦體制

東京은 吉林省 琿春市 八連城으로 비정된다. 이곳에서 文王은 785년부터 793년까지 약 9년 동안 도읍하였다. 八連城은 琿春河 縣國營良種場 안에 있다. 동쪽 현성과 6km, 서쪽의 두만강과는 2.5km 떨어져 있다. 북쪽 1km에는 圖們–琿春 도로가 지나간다. 북쪽 성벽 바깥쪽에 도랑이 있다. 성 남쪽과 북쪽은 만주국시기의 비행장터이다. 琿春지역에서 모두 50곳의 유적지가 발견되었다.

東京은 지리적인 환경의 영향으로 그 대부분의 유적이 서북~동남 방향의 密江河와 동북~서남의 琿春河를 따라서 분포한다. 여기에 분포하고 있는 많은 유적은 주로 성터와 주거지인데, 이들 모두에서는 발해시기의 전형적인 유물로 알려진 베무늬기와 등이 수습되었거나 출토되어 발해시기로 편년되었다. 그런데 간과할 없는 것은 바로 密江河와 琿春河에 분포되어 있는 고성들이다.

密江河와 琿春河가 만나는 곳에 형성된 삼각주에 발해의 3번째 수도였던 東京의 八連城이 자리를 잡고 있다. 그 서남쪽에 裴優城과 溫特赫部城이 자리를 잡고 있고, 新生 · 良種場 · 八連城東南寺刹址가 위치한다. 이보다 더 남쪽에는 孟嶺河口古城堡가 있어 두만강의 왕래를 통제하고 있다. 한편 密江을 따라서는 小城子古城 · 薩其城이 위치하고 있고, 더욱 북쪽의 哈達門에는 장성이 축조되어 있다. 그러므로 장성이 축조되어 있고, 산성이 위치하고 있는 楊木林子 또는 哈達門까지가 실질적인 東京의 직접적인 관할 구역이 될 것이다. 東京의 관할 구역으로만 보면, 몇 개의 평지성과 기타 유적이 八連城을 중심으로 반원형으로 분포하고 있고, 그 북쪽을 장성이 방어하고 있다. 단순히 장성의 존재와 방향으로 보면, 북쪽 上京지역에 대한 방어로 판단할 수 있다. 그러나 장성이 끝나는 哈達門은 동북으로 흘러가는 琿春河를 사이에 두고 薩其城과 마주하고 있어서 실질적인 방어선은 哈達門을 지나 薩其城이 위치한 곳까지 이어진다는 점에서 그 주된 방향은 동북의 말갈지역으로 볼 수 있다.

그뿐 아니라, 琿春河를 따라서 동북으로 거슬러 올라가면, 小紅旗河古城堡 · 干溝子古城堡 · 桃源洞南山城 · 農坪山城 · 大六道溝古城堡 · 沙河子山城 · 胡蘆頭古城 · 營城子古城 · 城墙砬子古城 · 草帽頂子古城 · 通肯嶺山城 등이 늘어서 있다. 이들이 琿春河를 따라서 분포할 수밖에 없는 중요한 이유는 바로 琿春河가 유일한 왕래의 통로로서, 그 남쪽은 산맥으로 이어져 있기 때문이다.

이들 성들이 언제 축조되었는가는 東京의 도시적 특징을 유추하는데 중요한 요소가 된다. 薩其城에는 雉나 甕城이 축조되어 있지는 않다. 그러나 산세에 따라 축조한 석축산성이고 여기에서는 발해의 전형적인 유물로 판단되는 베무늬기와가 대량으로 출토되었다. 특히 여기에서 출토된 유물들은 바로 북쪽에 있는 楊木林子寺刹址에서 출토된 유형과 같아서 발해시기의 산성으로 보는데 무리가 없다. 다만 薩其城 맞은편에 축조되어 있는 장성과 관련해서 고찰한다면, 발해 武王이 동북의 오랑캐들을 복속시킨 시기 또는 이와 멀지 않은 시기에 축조되었을 것으로 생각된다.

그런데 여기서 주목되는 것은 琿春河 동북쪽 끝에 있는 營城子古城과 城墙砬子山城이다. 영성자고성은 북쪽으로 城墙砬子山城 · 草帽頂子山城과 인접해 있고, 남쪽으로는 沙河子山城과 이웃하고 있다. 營城子古城에는 고구려시기의 특징적인 축성술 가운데 하나인 12개의 雉와 甕城이 남아 있다. 또한 모서리에는 角樓도 축조되어 있다. 뿐만 아니라 성 안에서 많은 기와편들이 발견되었다. 성의 형식과 출토유물에 의하면, 營城子古城은 발해시기에 축조한 것으로, 이 성은 城墻砬子山城과 마찬가지로, 당시 우스리스크·블라디보스톡 일대로 통하는 교통요충지를 통제하는 중요한 군사시설이라고 할 수 있다.

城墻砬子山城의 축조연대에 대해서는 확실하지 않다. 그러나 산성 북쪽에는 돌을 이용하여 이중의 성벽을 마련하고 있다. 서남쪽에 營城子古城과 마주하며 琿春河를 방어하고 있다. 琿春河를 따라 늘어서 있는 산성들 가운데 營城子古城은 고구려적인 특징을 지니고 있음은 분명하다. 또한 크라스키노로 향하는 도로를 통제하는 곳에 축조된 군사방어시설이다. 비록 그 연대가 분명하지는 않지만, 성의 구조와 입지로 보면 그 축조 시기는 武王이 동북의 말갈세력을 방어하기 위해 축조하였을 개연성이 충분하다.

더욱이 바로 북쪽에 위치하고 있는 城墻砬子山城에서는 여타의 시설이 발견되지는 않았지만, 북쪽에 이중의 방어성벽을 구축하고 있는 점으로 고려하면, 그 주된 방어대상은 동북에서 琿春河를 따라 내려오는 세력임에 의문이 없다. 한편 일부 산성에서는 치나 옹성과 같은 방어력을 극대화하는 시설물들이 발견되지는 않았지만, 그 입지와 구조로 판단하면 발해시기의 성으로 비정된다. 그 대표적인 예인 通肯山山城은 琿春에서 東寧 또는 크라스키노로 가는 육로 교통의 요충지에 위치하고 있는데, 그 형식으로 보면 薩其城·城墻砬子山城과 유사하여 발해시기로 편년된다.

八連城이 위치한 琿春의 입지는 琿春분지에 위치해 있고, 주변에는 사찰지와 촌락지가 八連城을 중심으로 남북으로 분포한다. 또한

이곳에는 다른 지역과는 달리 산성의 존재가 보이지 않고, 단지 두만
강을 따라 中京으로, 琿春河를 따라 上京으로 갈 수 있으며, 또한
두만강의 연안을 따라서 러시아의 포시에트만으로 향하는 노선에 평지
성이 위치할 뿐이다. 이러한 분포현황은 곧 東京이 바다에 위치해 있
고, 그 주된 교통로가 수로였음을 보여주는 것이라고 할 수 있다. 또한
東京은 러시아·일본·신라 그 어느 곳으로도 편리하게 향할 수 있는
곳이었으므로 상대적으로 도시 구획이 강화되었다고 판단된다.

東京은 지리적으로는 바닷가에 치우쳐 있지만, 新羅·日本·黑水
部로 향하는 많은 인구가 왕래하는 곳으로, 인구 이동으로 인한 경제
적·대외적인 측면은 보다 유리하였다고 판단된다. 이곳은 中京 등
과 같이 지역적인 중심을 이룰 수 있는 환경을 구비했고, 그것은 文
王의 전국 균형발전에 구미를 당겼을 것이다. 이러한 가능성은 琿春
市 내에 분포하고 있는 유적들의 현상에서 발견할 수 있다.

이와 같이 東京에 있는 유적은 두만강변에 위치하고 있는 八連城
을 중심으로 몇 곳의 사찰지와 평지성이 위치하고 있고, 八連城 남쪽
의 板石鄕 新農村과 孟嶺河口에 약간의 고분이 분포하고 있다. 東
京지역에는 이렇다 할만한 고분이 보이지 않는데, 이것은 도읍경영
의 기간과 밀접하게 관련된 것으로 생각된다.

여기서 주목되는 것은 東京의 경우는 T자 형태의 분포상황을 보이
고 있는 점이다. 圖們과 경계를 이루고 있는 慶榮·涼水·英安을
거쳐 八連城에 이르는 동서방향과, 八連城에서 馬川子·哈達門·
馬滴達·春化 등으로 이어지는 남북방향이 그것이다. 동서열은 교
통로 상에 위치해 있고, 남북열은 琿春河를 따라 강변에 산성과 평지
성을 중심으로 한 방어시설·사찰지·고분군과 촌락이 줄지어 있다.

이것은 곧 琿春河邊이 주된 생활의 근거지였음을 보여주는 것이다. 琿春河를 따라서 방어시설이 자리를 잡고 있는 것은 하류를 통한 침입에 대한 방비로 생각된다. 이러한 특징은 '舊國'에서 上京으로 이어지는 牧丹江 좌·우안에 분포하고 있는 시설과 유사하다.

반면에 中京에 분포하고 있는 유적의 현황과는 다소 차이가 있다. 中京의 경우는 西古城을 중심으로 반원형을 그리면서 평지성과 산성·고분군이 위치하고 있다. 그런데 中京의 경우는 특별히 방어시설적인 측면보다는 현지 생활의 중심지로서의 도성축조라는 분위기를 보여준다. 왜냐하면, 中京에는 海蘭江·長仁江, 그리고 二道河·福洞河 등이 흐르고 있으나 海蘭江가에 西古城·河南屯古城·二道河에 獐項古城에 불과하여, 中京에 소재하고 있는 성의 역할이 방어시설이 아니었음을 보여준다고 하겠다. 오히려 강변에는 취락지와 고분군이 위치하고 있어 다른 지역과는 달리 더욱 안정된 지역으로 여겨진다. 또 한 방향은 두만강을 따라 勇化에서 崇善으로 거쳐 臨江으로 향하는 노선에 일부의 사찰지·고분군·산성 및 취락지가 분포하고 있다.

이와 같은 분포는 교통노선에 위치하고 있어서 최소한의 방어와 왕래의 편의를 제공하는 역할을 담당했으리라 생각된다. 다만 이곳은 西古城을 중심으로 하는 中京 중심지 외의 유일한 유적분포지역으로, 당시 鴨淥道를 따라 상당히 많은 사람들의 왕래가 있었음을 보여준다고 하겠다.

4. 上京의 造營과 防禦體制

上京은 160여 년 간 발해의 중심이었다. 文王의 上京천도에 대해서 "天寶 말에 欽茂가 上京으로 옮기니 舊國에서 곧장 300리 떨어진 忽汗河의 동쪽이다."라고 기록되어 있다. 이곳은 현재 黑龍江省 寧安市 渤海鎭 上京城으로 비정된다. 上京은 牧丹江 중류의 충적평원에 자리 잡고 있다. 長廣才嶺과 老爺嶺이 사방을 에워싸고, 동쪽으로는 牧丹江의 지류인 馬蓮河가 흐르며, 牧丹江 원류는 上京城을 감싸 안고 서쪽으로 흐르다가, 다시 방향을 바꾸어 북쪽으로 흘러간다. 이곳은 땅이 기름지고, 수량이 풍부하여 관개에 편리할 뿐만 아니라 주위가 산으로 막혀 있어서 자연적인 요새를 이룬다.[92]

[그림 13] 上京 周邊 地形圖
(日本陸軍參謀本部, 『滿洲十万分一圖』「東京城」, 1942)

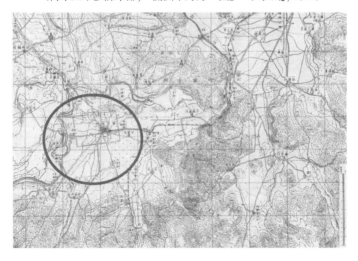

---

92) 방학봉, 2003, 『발해주요 유적을 찾아서』, 연변대학출판사, 269쪽.

1) 上京의 遺蹟分布

寧安市 渤海鎭에는 발해 중·후기의 수도 上京城이 있다. 그리고
牧丹江을 따라 岱王山山城·大牧丹古城·重脣河山城·城子后山
城·城墻砬子山城·牛場古城 등이 분포한다. 牧丹江市에는 黑水部
의 방어를 위해서 축조한 牧丹江邊墻이 있다. 이밖에 왕실귀족고분으
로 인정되는 三靈屯古墳·虹鱒魚場古墳·洋草溝古墳群·大朱屯古
墳群이 있고, 10여 곳의 사찰지와 24개돌유적이 위치한다. 그리고 발
해지역에서는 처음으로 杏山에서 가마터가 발견되기도 하였다.

[그림 14] 上京의 遺蹟分布圖

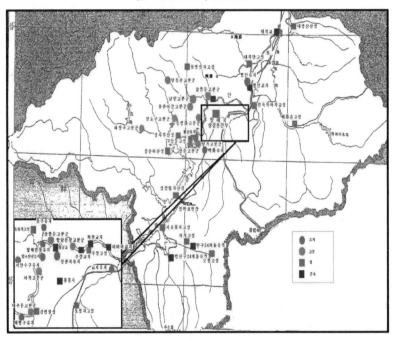

(1) 도성지

① 上京城[93]

上京城은 宮城・內城(皇城)・外城(郭城)으로 구성된다. 둘레 약 2.6km인 평면 장방형인 궁성을 둘레 약 4.8km의 내성이 둘러싸고, 그 바깥을 둘레 16km의 외성이 감싼 형태이다. 궁성에서는 궁전 유구를 다수 확인하였다. 내성 안에는 연못과 인공산으로 구성된 禁苑이 있었으며, 궁성 남쪽에는 관청구역으로 보이는 대규모 공간이 있다. 외성은 내성의 동・서・남쪽에 조성된 도시와 각종 시설을 포함하며, 불교 사찰과 바둑판 형태의 정연한 도로 흔적이 확인되었다.

궁성은 주로 현무암을 다듬어 쌓았다. 성벽의 길이는 동쪽과 서쪽이 각각 720m, 남쪽과 북쪽은 각각 620m이다. 성벽의 높이는 3~4m, 두께는 약 5m정도이다.[94] 궁성은 긴 담장을 기준으로 東區・中區・西區 3부분으로 나뉜다. 궁성 안에서 모두 37곳의 건물지가 발견되었다. 공간이 가장 넓은 중구에는 1~5번 궁전지가 일직선상으로 놓여 있는데 이를 五重殿이라고 한다. 남쪽 성벽 중앙에는 五鳳樓라고 불리는 대규모 성문이 있다. 五鳳樓 기단은 동서 길이 42m, 남북 너비 27m, 높이 5.2m이다. 五鳳樓 양 옆의 출입구는 午門이다.[95] 오문에서 동쪽과 서쪽으로 각각 약 60m에도 성문이 있다.

내성은 土石混築으로 둘레가 거의 5km에 이른다. 남쪽에는 관청구역이 존재한다. 그러나 성벽 기준선에 대한 생각이 저마다 조금씩

---

93) 김기섭・김진광, 2007, 「발해 상경 건설과 천도」 『韓國古代史硏究』45, 한국고대사학회, 198~205쪽.

94) 劉曉東・魏存成, 1987, 「渤海上京城營築時序與刑制淵源硏究」 『中國考古學會第6次年會文集』 ; 『高句麗渤海硏究集成』 渤海 卷2, 哈爾濱出版社, 572쪽.

95) 黑龍江省文物考古工作隊, 1985, 「渤海上京宮城第2・3・4號門址發掘簡報」 『文物』11, 文物出版社 ; 1997, 『高句麗渤海硏究集成』 渤海 卷2, 哈爾濱出版社, 536~537쪽.

달라 측량 결과에 다소간 차이가 있다. 우선, 내성의 규모는 동벽 1,121m, 서벽 1,162.6m, 남벽 1,036m, 북벽 1,076.5m로서 전체 둘레 4,396.1m라고 소개된 바 있다.[96] 내성의 평면형태가 횡장방형이며, 동쪽 성벽의 길이는 447m, 서쪽 454m, 남쪽 1,045m, 북쪽 1,050m로서 전체 둘레가 2,996m라는 조사결과도 있다.[97] 또 다른 조사 결과에 따르면, 내성을 제외한 3면의 외벽 길이가 동쪽 900m, 서쪽 940m, 북쪽 1,096m라고 한다.[98] 내성 정면에는 길이 2,195m, 너비 110m 규모의 朱雀大路가 외성 남문과 연결된다.

외성의 둘레는 16km를 넘는다. 평면형태는 기본적으로 횡장방형이다. 4면의 길이는 동벽 3,358.5m, 서벽 3,398m, 남벽 4,586m, 북벽 4,946m이다. 다만, 북벽의 경우, 1,300m정도는 내성의 성벽을 공유하고 있다. 성벽 바깥에는 사방에 垓字가 설치되어 있다. 외곽성에서는 모두 10개의 성문이 확인되었으나, 최근에 11호 문지가 새로이 발견되었다.[99] 이들은 모두 서로 대칭이며, 양쪽을 큰 도로가 직선으로 연결한다.

(2) 방어 시설

上京지역의 방어시설은 上京城을 휘감아 도는 牧丹江을 따라 분포한다. 이것은 牧丹江이 주된 교통로 가운데 하나로, 그 중요도가 매우 높았음을 반영한다.

---

96) 方學鳳, 2004, 「淺談渤海都城與唐長安城的比較」, 『高句麗渤海歷史問題研究論文集』, 延邊大學出版社, 188쪽.

97) 李殿福, 1994, 「渤海的考古學」, 『東北考古研究』2, 中州古籍出版社 ; 1997, 『高句麗渤海研究集成』渤海 卷3, 哈爾濱出版社, 30쪽.

98) 주영헌, 1971, 『발해문화』, 사회과학출판사, 23쪽 ; 방학봉, 1992, 『발해유적과 그에 관한 연구』, 연변대학출판사, 85쪽.

99) 黑龍江省文物考古研究所·牧丹江市文物管理站, 1999, 「渤海國上京龍泉府遺址1997年考古發掘收穫」, 『北方文物』4, 北方文物雜誌社, 44쪽.

① 大牧丹古城[100]

大牧丹古城은 寧安市 寧西鄕 大牧丹村 동남 500m의 牧丹江 좌안 대지에 있다. 서남쪽으로 上京城과는 25km 떨어져 있다. 성은 대체로 장방형이다. 남벽은 牧丹江을 따라 축조하였다. 남벽은 280m, 북벽은 240m, 동벽은 220m이며, 서벽은 대부분 파괴되었다. 성에는 또 다른 하나의 성과 성벽이 부설되어 있는데, 3중으로 성벽을 축조하였다. 북벽 밖에 해자가 있다. 성안에는 베무늬기와·수키와·귀면와당·와당·花文磚·철제 칼·開元通寶·崇寧重寶 등이 흩어져 있었다.

② 城墻砬子山城[101]

城墻砬子山城은 黑龍江省 寧安市 鏡泊湖 老黑山에 있다. 산성은 산세를 따라 축조하였다. 산성은 남고북저의 지형이며, 남북으로 놓인 키 형태이다. 산성 둘레는 310m이고, 모양은 불규칙한 장방형이다. 성벽 높이는 3~4m에 이른다. 성문은 성벽 중앙에서 서쪽으로 치우친 곳에 있고, 성밖에는 해자가 있다. 남벽과 동벽은 돌로 축조하였고, 남벽 중간에 문지와 옹문이 있다. 성안에는 저수지·우물·건물유지·군사훈련장·전망대 등의 시설이 있었다.

③ 重脣河山城[102]

重脣河山城은 鏡泊湖 안쪽에 위치해 있다. 산성은 서쪽이 좁고 동쪽이 넓어 불규칙적인 장방형을 이루며, 둘레는 3km이다. 성벽은 산등성이를 따라 쌓았다. 동쪽은 절벽으로 성벽을 쌓지 않았다. 성벽의 구조는 土石混築, 石築, 그리고 성벽 바깥쪽에 크고 작은 돌로

---

100) 王禹浪·王宏北, 1994, 『高句麗渤海古城址硏究匯編』下, 哈爾濱出版社, 722쪽.
101) 방학봉, 2003, 『발해의 주요유적의 찾아서』, 연변대학출판사, 308~309쪽.
102) 王禹浪·王宏北, 1994, 『高句麗渤海古城址硏究匯編』下, 哈爾濱出版社, 639~640쪽.

쌓은 것으로 구별된다. 성벽의 높이는 2.5m~3m에 이른다. 서남쪽 문지 서쪽 50m에 성벽을 3중 성벽이 있어 내성·주성·외성이라고 부른다. 문은 3곳에 있고, 서남과 동북 모서리 안팎에 해자가 있다.

④ 城子后山城[103]

城子后山城은 鏡泊湖 폭포 동북 3km 산 정상에 있다. 산성의 지세는 북고남저로 성벽은 산등성이를 따라 쌓았다. 둘레는 3,590m이다. 성의 평면은 불규칙하다. 성 안은 토벽에 의해서 남북 두 개의 성으로 나뉜다. 성벽에 雉로 생각되는 시설은 15곳이 있다. 성 남쪽의 방어를 강화하기 위하여 남벽 밖에 이중 성벽을 축조하고, 바깥쪽에 해자를 만들었다. 또한 오르기 쉬운 곳은 돌로 쌓았다. 산성에서 일찍이 돌절구·만두형석기·회색 베무늬기와·잉어형태의 작두(鍘刀) 등의 유물이 발견되었다.

(3) 매장 시설

上京城과 그 주위에는 많은 매장시설이 남아 있다. 그 대표적인 것은 왕실귀족고분군으로 인정되고 벽화흔적이 남아있는 三靈墳이다. 그리고 虹鱒魚場古墳群·大朱屯古墳群·東蓮花古墳群 등 적게는 수십 기에서 수백 기에 이르는 고분군이 발견되었다. 이들은 주로 牧丹江의 북안과 서안에 위치하고 있어서, 고성 분포와 일정한 공통점이 있다. 아래에서 간략하게 기술한다.

① 三靈墳[104]

上京城 북쪽 약 4km 떨어진 곳에 三靈墳이 있다. 고분은 남향으

---

103) 방학봉, 2003, 『발해의 주요유적의 찾아서』, 연변대학출판사, 330~332쪽.
104) 李陳奇, 1999, 「靺鞨-渤海考古學的新進展」 『北方文物』1, 北方文物雜誌社, 38~39쪽.

로, 墓室, 甬道, 墓道 3부분으로 구성된다. 묘실은 길이 3.9m, 너비 2.1m, 높이 2.4m이다. 甬道는 길이는 4m의 부채형태로, 묘실 남벽 중간에 설치하였다. 墓道는 길이가 분명하지 않다. 봉토에는 초석이 배열되어 있다. 고분 사방에는 담장이 설치되어 있다. 三靈墳의 묘역은 동서 123m, 남북 121m이다.[105] 1989~1990년 묘역에서 神道를 발견하였다.

② 東蓮花古墳[106]

東蓮花古墳은 黑龍江省 寧安市 渤海鎭 東蓮花村 현무암 대지에 있다. 고분은 정남향이고, 평면은 삽 형태이며, 墓室과 墓道로 구성된다. 墓室은 먼저 장방형의 구덩이를 파고 정교하고 세밀하게 다듬은 현무암으로 올려 쌓았다. 현재 동벽에 14개, 북벽에 6개, 서벽에 10개, 남벽에 8개가 남아있다. 묘실은 길이 2.8m, 너비 1.4m, 높이 1.25m이다. 墓道는 墓室 남벽 중간을 현무암으로 축조하였다. 墓道는 길이 2.5m, 너비 0.8m이다. 墓門은 墓室 남벽과 墓道가 만나는 곳에 만들었다. 중간에 묘문이 있으며, 묘실은 평천정이다. 묘실에서는 백회편과 도금한 동장식 잔편이 발견되었다. 또한 남성 인골 4개가 발견되었는데 모두 2차장이다. 고분의 구조와 석재의 가공상태 및 방식이 三靈墳 1호묘와 유사하다. 수집된 회도 윤제도기 뚜껑은 上京城 내성에서 출토된 것과 같다.

③ 虹鱒魚場古墳群[107]

虹鱒魚場은 寧安市 서남 약 45km 떨어진 용암대지의 사구에 있

---

105) 劉曉東·付曄, 1992,「試論三陵墳的年代與墓主人身份」『北方文物』1, 北方文物雜誌社, 30~31쪽.

106) 黑龍江省文物考古硏究所, 2003,「黑龍江省寧安市東蓮花村渤海墓葬」『北方文物』2, 北方文物雜誌社, 32쪽.

107) 黑龍江省文物考古硏究所, 1997,「黑龍江寧安市虹鱒魚場墓地的發掘」『考古』2, 科學出版社, 1~7쪽, 16쪽.

다. 고분군 범위는 동서 200m, 남북 200m이다. 전체 323기·祭壇 7곳·거주지 1곳이 조사되었으며, 출토문물은 2,000여점에 달한다. 고분에는 封土石室墳·石壙墓·石棺墓·磚室墓 등이 있고, 봉토석실묘는 평면이 삽형·도형·장방형·쌍실 등이다.

묘실은 장방형으로 墓室과 墓道로 구성되며, 현무암으로 축조되었다. 묘도는 남벽 동쪽 또는 중앙에 설치하였다. 묘실 천정은 평행 모줄임천정이다. 석광묘는 수혈식으로 지면과 나란하며, 크기가 다른 현무암으로 4벽을 세웠다. 현재까지 磚室墓는 흑룡강 지역에서는 가장 이른 것이고, 소형의 磚室墓가 발해지역에서 발견된 것은 처음이다. 제단도 발해고고학 중에서 처음으로 발견된 것으로 발해의 장속과 장제 및 상관된 문제를 연구하는 새로운 자료를 제공한다. 부장품은 도기·동기·철기·옥기·도금기·은기 등이 있다.

2) 上京의 造營과 遷都時期

黑龍江省 寧安市에 위치하고 있는 上京城에서 한차례 東京으로 천도하였으나,[108] 成王 大華璵가 환도한 이후[109] 발해가 멸망할 당시까지 줄곧 발해의 수도였다. 上京城에 대한 연구는 제법 축적되었다.[110] 上京城의 외형이 당나라의 長安城을 빼어 닮았다는 데 착안

---

108) 『新唐書』 卷219, 列傳 第144 北狄 「渤海傳」: … 貞元時 東南徙東京 ….
109) 『新唐書』 卷219, 列傳 第144 北狄 「渤海傳」: … 族弟元義立一歲 猜虐 國人殺之 推宏臨子華璵爲王 復還上京 ….
110) 上京城과 관련된 연구 및 발굴성과는 다음과 같다.
　　段鵬琦, 1984, 「渤海上京龍泉府遺址的調査與發掘」 『新中國的考古發現和研究』, 文史出版社 ; 방학봉, 1985, 「발해 상경성의 궁성건축에 대하여」 『발해사연구』6, 연변대학출판사 ; 劉曉東·魏存成, 1987, 「渤海上京城營築時序與刑制淵源研究」 『高句麗渤海研究集成』 渤海 卷2, 哈爾濱出版社 ; 林相先, 1988, 「渤海의 遷都에 대한 考察」 『淸溪史學』5, 한국정신문화연구원 청계사학회 ; 劉曉東, 1990, 「渤海上京城附郭縣再考」 『北方文物』2, 北方文物雜誌社 ; 劉曉東·魏存成, 1991, 「渤海上京城主體格局的演變-兼談

하여 당나라의 영향관계를 밝히려한 논문,[111] 고고학 성과를 바탕으
로 上京城 축조단계를 밝히려고 한 논문,[112] 도성과 주변 유적들의
관련성을 검토하여 규칙성을 밝히려고 한 논문[113]들이 있다. 上京城
의 축조단계를 밝히려고 한 이 논문은 고고학적인 관점에서 접근하
여 사실성을 띠고 있고, 기존의 연구 성과를 뛰어 넘은 것임에는 틀
림없지만, 천도와 지배체제 확립과의 관련성을 모색하는 데는 한계
를 지니고 있다.

근본적인 문제는 바로 발해의 上京천도가 당나라에서 발생한 '安
史의 亂'에 의해서라고 전제하고 있는 점이다.[114] 이것은 발해의 성

主要宮殿建築的年代」『北方文物』1, 北方文物雜誌社 ; 방학봉, 1992, 「발해
상경용천부에 대한 몇가지 문제」『先史와 古代』2, 韓國古代學會 ; 방학봉,
1993, 「발해의 상경성과 당나라 장안성에 대한 비교연구」, 발해사국제학술
회의요지, 고려대 민족문화연구소 ; 장상렬, 1998, 「발해상경용천부에 표시
된 도시계획 방법과 그 고구려적 성격」『조선고고연구』2, 사회과학출판사
; 黑龍江省文物考古硏究所 · 牧丹江市文物管理站 1999, 「渤海國上京龍泉
府遺址1997年考古發掘收穫」『北方文物』4, 北方文物雜誌社 ; 黑龍江省文
物考古硏究所 · 牧丹江市文物管理站, 2000, 「渤海國上京龍泉府外城正北
門址發掘簡報」『文物』11, 文物出版社 ; 李建才, 2002, 「渤海初期都城考」
『北方文物』3, 文物出版社 ; 曉 辰, 2004, 「談渤海文王大欽茂時期的都城
建制」『北方文物』2, 北方文物雜誌社 ; 李陳奇 · 趙虹光, 2004, 「渤海上京
城考古的四箇段階」『北方文物』2, 北方文物雜誌社 ; 임상선, 2006, 「발해의
都城體制와 그 특징」『韓國史學報』24, 한국사학회 ; 김기섭 · 김진광, 2007,
「발해의 상경 건설과 천도」『韓國古代史硏究』45, 한국고대사학회.
111) 방학봉, 1985, 「발해 상경성의 궁성건축에 대하여」『발해사연구』6, 연변대학
출판사 ; 방학봉, 1993, 「발해의 상경성과 당나라 장안성에 대한 비교연구」
발해사국제학술회의요지, 고려대 민족문화연구소.
112) 劉曉東 · 魏存成, 1987, 「渤海上京營築時序與刑制淵源硏究」『高句麗渤
海硏究集成』渤海 卷2, 哈爾濱出版社 ; 1991, 「渤海上京城主體格局的演變-
兼談主要宮殿建築的年代」『北方文物』1, 北方文物雜誌社 ; 김기섭 · 김진
광, 2007, 「발해의 상경 건설과 천도」『韓國古代史硏究』, 한국고대사학회.
113) 酒寄雅志, 1998, 「渤海の王都と領域支配」『古代文化』50-9, 古代學協會 ;
韓圭哲, 1998, 「中國 黑龍江省의 渤海 遺蹟」『汕耘史學』8, 高麗學術財團
; 임상선, 2006, 「발해의 都城體制와 그 특징」『韓國史學報』24, 한국사학회.

장과 문화적 발전에 대해서 너무 과소평가한 것이다. 건국 이후 급격한 영토 확장과 인구증가, 관료군의 확대 등 내적발전의 요구가 아닌, 대외적인 측면만을 강조·분석하여 발해의 역량자체는 소홀히 다루었다. 그 결과 上京城 축조도 발해가 국력을 확장하는 文王시기, 成王·康王시기, 宣王시기의 3단계로 이루어졌다고 결론지었다.[115]

또 하나 중요한 것은 中京에서 上京으로 천도하였음을 강조한 것이다. 고고학적인 측면에서 中京의 평면과 上京의 궁성, 그리고 東京의 평면구조가 유사한 점을 보이고 있는 점에 착안하여 中京의 구조가 上京축조에 영향을 미쳤다고 인식하였다.[116] 그러나 中京에

---

114) 中京에서 上京으로 천도한 까닭이 '安史의 亂' 때문이라고 고증한 논고에는 다음과 같은 것들이 있다.
林相先, 1988,「渤海의 遷都에 대한 考察」『清溪史學』5, 한국정신문화연구원 청계사학회, 41~42쪽 ; 宋基豪, 1995,『渤海政治史研究』, 一潮閣, 98~99쪽 ; 陳顯昌, 1980,「渤海王都上京龍泉府」『奮鬪』11 ; 陳青柏, 1981,「唐代渤海國上京龍泉府遺址」『黑龍江文物叢刊』창간호, 北方文物雜誌社, 70쪽 ; 劉曉東·魏存成, 1987,「渤海上京城營築時序與刑制淵源研究」『高句麗渤海研究集成』渤海 卷2, 哈爾濱出版社, 574~575쪽.

115) 魏存成과 劉曉東은 中京과 東京 그리고 상경의 궁성의 구조가 유사한 점에 근거하여, 상경성이 궁성·내성, 그리고 외성의 3단계로 初築·增築·擴築되었다고 하였다. 그리고 상경성이 궁성 규모에서 외성 규모로 확장된 시기를 발해의 국력이 팽창하는 文王시기, 成王·康王시기, 宣王·大彛震시기 등으로 인식하였다(劉曉東·魏存成, 1991,「渤海上京城主體格局的演變-兼談主要宮殿建築的年代」『北方文物』1, 北方文物雜誌社, 50쪽 ; 魏存成·劉曉東, 1987,「渤海上京城營築時序與刑制淵源研究」『高句麗渤海研究集成』渤海 卷2, 哈爾濱出版社). 이와 같이 고고학적 관점에서 上京城의 확장 과정을 밝힌 것은 일정한 의의를 지님에 틀림없지만, 발해의 발전 과정을 지나치게 도식적으로 해석한 감이 없지 않다. 발해 상경성의 축조과정에 대해서 몇 번에 걸쳐서 증축되었음은 인정된다. 그러나 그것이 궁성에서 외성으로 확장되었는지는 검토가 필요하다. 필자는 상경 조영이 처음 계획되었을 때 기본적으로 현재의 외성 규모에 대한 인식이 전제되었다고 판단한다.

116) 劉曉東·魏存成, 1987,「渤海上京城營築時序與刑制淵源研究」『高句麗渤海研究集成』渤海 卷2, 哈爾濱出版社, 573~574쪽. 중경천도라는 것은 국가의 중심이 중경으로 옮겨졌다는 의미이다. 그러나 발해 전시기에 걸쳐서 이루어진 4번의 천도는 文王 사망 후 상경으로 환도가 이루어진 것을 제외하

서 10여년을 거처하고 東京에서도 근 10여년을 살았던 것처럼, 매우 짧은 기간 동안 도읍으로 삼고 다시 국가의 중심을 옮긴다는 것은 이해하기 어렵다.

『新唐書』「渤海傳」 대부분의 내용에 영향을 미쳤던 張建章과 「邊州入四夷道里記」를 작성한 賈耽은 거의 동일한 시기인 8세기 말 9세기 초에 활동하였다. 張建章은 834년 발해로 사행을 떠나 1년 만에 돌아와서, 발해의 문물제도·풍습 등에 대해 자세히 보고하였다. 그런데 의문인 것은 그의 견문과 서술 가운데에 中京천도 정보가 누락되었다는 점이다. 국가의 중심을 옮기는 중대한 사실을 당나라에서 몰랐을 개연성은 낮아 보인다. 그렇다면 이와 같은 결과가 초래된 것은 中京천도에 대한 「地理志」의 기록과 우리가 이해하고 있는 천도가 다름을 보여주는 것이다.

上京천도 시기는 대체로 756년으로 인정되고 있다[117]. 이것은 당나라에서 발생한 '安史의 亂'을 기준으로 삼은 까닭이다. 천도는 단순한 정치적 사건이나 행위가 아니라 매우 종합적이고 계획적인 국가대사이다. 특히 발해 上京城의 평면배치가 둘레 16km에 이르는

고는 모두 文王代에 이루어졌다. 따라서 이것은 일반적인 의미에서의 천도로 이해할 경우 文王이 왜 이렇게 빈번히 도읍을 옮겼는지에 대해서 이해하기 어렵다. 그러나 文王 즉위 이후 그의 정치적인 행보와 관련해서 고찰한다면, 당시에 이루어진 상경천도를 제외한 나머지는 지배력의 확장을 위한 필연적인 조치였을 개연성이 있다.

117) 발해의 上京遷都는 756년 '安史의 亂'으로 인해서 이루어졌다는 견해는 중국 학계의 일반적인 견해이다. 한국 학계에서는 임상선·송기호가 대표적이다. 그러나 천도는 단순한 정치적 사건이나 행위가 아니라 매우 종합적이고 계획적인 국가대사라는 점을 감안해야 한다. 이에 반하여 발해의 내재적인 발전에 따라 치밀하게 계획되어 이루어졌다는 논의가 있다(김기섭·김진광, 2007, 「발해의 상경 건설과 천도」『韓國古代史硏究』, 한국고대사학회, 193~194쪽).

대형구조이고, 매우 정제되어 있어서, 上京城이 천도 당시 이와 같은 규모를 갖추었다고는 생각하지 않는다. 다만, 발해가 上京으로 천도하기 이전에 이미 上京에 대한 경영이 이루어졌음은 그 개연성이 충분하다.

그렇다면 天寶 연간은 742~756년까지이므로 자연스럽게 발해가 上京으로 천도하였다는 天寶 말은 756년이 아니라 그 이전이 될 것이다. 만약 발해가 上京으로 옮겨간 것이 대외적인 요인이 아니라 내부적인 발전의 결과라면, 또는 그 어떤 목적으로 옮겨간 것이라면, 文王시기에 이루어진 몇 번의 천도과정에 대한 의문을 해소할 수 있다. 따라서 발해는 천도 이전에 上京에 대한 경영의 의지를 보였고, 그 시기는 天寶 연간이라고 할 수 있다.

여기서 주목해야 할 것은 『新唐書』 「渤海傳」에 上京城은 '舊國에서 300리'라는 기록[118]이다. 이것은 곧 발해의 중심지가 '舊國'에서 上京으로 직접 이동되고 있음을 보여준다고 하겠다.[119] 그렇다면 上

---

118) 『新唐書』 卷219, 列傳 第144 北狄 「渤海傳」 : … 天寶末 欽茂徙上京 直舊國三百里忽汗河之東 ….

119) 李建才는 '舊國'에서 上京에 이르기까지 도로를 따라 많은 성과 역참유지가 있는데, 이것은 고대 교통로, 즉 당나라 시기 營州에서 발해 上京에 이르는 육로교통로임을 증명한다고 하고, 본문의 근거를 들었다(李建才, 2002, 「渤海初期都城考」 『北方文物』3, 北方文物雜誌社). 임상선은 敦化지역 주변의 유적분포가 서쪽에 비해서 동북쪽에 집중되어 있는 것은 동북쪽으로부터의 위협이 상당하였다는 의미이며, 그 주된 대상은 말갈, 특히 黑水部였을 것으로 인식하였다(임상선, 2006, 「발해의 都城體制와 그 특징」 『韓國史學報』24, 한국사학회, 299쪽). 그러나 舊國에서 上京에 이르는 도로에 분포하고 있는 방어시설·24개돌유적·건축지 등은 발해가 건국했을 당시의 시설로 보기에는 많은 어려움이 있다. 우선 24개돌유적은 30km 내외에 규칙적으로 설치되어 있어서, 이미 上京이 발해의 통제권 안으로 편입되고, 이후 상경성이 경영된 이후의 시설로 판단된다. 다음으로 목단강 줄기를 따라 분포하고 있는 방어시설은 북쪽의 黑水部의 방어와 밀접한 관련이 있는데, 그 주된 시기는 무왕이 黑水部를 토벌한 사건과 밀접한 관련을 맺고 있다고

京城에 대한 경영은 언제부터 이루어진 것일까.

발해는 건국 이후 지속적으로 주변으로 영토를 확대시켰다. 처음에는 단순히 당나라의 추격을 막는 데 심혈을 기울였다. 그래서 牧丹江과 大石河로 둘러싸여 있고, 주변이 한눈에 내려다보이는 東牟山을 그 근거지로 삼은 것이다. 이후 점차 영역을 개척하였고, 713에는 책봉이 이루어졌다. 727년에는 일본으로 사신을 보내어 동맹을 맺기도 하였다. 이번 사행에서 武王은 "고구려의 고토를 회복하고 부여의 풍속을 소유하였다."[120]고 자신함으로써 역사적으로도 고구려를 계승한 적통임을 과시하였다. 더 나아가 그는 일본에 대한 상황을 탐색하는 데도 목적을 두었다.[121] 그러므로 1~5차에 걸친 대일본사신들은 무장이 중심이 되어 꾸려지고 있음은 주목된다고 하겠다. 이것은 발해가 유사시 일본과 동맹을 지속할 수 있을 것인가에 대한 의문을 표출한 것으로 해석할 수 있다.

그런데 武王의 팽창 정책은 또한 급속한 변화 및 전쟁으로 인한 불만과 불신을 낳았다. 이러한 불만은 黑水部의 동향에서 확인된다. 발해의 동북지역에 있던 黑水部가 726년 당나라에 長史를 요청[122]

판단된다. 무왕의 黑水部 토벌 이후 발해는 상경지역으로 세력을 확장하고, 상경을 조영함과 동시에 黑水部를 방어하기 위한 시설, 즉 牧丹江邊墻을 비롯하여 목단강 줄기를 따라 수많은 방어시설을 축조하고 있기 때문이다.

120) 『續日本紀』卷10, 神龜 5年 正月 甲寅 : … 武藝添當列國 濫惣諸蕃 復高麗 之舊居 有扶餘之遺俗 ….

121) 大武藝는 건국 이후 2대에 걸친 지속적인 영토확장을 통해서 諸蕃을 아우르고 고구려 고토를 회복하였다. 동시에 扶餘의 풍속까지도 계승하였다는 자신감을 보였다. 한편, 이번 사행에서 寧遠將軍 高仁義 · 遊擊將軍 果毅都尉 德朱 · 別將 사항 등을 파견함으로서 당시 발해를 둘러싸고 있는 나라들과의 우호를 모색하여 당나라에 대응하고자 하였다. 이와 같이 무장들의 파견은 당시 발해의 상황을 보여주는 것이지만, 역시 일본에 대한 탐색의 목적도 있었다고 판단된다.

하기에 이른 것이다. 黑水部는 한때 16부로 나뉘었지만, 발해 이외의 가장 강력한 세력집단 중의 하나였다. 黑水部가 당나라로 기울어진 상황은 발해에 있어서 대단한 위협이 아닐 수 없었다. 따라서 발해는 黑水部를 토벌하였다. 전쟁의 결과에 대해서 사료에서는 전하지 않지만, 이번 공격으로 인해서 발해는 상당한 정도의 성과를 거두었음에 틀림없다.

발해의 武王은 黑水部 토벌과 "동북의 오랑캐들이 두려워서 신속하였다."는 시기부터 上京에 대한 관심을 두기에 이르렀다. 왜냐하면 上京城의 평면구조는 어느 모로 보나 계획도시이기 때문이다. 다만 이것이 처음 축조될 당시 현재와 같은 규모의 整齊된 도시는 아니었을 지라도, 그것이 축조될 당시에 이미 그 계획이 존재하고 있었음을 충분하게 살펴볼 수 있기 때문이다.[123]

그 후 발해 文王은 上京으로 천도를 하였다. 이것은 '舊國'에서 上京으로 이어진 유일한 중심지의 이동으로 평가내릴 수 있다. 발해의 정치중심인 上京의 현재와 같은 구조는 文王시기에는 완성되지 않았을 것이지만, 그 구체적인 설계는 이루어졌다고 판단된다. 문헌기록에 따르면, 한반도 내에서 중국식 條坊制가 실현된 시기는 7세기 정도로 본다. 그것은『三國史記』에 기록된 궁궐중수기사나 경성 신축희망기사, 시장 설치기사 등이 7세기 말 경에 집중적으로 보이고 있어서 이 무렵에 條坊制가 도입되었다고 보는 것이다.

중국식 도성제 시행 및 확장범위를 알아보는데 중요한 실마리가

---

122) 『新唐書』卷219, 列傳 第144 北狄「渤海傳」: 黑水始假道於我與唐通 異時 請吐屯於突厥 皆先告我 今請唐官不吾告 …

123) 黑龍江文物考古硏究所, 1986,「渤海磚瓦窯址發掘報告」『北方文物』2, 北方文物雜誌社, 38쪽.

되는 것이 도성 주변의 매장지에 대한 분석이다. 이것은 당시 중국을 비롯하여 도성제의 영향을 받은 백제 · 일본 등지에서, 율령에 따라 철저하게 '京外埋葬'의 규제가 시행되고 있었기 때문이다. 즉 죽은 사람을 도성 범위 안에 매장하는 것을 엄격하게 금지한 내용으로 왕을 비롯한 모든 계층에 적용되었다. 한반도 각 국에서 이와 관련된 명문화된 사료가 확인된 적은 없지만, 당시 동아시아 도성제의 흐름이나 백제의 경우와 비교해 볼 때 이 '京外埋葬'의 규정이 있었을 것임은 틀림없다.[124]

이와 관련하여 上京의 유적분포상황을 보면, 上京城이 위치하고 있는 牧丹江 동안과 남안에서는 고분군이 보고되지 않았고, 전부 牧丹江 서안과 북안에서만 발견된 점이 주목된다. 上京지역에서는 현재까지 유일하게 上京城의 북쪽에 위치하고 있는 三靈墳만이 발해 왕실귀족묘로 인정받고 있다. 이것을 제외한 그 나머지에서는 왕실 귀족묘에 대한 보고가 없다. 上京지역에는 많은 왕실 귀족묘군이 존재할 것이다. 이러한 가능성은 東蓮花古墳에서 확인되었다. 東蓮花古墳은 비록 심하게 파괴되었지만, 고분의 형식과 출토유물을 통해서 보면, 三靈屯 1호분과 유사하여 귀족무덤으로 인정되었다.[125]

이밖에 주목되는 고분군은 虹鱒魚場古墳群 · 大朱屯古墳群이다. 虹鱒魚場古墳群은 발해 上京城 주위에 있는 고분군 가운데 규모도 가장 크고, 범위도 가장 넓다. 고분의 형식에 따라서 石室墳 · 石壙墓 · 石棺墓 · 磚室墓 등으로 나눌 수 있다. 이 뿐만 아니라 도금된

---

124) 山本孝文, 2006 『三國時代 律令의 考古學的 研究』, 서경, 447~449쪽.
125) 黑龍江省文物考古研究所, 2003, 「黑龍江省寧安市東蓮花村渤海墓葬」 『北方文物』2, 北方文物雜誌社, 32쪽.

청동꽃무늬장식·銅鏡 등 수준 높은 유물이 출토되었다.[126] 大朱屯古墳群도 약 400여기의 封土石室墳이 확인되었다. 대부분 파괴되었지만, 고분의 형식과 매장풍속은 敦化 六頂山古墳群과 유사한 점이 있다.[127] 지금까지 虹鱒魚場古墳群이나 大朱屯古墳群은 그 편년이 명확하지 않다. 그러나 그 중심묘제가 石室墳인 점, 磚築墳이 확인된 점, 출토유물의 수준이 매우 높은 점, 고분형식과 매장풍속이 六頂山古墳群과 유사한 점 등으로 보면, 아마도 왕실귀족이나 고관대작의 고분군이었을 가능성이 농후하다.[128]

上京城 지역에서는 三靈墳과 東蓮花古墳을 제외하고 왕실귀족무덤이 보고되지 않았다. 이것은 발해지역에 '京外埋葬'에 대한 규제가 강하게 시행되고 있었음을 보여준다고 할 수 있다. 다시 말하면, 고분군이 발견된 지역은 京外라는 의미로서, 上京城은 적어도 축조 초기에 현재와 같은 규모의 계획이 이루어지고 있었음을 보여준다고 하겠다. 따라서 기존의 연구처럼 발해의 上京城이 몇 단계에 걸쳐 축조가 이루어졌다고 할지라도, 이미 도성 축조에 대한 구획이 정해져 있었기 때문에 고분은 도성범위를 벗어나 존재한 것으로 판단된다.

---

126) 黑龍江省文物考古硏究所, 1997,「黑龍江永安市虹鱒魚場墓地的發掘」『考古』2, 科學出版社, 16쪽.

127) 中國社會科學院考古硏究所, 1997,『六頂山與渤海鎭』, 中國大百科全書出版社, 124쪽.

128) 임상선은 虹鱒魚場古墳群에 대해서 상경성에 거주하던 평민들의 묘지일 가능성이 크다고 하였다(임상선, 2006,「발해의 都城體制와 그 특징」『韓國史學報』24, 한국사학회, 314쪽, 317쪽). 그러나 이곳에서 발견된 고분군들은 封土石室墳·石壙墓·石棺墓·磚室墓이고, 또한 부장품도 풍부하게 출토되었다. 그런데 발해의 중심묘제가 石室墳임을 감안한다면, 평민묘로 인식하는 것은 재검토가 필요하다.

3) 上京의 構造的 特徵과 防禦體制

上京城은 3중성으로 당나라의 長安城과 유사한 구조로 되어 있다. 이러한 구조적 특징은 축조기법 등의 시기성을 반영한 것이며, 그런 점에서 이를 上京城의 축조 시기와 연계시키려는 해석은 당연한 측면이 있다. 이러한 해석에 따르면 文王이 처음 上京으로 천도한 시기에는 3호 궁전을 중심으로 3~5호 궁전지가 축조되었을 뿐이고, 東京에서 上京으로 환도한 成王·康王시기에 비로소 궁성과 내성 규모로 확대되었으며, 발해가 '海東盛國'으로 불리게 되는 宣王·大彝震시기에 이르러서야 지금과 같은 형태의 도성건축구조를 지니게 되었다고 한다.[129] 발해 上京城의 구조 변화를 발해의 국력 확장과 연계시킨 점은 설득력이 있으며, 궁성 축조 이전의 초기 단계를 설정했다는 점도 흥미롭다.

129) 劉曉東·魏存成, 1987,「渤海上京城營築時序與刑制淵源硏究」『中國考古學會第6次年會文集』, 文物出版社 ; 劉曉東·魏存成, 1991,「渤海上京城主體格局的演變-兼談主要宮殿建築的年代」『北方文物』1, 北方文物雜誌社, 50쪽.

[그림 15] 上京城 宮城 平面圖
(『六頂山與渤海鎭』, 1997, 48쪽)

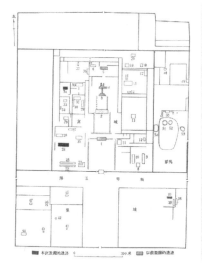

[그림 16] 上京城 宮城 平面圖
(東亞考古學會, 『東京城』, 1939)

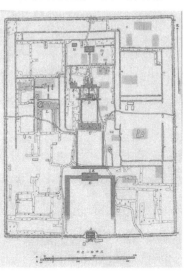

　그러나 3~5호 궁전지를 중심으로 구성되어 있던 공간이 나중에 宮城으로 확대 개축되었다는 추론은 성립하기 어렵다. 3~5호 궁전의 중심축은 남북방향으로 정확히 정렬되지 못한 반면, 1~3호 궁전은 2호 궁전을 중심으로 남북방향의 중심축과 건물의 가로 폭 비율이 정연하게 일치하기 때문이다. 또, 궁성 내부의 구조를 계기적 발전으로만 파악하려다보니 궁성 안에서 2호 궁전지가 가장 크며 정중앙에 위치한다는 사실을 홀시하고 3호 궁전지를 중심으로 한 구획을 무리하게 설정한 것 같은 인상을 주기도 한다. 물론, 3호 궁전지 중심의 소규모 궁성에서 2호 궁전지 중심의 대규모 궁성으로 확장·개축되었을 개연성을 무시할 수 없다.

　중국의 長安城은 隋 文帝 개황 2년인 582년에 축조하기 시작하여

唐 高宗 永徽 5년인 654년에 완성되었다고 한다.130) 도시를 둘러싼 외성의 규모는 동서 너비 9,450m, 남북 길이 8,470m이며, 전체 둘레 36,745m에 달하는 초대형이다. 무려 70여년에 걸쳐 건설한 도성이기에 도시 구조가 매우 정연하지만, 다른 한편으로는 궁성과 내성의 확장·개축을 피하기도 어려웠을 것이다. 長安城의 大明宮은 확장·개축의 대표적인 사례라고 할 수 있다. 이러한 長安城을 발해의 上京城이 적극적으로 모방하였을 것이다.131) 그러나 발해가 上京城을 축조하던 무렵은 이미 長安城을 완성한지 100년 정도 지난 시점이고, 유서 깊은 도시인 長安과 달리 발해의 경우 새로운 지역에 새롭게 도시를 건설하는 형태였으며, 규모도 長安城보다는 훨씬 작았다는 점을 감안해야 한다.

---

130) 『舊唐書』卷4 永徽 5年 冬十一月 癸酉 : … 築京師羅郭 和雇京兆百姓四萬一千人 版築三十日而罷 九門各施觀 ; 『新唐書』卷3 永徽 5年 十月 癸卯 : … 築京師羅郭 起觀于九門.
　　劉曉東·魏存成, 1987, 「渤海上京城營築時序與形制淵源研究」『中國考古學會第6次年會文集』, 文物出版社 ; 1997, 『高句麗渤海研究集成』渤海 卷2, 哈爾濱出版社, 572쪽.

131) 方學鳳, 2004, 「淺談渤海都城與唐長安城的比較」『高句麗渤海歷史問題研究論文集』, 延邊大學出版社.

[그림 17] 渤海 上京城 平面圖

(『六頂山與渤海鎭』, 1997, 48쪽)

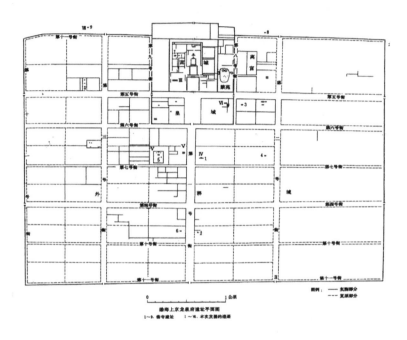

그런데 궁성의 북벽이 내성 내부를 완전히 가로질러 북쪽 공간을 완벽하게 격리시켰다는 점을 주목할 필요가 있다. 이는 남쪽에서도 마찬가지여서 궁성 남벽은 자연스럽게 내성의 북벽 일부가 되었던 것이다. 이로써 禁苑은 그 자체로 별도의 작은 성이 되어 버렸고, 내성 내부의 서쪽과 북쪽에도 역시 같은 현상이 빚어졌다. 이는 내성 북벽이 원래 궁성의 북벽과 같았다가 나중에 그 바깥으로 다소 확장 되었을 개연성을 보여준다. 만약 도시 규모가 확장되자 성벽을 차례 로 개축했다면 이토록 정연하기 어렵다. 도시 전체를 정연하게 구획 한 설계도에 따라 건설된 성곽이라고 보아야 한다.

上京城의 구조적 특징에 주목하면, 궁성과 내성이 하나의 단위를 이룰 정도로 정연한 공간 비율과 시설의 대칭구조를 보이는 데 반해, 외성은 남·북벽의 동쪽 성벽이 다소 길고 공간 배분도 상대적으로 정연하지 못하다. 또한, 외성 북벽은 궁성·내성의 북벽과도 일직선을 이루지 못한다. 아마도 축조시점이 다르기 때문일 것이다. 지금 확인할 수는 없으나, 성벽의 구조적 특징에 주목할 때 외성 축조는 내성의 북벽 확장과 같은 시기에 이루어졌을 개연성이 있다.

上京城은 주지하다시피 둘레 16km에 달하는 장대한 도성이고 그 규모나 형식으로 인해 장안성의 모방이라는 점이 강조되어 왔다. 그런데 여기서 주목되는 또 하나는 上京城이 입지하고 있는 곳, 즉 牧丹江 동안에는 발해시기의 고분군이 전혀 자리 잡고 있지 않다는 것이다. 발해시기의 고분군은 모두 牧丹江의 북쪽이나 서쪽에 위치하고 있고, 동안에는 전혀 없다. 만약 上京城이 필요에 따라 점차 확장되어 간 것이라면, 고분은 당연히 牧丹江 동안에도 위치할 수 있다. 발해가 3대에 걸친 확장을 통하여 上京지역을 주목하였고, 上京城이 발해의 국력이 확장됨에 따라 초축되거나 확축되었다면, 당연히 그 주변은 여러 가지 유적들이 존재할 수 있다. 이러한 논지에서 고구려 평양천도의 원인을 규명한 논문이 참고[132)가 된다.

국내성과 그 주변에 위치하고 있는 고분군의 분포상황으로 도성제의 변화상을 분석하였는데, 국내성에서 평양으로 천도할 수밖에 없었던 근본적인 이유는 바로 국내성의 공간적 한계 때문이다. 다시 말하면, 집권체제가 분화함에 따라서 국내성으로의 인구의 유입이

---

132) 임기환, 2003, 「고구려 都城制의 변천」『한국의 도성-都城 造營의 傳統』, 서울시립대 서울학연구소.

증가하고 관료군이 확대되어 도성의 규모 확장이 불가피하였다. 그
러므로 초기에는 귀족들이 도성 안에서 거주하였을 지라도 주민의
증가와 왕궁 및 관청의 확대 과정에서 국내성 외곽에도 거주지역을
마련하지 않을 수 없었을 것이기 때문이다. 하지만, 이미 자리 잡고
있는 고분들로 인해서 이러한 요구가 관철될 수 없었다는 것이다.
국내성이 포화상태에 이르렀음을 말하고 있는 것이다. 上京城이 단
순히 국력의 확장에 따라서 시의에 맞게 확장되었다면, 그것은 당연
히 왕실과 귀족의 고분 및 기타유적이 반드시 그 주변에 있었을 것이
고, 그것은 현재와 같은 규모에서 드러나야 한다. 그런데 上京城에
위치한 고분군은 모두 牧丹江의 북안이나 서안에 위치하고 있음은
발해의 上京城이 처음부터 계획되었음을 보여준다고 하겠다.

한편, 국왕으로 승격된 지 12년이 지난 774년에 발해의 文王은 연
호를 '大興'에서 '寶曆'으로 개원한다.[133] 文王의 연호는 '大興'만이
알려졌으나, 貞惠·貞孝公主墓에서 묘지석이 발견됨으로써 文王
이 '寶曆'으로 개원하였음을 알게 되었다. 일반적으로 一世一元의 전
통은 명나라 때부터였고, 그 이전에는 일반적으로 維新의 표현으로
새 연호를 써서 새 출발을 꾀하는 일이 많았다.[134] 따라서 연호는
동일한 왕의 재위 연간에 수시로 바뀔 수 있으며, 그 경우 개원의
사유는 天文·瑞獸·瑞物 등의 상서로운 징조의 출현이나, 災異 및
당시 상황에 따른 기원의 의미에서 행해지는 것이었다.[135]

---

133) 「貞惠公主墓誌」에서 '公主者我大興寶曆孝感金輪聖法大王之第二女也'
라고 하였다. 貞惠公主는 寶曆 4年인 777년에 사망하여 寶曆 7年인 780年
에 '珍陵의 西園'에 배장되었다고 기록하고 있다. 이를 통해서 寶曆이 文王
의 또 다른 연호이며, 寶曆으로의 개원은 774년에 이루어졌음을 알 수 있다.
134) 박성래, 1978, 「고려초의 역과 연호」, 『韓國學報』10, 142쪽.

그렇다면, 文王이 '大興'에서 '寶曆'으로 개원한 것은 기원의 의미와 새로운 출발의 의미가 있었다고 추정할 수 있다. 특히 신라 眞興王의 경우는 그 동안 사용하여 왔던 法興王의 '建元' 연호를 親政과 동시에 '開國'으로 개원하였고, 568년에는 대외정벌의 완성을 기념하기 위해 순수비를 축조하고 '大昌'으로 개원하였으며, 572년에는 많은 정복 과정에서 사망하거나 유리된 자들을 위한 八關會를 개최하고 연호를 '鴻濟'로 개원하였다.136) 이 뿐만 아니라 당나라의 則天武后의 경우도 696년에 발생한 李盡忠의 난을 평정한 이후 그것을 기념하기 위해 '神功'으로 개원하였다.137) 이렇듯 개원의 의미가 기원 및 새로운 출발의 의미에서 이루어졌다면, 文王의 개원 역시 새로운 출발의 의미를 담고 있음에 이의가 없다.

즉위 이후 文王이 '文治'를 강조한 것은, 건국 이후 진행되어 온 확장이 일단락되었음을 의미하는 것이다. 그러므로 막 즉위한 文王의 입장에서는 이들을 어떻게 체계화하고 안정시키는가에 그 역량이 집중되었음도 의문이 없다. 따라서 그는 그동안 진행되어 왔던 '武治'를 지양하고 '文治'로써 국가의 중흥을 도모하려 하였다. 그런 까닭에 '大興'이라는 연호를 사용하기에 이르렀다. 文王代에는 총 4번에 걸쳐서 책봉을 받았는데, 이러한 책봉은 발해 전 시대를 통틀어서

---

135) 정운용, 1998,「金石文에 보이는 高句麗의 年號」『韓國史學報』, 高麗史學會, 53쪽.

136) 신종원은 신라 중고시대의 연호사용, 즉 眞興王代의 3번의 개원(開國·大昌·鴻濟)이 自主意識의 표출이라고 하였다. 그는 더 나아가 眞興王의 개원은 신앙심이 단계적으로 깊어짐에 따라 새 시대의 개막을 알리는 의도라고 인식하였다(辛鍾遠, 1987,「'道人'使用例를 통해 본 南朝佛敎와 韓日關係-新羅 法興王·眞興王代 佛敎를 中心으로-」『韓國史硏究』59, 한국사연구회, 17쪽 ; 辛鍾遠, 1992,『新羅初期佛敎史硏究』, 民族社, 198쪽).

137) 魏國忠·朱國忱·郝慶雲, 2006,『渤海國史』, 中國社會科學出版社, 10쪽.

유일한 것이다. 이와 같이 文王代에 집중되었던 것은 발해의 성장과 무관하지 않을 것이다. 결국 文王의 책봉은 쇠약해진 당나라의 입장과 발해의 빠른 성장이 그 원인이었다고 할만하다. 이러한 결론을 도출할 수 있다면, 上京 조영은 이미 '安史의 亂'이 발생하기 이전에 이루어졌음을 알 수 있다. 다시 말해서, 中京에서 上京으로의 천도는 발해의 내재적인 발전을 기반으로 하였고, 그것을 바탕으로 정비와 완비단계를 거쳤다고 생각된다.

다음으로 上京城을 중심으로 한 방어체계에 대해서 살펴보자. 上京城은 앞에서 서술한 것과 같이 궁성 · 내성 · 외성의 3중구조로 이루어져 있다. 上京城은 남 · 서 · 북쪽이 牧丹江으로 둘러싸여 있을 뿐만 아니라, 서쪽을 제외한 3면은 산맥으로 둘러싸여 있다. 따라서 上京城의 방어는 牧丹江을 따라서 전개되어 있다고 해도 과언이 아니다.

上京城을 감싸고 흐르는 牧丹江에는 수많은 성들이 분포하고 있다. 남쪽으로부터 살펴보면 西湖嘴子山城 · 城墻砬子山城, 대안에 鏡泊湖邊墻 · 重脣河山城 · 城子后山城 · 上屯古城 · 江邊園城이 있다. 上京城의 북쪽에는 東崴子古城, 牛場古城, 土城子古城, 前獨木河子古城, 杏花村古城, 大牧丹古城, 岱王山山城이 늘어서 있다. 이들 고성들은 모두 牧丹江을 따라 분포한다. 따라서 上京은 牧丹江과 산맥으로 둘러싸여 있을 뿐만 아니라 즐비하게 늘어선 고성들에 의해서 牧丹江으로 왕래하는, 또는 上京으로 접근하는 요충지를 철저하게 방어하고 있다.

발해가 上京을 중심으로 이와 같이 밀도가 높은 방어시설을 축조하고 있는 것은 역시 북쪽으로부터 오는 위협 때문이다. 발해가 上京

을 조영하고 천도한 시기는 발해가 북쪽으로 세력을 확장하거나 복
속이 완료된 시점이었다. 그러므로 현상적으로는 위협세력이 존재하
고 있지 않지만, 실질적으로는 여전히 그 위협에 노출되어 있었음을
보여준다고 하겠다.

上京이 牧丹江의 남안에 위치한 것은 곧 북으로의 위협에 대비한
것으로 보인다. 즉 북쪽의 위협은 곧 黑水部인데, 이것은 武王의 토
벌이 단행되었다고 하더라도 여전히 그 위협이 해소되지 않았음을
보여준다고 하겠다. 가장 눈에 띄는 것은 牧丹江市에 위치하고 있는
牧丹江邊墻과 鏡泊湖 좌안에 위치한 鏡泊湖邊墻과 牧丹江의 주류
와 지류를 따라 산성과 평지성을 규칙적으로 축조하여 방어능력을
강화한 점이다. 즉 吉林省에서 黑龍江省 경내로 들어오면서 鏡泊湖
주변에 南湖頭古城·西湖嘴子山城·鏡泊湖邊墻·城墻砬子山
城·重脣河山城·城子后山城·上屯古城·江邊園城·東崴子古城
이 배치되어 서쪽과 남으로부터의 위협을 철저하게 차단하고 있다.
위 산성의 배치는 남으로부터의 위협에 그 중점이 있다. 즉 현재의
吉林 長春에서 ‘舊國’을 거쳐 上京으로 오는 위협에 대한 방비라고
할 수 있다.

이밖에 牧丹江市 북쪽에도 ‘邊墻’이 설치되어 있어서 黑水部의 남
하에 대한 대비를 하고 있다. 이것은 발해가 黑水部에 대한 상당한
정도의 통제력을 지니고 있었음에도 그들에 대한 방어를 게을리 하
지 않았음을 보여준다. 牧丹江에 위치한 ‘邊墻’은 그러한 특징을 웅
변한다. 牧丹江邊墻은 50여km에 이르며, 북쪽에 雉가 마련되어 있
다. 이것은 분명 방어 목표와 밀접한 관련이 있다. 또한 牧丹江邊墻
의 안쪽, 즉 남쪽에는 발해시기로 편년되는 고분이 위치하고 있어서

이러한 가능성을 더욱 높여준다. 따라서 이와 같이 북쪽으로 확대된 지역에 단순히 牧丹江邊墻만을 축조하여 방어의 근거로 삼았다고 판단되지 않는다. 따라서 牧丹江줄기를 따라 북쪽으로부터 남쪽으로 이중 삼중의 방어시설을 마련하였다.

牧丹江을 따라 축조되어 있는 성들은 우선 雉 또는 甕城이 축조되어 있어서 방어능력을 극대화 한 것들과 그렇지 않은 것들로 구분된다. 치나 옹성의 축조는 고구려성의 영향이다. 이러한 시설이 축조된 성들은 적어도 上京城이 조영되기 이전에 축조된 것으로 파악할 수 있다. 여기에는 牧丹江邊墻과 城子后山城 · 城墻砬子山城 · 南城子古城138) · 三道通古城139) · 東寧 大城子古城址140) 등이 포함된다. 치나 옹성으로 판단하면, 이 성들의 축조시기는 武王의 흑수정벌과 밀접한 관련이 있다.

武王의 흑수정벌은 발해의 강역을 북쪽으로 확대하는 결과를 가져왔고, 이로부터 上京 조영이 시작되었다. 따라서 초기에 마련된 성에서는 주된 위협을 방어하기 위한 시설이 만들어졌다. 이것은 방

---

138) 南城子古城은 남북 580m, 동서 450m, 둘레 2,060m이고, 평면은 남북장방형이다. 성벽 대부분은 판축이나, 일부 토석혼축도 있다. 성 남북벽에 각각 1개씩 문이 있고, 남문에는 옹성이 있다. 성밖에는 해자가 있다. 성의 규모와 출토유물로 보면, 남성자고성은 발해의 州級시설이다(王禹浪 · 王宏北 編著, 1994, 『高句麗渤海古城址硏究匯編』, 哈爾濱出版社, 658쪽).

139) 三道通古城은 불규칙한 형태로 지세에 따라 축조하였으며, 둘레는 2,900m이다. 성벽에는 25곳의 雉가 있고, 성문에는 甕城이 있다. 성의 연대에 대해서 요금시기에 축조된 것이라는 견해(朱國忱 · 孫秀仁, 1960, 『考古』4, 科學出版社)와 발해시기에 축조되어 요금시기에 연용되었다는 견해가 있다(王禹浪 · 王宏北 編著, 1994, 『高句麗渤海古城址硏究匯編』, 哈爾濱出版社, 692쪽).

140) 大城子古城은 평면이 장방형으로 둘레는 3,343m이다. 서벽에 각루가 있고, 성밖에는 해자유적이 있다. 발해의 솔빈고지로 비정된다(王禹浪 · 王宏北 編著, 1994, 『高句麗渤海古城址硏究匯編』, 哈爾濱出版社, 694쪽).

어의 중요성이 높거나, 공격의 강도가 셌음을 보여주는 것이다. 그러나 中京·上京·東京으로 옮겨가는 동안 도성 건축에는 더 이상 치나 옹성구조가 발견되는 예가 드물다. 이것은 발해사회가 매우 안정되었고, 대외적인 위협이 극감하였음을 의미하는 것이다. 따라서 이 시기에 축조된 도성은 그 주된 목적이 방어능력에 있지 않고, 도시의 구획이나 행정중심의 治所로서의 역할이 강조되었다고 판단된다.

이러한 변화가 일어나는 분기는 바로 文王이 즉위하여 적극적으로 '文治'를 단행할 때인데, 그 구체적인 시간은 774년에 이루어진 개원과 밀접한 관련될 것으로 생각된다. 이 시기에는 대내적으로 새로운 지배체제가 마련되어 시행되었을 뿐만 아니라 대외적으로도 '天孫'意識을 드러내어 독립국가의 위상을 드높였기 때문이다. 또한 발해와 국경을 마주하고 있던 번진의 발호도 그 뿌리가 잘려 나갔고, 黑水部의 경우도 대무예의 토벌 이후에 이 시기에 이르러서는 완전히 발해의 편제체제 안으로 귀속되었다고 할 수 있다.

4) 上京建設의 政治的 含意

그런데 上京城의 전체 구조를 관찰하면 매우 정연해 치밀한 계획도시였음을 알게 된다. 그것은 비단 반듯반듯한 직선도로 때문만이 아니다. 궁성과 내성의 건물배치 및 성벽 안팎의 평면구조가 일목요연하며 비율도 정연해 세밀한 설계도를 상정하지 않을 수 없다.

上京城의 건설을 의도하고 실행한 시점은 늦어도 文王이 '舊國'을 떠나 中京으로 거처를 옮기기 전일 것이다. 이후 불과 몇 년 만에 上京의 도시계획이 완결되었다고 생각하지는 않으나 적어도 외성이 설계된 상황에서 궁성과 내성만큼은 축조 완료되었을 듯하다. 그렇다면 中京은 천도에 따른 새 도읍이라기보다 文王의 일시적 移居地라고 표현하는 것이 옳을 듯하다.[141] 마침 金毓黻이 文王代에 천도가 너무 잦다면서 顯州에 中京을 설치한 것이 천도로 잘못 기재한 것이 아닌가 추정한 것[142]이 참고가 된다.

上京은 '舊國'에서 멀지 않은 곳이다. 결과적으로 文王은 牧丹江 상류의 구국에서 남쪽 두만강 지역으로 거처를 옮겼다가 몇 년 만에 다시 牧丹江 중류의 상경으로 돌아온 셈이다. 이러한 상황을 반영한 글이 바로 『新唐書』의 "天寶 말기에 欽茂가 上京으로 옮기니 바로 舊國에서 300리이며 忽汗河의 동쪽이다."[143]라는 기사이다. '舊國'과 上京을 직접 연결함으로써 中京을 과도기로 파악하는 발상이 은연중에 반영되어 있다.

이처럼 '舊國'과 上京을 직접 연결시키는 관점에서는 上京으로의 천도계획이 이미 武王 때부터 구상되었을 것이다. 上京은 발해 전체 영토에서 볼 때 다소 북쪽으로 치우친 곳이며, 늘 발해의 위협이 되어온 黑水部와도 가까운 곳이다. 그러므로 上京으로의 천도는 남쪽 영토에 대한 안정적 지배체제를 구축하고 북방의 강적인 黑水部를 제압하였다는 일종의 선언처럼 보이기도 한다. 그런 점에서 黑水部가 서기 725년경부터 당나라에 대한 조공을 중단한 사실이 주목된다.

---

141) 임상선은 舊國 敖東城과는 달리 최신식 시설과 체제를 갖춘 西古城이 도성으로서의 규모를 갖춘 것은 정도하던 시기가 아니라 文王 이후라고 인식하였을 뿐만 아니라, 그는 八連城도 西古城과 동일한 시기에 축조되었다고 하였다(임상선, 2006, 「발해의 都城體制와 그 특징」『韓國史學報』24, 한국사학회, 306쪽, 308쪽).

142) 金毓黻, 『渤海國志長編』卷14, 「地理考」中京顯德府.

143) 『新唐書』卷219, 北狄 「渤海傳」: 天寶末 欽茂徙上京 直舊國三百里 忽汗河之東.

무왕이 당나라로 기울어지던 흑수말갈을 공격함으로써 당나라의 영향력을 제거하였기 때문이다.

武王을 이은 文王의 가장 큰 고민은 확장된 영토에 대한 효율적인 경영이었을 것이다. 건국 이후 지속적으로 확장된 강역과 급증한 인구, 그동안 자연스럽게 이루어진 문화 성장 등은 체제발전을 재촉하였다. 이에 그동안의 '武治'대신 '文治'를 통해서 장기적이고 안정적인 정국 운영을 지향할 수밖에 없었던 것이다. 당나라와의 교류에 적극 나서고 유학생을 파견하여 당나라의 선진문물과 제도를 배우게 한 일 등은 새로운 지향점의 일부에 지나지 않는다.

영토의 효율적인 경영이라는 측면에서는 지방지배체제 정비보다 시급한 일도 없다. 이러한 측면에서 中京과 東京천도는 지방거점 화보라는 측면에서 이해하지 않으면 안된다. '舊國'과 上京은 牧丹江을 통해 직접 연결되므로 서로 오가기에 큰 문제가 없다. 그러나 上京이 다소 북쪽에 위치한 도시라는 점에서 남방 영토를 통제하기에는 더욱 불편해졌다. 더욱이 발해는 부여·고구려의 옛 터전을 바탕으로 한 데다 다양한 종족이 공존하는 나라였으므로 지방세력을 통제하기 위해서도 남방의 거점 확보가 무엇보다 중요한 일이었다.

발해의 5京은 지방의 주요 거점도시라는 점에서 신라의 5小京과 닮은꼴이다. 그런데 신라의 5小京은 한꺼번에 설치되지 않았다. 시초는 智證王 15년인 514년에 의성에 설치한 阿尸村小京이다.[144] 그

---

144) 『三國記』「新羅本紀」智證王 15年 : 春正月 置小京於阿尸村 秋七月 徙六部及南地人戶充實之. 아시촌소경의 위치에 대해서는 경북 의성군 안계면 안정동 일대로 보는 설이 우세하다.
　　千寬宇, 1976, 「三國의 國家形成(下)」『韓國學報』3, 一志社 ; 姜鳳龍, 1987, 「신라 中古期「州」制의 형성과 운영」『韓國史論』16, 서울대학교 인

러나 얼마 지나지 않아 阿尸村小京은 그 기능을 잃고 대신 眞興王 18년인 557년에 충주에 國原京이 설치되었다. 善德王 8년인 639년 에는 北小京이 만들어졌다가[145] 太宗武烈王 5년인 658년에 폐지되 었다.[146] 그리고 통일 전쟁을 완료한 뒤인 文武王 18년인 678년에 원주에 北原京, 文武王 20년에 김해에 金官京을 설치했으며, 神文王 5년인 685년에 청주에 西原京과 南原에 南原京을 설치하였다. 阿尸村小京 설치로부터 5小京制가 정착하기까지 무려 170여년이 걸린 것이다.[147]

신라의 小京 설치는 고구려의 3京制를 본 딴 측면이 있으며, 5세기 후반부터 6세기 초에 걸쳐 진행된 일련의 체제정비 및 도읍의 도시계획과 밀접히 연관된다.[148] 炤知王 9년(487)에 이루어진 郵驛과 官道 정비[149]를 기반으로 도읍과 변경지역을 연결하는 중간 거점도시로 개발된 곳이 바로 小京이기 때문이다. 그러므로 신라의 小京 설치는 도읍의 기능을 지방 거점도시에 분담시키고 중앙정권에 의한 지방지배의 효율성을 제고하기 위한 조치였다고 말할 수 있다.[150]

문대학 국사학과 ; 梁起錫, 2001,「신라 5소경의 설치와 서원소경」『新羅 西原小京 硏究』, 서경문화사.

145) 『三國史記』卷5,「新羅本紀」善德王 8年 : 春二月 以何瑟羅州爲北小京 命沙湌眞珠鎭之.

146) 『三國史記』卷5,「新羅本紀」太宗武烈王 5年 : 三月 王以何瑟羅地連靺鞨 人不能安 罷京爲州 置都督以鎭之 又以悉直爲北鎭.

147) 김기섭·김진광, 2007,「발해의 상경 건설과 천도」『韓國古代史硏究』45, 한국고대사학회, 210쪽.

148) 梁起錫, 2001,「신라 5소경의 설치와 서원소경」『新羅 西原小京 硏究』, 81~82쪽.

149) 『三國史記』卷3,「新羅本紀」炤知麻立干 9年 : 三月 始置四方郵驛 命所司 修理官道.

150) 梁起錫, 2001,「신라 5소경의 설치와 서원소경」『新羅 西原小京 硏究』, 84쪽.

　신라와 비교할 때 발해의 5京制는 설치 시점 및 인구밀도 등에서 큰 차이가 있다. 그러나 동경·서경·남경 등의 지리적인 특징에서도 드러나 듯 신라와 마찬가지로 발해에서도 지방의 小京은 변경을 방어하고 교통로를 확보하며 정치·경제적 기반을 마련하는 거점이었을 것이다. 이에 문왕이 직접 지방의 거점도시에 거주하면 통치기반을 마련하고 지역경제의 활성화시킴으로써 중앙의 통솔력을 강화해 나간 것이다.

　이상과 같이 발해 文王시기에 이루어진 천도에 주목하여 고고유적의 분포를 통하여 도성의 건설과 지배체제의 정비에 대해서 살펴보았다. '舊國'은 발해가 건국한 건국지로서, 최초의 건국지인 城山子山城이 위치하고 있고, 당나라와의 외교관계 성립 이후 옮겨간 평지성인 敖東城과 永勝遺蹟이 분포한다. 발해가 '舊國'에 도읍하였을 시기의 주된 방어 대상은 당나라와 거란이었다. 발해는 강 또는 도로를 통한 왕래를 차단할 수 있는 산성을 축조하였다. 그리고 성벽에는 甕城이나 雉를 마련하였고, 일부는 서북쪽에 성벽을 2중 3중으로 축조하였다.

　上京에 대한 경영은 黑水部 토벌 이후이다. 上京城의 규모로 판단하면, 上京城은 일시에 조영되지 않았고, 몇 번에 걸쳐서 축조되었을 것이다. 궁성 앞에서 발견된 해자 유적도 바로 그러한 해석을 가능하게 한다. 그러나 上京 범위 내에서는 발해의 여타 유적이 발견되지 않았다. 따라서 上京은 계획에 따라 조영되었음을 살필 수 있다. 현재 牧丹江市에는 50km에 이르는 장성과 牧丹江 중·하류를 따라 방어시설이 즐비한데, 이것은 흑수말갈 토벌 및 방어와 밀접하다.

中京은 발해의 전역에서 중심 지역에 위치한다. 中京은 현재의 和龍의 西古城으로 비정되지만, 성이 폐기된 이후 조영된 2기의 부부합장묘를 통해서 河南屯古城으로 판단된다. 西古城의 규모와 내외성의 구조적인 특징은 東京과 동일할 뿐만 아니라, 내성의 분포도 上京이나 東京과 유사하여 東京이나 上京과 불가분의 관계에 있음을 알려준다. 또한 東京과의 관련성에서 보면, 中京에서 上京으로 영향관계가 형성된 것이 아니라 오히려 中京과 東京으로 파급된 것으로 생각된다.

東京은 현재의 琿春 八連城說 또는 북한의 청진 부거리설로 대별된다. 八連城은 현재의 琿春에 위치하고 있고, 이곳은 동북의 黑水部·肅愼·挹婁·沃沮·東濊를 거쳐 신라로 통하며, 서쪽으로 고구려의 중심지였던 환인집안으로 통하고, 동쪽으로 일본으로 통하는 교통의 중심지에 위치한 교통의 중심지이다. 東京지역의 유적분포는 동북지역으로 방어시설이 매우 촘촘하게 분포하고 있다는 점과 고분군이 보이지 않는다는 점이 특징이다. 東京의 중심지역은 八連城을 중심으로 하여 장성이 분포하고 있는 哈達門과 琿春河를 사이에 두고 위치한 薩其城까지로 인식할 수 있다. 장성과 薩其城의 주된 방어 대상은 동북의 말갈제부이다. 琿春의 방어시설이 琿春河를 따라서 위치한 것은 바로 동북에서 琿春 시내로 들어오는 유일한 교통망이기 때문이다. 축조 시기는 武王이 "크게 강역을 개척하니 동북의 오랑캐들이 두려워 복속하였다."고 한 기록을 통해서 살필 때, 武王의 黑水部 토벌과 밀접한 관련을 지니고 있다.

IV 五京制의 形成과 支配體制의 强化

　발해는 지방을 효율적으로 통치하기 위하여 5경 15부 62주를 설치하여 운영하였다. 그 가운데 上京·中京·東京은 수도로서의 역할을 수행했으나, 西京과 南京은 도읍이 되지 못하였다. 그러나 여기도 다른 3京에 못지않게 중요한 역할을 담당하였을 것으로 생각된다.[1] 그러함에도 지금까지는 수도였던 3京의 변화발전에 대해서만 관심을 가져왔다.

　발해는 고구려의 옛 영토를 포함하여 동북으로도 그 범위를 확대하여 사방 5천리의 광대한 지역을 통치권에 두었다. 그리고 이곳에 대해 효율적으로 통치하기 위하여 부·주·현제를 실시하였다. 발해 5京 설치시기와 관련해서 많은 연구자들이 文王시대를 주목해 왔다. 우선 그 시기에 있어서, 文王 전기 이전에 설치되었다는 견해가 있기

---

1) 韓圭哲, 1998, 「渤海의 西京 鴨淥府 硏究」『韓國古代史硏究』14, 한국고대사학회, 359쪽.

는 하지만,[2] 대부분은 당나라에서 5京制가 설치된 이후인 文王 후기
로 인식한다.[3] 그밖에 宣王시기로부터 大彝震시기로 보는 견해도
있다.[4]

제도적 측면에서는 발해의 5京制가 당으로부터 수입한 것을 강조
하는 주장도 있고,[5] 고구려의 5부에서 그 연원을 찾는 견해도 있다.[6]
또한 통일신라의 5小京과 관련지어 고찰한 의견[7]도 있다. 그러나 대
부분의 연구자들은 역시 사상적인 측면과 제도적인 측면에서 당나라
와의 관련성을 강조한다.[8]

---

2) 韓圭哲, 1998, 「渤海의 西京 鴨淥府 硏究」『韓國古代史硏究』14, 한국고대
사학회, 360쪽.

3) 白鳥庫吉, 1935, 『白鳥庫吉全集』5, 岩波書店, 509쪽 ; 丹化沙, 1983, 「渤海
歷史地理硏究情況述略」『黑龍江文物叢刊』1, 北方文物雜誌社, 16쪽 ; 魏國
忠, 1984, 「唐代渤海五京制度考」『博物館硏究』3, 吉林省博物館, 40쪽 ; 『高
句麗渤海硏究集成』渤海 卷2, 哈爾濱出版社, 377~378쪽.

4) 吉林省文物志編纂委員會 主編, 1984, 『渾江市文物志』, 28쪽. 曉辰은 발해
의 5京制는 文王 이후에 설치되었다고 인식하였는데, 그 구체적인 시기에 대
해서는 언급하지 않았다. 그러나 金毓黻이 발해 제10대왕 宣王시기라고 한
것이 비교적 신중한 판단이라고 하여 은연 중에 발해의 5경을 10대 宣王시기
이후로 인식하였다(曉辰, 2003, 「也談渤海五京制的起始年代」『北方文物』3,
北方文物雜誌社, 80~81쪽).

5) 魏國忠, 1984, 「唐代渤海五京制度考」『博物館硏究』3, 吉林省博物館,
37~38쪽 ; 『高句麗渤海硏究集成』渤海 卷2, 哈爾濱出版社, 377~378쪽 ; 王
承禮 著·宋基豪 譯, 1987, 『발해의 역사』, 翰林大學아시아文化硏究所,
111~112쪽 ; 宋基豪, 2002, 「발해 5京制의 연원과 역할」『강좌 한국고대사』7,
駕洛國事蹟開發硏究院, 222~230쪽.

6) 鳥山喜一, 1915, 『渤海史考』, 東京奉公會, 230쪽 ; 白鳥庫吉, 1970, 『白鳥庫
吉全集』5, 岩波書店, 507쪽 ; 張國鍾, 著 李成出 譯, 1993, 「渤海の領域と五
京制」『高句麗渤海と古代日本』, 雄山閣, 160~161쪽 ; 韓圭哲, 1998, 「渤海
의 西京 鴨淥府 硏究」『韓國古代史硏究』14, 韓國古代史學會, 364쪽.

7) 김기섭·김진광, 2007, 「발해의 상경 건설와 천도」『韓國古代史硏究』45, 한
국고대사학회, 210~211쪽.

8) 孫玉良, 1983, 「渤海遷都淺議」『北方文物』3, 北方文物雜誌社 ; 『高句麗渤
海硏究集成』渤海 卷2, 哈爾濱出版社, 333쪽 ; 魏國忠, 1984, 「唐代渤海五
京制度考」『博物館硏究』3, 吉林省博物館 ; 1997, 『高句麗渤海硏究集成』

발해의 5京制의 성립은 文王시기에 이루어진 4번의 천도와 불가분의 관계에 있다. 비록 5京 가운데 3京에만 도읍을 하였고, 나머지 西京과 南京은 도읍지로서의 역할을 하지 못하였지만, 그 중요성은 3京에 뒤지지 않는다.

따라서 이 장에서는 5京의 연원 및 설치시기와 그 기능에 대해서 고찰하고자 한다. 상술하였듯이 발해 2京도 중요한 역할을 수행하였을 것이다. 그러므로 5京制의 성립시기와 그 기능에 대해서 고찰하면, 발해 文王시기에 집중적으로 이루어졌던 천도 목적과 국정운영에도 일정한 시사를 얻을 수 있다.

渤海 卷2, 哈爾濱出版社, 376쪽. 한편 丹化沙는 중원의 역대 왕조는 대체로 兩京制度였다. 당나라에 이르러 兩京 5都가 있었는데, 河中府를 中都로 삼은 시간이 길지 않고 바로 그 명칭을 상실하였으므로 兩京 4都라고 할 수 있다. 발해는 송나라 이전에 5京制를 처음으로 동서남북 중앙 5개의 방위에 따라서 만들었는데, 그 사상적인 연원을 추적해 보면, 중원의 오행사상에 기인한다고 인식하였다. 뿐만 아니라 그 시기에 있어서도 文王시기에 처음으로 京의 이름이 보이지만, 10세 宣王시기에 완비되었다고 인식하였다(丹化沙, 1979, 「略談渤海上京龍泉府」『黑龍江大學學報』;『高句麗渤海硏究集成』渤海 卷2, 哈爾濱出版社, 599쪽). 또한 孫進己도 발해 후기 大彛震시기에 경·부·주·현 제도를 실시하여 비로소 五京이 갖추어졌다고 인식하였다(孫進己, 1994, 「唐代渤海之五京」『東北民族史硏究』1, 中州古籍出版社;『高句麗渤海硏究集成』渤海 卷2, 哈爾濱出版社, 379쪽). 노태돈도 776년에 파견한 사신이 南海府의 吐號浦에서 출발하였다는 기록에 근거하여 南京의 존재는 5방 개념에 따른 5京制가 이 시기에 성립되었음을 의미하는 것이라고 인식하였다(盧泰敦, 1996, 「발해의 성립과 발전」『한국사 10-발해』, 국사편찬위원회, 36쪽).

1. 五京制의 形成과 機能

1) 五京制의 起源

文王은 5京을 설치하였다. 이것은 그가 당나라의 문물제도를 본받았다는 중요한 表徵일 뿐만 아니라, 또한 그가 武王을 계승하여 강력한 독립의식을 지니고 있었다는 의지의 표현이기도 하다. 발해가 5京을 설치한 과정은 다른 국가와는 달리 도읍지 건설과 국왕의 행차로서 5京의 정치적·행정적 권위를 세우고, 지방통치의 거점으로서의 강력한 힘을 실어주는 방식이었다.

5京制는 '舊國'에서 顯州로 수도를 옮긴 天寶 연간이거나 늦어도 수도를 上京으로 옮기고 난 직후인 文王 전기에 실시되었다고 판단된다. 발해가 '上京'으로 이름짓고 천도할 즈음에 이미 5京이 설치되어 있었다고 인식해야 된다. 다시 말해 여기서 등장하고 있지 않은 西京이나 中京·南京도, 빠르면 발해가 顯州에서 上京으로 천도하기 전이나 늦어도 上京으로 옮긴 직후에 설치되었을 것이다. '舊國'에서 顯州로 옮겨질 때에 이미 顯州라는 주명이 5京의 이름과 함께 사용되고 있었을 것이기 때문이다. 다만 上京은 천도하기 전에는 '北京'으로 불리었을 가능성도 있다.

5京制가 顯州시기에 마련되었을 것으로 보는 것은 비약적으로 발전하고 있던 文王代의 정치상황에 따른 판단에서이다. 2대 武王代에는 영토적으로 越喜部를 비롯한 鐵利·拂涅·虞婁部 등을 제외한 대부분 지역이 발해의 강역으로 흡수되었다. 또한 대외적으로도 발해는 武王 仁安 14년에 당나라를 공격할 정도로 힘이 성장했다. 이와 같은 강력한 힘을 바탕으로 제3대 文王은 내치에 힘을 쏟을

수 있었고, 새로운 발전의 계기를 마련할 수 있었다.[9] 그 과정에서
上京·中京·東京이 조영되었고, 上京이 설치되는 시기에 그와 상
대하는 南京이 설치되었으며, 적어도 東京에 대한 기록이 출현하는
785년을 전후한 시기에 西京이 조영되었다. 이로써 발해에는 5京이
라는 지방행정의 중심, 즉 지방통치의 거점이 마련되었고, 이를 계기
로 5경 15부 62주의 기본적인 편제가 이루어졌다.

　발해의 前 왕조였던 고구려 역시 卒本에서 國內城으로, 다시 국내
성에서 平壤城으로 천도를 했었고, 백제도 漢城에서 熊津으로, 그리
고 泗沘로 도읍을 옮겼다. 이들 나라들의 천도와 관련지어 보면, 표
면적으로 발해의 그것은 그다지 주목할 만하지 않다. 고구려와 백제
는 침략이나 국내외적 성장과 필요에 따라서 여러 왕대에 걸쳐 추진
되었지만, 발해는 대내외적으로 기틀을 다지는 시기, 즉 文王代에
집중적으로 이루어지고 있다는 점에서 주변의 다른 나라들의 그것과
동일하게 이해해서는 안 된다. 왜냐하면, 이와 같이 한 왕대에 집중
적으로 천도가 이루어지는 것은 발해의 안정 및 체제정비와 크게 연
관이 되어있을 가능성이 높기 때문이다.

　발해는 빈번히 유학생을 파견하고 숙위를 보내어 당의 제도를 받
아들이는 등 적극적으로 선진문물을 수용하였다. 이것은 단순히 慕
華思想에 근거한 것이 아니라, 당시의 시대적인 필연에 의해서였다.
다시 말하면, 고구려의 옛 강역에 그를 계승하여 새 왕국을 세운 발
해지만, 고구려의 멸망과정에서 이루 표현할 수 없는 문화적·경제
적 피해를 당하였다. 그러므로 고구려를 계승하여 일어났음에도, 문

---

9) 韓圭哲, 1998,「渤海의 西京 鴨淥府 硏究」『韓國古代史硏究』14, 한국고대
　사학회, 370~371쪽.

화적인 기반은 매우 박약하여, 발해는 당의 선진문물을 적극적으로
배우고 수용하여 응용하지 않을 수 없었다.

당나라의 5京은 757년에 이르러 완성되었다. 『舊唐書』「地理志」
에 의하면, 618년에 李淵이 당나라를 건립한 이후 長安을 京師로 삼
았고, 高宗 顯慶 2年에 河南府를 東都로 삼았으며10), 武后 天授 元
年에 다시 太原府를 北都로 삼았다. 그리고 당 玄宗 天寶 元年에
京師 長安을 西京으로 삼고11), 東都 洛陽을 東京으로,12) 北都 太原
을 北京으로 삼았으며,13) 당 德宗 至德 2년에 이르러 鳳翔府를 두고
西京이라고 불렀다.14) 따라서 成都府를 南京 · 京兆府를 中京 · 河
南府를 東京 · 太原府를 北京으로 삼아서 5京制가 완성되었다. 그리
고 당나라 5京의 치소는 각 부의 치소와 마찬가지로 首州에 설치되
었다.15)

발해의 5京도 역시 당나라의 그것과 마찬가지로 府의 首州에 설치
되어 공통점을 보인다. 즉 上京의 치소는 龍泉府의 首州인 龍州의
치소와 동일한 곳이고, 中京顯德府는 수주인 盧州에 설치되었다가
다시 顯州의 치소에 있었을 뿐이다. 그래서 발해의 5京制의 발생에
있어서도 당나라의 영향을 무시할 수는 없다.16)

---

10) 『舊唐書』 卷38, 「地理志」1 河南府 : 顯慶 二年 置東都.
11) 『舊唐書』 卷38, 「地理志」1 京兆府 : 天寶 元年 以京師爲西京.
12) 『舊唐書』 卷38, 「地理志」1 河南府 : 天寶 元年 改東都爲東京也.
13) 『舊唐書』 卷39, 「地理志」2 北京太原府 : 天寶 元年 改北都爲北京.
14) 『舊唐書』 卷38, 「地理志」1 鳳翔府 : … 至德 二年 十二月 置鳳翔府 號爲西
    京 與成都京兆河南太原爲五京.
15) 孫玉良, 1983, 「渤海遷都淺議」 『北方論叢』3 ; 1997, 『高句麗渤海硏究集成』
    渤海 卷2, 哈爾濱出版社, 333쪽.
16) 宋基豪, 2002, 「발해 5京制의 연원과 역할」 『강좌 한국고대사』7, 駕洛國事蹟
    開發硏究院, 222~225쪽.

당나라의 5京制는 742년 長安을 西京으로 삼은 것을 시작으로, 757년 成都에 南京을 설치함으로써 5京이 갖추어지게 되었다. 여기서 주목해야 하는 것은 바로 南京의 설치이다. 南京은 '安史의 亂'이 발발한 이후 난을 피해 玄宗이 피난을 갔던 곳이다. 그래서 南京설치는 현종의 파촉과 무관하지 않다.[17]

발해의 5京制가 당나라의 그것을 본받았다고 하지만, 당나라는 잠시 설치되었고, 사실상 西都 長安 · 東都 洛陽 · 北都 太原의 3도가 있었던 것과는 달리 발해의 5京制는 줄곧 발해의 멸망까지 이어졌으며, 후에 요금의 5京制에 중요한 영향을 미쳤다. 이 뿐만 아니라, 당시 중원과 이후의 北宋 왕조들도 모두 5京을 설치하지 않았으므로, 요나라의 5京制와 그 존속기간은 단지 발해의 5京制에서 연원한 것이며, 금나라는 요나라의 5京制를 답습한 것이다.[18]

당나라의 5京制가 비록 제도적으로 府의 首州에 京을 설치하였고, 다소 이견이 있지만, 발해의 5京이 설치되기 이전에 이루어졌다[19] 하더라도 발해의 5京制에 영향을 주기는 어려웠을 것이다.[20] 왜냐하

---

17) 『舊唐書』卷41, 「地理志」4 劍南道 成都府 : 天寶 十五載 玄宗幸蜀 駐蹕成都 至德 二年十月 駕廻西京 改蜀郡爲都府 長史爲允.
張國鍾 著 · 李成出 譯, 1993, 「渤海の領域と五京制」『高句麗渤海と古代日本』, 在日本朝鮮社會科學者協會 歷史部會 編, 雄山閣, 163~169쪽.

18) 魏國忠 · 朱國忱 · 郝慶云 著, 2006, 『渤海國史』, 中國社會科學出版社, 319쪽.

19) 曉辰은 賈耽이 지은 「邊州入四夷道里記」古今郡國志에는 발해의 왕도로 中京 · 上京 · 東京만을 언급하고 있는데, 京이라고 부르지 않고 顯州 · 王城 · 柵城이라고 부른 것은 賈耽이 「邊州入四夷道里記」를 작성할 당시에는 발해에 아직 5京制가 성립되지 않은 것이라고 인식하였다(曉辰, 2003, 「也談渤海五京制的起始年代」『北方文物』3, 北方文物雜誌社, 81쪽), 孫玉良도 발해 文王 전기에 당나라는 5京制가 있었지만, 발해의 행정구역은 당나라의 제도를 모방하여 설치하였으므로 5京도 역시 당의 제도를 답습하였을 것으로 판단하였다(孫玉良, 1983, 「渤海遷都淺議」『北方論叢』3 ; 『高句麗渤海硏究集成』渤海 卷2, 哈爾濱出版社, 333쪽).

면, 당나라의 5京制와 발해의 그것은 표면적으로는 공통점을 보이고, 사상적인 면에서 중원 왕조의 5행사상을 반영하였다는 점은 일치하지만, 그 설치목적은 분명이 다른 점이 있기 때문이다. 그러므로 발해의 5京制의 기원을 논하면서 당나라의 5京制와의 평면적인 비교는 무리가 있다.

발해가 기반으로 삼은 만주 지역은 그 문화적 기반이 고구려에 있었다. 발해는 건국초기 일본으로 보낸 국서에서 "고구려의 옛 땅을 회복하고 부여의 풍속을 소유하였다."[21]고 하였듯이, 문화적으로 인적으로 전 왕조인 고구려를 이었다는 명확한 계승의식을 지니고 있었다. 5京制와 같은 지방행정조직은 발해에만 있었던 것은 아니다. 五行思想에 영향을 받아서 형성되었다고 하는 5京制는 고구려의 5部制와 신라의 5小京制 및 백제의 5方制, 그리고 당나라의 5京 5都制 등이 서로 영향을 주고받으면서 발전하였다고 할 수 있다.[22] 그러므로 고구려의 5部는 발해에 역시 일정한 영향을 미쳤을 것이다.[23]

---

20) 송기호는 역법의 예를 들어 제도가 존속한 기간의 장단으로 영향여부를 가늠하기는 어렵다고 한다(宋基豪, 2002, 「발해 5京制의 연원과 역할」『강좌 한국고대사』7, 駕洛國事蹟開發硏究院, 226쪽). 그러나 당나라의 5京制와 발해의 5京制가 표면적으로 공통점을 지니고 있다 하더라도, 그 발생의 목적이 다르다. 그러므로 발해의 5京제가 당의 그것을 일방적으로 모방하거나 무비판적으로 수용했다고 하는 것은 무리가 있다.

21) 『續日本紀』卷10, 神龜 五年 正月 甲寅 : 武藝添當列國 濫惣諸蕃 復高麗之舊居 有扶餘之遺俗 ….

22) 韓圭哲, 1998, 「渤海의 西京 鴨淥府 硏究」『韓國古代史硏究』14, 한국고대사학회, 364쪽.

23) 송기호는 고구려의 五部가 수도 및 주요 도시 내부에 설치된 행정구역으로 한정시킨다면, 지방 거점에 설정된 발해의 5京과는 개념적으로 전혀 다르다. 또한 전체 영토를 5部로 분할하여 통치하였다는 사실을 인정한다고 하더라도 역시 지방의 일부 거점도시를 5京으로 삼은 발해의 통치방식과 거리가 멀다. 그렇기 때문에, 발해 5京을 고구려 5部와 계승관계가 있다고 말하기는 어렵다고 하였다(宋基豪, 2002, 「발해 5京制의 연원과 역할」『강좌 한국고대사』7,

　발해의 5京은 上京 · 中京 · 東京 · 西京 · 南京이다. 그런데, 앞의
3京은 이미 文王시기에 천도라는 형식을 통해서 지역거점으로서의
힘을 실어주었으나, 뒤의 2京에 대해서는 그다지 많은 언급이 없었다.
따라서 아래에서 간단하게 西京과 南京에 대해서 고찰하고자 한다.

　西京은 발해 5京 가운데 가장 명확하지 않은 지역이다. 발해의 西
京에 대해서는 臨江市說과 集安市說로 대별할 수 있다. 西京에 관
련한 기록은 다음과 같다.

> Ⅳ-① 高麗故地를 西京으로 삼고 鴨淥府라 불렀으며, 神州, 桓州,
> 豊州, 正州를 다스린다라고 하였다.[24]

> Ⅳ-② 鴨淥江入口에서 배로 백여리를 가고, 다시 작은 배를 타고 물
> 길을 거슬러 동북으로 30리를 가면 泊汋口에 이르는데 발해
> 의 국경이다. 다시 물길을 거슬러 500리를 가면 丸都城에 이
> 르는데 옛날의 고려의 왕도이다. 다시 동북으로 200리를 거슬
> 러 올라가면 神州에 이른다. 육로로 400리를 가면 顯州에 이
> 르는데 天寶 중에 왕이 도읍했던 곳이다. 다시 정북에서 약간
> 동쪽으로 600리를 가면 발해의 왕성에 이른다.[25]

　위의 기록에 근거하여 지금까지 西京의 위치에 대한 견해는 臨江

駕洛國事蹟開發硏究院, 220쪽).
24) 『新唐書』卷219, 列傳 第144 北狄「渤海傳」: … 高麗故地爲西京 曰鴨淥府
　　領神桓豊正四州 ….
25) 『新唐書』卷43下,「地理志」第7下 羈縻州 : 鴨淥江口 舟行百餘里 乃小舫泝
　　流東北三十里 至泊汋口 得渤海之境 又泝流五百里 至丸都縣城 故高麗王
　　都 又東北泝流二百里至神州 又陸行四百里至顯州 天寶中王所都 又正北如
　　東六百里 至渤海王城.

市였다는 견해가 지배적이었다. 臨江遺蹟은 吉林省 동남부에 위치
한 臨江市 안에 위치하고 있다. 臨江說은 1976년 이후 몇 번에 걸쳐
진행된 고고조사에서 석사자·니질회도·무늬없는 수키와·암키와
등이 수습되었고, 현 근처에서 「唐大將軍之印」도 출토되었다고 하
여 발해시대에 神州였을 것이라는 주장이 힘을 받게 되었다.[26] 西京
이 위치한 지역은 발해 鴨淥道의 요충지였다는 점을 감안하면, 臨江
이 西京鴨淥府 소재지였을 가능성은 더욱 높다고 할 수 있다. 한편
集安說은 고구려시기에 정치중심이면서 유적도 臨江에 비해서 훨씬
풍부하다는 것에 근거하고 있다.

집安市에서 약 3,000㎡에 달하는 民主村遺跡이 발견되었다.[27] 여
기에서는 대량의 발해 후기의 유물과 온돌유적, 그리고 소형의 봉토
석실묘 등이 발견되었고, 이 가운데는 다수의 발해고분이 포함된다.
이와 같이 국내성이 소재했던 集安에서 발해의 유적이 발견된 점은
고구려가 멸망한 이후에도 지속적으로 이 지역이 경영되었음을 의미
하는 것이다.

그러나 인용한 기록의 지리 상황에 따르면, 西京 소재지는 臨江說
이 더욱 유력하다고 할 수 있다. 특히 주목할 만한 것은 撫松市 頭道
江 서쪽에 자리잡은 新安古城이다. 新安古城은 둘레가 3,340m에 이
르는 장방형의 토성이다. 성 안에서 다수의 건축유적이 발견되었고,
그 주변에는 기와·토기잔편 등이 흩어져 있다. 新安古城 주변에도
발해시기의 산성과 고분, 그리고 제철유적이 분포한다.[28] 이 유적은

---

26) 韓圭哲, 1998, 「渤海의 西京 鴨淥府 硏究」『韓國古代史硏究』14, 한국고대
　　사학회, 376~377쪽.
27) 集安縣文物保管所, 1985, 「吉林集安發現一處渤海時期遺址」『北方文物』4,
　　北方文物雜誌社.

西京鴨淥府의 豊州로 비정되므로, 이 지역에 西京의 소재지가 있었 다는 견해에 더욱 힘이 실렸다고 할 수 있다.

> IV-③ 沃沮故地를 南京으로 삼고 南海府라 불렀다. 영현에는 沃州, 睛州, 椒州가 있다.[29]

> IV-④ 賈耽의 「古今郡國志」에는 발해국의 南海·鴨淥·扶餘·柵 城 등 4개의 부는 모두 高句麗故地이고, 신라 泉井郡으로부터 柵城府까지 모두 39개의 역이 있었다라고 기록되어 있다.[30]

> IV-⑤ 癸酉에 南海府 吐號浦에서 출발하였다.[31]

南京南海府의 소재에 대해서는 咸興說[32], 慶城說[33], 그리고 北 靑說[34] 등이 있으나, 대체로 北靑郡에 위치한 德源지역으로 비정된 다.[35] IV-③과 ⑤에서는 南京南海府의 소재지를 沃沮故地로 비정

---

28) 王培新, 1999, 「中國におる渤海都城と交通路の研究」 『アジア遊學-特集 渤海と古代東アジア 海·山·大地を越える人とモノの交流』6, 30쪽.

29) 『新唐書』 卷219, 列傳 第144 北狄 「渤海傳」 : 沃沮故地爲南京 曰南海府 領沃睛椒三州.

30) 『三國史記』 卷37, 「地理志」 4 : 賈耽古今郡國志云 渤海國南海 鴨淥 扶餘 柵城四府 並是高句麗舊地也 自新羅泉井郡至柵城府 凡三十九驛.

31) 『續日本紀』 卷34, 光仁天皇 寶龜 8年 春正月 : 癸酉遺使問渤海使史都蒙等 曰 … 史都蒙等自弊邑南海府吐號浦 西指對馬島竹室之津 ….

32) 和田淸, 1954, 「渤海國地理考」 『東洋學報』36-4 ; 李東源譯, 1986, 『渤海史 譯文集』, 黑龍江社會科學院歷史所, 284쪽 ; 譚其驤, 1988, 『中國歷史地圖 集東北地區釋文匯編』, 中央民族大學出版社.

33) 松井等, 『渤海國之疆域』 ; 孫進己, 1977, 『東北民族史考』3.

34) 金毓黻, 1931, 『渤海國志長編』, 千華山館 ; 류병홍, 1992, 「위대한 수령 김일 성동지의 현명한 령도 밑에 고고학분야에서 이룩한 성과」 『조선고고연구』2, 5쪽.

하고, 南京에는 吐號浦라고 하는 국제적인 항구가 존재하고 있음을 알 수 있다. Ⅳ-④에서는 신라의 泉井郡에서 발해의 東京이 소재하고 있던 柵城府까지 39개의 역이 존재하며, 賈耽의「古今郡國志」가 기술될 때에는 南京南海府·西京鴨淥府, 그리고 東京龍原府가 모두 존재하고 있었음을 살필 수 있다. 泥河를 경계로 하고 있는 南京南海府는 발해의 5개의 교통로 가운데 新羅道가 지나가는 곳이다. Ⅳ-④에서 泉井郡에서 발해의 柵城까지 39개의 역이 존재하였다고 한 것은 바로 발해와 신라 사이의 교류가 꽤 빈번하였음을 언급하는 것이다. 그런데 신라에도 北海通·鹽池通·東海通·南海通·北傜通 등 5개의 교통로가 존재하고 있었다.[36) 그 가운데 北海通은 경주에서 고성에 이르는 노선으로,[37) 泉井郡에 이르러 관문인 炭項關門을 지나면 곧 발해의 신라도로 연결된다. 따라서 泉井郡에서 柵城府에 이르는 신라도의 노선은 발해 건국 초기 高王이 신라에 사신을 보낸 통로였다고 판단된다.[38) 이와 같이 南京南海府는 남으로 신라, 동남으로 일본, 그리고 북쪽으로 말갈지역으로 향하는 중요한 교통의 요지에 설치되었으며, 그 구체적인 방향은 신라와 일본이었을 것으로 판단된다.

그렇다면 발해의 5京은 어디에서 연원한 것인가. 당의 5京은 757

35) 丹化沙, 1982,「渤海歷史地理硏究情況述略」『黑龍江文物叢刊』1, 黑龍江省文物出版社 ; 1997,『高句麗渤海硏究集成』 渤海 卷2, 哈爾濱出版社, 303~304쪽 ; 王承禮, 1983,「渤海的疆域和地理」『黑龍江文物叢刊』4, 黑龍江省文物出版社 ; 1997,『高句麗渤海硏究集成』 渤海 卷2, 哈爾濱出版社, 313~314쪽.
36)『三國史記』卷37, 地理四 三國有名未詳地分條.
37) 徐榮一, 1999,「新羅五通考」『白山學報』52, 白山學會, 604쪽.
38) 金鎭光, 2004,「발해 건국초기의 강역-營州道를 중심으로-」『先史와 古代』21, 韓國古代學會, 16쪽.

년에 완성되어 761년에 폐지될 때까지 약 4년 정도를 유지하였다. 발해가 당의 5京을 본받았다고 하는 가장 큰 이유는 사상적인 측면에서 오행사상을 반영하고 있다는 점이다.

음양오행사상은 전국시대 말기에 출현하여 한나라 시기와 남북조 시기에 풍수지리설과 결부되어 유행하였다. 그러나 오행사상은 단순히 당나라 시기에만 존재한 것이 아니라 그보다 훨씬 이전부터 중원을 비롯한 한반도에 만연해 있던 사상이었다. 고구려에는 일찍이 4~5세기 전반에 조영된 약수리고분과 삼실총 등에 그려진 사신도를 통해서 그 사상의 영향관계를 엿볼 수 있고, 백제의 경우에도 무령왕릉의 입지선정을 통해서 풍수지리사상이 사회전반에 반영되었음을 엿볼 수 있었다. 그러므로 발해의 5京이 음양오행사상에 기반하였다고 하더라도 그것이 당나라의 영향으로 말미암아 형성된 것으로 해석하기에는 무리가 따른다.

발해의 5京制의 기원에 대한 또 다른 견해는 제도적인 측면에서 당나라와의 관련성을 부각시킨 견해이다. 이러한 견해는 魏國忠ㆍ王承禮 등이 당나라에 5京이 설치되었던 사실에 근거하여 주장한 것이다. 당나라는 처음부터 5京이나 5都를 설치하려고 했던 것은 아니었다. 당나라는 西都와 東都의 두 도읍지를 기본으로 하여 수도를 크게 보면 兩京制 또는 三京制가 기본이었다.[39]

　Ⅳ-⑥ 鳳翔府 …至德 2년 12월에 鳳翔府를 설치하고 西京이라고 불렀다. 成都, 京兆, 河南, 太原과 함께 5경이 되었다.[40]

---

39) 宋基豪, 2002, 「발해 5京制의 연원과 역할」 『강좌 한국고대사』7, 駕洛國事蹟開發硏究院, 224쪽.

Ⅳ-⑦ 建卯月 신해 … 京兆府를 上都로 河南府를 東都로, 鳳翔府를
西都로, 江陵府를 南都로, 太原府를 北都로 삼았다.[41]

Ⅳ-⑥에 의하면, 당나라에서 5京制가 처음으로 갖추어진 시기는
肅宗 至德 2年인 757년이다. 이처럼 中京・東京・西京・北京・南
京으로 이루어진 5京은 代宗 寶應 元年에 5都로 전환됨으로써 上元
2年인 761년에 폐지되었음을 알 수 있다. 당나라의 5京 또는 5都制
가 한 순간에 이루어진 것이 아니라 京이라는 명칭이 출현한 시점으
로만 기산한다고 하더라도 15년의 기간이 소요되었다. 당나라에서
5京制의 확립이 이와 같이 오랜 기간에 걸쳐서 완성되고 또한 빠른
시간 내에 소멸하게 된 가장 큰 이유는 설치의 구체적인 필요성이
적었기 때문이다.

당의 5京制의 완비는 바로 肅宗 至德 2년인 757년이다. 바로 5京
制가 갖추어진 시기에 주목할 필요가 있다. 이 시기는 바로 '安史의
亂'이 발발한 이후 약 1년이 지난 시기이다. '安史의 亂'이 발발하자,
당나라 玄宗은 난을 피해서 蜀으로 파천하기에 이르렀다. 그 과정에
서 황제의 행궁이 있던 곳을 京으로 승격시켜 5京制가 갖추어지게
되었던 것이다.

이와는 달리 발해의 5京은 그 설치목적에 있어서는 당나라의 그것
과 매우 큰 차이를 보인다. 앞에서도 언급하였듯이 당나라의 5京은
본래부터 설치의 목적이 명확한 것이 아니었으나, 발해의 경우는 5

---

40) 『舊唐書』 卷38, 「地理志」1 : 鳳翔府 … 至德 二年 … 十二月 置鳳翔府 號
爲西京 與成都京兆河南太原爲五京.
41) 『新唐書』 卷6, 肅宗 寶應 元年 : 建卯月 辛亥… 以京兆府爲上都 河南府爲
東都 鳳翔府爲西都 江陵府爲南都 太原府爲北都.

京 설치가 지방지배와 밀접하게 관련되어 있었고, 그것은 거점의 확보라는 측면에서 이루어졌던 신라의 5小京과 유사한 측면이 발견된다.

발해는 고구려의 옛 영역을 기반으로 하여 형성된 국가로서 武王은 고구려의 강역에 부여의 풍속까지 두루 갖추었다고 하였다. 이를 통해서 판단한다면, 발해는 멀리는 부여로부터 가까이는 전 왕조인 고구려의 문화를 그대로 계승하였다고 해도 과언이 아니다. 특히 발해가 기반으로 삼고 있던 지역은 고구려시기에도 복잡한 민족구성을 이루었을 것이다. 그러한 예는 바로 고구려 말기의 말갈제부의 존재에서 확인된다. 이 뿐만 아니라, 부여에는 馬加 · 牛加 · 豬加 · 狗加를 비롯한 5加가 있었고, 고구려에는 桂樓 · 消奴 · 絕奴 · 貫奴 · 順奴의 5部의 존재와 고구려 중 · 후기에 방위명 부의 출현은 발해의 5京制에 영향을 주었을 것이다. 따라서 발해는 고구려의 5部와 신라의 5小京, 그리고 당의 5京制에 영향을 받고 현실에 적용하여 발해 고유의 5京制를 탄생시켰다.

2) 五京의 設置時期

발해는 언제 5京을 설치한 것인가. 발해의 5京 설치에 대해서 일반적으로는 당의 영향을 강조한다. 그 첫 번째 이유는 외관적으로 제도의 유사성이 보이고 있는 점이고, 두 번째는 文王이 전왕들과는 달리 적극적으로 당나라의 제도를 수용하고 모방하여 발해의 정국을 운영했다는 점 때문이다. 당나라의 5京制가 완성된 시기는 '安史의 亂'이 발발하고 1년이 지난 757년이다. 그러므로 文王代에 5京制가 완성되었다면, 그 시기는 아무리 빨라야 당나라의 5京制가 완비된 757년보다 빠를 수 없다는 결론이다.

그런데 당나라의 5京制가 완비된 시점이 '安史의 亂' 기간 중임을 감안한다면, 발해가 그 제도를 수용하는데 많은 어려움이 있었을 것이다. 발해는 '安史의 亂'이 발발한 후 徐歸道의 원병요청에도 중립적인 자세를 취하며, 개입하지 않았다. 오히려 요서의 營州와 가까운 若忽州都督 胥要德과 木底州刺史 楊承慶 등 지방장관을 일본으로 파견하여 '安史의 亂'의 전망과 사후 대책을 논의하여 일본과의 공조를 도모하였다.

당시의 전황은 安祿山의 기세가 맹렬하여 당나라는 거의 초토화되었다. 뿐만 아니라 당 현종을 비롯한 왕실·귀족들은 난을 피하여 저 멀리 蜀 땅으로 피난을 가지 않으면 안되었다. 이러한 상황에서 갖추어진 당나라의 5京制가 전란 기간 동안 발해에 영향을 주어 발해가 그것을 적극적으로 수용하였다는 것은 현실적으로 그 가능성이 충분하지 않다. 더욱이, 당나라와의 영향관계를 고려하여 5京制의 수용 시기를 762년 또는 이보다 약간 늦은 760년대 중기로 인식하는 관점도,[42] 발해와 당의 영향관계를 설명하는 데 무리가 따른다. 결론부터 말한다면, 발해의 5京制는 발해의 행정구역편제와 동시에 설치되었는데, 이것은 武王을 계승하여 즉위한 文王이 새로 복속된 지역과 백성들을 가장 효과적으로 통치하기 위한 고민에서 출현한 것일 가능성이 높기 때문이다.

발해의 5京 가운데 가장 빨리 등장하는 것은 역시 上京이다. 이곳은 발해 文王이 즉위한 이후 '安史의 亂'을 전후하여 천도하는 과정에서 처음으로 등장한다. 그러나 그 명칭에서 볼 수 있듯이 上京은

---

42) 宋基豪, 2002, 「발해 5京制의 연원과 역할」 『강좌 한국고대사 7』, 駕洛國史蹟開發研究院, 232쪽.

'北京'의 또 다른 이름으로, 上京의 존재는 발해 전역에 있어서 上京 이외의 또 다른 京의 존재를 엿볼 수 있게 한다.

> Ⅳ-⑧ 다시 육로로 400리를 가면 顯州에 이른다. 天寶 연간에 왕이 도읍한 곳이다.

> Ⅳ-⑨ 顯州 발해국 皇華四達記에 의하면 당나라 天寶 이전에 발해 국의 도읍이었다.

> Ⅳ-⑩ 天寶 말에 欽茂가 상경으로 옮겼다. 舊國에서 똑바로 300리 떨어진 忽汗河의 동쪽에 있다.

Ⅳ-⑧은 발해가 天寶 연간 즉 742~756년까지 발해의 文王이 도읍 하였다고 한 곳이 中京의 소재지였던 顯州임을 알려주고 있어, Ⅳ-⑨의 天寶이전과 차이를 보인다. 그러나 顯州에 도읍한 시기를 天寶 이전으로 한 『武經總要』의 기록에 대해서는 앞에서 논증하였으므로 재론하지 않는다.

여기서 주목해야 할 것은 바로 顯州라는 주명이다. 비록 Ⅳ-⑧과 ⑨에서 中京이라 명명하지 않고 顯州라고 명명하였기 때문에 직접 적으로 5京의 설치와 관련시킬 수 없다는 견해도 있지만,[43] 顯州라 는 중국식의 주명이 확인되는 점으로 보아 발해가 顯州에 정도할 시 기에는 행정구역의 개편이 이루어지고 있었음을 엿볼 수 있다.

---

43) 曉辰은 邊州入四夷道里記의 「古今郡國志」에서 발해 왕도 3곳을 顯州·王 城·柵城으로 이름하고 있는 것은 賈耽이 저술할 당시 발해는 아직 5京制가 성립되지 않은 것으로, 文王시기에 5京制가 없음을 보여준다고 하였다(曉辰, 2003, 「也談渤海五京制的起始年代」『北方文物』3, 北方文物雜誌社, 81쪽).

일본으로 사신을 갔던 史都蒙·楊承慶·高南申 등의 관직에 보이는 주명이 若忽州·玄菟州·木底州 등 고구려의 성을 단위로 재편된 주명을 사용하고 있던 점과 관련시켜 고찰하면, 고구려 시기의 주명에서 당나라식의 주명으로 변화하는 과도상황을 엿볼 수 있다. 그러므로 발해의 文王이 忽汗河의 동쪽으로 천도할 당시에 이미 上京이 존재하였였음도 살펴볼 수 있다.

Ⅳ-⑩은 天寶 말에 上京으로 도읍을 옮겼음을 보여준다. 위의 기록에서 언급한 天寶 말은 755년 또는 756년으로 비정되고 있는데, 이 시기에 上京으로의 천도는 '安史의 亂'에 의한 어쩔 수 없는 것이 아니라 발해 내재적인 발전과정에서 도출된 필연적인 결과이다. 따라서 위의 기록에 근거하면, 中京 소재지인 顯州를 떠날 시기에는 이미 上京의 존재가 확인된다고 하겠다. 그러함에도 발해 5京의 성립시기를 고찰함에 있어 756년에 上京으로 천도하였다는 기록을 신뢰하지 않고, 上京의 명칭은 上京으로 천도한 이후에 명명되어졌다고 판단한다.[44] 그러나 上京은 발해 5京이 단순히 제도적인 측면에서만이 아니라 통치 강화의 한 방편으로 마련된 제도임을 감안한다면, 上京도읍시기의 명칭으로 인정할 만하다.

上京으로 천도한 발해 文王의 가장 큰 고민 중의 하나는 전국을 효과적으로 통치하는 것이다. 적어도 上京천도가 이루어지는 시기에 발해에는 경·부·주·현 제도가 시행되고 있었음을 엿볼 수 있다. 자료가 충분하지 않아서 그 구체적인 실례들을 충분하게 들 수는 없지만, 上京이라는 명칭의 출현은 바로 이에 대응되는 관념의 출현

---

44) 宋基豪, 2002, 「발해 5京制의 연원과 역할」『강좌 한국고대사』7, 駕洛國事蹟開發硏究院, 233쪽.

을 포함하고 있기 때문이다.[45] 상·하·좌·우·중 또는 북·남·
동·서·내부 또는 상·전·중·하·후부라는 대칭적 관념이 전제
되지 않고서는 上京이라는 명칭에 대한 이해는 불가능하다. 발해가
지역명을 배제한 채 위라는 의미의 '上'이라는 용어를 사용하고 있는
점은 적어도 이 시기에 발해에서 방위 관념이 자리를 잡았거나 진행
되고 있었음을 의미한다고 하겠다. 요컨대, 上京으로 천도할 당시에
는 적어도 경·부·주·현 제도가 시행되었거나 시행 중이었음을 엿
볼 수 있다. 이 시기에 上京지역의 정치적·군사적 상황은 상당한
정도로 안정되었음을 보여준다. 따라서 발해가 上京으로 도읍을 옮
긴 것은 전국토를 다스리는 유일한 수도로서의 의미라고 할 수 있다.
이러한 논리가 가능하다면, 또한 그와 대응하는 방위로서의 東京과
西京의 존재도 상정할 수 있게 된다.

　Ⅳ-⑪ 貞元 연간에 동남쪽의 東京으로 옮겼다.

　Ⅳ-⑪은 貞元 연간에 東京에 도읍하였음을 보여준다. 東京은 현
재의 琿春지역으로 비정된다. 東京은 고구려시기에는 柵城이라 불
렀다. 賈耽의 「古今郡國志」에 따르면, 이곳은 高句麗故地로서 신라
의 泉井郡과의 사이에 39개의 역이 존재하였다고 한다. 東京과 신라

---

45) 송기호는 5京制의 시기를 고찰하는 과정에서, 발해가 상경으로 천도하기 이전
　에 '上京'이라 명명하였을 리가 없기 때문에 영안 지역으로 도읍을 옮긴 이후
　에야 '上京'이라고 하였을 것으로 인식한다(宋基豪, 2002, 「발해 5京制의 연
　원과 역할」『강좌 한국고대사』7, 駕洛國事蹟開發硏究院, 233쪽). 그러나 발
　해의 上京 조영은 이미 무왕이 黑水部를 토벌한 시점에서 그리 멀지 않은
　시기에 이루어졌을 것임을 감안하면, 그 이전에 上京이라는 명칭의 존재가
　인정될 수 있다.

의 泉井郡과의 사이에 역참이 존재하였다는 것은 이곳이 중요한 교
통로였음을 보여주는 것이며, 인적·물적 왕래가 왕성하였음을 의미
하는 것이다. 東京이 설치된 琿春의 八連城은 琿春河·豆滿江·密
江河를 따라 中京지역으로도, 동북의 연해주 크라스키노 지역으로
도, 그리고 39개의 역참지를 따라 南京을 거쳐 신라의 泉井郡으로도
왕래하기가 쉽다. 일본과의 왕래에도 편리하다.

발해의 文王이 東京으로 천도한 것은 바로 이와 같이 교통의 요충
지이면서, 많은 사람들이 왕래하는 곳이었기 때문이다. 東京의 확보
는 단순히 대외교류의 중심지일 뿐만 아니라 동북과 동남쪽의 지배
와 영향력의 확장에 없어서는 안 될 중요한 곳이다. 이곳에 貞元 연
간 도읍을 했다면, 적어도 이에 앞서는 770년대 후반에는 조영이 이
루어졌을 것이고, 東京의 조영계획은 上京 조영과 동시에 이루어졌
을 것이다.

> Ⅳ-⑫ 寶龜 8년 춘정월 … 癸酉에 사신을 보내어 渤海使 史都蒙 등
> 에 물어 말하니 … 대답하여 말하길 烏須弗이 돌아가는 날에
> 진실로 이 뜻을 받들었다. 이로부터 史都蒙 등이 本邑의 南海
> 府 吐號浦를 출발하여 서쪽으로 對馬島 竹室之津을 향하였으
> 나 바다에서 풍랑을 만나 상륙을 금지한 곳에 이르렀으니 약속
> 을 어긴 죄 피할 수가 없다.[46]

> Ⅳ-⑬ 賈耽의 『古今郡國志』에는 '발해국의 南海, 鴨淥, 扶餘, 柵城

---

46) 『續日本紀』 卷34, 寶龜 8年 正月 癸酉 : 癸酉 遣使問渤海使史都蒙等曰 …
對曰 烏須弗來歸之日 實承此旨 由是 都蒙等發自弊邑南海府吐號浦 西指
對馬島竹室之津 而海中遭風 著此禁境 失約之罪 更無所避.

등 4개부는 모두 고구려의 고지였으며, 신라의 泉井郡으로부
터 柵城府에 이르기까지 모두 39개의 역이 있었다라고 기록되
어 있다.[47]

　Ⅳ-⑫는 史都蒙이 寶龜 8년인 777년에 발해의 南海府 吐號浦에
서 출발하여 일본으로 왔음을 설명하는 기사로서, 776년에는 이미
南海府라는 명칭이 존재하고 있었음을 보여주는 것이다. 또한 앞에
서 기술한 Ⅳ-⑬에서도 南海府의 존재를 확인할 수 있다. 위의 기록
에서는 南海府의 존재는 확인할 수 있지만, 그러나 南京이라는 구체
적인 명칭은 보이지 않는다. 하지만, 上京의 명칭이 존재하는 시기에
이에 대응하는 南京의 존재를 상정할 수 있고, 또한 顯州나 神州
등과 같은 주명에서 발해 文王 즉위 이후 취해진 행정구역정비의 상
황을 엿볼 수 있다. 그러므로 南京의 설치시기를 늦어도 776으로 보
는 데 무리가 없을 것이다.

　南京은 현재 함경남도 德源으로 비정되고 있다. 이곳은 신라의 北
原京과 이웃하고 있는 발해의 최전방이기도 하다. 이곳에 南京이 설
치된 것은 아마도 신라와의 관계성이 컸다고 판단된다. 다만 南京은
위에서 언급하였듯이 上京에 대응되는 지역임을 감안한다면, 上京
이 설치되고 얼마 지나지 않아서 설치되었을 것이다.

　Ⅳ-⑭ 鴨淥江 입구에서 100여리를 가서, 다시 작은 배를 타고 동북으
　　로 30리를 거슬러 올라가면 발해의 국경인 泊汋口에 이른다.

---

47)『三國史記』卷37,「地理志」: 賈耽古今郡國志云 渤海國南海·鴨淥·扶
　餘·柵城四府 並是高句麗舊地也 自新羅泉井郡至柵城府 凡三十九驛.

다시 500리를 거슬러 올라가며, 옛 고구려의 왕성인 丸都縣城
에 이른다. 거기서 다시 동북으로 200리를 거슬러 올라가면 神
州에 이른다. 다시 육로로 400리를 가면 顯州에 이른다. 天寶
연간에 왕이 도읍한 곳이다.[48)

IV-⑭는 西京의 首州인 神州에 대한 기록이다. 賈耽의 「邊州入四
夷道里記」는 801년에 쓰인 기록이다. 그런데, 西京의 首州인 神州
를 언급하고 있으면서, 또한 中京의 소재지인 顯州도 언급하고 있다.
이것은 발해의 西京의 설치시기를 가늠하는데 중요한 의미가 있다.
즉, 賈耽이 이 기록을 작성할 당시는 801년이다. 그러함에도 발해의
5京의 명칭에 대해서 언급하지 않았다. 이점에서 營州道의 기술이
참고가 된다.

營州道의 기록에서 주목할 것은 바로 서술의 기준이 '安東都護府'
라는 점이다. 安東都護府가 遼陽에 위치하고 있었던 시기는 676년
이고, 이후로는 다시는 遼陽을 치소로 삼은 적이 없다. 게다가 鴨淥
道의 경우에 발해의 강역 범위를 泊汋口에서 農安계선으로 인식하
고 있는 강역인식으로 보면, 곧 발해가 건국한지 얼마 지나지 않았음
을 알 수 있는데, 그것은 高王이 건국 이후 확장한 지역에 현재의
遼陽지역으로 비정되는 朝鮮지역이 포함되어 있기 때문이다. 발해
가 요동지역을 확보한 시기를 아무리 늦추어도 발해가 登州를 공격
한 732년을 넘지 않는다.

---

48) 『新唐書』卷43下,「地理」賈耽 邊州入四夷道里記 : 自鴨淥江口舟行百餘里
又泝舫流東北三十里 至泊汋口 得渤海之境 又泝流五百里 至丸都縣城 故
高麗王城 又東北泝流二百里 至神州 又陸行四百里 至顯州 天寶中王所
都….

Ⅳ-⑬에서 西京이 설치되었을 鴨淥府에 대해 언급하고 있는 점도 참고가 된다. 즉 앞에서 살펴본 南京南海府가 늦어도 776년에 설치되었던 점을 감안하면, 역시 西京의 경우도 동일시기에 설치되었을 것으로 판단된다. 西京의 首州인 神州의 존재는 顯州의 존재와 아울러서 740년대에 확인된다. 즉 文王이 말갈제부에 대한 통제력을 강화하여 발해의 지배권으로 확장한 이후 전국에 걸쳐 행정구역을 편제한 것과 밀접하게 관련된다. 이상과 같은 상황을 종합하면, 발해의 西京은 740년대에서 776년까지의 범위 내에 설치된 것으로 인식할 수 있는데, 그 주된 시기는 文王이 上京으로 천도하는 시기와 그다지 멀지 않을 것으로 판단된다.

3) 五京의 機能

이러한 점에서 발해의 5京制의 설치목적이 주목된다. 발해는 영역에서 알 수 있듯이 다양한 종족이 거주하는 광활한 지역을 강역 범위로 하였다. 전후 3대에 걸친 영토확장은 文王 초기인 742년을 기점으로 완결되었다. 이에 文王은 전국에 행정구획과 체제정비를 통하여 '海東盛國'의 기틀을 마련하였다. 이 과정에서 文王은 '舊國'에서 中京으로 다시 上京으로, 그리고 東京으로 천도하였고, 文王이 사망한 1년 후인 成王 재위시기에 上京으로 환도하였다. 이와 같이 발해 전 시기에 걸쳐 이루어진 천도가 文王시기에 집중되어 있는 것은 文王의 통치력확장과 밀접한 관련이 있다.

Ⅳ-⑮ 영토에 5경 15부 62주가 있는데, 肅愼故地를 上京으로 삼고, 龍泉府라 불렀다. … 그 남쪽을 中京으로 삼고 顯德府라 불

렀다. … 濊貊故地를 東京으로 삼고 龍原府 또는 柵城府라
불렀다. … 沃沮故地를 南京으로 삼고 南海府라 불렀다. …
高麗故地를 西京으로 삼고 鴨淥府라 불렀다.[49]

발해의 5京制는 지배력 확장과정의 산물이다. 발해의 5京과 15府
는 'ㅇㅇ고지'를 바탕으로 하여 설치되었다. 이와 같은 '고지'를 바탕
으로 행정구역을 편제하는 데는 바로 발해의 인적구성이 생각보다
복잡함을 전제한다. 그러므로 文王은 이들을 효과적으로 통치하기
위해 행정구역을 설치하였지만, 그 지역적인 기반을 해체하지 못하
였다. Ⅳ-⑮ 기사는 바로 이러한 모습의 단면을 보여준다. 따라서
발해는 지방 지배의 거점으로서 府의 상급단위인 京을 설치하기에
이른 것이다.

발해가 지방 거점으로서 京을 설치한 것은 발해의 특수성에 기인
한다. 현재의 敦化로 비정된 '舊國'에서 건국하여 고구려 강역 전체
를 지배권으로 포함시키고, 이에 더 나아가 북쪽과 동북으로 말갈지
역까지 세력권을 확대하면서, 발해의 중심지는 북쪽으로 편재되었
다. 도읍지의 편재로 인해서 이와 같은 지방지배의 거점을 마련한
예는 신라의 5小京에서도 엿볼 수 있다. 발해는 영역 안을 효과적으
로 통치하기 위하여 부·주·현제를 실시하였다. 그런데, 5京制가
지방을 효과적으로 지배하기 위한 거점의 마련에서 기인된 것이라
면, 더욱 당나라의 그것에서 연원을 찾는 것은 어려움이 있다.

---

49) 『新唐書』 卷219, 列傳 第 144 北狄 「渤海傳」 : 地有五京十五府六十二州
以肅愼故地爲上京 曰龍泉府 … 其南爲中京 曰顯德府 … 濊貊故地爲東京
曰龍原府 亦曰柵城府 … 沃沮故地爲南京 曰南海府 … 高麗故地爲西京 曰
鴨淥府.

Ⅳ-⑯ 고종이 고려·백제를 멸망시키고 바다 동쪽의 수 천리를 얻었으나 얼마 지나지 않아서 신라와 말갈의 침략을 받아 잃어버렸다.[50]

Ⅳ-⑰ 현경 5년 소정방을 보내어 그들을 토벌하여 멸망시켰다. … 성 주변의 남은 무리들이 후에 점차 드물어지고 약해져 돌궐과 말갈로 흩어져 투항하였다. … 땅은 모두 신라와 말갈로 들어갔다.[51]

Ⅳ-⑱ 함형 원년 4월 … 그 후 남은 무리들이 스스로를 지킬 수 없어 신라와 말갈로 흩어져 들어갔고, 옛 국토는 모두 말갈로 편입되었으며, 고씨 군장이 드디어 끊어졌다.[52]

Ⅳ-⑲ 무후가 다시 그의 손자 경으로 왕을 세습하게 하였다. 그러나 그 땅은 이미 신라와 발해말갈에 의해 나뉘니 백제가 드디어 끊어졌다.[53]

Ⅳ-⑳ 성력 중에 스스로 진국왕이 되어 사신을 돌궐에 보내었다. 그 나라의 땅은 영주에서 동쪽으로 2천리에 있는데 남쪽은 신라와 서로 이어져 있다.[54]

---

50) 『通典』卷172, 州郡2, 書目 下 : 高宗平高麗百濟 得海東數千餘里 旋爲新羅靺鞨所侵 失之.

51) 『通典』卷185, 邊防1, 東夷上「百濟」: 顯慶 五年 遣蘇定方討平之 … 城傍餘衆後漸寡弱 散投突厥及靺鞨 … 土地盡沒於新羅靺鞨.

52) 『通典』卷186, 邊防2, 東夷下「高句麗」: 咸亨 元年 四月 … 其後 餘衆不能自保 散投新羅靺鞨 舊國土盡入於靺鞨 高氏君長遂絶.

53) 『新唐書』卷220, 列傳 第145 東夷「百濟傳」: 武后又以其孫敬襲王 而其地已爲新羅渤海靺鞨所分 百濟遂絶.

54) 『舊唐書』卷199下, 列傳 第149下 北狄「渤海靺鞨傳」: 聖曆中 自立爲振國王 遣使通于突厥 其地在營州之東二千里 南與新羅相接 ….

Ⅳ-㉑ 조영이 걸사비우의 무리를 아울렀다. … 부여 옥저 변한 조선
　　　해북제국을 모두 얻었다.[55]

　위의 기록 가운데 Ⅳ-⑯~⑰은 고구려가 멸망된 이후 고구려의 강
역을 얻었으나 얼마 지나지 않아서 백성들이 점차 돌궐과 신라로 투
항해 가서, 그 땅이 말갈제부와 신라로 편입되었음을 알려준다. Ⅳ-
⑱~⑲는 고구려의 부흥을 도모하였던 漢城 고구려와 백제의 옛 땅
이 말갈제부와 신라로 편입되어 들어갔음을 보여준다. Ⅳ-⑳~㉑은
高王시기에 그 영향력이 확장되어 남쪽으로 신라와 국경을 마주하였
음을 알려줄 뿐만 아니라 구체적으로 옥저지역이 발해의 영향권 안으
로 포함되어 있음을 보여준다. 앞에서 언급했던 776년 일본으로 향한
사신단이 南海府의 吐號浦에서 출발하고 있는 점으로 보아 이곳 역
시 포시예트만과 함께 일본항로의 중요한 기착지였음도 알 수 있다.
　東京 · 西京 · 南京 등의 지리적 특징에서 드러나듯 신라와 마찬가
지로 발해에서도 지방의 小京은 변경을 방어하고 교통로를 확보하
며 정치 · 경제적 기반을 마련하는 거점이었을 것이다. 다만, 신라에
비해 발해는 중앙의 행정체계가 아직 지방을 통제하기에는 미약하였
다. 또한 영토가 넓고 인구밀도가 크게 낮았으므로 거점을 확보하고
지방세력을 통제하기 위해서는 중앙세력이 더욱 직접적이고 적극적
일 필요가 있었다. 이에 文王이 직접 지방의 거점도시에 거주하며
통치기반을 마련하고 지역경제를 활성화시킴으로써 중앙의 통솔력
을 강화해 나갔던 것이다.

---

55) 『新唐書』 卷219, 列傳 第144 「渤海傳」 : 祚榮卽幷比羽之衆 … 盡得扶餘沃
　　沮弁韓朝鮮海北諸國.

'舊國'과 上京은 牧丹江을 통해 직접 연결되므로 서로 왕래하는데 큰 문제가 없었지만, 上京이 북쪽에 위치한 도시라는 점에서 남방영토를 통제하기에는 더욱 불편해지고 말았다. 고구려의 주요지대는 평양성을 중심으로 한 남부, 요동지역, 부여성을 중심으로 한 중부만주, 국내성과 압록강 중류, 그리고 책성지방으로 나눌 수 있다. 그러나 고구려의 요동과 부여를 비롯한 서부지역과 국내성, 평양성을 중심으로 한 남부지역은 오랜 동안 지속된 전란으로 인해서 피폐해졌다. 게다가 그 주민들은 대규모로 당나라로 끌려갔고, 종종 신라나 돌궐과 말갈로 흩어졌다. 따라서 발해가 건국된 이후에도 발해의 중심지역은 만주 동부로 제한되었다.56) 이와 같이 통치중심이 북쪽으로 치우친 상황에서 지방 세력을 통제하기 위해서는 남방의 거점 확보가 무엇보다 중요한 일이었다. 지리적 측면에서 보면 中京은 上京의 한계를 보완하는 최적지였다. 따라서 文王은 새로운 도읍 上京의 기반시설을 건설하는 동안 직접 中京에 거주하며 남방지역 통치기반을 정비하였던 것이다. 그런 점에서 文王의 中京천도는 발해 5京制의 출발을 의미한다는 데에 더 큰 의미가 있다.

발해의 5京은 주변국들에서는 5小京 또는 5部로 불리어졌는데, 부여나 고구려의 5部와 신라의 5小京은 그 역할에서 다소 차이가 있지만, 기본적으로는 그 성격에서 크게 다르지 않다고 판단된다. 다만 중원에서의 5京의 설치는 '安史의 亂'과 밀접하게 관련이 되어 있지만, 여타의 국가에서는 능동적이고 주체적인 상황에서 설치되었다는 점만이 차이가 있을 뿐이다. 그러므로 발해 5京의 설치는 발해 주변

---

56) 盧泰敦, 1981,「渤海 建國의 背景」『大丘史學』19, 대구사학회, 8~9쪽.

에서 명멸해갔던 국가들의 제도와 일정한 관련성이 있을 것으로 판단된다.

발해의 5京과 유사한 형태로서 신라의 5小京이 있다. 신라의 5小京은 왕경과 대비되는 작은 서울을 의미하는 것으로 중고기에 阿尸村小京·國原小京·北小京을 설치하였고, 神文王 5年에는 中原小京·北原小京·西原小京·金官小京·南原小京을 완비하여 5小京의 체제를 갖추었다. 종래에 小京의 성격과 관련해서 첫째 그것들은 모두 교통의 요지에 설치되었다는 점, 둘째 가야 및 6민을 이주시켜서 거주케 하였다는 점, 셋째 신라의 왕경이 동남쪽으로 편재하여 위치하였다는 점 등을 주목하여 해명하고자 하였다.57)

발해의 5京은 지방의 주요 거점도시라는 점에서 신라의 5小京과 닮은꼴이다. 그런데 신라의 5小京은 한꺼번에 설치되지 않았다. 시초는 智證王 15년인 514년에 의성에 설치한 阿尸村小京이다.58) 그러나 얼마 지나지 않아 阿尸村小京은 그 기능을 잃고 대신 眞興王 18년인 557에 충주에 國原京이 설치되었다. 善德王 8년인 639년에는 北小京이 만들어졌다가59) 太宗武烈王 5년인 658년에 폐지되었다.60) 그리고 통일 전쟁을 완료한 뒤인 文武王 18년인 678년에 원주에 北原京, 文武王 20년에 김해에 金官京을 설치했으며, 神文王 5년

---

57) 전덕재, 2004, 「新羅 소경의 설치와 그 기능」 『한국고대중세 지방제도의 제문제』, 집문당, 33~34쪽.
58) 『三國史記』 「新羅本紀」 智證王 15年 : 春正月 置小京於阿尸村 秋七月 徙六部及南地人戶充實之.
59) 『三國史記』 卷5, 「新羅本紀」 善德王 8年 : 春二月 以何瑟羅州爲北小京 命沙湌眞珠鎭之.
60) 『三國史記』 卷5, 「新羅本紀」 太宗武烈王 5年 : 三月 王以何瑟羅地連靺鞨 人不能安 罷京爲州 置都督以鎭之 又以悉直爲北鎭.

인 685년에 청주에 西原京과 南原에 南原京을 설치하였다. 阿尸村
小京 설치로부터 5小京制가 정착하기까지 무려 170여년이 걸린 것
이다.[61]

신라의 小京 설치는 고구려의 3京制를 본 딴 측면이 있으며, 5세
기 후반부터 6세기 초에 걸쳐 진행된 일련의 체제정비 및 도읍의 도
시계획과 밀접히 연관된다.[62] 炤知王 9년(487)에 이루어진 郵驛과
官道 정비[63]를 기반으로 도읍과 변경지역을 연결하는 중간 거점도
시로 개발된 곳이 바로 小京이기 때문이다. 그러므로 신라의 小京
설치는 도읍의 기능을 지방 거점도시에 분담시키고 중앙정권에 의한
지방지배의 효율성을 제고하기 위한 조치였다고 말할 수 있다.[64]

이와 같은 성격을 고찰해 보면, 우선 小京은 지방지배에 있어서
수도의 편재성을 보완하기 위하여 설치한 것으로 이해할 수 있을 뿐
만 아니라,[65] 小京의 설치를 복속민 시책이나 피정복민에 대한 사민
책의 일환으로 설치하였다고 인식[66]하기도 하였다. 또한 일부의 연
구자들 중에는 중앙 권력이 지방에 대한 통제력을 강화해 나간 집권
화 시책과 연결시켜 이해하기도 하였다.[67]

---

61) 김기섭 · 김진광, 2007, 「발해의 상경 건설과 천도」『韓國古代史硏究』45, 한
   국고대사학회, 210쪽.
62) 梁起錫, 2001, 「신라 5소경의 설치와 서원소경」『新羅 西原小京 硏究』,
   81~82쪽.
63) 『三國史記』卷3,「新羅本紀」炤知麻立干 9年 : 三月 始置四方郵驛 命所司
   修理官道.
64) 梁起錫, 2001, 「신라 5소경의 설치와 서원소경」『新羅 西原小京 硏究』, 84쪽.
65) 宋基豪, 2002, 「발해 5京制의 연원과 역할」『강좌 한국고대사』7, 駕洛國事蹟
   開發硏究院, 238쪽.
66) 한우근, 1960, 「고대국가 성장과정에 있어서의 대복속민시책-기인제 기원설
   에 대한 검토에 붙여서-」(상 · 하)『歷史學報』12 · 13합집, 歷史學會 ; 이인철,
   1990, 「신라중고기의 지방통치체제」『歷史學報』35 · 36합집, 歷史學會.

다음으로 5京이 설치된 곳은 지리적으로 교통의 중심지였다. 上京은 黑水部로 통하는 교통로상에 위치한다. 발해의 최북단 강역은 현재의 黑龍江省 依蘭鎭으로 비정되는 勃州이다. 그러므로 上京城을 감싸고 있는 牧丹江에는 평지성과 산성들이 즐비하게 늘어서서 강안을 방어하고 있는데, 牧丹江에 이와 같이 즐비한 방어시설의 존재는 牧丹江이 중요한 교통로의 하나였음을 의미하는 것이다. 이에 東京은 上京을 기준으로 동남쪽으로 편재되어 있지만, 이곳은 琿春河를 따라 말갈지역으로 왕래할 수 있고, 북쪽의 포시예트만을 통하여 일본으로 왕래할 수 있으며, 남쪽의 南京을 거쳐서 신라의 北海通과 통하는 길목이다. 이와 같이 교통이 편리할 뿐만 아니라 또한 다양한 종족들이 왕래하는 곳이기도 하다. 따라서 발해의 입장에서 東京은 비록 동쪽으로 편재되어 있는 한계성을 보이고 있으나 대외교류의 중심지였다고 할 수 있다.

南京 역시 이와 동일하다. 그러므로 賈耽의 「古今郡國志」에서는 신라의 泉井郡에서 柵城府까지 39개의 역이 존재하였다고 기록하였다. 역참의 존재는 신라에서 南京 소재지인 北靑 德源을 거쳐 東京에 이른 후, 다시 琿春河를 따라서 말갈지역 및 서쪽으로 密江河를 따라서 中京으로 갈 수 있다는 것을 의미한다. 西京 또한 그 위치는 압록강의 우안에 위치하고 있는데 현재의 吉林省 臨江市이다. 이곳은 鴨淥道가 지나는 길로서, 上京에서 中京을 거쳐 육로로 臨江에 이르고, 다시 압록강을 따라 바다로 나아가 당의 登州로 향할 수 있다. 게다가 東京을 거친다면, 두만강과 압록강을 따라 臨江市를 거

---

67) 梁起錫, 1993, 「新羅 五小京의 設置와 西原京」『湖西文化硏究』11, 충북대학교 호서문화연구소 .

쳐서 바다로 나아간다. 이 노선은 발해의 전시기를 거쳐서 매우 빈번하게 활용되었을 것으로 판단된다. 따라서 5京의 소재는 지방지배의 거점의 확보와 수도의 편재성을 보완해줄 뿐만 아니라 교통의 중심지였음도 아울러서 엿볼 수 있다.

그러므로 5京의 연원과 설치시기, 그리고 그 기능을 고찰해 보면 발해의 5京制는 통치를 위한 필요성에서 마련된 것임을 알 수 있다. 이러한 5京의 출현은 당나라의 5京의 완비가 '安史의 亂'과 밀접한 관련을 맺고 있는 점과 비교해 본다면, 그 연원이나 기능에서 차이가 있다. 또한 발해가 上京으로 천도한 이후 점차 皇上·聖人 등의 칭호를 사용함으로써 발해의 천하관을 형성하기 시작하였다. 이와 같이 文王이 군왕에서 국왕으로 승격되고, 皇上이나 聖人 등의 호칭을 사용하기 시작한 것은 발해의 국력이 급속하게 팽창과 밀접한 관련이 있으며, 중앙통치기구의 마련, 5京의 설치, 행정구역의 설치를 표지로 하는 文王의 통치시스템의 구축이 일단락되었음을 의미하는 것이다. 따라서 발해의 5京制의 설치시기는 늦어도 774년 보력으로 개원하기 이전이었다고 판단된다.

2. 天下觀의 形成과 支配體制의 限界

1) 天下觀의 形成

文王은 건국 이후 대내적으로 行政區域 및 統治體制를 정비하였으며, 당의 『大唐開元禮』로 대표되는 율령을 반포하는 등 일련의 체제정비를 단행하였다. 그리고 통치이념인 유학을 수용하고, 온 세상을 다스리는 '轉輪聖王' 개념의 도입을 통해 통치의식을 고양시켰으며 天孫意識으로 대표되는 천하관을 형성하였다. 대외적으로는 당나라와의 교섭과정에서 조공 책봉관계를 외교적인 억지력으로 이용하면서 국제적인 지위를 강화하였다.

敦化 東牟山에서 건국하여 세력을 확장하며 성장한 발해는 高王 大祚榮이 713년 책봉을 받음으로서 국가의 체제를 갖추기 시작하였다. 高王은 숙위를 파견하고, 시장에 나아가 교역하고 절에 들어가 예배할 수 있도록 요청하였다. 714년에는 학생을 장안으로 들여보내 당나라의 문물제도를 배우게 하였다. 이어 武王~文王代에 이르러 지속적으로 사방으로 강역을 확장하고, 738년에는 사신을 파견하여 『唐禮』와 『三國志』, 『晋書』, 『三十六國春秋』 등 중원의 문물제도를 기록한 율령서와 역사책의 필사하여 왔다. 文王시기에 들어서는 더욱 빈번하게 사신을 파견하여 입조하고, 유학생을 파견하여 중원의 문물제도을 익히게 하였다. 이와 동시에 당나라 조정에서 숙위하고 돌아온 많은 선진문명을 체득한 자들[68]과 함께 행정구역을 편제하고, 대외적인 군사권·외교권·무역권과 같은 자치권에 대한 통제력을 강화하기 위해 노력하여 국가체제를 개편하는 작업을 단행하였다.

문왕은 더 나아가 전국에 걸쳐 행정구역을 구획하는 동시에 중앙

[68) 이 시기 당나라에서 숙위하고 돌아와 국정에 참여한 자들에 대한 구체적인 기록은 사료에 보이지 않는다. 그러나 武王 大武藝가 黑水部를 토벌할 당시, 당나라에서 숙위했던 大門藝와 마찰을 일으킨 점을 상기한다면, 당시 장안에서 숙위하였던 大門藝를 비롯하여 그를 수행했던 많은 이들이 귀국하여 국정에 참여하고 있었다고 판단된다. 『冊府元龜』卷170, 帝王部「來遠」에 "지금 外蕃의 侍子들이 오랫동안 京師에 있어, 비록 위엄과 은혜의 미침이 멀리로부터 모두 돌아왔으나, 羈縻의 뜻은 거듭 이곳에 있으므로, 마땅히 有司에게 명하여 蕃國에서 숙위를 하고 있는 자제 등을 헤아려서 본국으로 보내라"고 기록되어 있다. 따라서 적어도 開元 10년인 723년부터는 당나라에서 숙위했던 많은 인물들이 본국으로 돌아와 국정에 참여하였음을 짐작할 수 있다.

에는 3성6부로 대표되는 통치기구를 설치하였다. 행정구역 설치에
대한 구체적인 시기를 알려주는 기록은 거의 없다. 그러나 文王이
上京으로 천도한 이후, 774년에는 '大興'에서 '寶曆'으로 연호를 개원
하고 있는 점으로 미루어 보면, 늦어도 이 시기에는 기본적으로 부ㆍ
주ㆍ현제의 시행이 일단락되었을 것으로 생각된다.[69]

또 하나 주목해야 할 것은 바로 발해의 복식제도를 엿볼 수 있는
銙帶의 존재이다. 중국의 영향으로 도입되고 관료복식제도와 관련
된 이 유물은 고분을 비롯하여 궁성지ㆍ건축지ㆍ관방유적 등에서 출
토되며, 패용했던 인물의 정치적인 위상이나 당시의 사회상황을 짐
작하게 하는 자료로 주목된다.

허리띠를 금속으로 장식하는 풍속은 중국에서 胡服의 유입으로
시작되었으며, 魏晋南北朝時代에는 정착된 것으로 지적된 바가 있
다.[70] 銙帶는 중국식 통치방식의 확산ㆍ유행에 따라 주변지역에 유
입되었고, 당나라는 물론 발해를 포함한 각지에서 다양하게 발견된
다. 발해의 경우는 고분 및 도성유적에서 비교적 많은 자료가 출토되
었다.[71] 한반도에서도 백제나 신라의 귀족무덤에서 화려한 과판이
나 수식이 달린 금ㆍ은ㆍ금동 등 각종 금속제 허리띠가 출토되었다.

---

69) 丹化沙, 1982, 「渤海歷史地理研究情況述略」『黑龍江文物叢刊』1, 黑龍江文
物出版社, 16쪽 ; 王承禮, 1983, 「渤海的疆域和地理」『黑龍江文物叢刊』4,
黑龍江文物出版社, 14쪽 ; 盧泰敦, 1996, 「발해의 성립과 발전」『한국사 10-
발해』, 국사편찬위원회, 36쪽 ; 韓圭哲, 1998, 「渤海의 西京 鴨淥府 研究」
『韓國古代史研究』14, 한국고대사학회, 366~368쪽.

70) 尹善姬, 1987, 「三國時代銙帶의 起源과 變遷에 관한 研究」, 서울대학교대학
원 석사학위논문 ; 山本孝文, 2006, 『三國時代 律令의 考古學的 研究』, 서경,
365쪽.

71) 정영진, 1991, 「화룡북대 발해무덤에서 출토된 삼채」, 『한국상고사학보』7, 한
국상고사학회 ; 鄭永振, 2003, 『高句麗渤海鞁鞴墓葬比較研究』, 延邊大學出
版社.

[표 7] 銙帶出土現況

위치	형태	규모	편년	유물	공반유물	출전
해림시 삼도하향	주거지	주거지 16, 아궁이 100, 구덩이 2	발해초기/후기	陶模具(후)	치구강, 직복관, 창구속경관, 곡복관, 원대형방륜, 어망추, 안교형기	흑룡강해림시하구유지발굴간보, 고고, 1996-2
동녕현 소지영촌	주거지	방형, 반지혈식, 아궁이, 직선형 온돌	발해초기 평민 주거지	대과, 동패식	철촉, 렴도, 개갑	흑룡강동녕현소지영유지발해유지, 고고2003-3
수빈현 동인촌	주거지	반지혈 목축구조, 아궁이와 고래, 기둥구멍	흑수부	동구, 철대구	철촉, 철정, 철차, 철환	흑룡강수빈현동인유지발굴보고, 고고학보 2006-1
백산시 송수진 영안촌	주거지	장방형, 반지혈식, 아궁이 유지	발해전기/후기	철촉, 철대구, 동대구, 동대과, 동패식	철촉, 마노주, 동령, 동이환, 동잠, 동훈, 개원통보, 경우원보	길림혼강영안유지발굴보고, 고고학보, 1997-2, 혼강시문물지
흥준어장 북쪽	고분	고분 323기 제단7기	발해	동대과, 동사미, 동패식, 철대구, 은대과	도금한 동비녀, 동경, 은제 섭이작, 철대구 동이환, 동기, 철기, 장식품	흑룡강영안시흥준어장묘지발굴, 고고 1997-2
흥준어장 북쪽 15KM	고분	중등가족묘	발해중기	동대과	은이환, 옥벽	영안현발해진서석강고묘군출토문물간개, 북방문물, 1990-4
영안시 발해진 동연화촌	고분	귀족신분묘	발해 삼령분과 일치	도금한 동식잔편		흑룡강성영안시동연화촌발해묘장, 북방문물, 2003-2
해림시 두도하자촌 남쪽	고분	발해귀족묘	발해 중후기	동대과, 동대잡, 동구, 동패식	동환, 은환,	해림양초구정집적기건발해시기문물, 북방문물, 2003-2
목단강시 석장구촌 남산	고분	가족묘(씨족부락 공동묘지)	7말 8초	동대식	동령, 동촉, 동병수, 철촉, 철감	흑룡강성목단강화림석장구묘지, 북방문물, 1991-4
유수시			발해	대구	철도, 갑편, 철환, 철촉	유수현문물지
영길현	고분		발해	대구, 대과, 대구	철도, 갑편, 철촉, 비수, 철련	길림영길양둔대해맹유지, 고고학집간, 1987-5
돈화시	고분		발해초기	대구	관정, 철촉, 환비도	돈화시문물지
연길시				철대잡	마등, 철촉, 쌍련철환	연길시문물지
화룡시 팔가자진 하남둔	고분	왕실귀족묘	발해	금대과, 금대구, 금과, 사미, 금용수식		화룡발해고묘출토적기건금식, 문물, 1973-8
용정시	고성		발해	대구		용정현문물지
우의현 성부향 봉림촌	고성	불규칙한 凸형태, 둘레 613M, 주거지 100여곳	수당·말갈	철대구	동령, 동복	흑룡강성우의현봉림고성조사, 북방문물, 1999-3

유적에서 출토되는 銙帶는 일반적으로 鉸具, 銙板(銙), 帶端金具 (鉈尾), 腰佩(垂飾) 등으로 구성되며, 銙板은 다시 방형계의 과판과 반원형계 과판으로 나뉘어진다. 중국이나 발해, 일본 등지에서 확인 되는 완제품을 보면, 방형과 반원형을 합해서 허리띠 하나 당 대체로 11~17개 정도의 銙板을 장착하였으며, 특히 11~13개 달린 경우가 많 다.[72] 銙帶는 모든 요소가 한 유구에서 출토되는 경우가 있어서 관 료의 신분표상으로서 허리띠를 포함한 체계적인 복식제도가 도입되 었을 가능성이 있다.

> Ⅱ-㉒ 대저 중국의 제도를 본받음이 이와 같았다. 품으로서 질을 삼 았는데, 3질 이상은 자색옷을 입고, 아홀을 들고 금어를 띠었 다. 5질 이상은 비색옷을 입고, 아홀을 들고, 은어를 띠었다. 6질과 7질은 옅은 비색옷을 입고 8질은 녹색옷을 입었는데 모 두 목홀을 들었다.[73]

발해의 건국은 698년이지만, 당나라가 발해를 독립국으로 인정하 고 당나라의 의복제도가 본격적으로 도입되기 시작하는 시기는 高王 이 渤海郡王으로 책봉되는 시기 이후로 생각되며, 당나라 복식제도 이 무렵으로 추정된다.[74]

발해의 복식제도는 당나라의 제도를 본받았다고 한다. 발해에서 公服에 대한 시행은 곧 관제의 정비를 나타내는 것으로 볼 수 있는

---

72) 山本孝文, 2006,『三國時代 律令의 考古學的 硏究』, 서경, 366쪽, 370~371쪽.
73)『新唐書』卷219, 列傳 第144 北狄「渤海傳」: 大抵憲象中國制度如此 以品 爲秩 三秩以上服紫 牙笏金魚 五秩以上服緋 牙笏銀魚 六秩七秩淺緋衣 八 秩綠衣 皆木笏.
74) 山本孝文, 2006,『三國時代 律令의 考古學的 硏究』, 서경, 373~374쪽.

데, 이것은 율령의 도입에 있어서 중국의 제도의 영향이 있었음을
보여주는 것이다. 그렇다면 언제 발해는 복식제도를 도입하였는가.
중국의 복식제는 몇 번에 걸쳐서 부분적인 개정이 이루어졌는데, 태
종 貞觀 4년에 개정된 의복제도는 다음과 같다.

> II-㉓ 3품이상은 자, 4품 5품은 비, 6품과 7품은 록, 8품과 9품은 청으
> 로 규정하였다.[75)]

당나라의 복식제도는 발해의 그것과 공통된 요소가 존재한다. 우
선 기준이 3품, 4~5품, 6~7품, 8~9품의 4등급으로 나누고 있는데, 이
것은 발해의 그것과 동일하다. 특히 관복의 색깔도 자색·비색·녹
색의 동일색이 사용되고 있어서 발해가 관복규정을 마련하는데 당나
라의 제도를 원용하고 있음을 살필 수 있다. 발해가 당나라의 복식을
본격적으로 채택한 배경은 정확하게 알 수 없지만, 당나라로 잦은
사신의 파견, 숙위 및 책봉을 통하여 당나라의 관제가 자연스럽게
발해로 전해졌을 것으로 판단된다. 이 수용에 주된 대상은 왕과 왕
족, 고급관료에 한정되었을 것이나, 당나라로서는 상위계층에 자국
의 복식제를 반강제적으로 의탁하는 것만으로도 그 영향력을 행사할
수 있는 기회를 얻었을 것이고, 발해의 입장에서는 당나라에서 보내
온 복식을 착용하여 그 위상을 높임으로서 자국내의 신분질서를 유
지했을 것으로 상상해 볼 수 있다. 따라서 발해의 지배층으로서는
효율적인 국내 통치를 위해서 당나라식 복식을 적극적으로 이용한

---

75) 『唐會要』卷31,「輿冕」: 貞觀 四年 八月 十四日 詔曰 冠冕制度已備令文尋
常 服飾未爲差等宜令 三品已上服紫 四品五品已下服緋 六品七品以綠 八
品九品以靑.

측면이 있다고 판단된다.

발해의 중앙과 지방에 대한 통치체제가 완비되자, 점차 발해 자체만의 天下觀을 형성하였다. 天下라는 말은 하늘 아래의 또는 천자의 권위 아래에 있는 온 세상을 의미한다. 이 세상이 어떻게 구성되고, 그 가운데서 自國의 위치가 어떠하며, 나아가 인접 집단과 비교해 자기 족속의 특성이 어떠한가에 대한 인식을 담은 것이 천하관이다. 이 관념은 현세에 있어서 국내외의 현실적인 정치질서에 대한 인식을 담은 것이다.[76]

중국의 고전적인 세계질서의 개념인 天下觀念은 皇帝支配를 관념적으로 正當視하는 中華思想과 王道思想에서 창출된 개념으로 中國과 四夷를 구별하는 華夷觀念에서 형성되었다. 고대 중국인의 천하관념의 발생은 天命思想과 깊은 관련을 가지고 있다.[77] 殷周교체의 합리화를 위해 창출된 이 사상에서 춘추시대에는 '華夏' 혹은 '夏'에 대립하는 '四夷' '蠻夷'를 뜻하는 종족적·정치적·문화적·지리적 구별의식을 말하는 華夷槪念으로 바뀌었다.[78] 그러나 전국시대에 이르면 중앙의 晉·宋·鄭과 같은 諸夏國家와 주변의 秦·楚·吳와 같은 夷狄國家 사이에 문화적·지리적 구별의식을 인식하게 되었다. 그래서 '華의 中方'을 의미하는 中國槪念이 출현하게 되었고, 그 상대적인 개념으로서 四夷觀念이 생겨났다.[79]

---

76) 盧泰敦, 1988, 「5세기 金石文에 보이는 高句麗人의 天下觀」『韓國史論』19, 서울大學校 人文大學 國史學科, 31쪽.
77) 金翰奎, 1982, 『古代 中國的 世界秩序 硏究』, 一潮閣, 13쪽.
78) 梁起錫, 1983, 「4~5C 高句麗 王者의 天下觀에 對하여」『湖西史學』11, 湖西史學會, 27쪽.
79) 金翰奎, 1981, 「四夷槪念을 通해서 본 古代 中國人의 世界觀」『釜山女大論文集』10, 245~246쪽 ; 梁起錫, 1983, 「4~5C 高句麗 王者의 天下觀에 對하여」

발해는 왕자로서 신성함과 권의를 대내외적으로 과시하기 위하여 자존적인 天下觀을 내세우게 되었던 것이다. 그래서 대내적으로는 '轉輪聖王'의 개념을 도입하고, 대내외적으로 '天孫'·'皇上'이라는 호칭을 사용기에 이르렀다. '天孫'이라는 말은 일본 기록에 단 한번 나타난다. 그것은 바로 771년에 일본으로 사신을 간 壹萬福이 지닌 국서에 기록이다.

> Ⅱ-㉔ 발해왕에게 내리는 글에서 말하기를 천황이 공경이 고려국왕
> 에게 묻노니 … 지금 보내온 국서를 살펴보니, 갑자기 부왕의
> 도를 고쳐 날짜 아래에 관품과 성명을 기록하지 않고, 글 끝에
> 허황되게 천손이라고 참람되이 칭하니 … 바야흐로 지금 대씨
> 가 일찍이 일에 대한 변명도 없이 망령되이 구생을 칭하니 예
> 에 어긋난다.[80]

Ⅱ-㉔를 보면, 발해왕이 국서의 날짜 아래에 관품과 성명을 기록하지 않았고, 글의 끝부분에 허황되게 '天孫'이라는 칭호를 썼으며, 양국의 관계를 '舅甥'관계로 불렀다고 꾸짖고 있다.[81] 1988년 함경남도 신포시 오매리 절골유적에서 발견된 고구려 금동판에서도 '天孫'이라는 단어가 보이고 있어서[82], 고구려의 천손의식[83]을 계승하고

『湖西史學』11, 湖西史學會, 28쪽.

80) 『續日本紀』卷32, 寶龜 3年 2月 己卯 : 賜渤海王書云 天皇敬問高麗國王 … 今省來書 頓改文道 日下不注官品姓名 書尾虛陳天孫僭號 … 方今大氏 曾 無事故 妄秤舅甥 於禮失矣.

81) 宋基豪, 1995, 『渤海政治史硏究』, 一潮閣, 102쪽.

82) 조선유적유물도감편찬위원회, 1990, 『조선유적유물도감』 4, 고구려편, 외국문종합출판사, 281쪽.

83) 지금까지 '天孫'에 대한 연구는 그 칭호의 유래에 집중되었고, 칭호 자체나

있음을 엿볼 수 있다.[84]

고구려의 '天孫'의식은 4세기말~5세기 초에 형성되었다. 那집단에서 성장한 高句麗는 太祖王代를 기점으로 하여 桂婁部 왕권이 등장하면서 古代國家體制를 갖추게 되었다. 이어 2세기 말 故國川王代부터 3세기말 烽上王代까지는 행정적인 5部體制를 확립 · 父子相續制 확립 · 賑貸法 등 5部族이 지니고 있던 대외적 軍事權 · 外交貿易權 등에 대한 통제력을 강화하였다. 더 나아가 각급 부족장들을 中央貴族으로 編制하면서 중앙집권력을 강화하는 방향을 취하게 되었다.[85]

小獸林王 · 故國壤王代에 걸쳐 실시된 대내적 체제정비는 고구려 왕권의 專制化를 공고히 하였다. 4세기 말 故國原王이 백제와의 전투에서 전사한 이후 小獸林王 · 故國壤王代에는 대외관계에 치중하기 보다는 佛教受容 · 太學設立 · 律令頒布 · 廟制確立 등 일련의 문화정책을 실시하여 수준 높은 국가체제를 개편하였다.[86] 특히 중국과의 빈번한 접촉과정에서 수용된 유교정치사상은 '王者의 德'과 '臣下의 忠'을 강조하는 정치기준이 되었다. 또한 유학을 포함한 중국문화

출현의 배경에 대해서는 그다지 주목하지 않았다. 관련 연구성과를 기록하면, 다음과 같다.

박시형, 1962, 「발해사연구를 위하여」 『력사과학』1, 과학백과사전종합출판사, 3쪽 ; 劉振華, 1983, 「渤海大氏王室族屬新證-從考古材料出發的考察-」 『社會科學戰線』1, 吉林人民出版社, 214~215쪽 ; 盧泰敦, 1985, 「對渤海 日本國書에서 云謂한 '高麗國記'에 대하여」 『邊太燮博士華甲紀念私學論叢』, 삼영사, 625쪽 ; 金 香, 1988, 「關于天孫的理解」 『北方文物』2, 北方文物雜誌社 ; 金 香, 1989, 「關于渤海國的若干民族問題」 『社會科學戰線』1, 吉林人民出版社, 176~177쪽.

84) 宋基豪, 1995, 『渤海政治史研究』, 一潮閣, 103쪽.

85) 盧泰敦, 1975, 「三國時代 部에 關한 研究」 『韓國史論』2, 서울大學校 人文大學 國史學科.

86) 朴京哲, 2002, 「高句麗人의 '國家形成' 認識 試論」 『韓國古代史研究』28, 한국고대사학회, 61쪽.

의 수용은 일방적인 모방에 그친 것이 아니라 자기문화의 고유성에 맞춰 취사선택한 것이었다.[87] 故國壤王은 "불법을 믿어 복을 구하라고 교서를 내리고 유사에 국사를 세우고 종묘를 수리하도록 명령하였다."[88]라고 하여 불교를 통하여 왕권을 더욱 고양시키고자 하였다.

廣開土大王은 문자 그대로 영토를 널리 개척하였을 뿐만 아니라 재위기간 중에 '永樂'이라는 연호를 써서 중국과의 대등한 입장을 견지하였고, 그의 뒤를 이은 장수왕은 北魏와의 우호관계를 강화하는 한편, 남조인 東晋·宋·齊와도 교류관계를 맺었다. 뿐만 아니라 그는 평양 동북쪽의 대성산으로 서울을 옮기어 국도를 경영하였다. 평양천도의 배경이 어떠하든 간에 협착한 곳으로부터 넓은 평야에 정치도시·경제도시·문화도시로 발전한 것은 주목해야 할 사실이다. 고구려가 정치·경제 등 가장 완비된 제도를 갖추면서 일정 전제왕권을 구축한 것도 이 시기의 일이었다. 長壽王이 그의 긴 재위 기간 중에 꾸준히 왕권을 확립해 간 것은 百濟 蓋鹵王이 北魏 孝文帝에게 보낸 국서, 즉 "장수왕이 大臣·彊族을 마구 죽이는 등 나라 전체가 어육이 되고 죄악이 천지에 가득차게 되었다."라고 한 데서 어렴풋이 짐작할 수 있다.[89]

이 시기에 고구려는 왕을 '聖王'·'太王'·'大王' 등으로 부르고, 연호를 사용하여, 왕권을 강화하였다. 뿐만 아니라 시조 주몽을 '日月之子'·'天帝之子'·'我是日子'로 표현하여[90] 고구려가 천제를 받드

---

87) 金哲埈, 1971,『三國時代의 禮俗과 儒敎思想』, 韓國古代社會研究所, 195쪽.
88) 『三國史記』卷18,「高句麗本紀」第6 故國壤王 9年 3月條 : 下敎崇信佛法求福 命有司立國社修宗廟.
89) 李基白·李基東, 1993,『韓國史講座1-古代篇』, 一潮閣, 168~171쪽.
90) 牟頭婁墓誌 : 河伯之孫 日月之子 鄒牟聖王元出夫餘 天下四方知此國鄕最

는 천자의 나라임을 천명하여 위대성과 신성성을 과시하였다. 이러한 관념에 따르면 고구려왕은 천제의 아들인 朱蒙의 자손으로 고구려왕은 '天孫'이 된다. 따라서 고구려왕은 혈연적으로 '天孫'과 연결 지워졌다. 고구려왕은 '天孫'으로 정치적으로는 온 세상을 지배하는 최고의 권력자이며 또한 천상과 지상을 매개할 수 있는 최고의 사제로서의 성격도 지닌다.[91]

한편 武王은 727년 일본에 보낸 국서에서 "부여의 遺俗을 소유하였다."고 하였다. 文王은 일본에 보낸 국서에서 天孫을 자칭하였다. 이것은 단순히 혈연적인 계통성만을 강조한 것이 아니라, 東明神話에 바탕을 둔 고구려의 天下觀과 '天孫'意識을 계승한 것이다.

고구려에서는 독자적인 天下觀과 '天孫'意識을 지녔음에도 불구하고, 황제라는 칭호는 사용하지는 않았다. 그러나 발해의 文王은 황제의 의미를 내포하고 있는 '皇上'이라는 용어를 사용하였다.[92] 貞惠公主墓와 貞孝公主墓의 墓誌石에는 '大王'과 '皇上'이라는 단어가 눈에 띤다. 지금까지 고구려나 신라에서 일부의 왕에 대해서 '大王'이라고 불렀던 것[93]을 참고해 본다면, 두 공주묘의 墓誌石에서 보이고 있는 '大王'에 대한 의미도 생각해 볼 수 있다. '皇上'이라는 단어는 신하가 황제를 부를 때 쓰던 것으로 발해에서 황제의 칭호가 사용

聖 ; 廣開土王碑 : 天帝之子 母河伯女郞 ; 『魏書』「高句麗傳」: 我是日女河伯外孫.
91) 盧泰敦, 1988, 「5세기 金石文에 보이는 高句麗人의 天下觀」, 『韓國史論』19, 서울대 국사학과, 36쪽.
92) 현명호, 1991, 「발해의 〈계루군왕〉의 칭호에 대하여」 『력사과학』1, 사회과학 출판사, 49쪽.
93) 盧泰敦, 1988, 「5세기 金石文에 보이는 高句麗人의 天下觀」, 『韓國史論』19, 서울대 국사학과, 50쪽.

되었음을 보여준다.

군주의 칭호는 그 사회의 정치적 질서의 상징적 표현이자 문화적인 특성과 자의식을 강하게 나타내는 것이다. 황제 칭호는 戰國時代를 거치면서 형성되어진 郡縣制와 군주권의 강화 및 그에 수반된 관념체계의 발전 등에 따라 중국적 정치질서의 표상으로 정착되어 왔었다. 고구려는 牟頭婁墓誌에서 천하의 중심이라고 하였고, 그 대외정책의 방향도 천하관과 밀접하게 연결되어 있었다. 또한 왕뿐 아니라 왕족도 신성한 天孫族으로 관념화 되어 그 배타적 우월의식의 기저가 되었을 것이다. 『三國遺事』紀異篇의 天賜玉帶條에서, 眞平王은 자신의 왕권을 至高神인 天으로부터 부여된 것으로 수식하였고, 善德女王을 聖祖皇姑라고 부르는 것도 동일한 맥락으로 이해된다.[94] 이는 고구려보다 늦게 고대국가체제를 확립하였던 신라에서 불교적 관념을 빌은 眞種說話로서 왕실을 포함한 최고귀족을 聖骨·眞骨이라 하여 신성시한 것과 맥을 같이 한다.

貞孝公主墓에서 출토된 비문에서 '大興寶曆孝感金輪聖法大王'으로 文王을 존호하였다. '金輪'과 '聖法'은 則天武后의 존호에 사용되었던 '金輪'과 '聖神'에 비견된다. 文王이 그를 본받아서 불교를 진작시켰음을 보여주는 것이다.[95] 두 공주의 묘지에서 보이는 '金輪聖王'은 須彌四洲 곧 전 세계를 통치하는 왕이다. 그래서 발해의 안정과 공고화를 기반으로 왕권을 강화했던 文王은 바로 '孝感金輪聖法

---

94) 全德在, 2004, 「新羅의 對外認識과 天下觀」『역사문화연구』20, 한국외국어대학교 역사문화연구소, 237~238쪽.

95) 王承禮著, 宋基豪譯, 1988, 『발해의 역사』, 翰林大學아시아文化硏究所, 233쪽 ; 王 俠, 1985, 「貞惠公主墓與貞孝公主墓」, 『學習與探索』4, 學習與探索雜誌社, 142쪽 ; 宋基豪, 1995, 『渤海政治史硏究』, 一潮閣, 105쪽.

大王'으로 존호된 것이다.

유학은 국가를 다스리는 능력의 바탕이 되었고, 불교는 서로 다양한 환경에서 다양한 습속으로 살아온 발해의 구성체들을 하나의 사유체계로 통합하였다. 유교정치사상은 王者의 德과 臣下의 忠을 강조하는 왕자의 권위를 합리화하는 정치기준이 되었다. 그리고 유학을 포함한 중국문화의 수용은 일방적인 모방단계에서 그치는 것이 아니라 어디까지나 강인한 자기문화의 전통적인 체질을 상실하지 않고, 적절하게 취사선택된 것이었다.

발해의 문화적 · 생활적 · 종족적 다양함은 바로 文王의 문치를 통해서 하나로 통합될 수 있다. 물리적인 면에서는 행정구역이라는 시스템이 주된 장치였으나, 사상적인 면에서는 유학과 불교가 그 역할을 대신하였다. 이와 같이 유교와 불교의 수용을 통한 제 시책은 발해왕권의 의식을 더욱 고양시키는데 큰 역할을 하였다고 할 수 있다. 자국의 독자성은 독자적인 연호를 사용하는 것으로 표출되었다. '天孫'의식을 통한 독립된 세계관의 형성은 774년에 이루어진 改元과도 밀접한 관련을 지닌다. 개원이 기본적으로 維新의 성격을 지니고 있는데, 발해 文王의 '寶曆' 개원은 즉위 이후의 가장 시급했던 정책이 일단락되었음을 보여준다. 文王의 보력 개원 및 '孝感金輪聖法大王'으로의 존호는 한결같이 발해의 왕권이 전왕 시대에 비해서 월등하게 강화되었음을 의미한다.

발해 文王에 부여된 존호는 바로 그의 업적과 관련이 있다. 그는 선왕들처럼 크게 강역확장에 주력하지는 않았지만, 당시 그에게 부여된 시대적인 소명인 내정의 안정과 발전에 크게 기여하였다. 선왕들이 군사력을 이용하여 주변국들을 복속시키고, 대외적인 강경노선으로 국가의 안위를 지켰다면, 文王은 '文治'라는 도구를 사용하여 위로는 국왕으로부터 아래로는 일반 백성에 이르기까지 그 영향력을 파급시켰다. 그는 전국에 부·주·현의 행정구역을 설치함으로써 중앙적인 편제를 단행하였고, 중앙에는 3성 6부를 비롯한 제반기구를 설치하여 국가로서의 위상을 높였다.

　文王은 대내적으로 관제를 정비하였으며, 율령을 도입하고, 행정구역을 정비를 통하여 체제정비를 강화하였다. 대외적으로는 강역을 확장하여 말갈제부를 발해의 영향권 안으로 귀속시켰고, 大王槪念을 성립시키고 독작적인 年號를 사용하였으며, 皇上 및 天孫의식의 고양으로 발해의 독자적인 天下觀을 형성하여 신성함과 권위를 대내외적으로 표방하였다. 사상적인 면에서는 유교적으로 忠仁義智禮信을 강조하고, 사상적으로 '轉輪聖王'을 내세웠다. 이와 같은 華夷論的 世界觀은 백제와 신라에도 출현한다. 백제도 5세기 후반 北魏나 南齊에 요청한 爵號除授에 나타난 '王'·'后'·'太守'의 존재로 보아 이와 같은 관념이 발생했음을 알 수 있다. 신라도 6세기 중엽에는 眞興王巡狩碑에 '太王'·'朕'과 같은 용어의 사용과 연호사용으로 보아 大王觀念이 발생했음을 알 수 있다. 이와 같이 대내외적인 여건과 관련하여 천하관은 5세기 후반 백제, 6세기 초~7세기 중반 신라로 확산되었다고 할 수 있다. 4~5세기 고구려의 자존적 천하관은 고구려에만 국한된 것이 아니라 백제·신라 및 동아시아 주변제국으로 파급되었고, 이러한 천하관은 다시 발해로 계승되었음을 알 수 있다.

2) 支配體制의 限界

발해의 통치원리의 실현 시기가 비록 건국자인 高王에게 이르지만, 高王과 武王시기에는 군사력을 이용하여 강역을 확장하는데 주력하였다. 文王은 즉위한 이후 武王시기에 진행된 강역확장을 마무리지었다. 이 과정에서 확대된 강역의 범위만큼이나 다양한 종족들이 새롭게 발해의 지배체제 안으로 편제되어 들어왔다. 이로써 발해는 광활한 영토와 새로 복속된 백성들에 대한 효과적인 통치를 필요로 하였다.

이에 文王은 적극적으로 당으로 유학생을 파견하고 숙위를 통하여 당의 선진문물을 수용하여 통치시스템을 마련하였다. 그것이 바로 중앙에는 3성 6부를 중심으로 하는 중앙통치기구를 마련함과 동시에 지방에는 府-州-縣으로 이어지는 행정편제를 실시한 것이다. 발해는 새롭게 편입된 지역에 행정구역을 설치하고, 都督·刺史 등 관리를 파견하였고, 어떤 지역에는 재지기반을 지닌 首領을 통한 2중적인 지배방식을 채택하였다. 아울러서 발해는 5京制를 실시하여 지방통치의 거점을 마련하였다.

발해의 5京制의 시작은 文王의 上京천도로 비롯되었다. 물론 上京에 대한 조영은 이미 黑水部의 토벌로 거슬러 올라가서 적어도 730년대 중반에는 上京에 대한 조영이 계획 진행되었을 것으로 판단된다. 발해의 5京 가운데 上京이 가장 먼저 출현하는 것은 바로 上京이 발해에서 차지하는 비중이 무엇보다 크기 때문일 것이다.

그런데 여기서 주목해야 할 것은 文王에 대한 시대적인 요구이다. 文王이 지닌 시대적인 요구는 어떻게 하면 발해를 반석 위에 올려놓는가에 있었다. 그러므로 그는 중원을 학습하는데 열정적이었고, 전후 3대에 걸친 강역에 강력한 통치시스템을 마련한 것이다. 또한 5京制이라는 독특한 제도를 통하여 지방지배의 거점을 마련함으로써 이

중 삼중의 통치시스템을 가동하였다. 文王에게 반영된 시대적인 요구
는 上京의 조영과 함께 전국에 대한 통치이념이 투영되었을 것이다.
그러므로 上京의 존재는 곧 나머지 4京에 대한 존재의 상정을 가능케
한다. 비록 기록상으로 나머지 4京에 대한 출현이 다소 시기적인 차이
가 있지만 말이다. 이러한 관점에서 고찰한다면, 발해의 5京制는 발해
의 文王이 국왕으로 승격되는 시기와 무관하지 않을 것이다.

그렇지만 文王의 통치시스템은 여러 가지 한계를 지닌다. 우선 중
앙관서의 마련, 행정구역의 편제, 5京制의 실시를 통하여 이중 삼중
의 통치시스템을 가동하였지만, 한편으로는 이중적으로 재지세력을
지배하였다.[96] 『新唐書』 「渤海傳」의 기록에 근거하면, 文王은 행정
구역을 편제하는 과정에서 그들을 해체하지 못하고, 재지세력을 중
심으로 하여 반독립적인 상태로서 행정편제를 하였다. 이것은 물론
발해의 구성원들의 다양한 문화적인 이질성과 생산방식 등을 반영하
는 것이다. 그러나 뒤집어서 판단해 보면, 이와 같은 간접 또는 자치
권의 부여는 국력의 향배에 따라서 그들의 태도가 바뀔 수 있다는
점이다.

발해는 영향력이 미치는 범위는 기하급수적으로 확대하여 文王에
이르렀다. 광활한 영토 위에 생존해 왔던 수많은 종족들, 특히 말갈
제부는 여전히 발해에 신속하였음에도 독자적인 행보를 거듭하였다.
말갈제부는 끊임없이 발해의 통제력을 벗어나 당나라로의 조공을 도
모하였고, 급기야는 당의 관리를 파견받으려고 획책하였다. 이 뿐만
아니라, 조공기록을 통해서 보면, 발해가 강역을 확장하여 그 통제권
이 확대되었음에도 불구하고, 그에 예속되었다고 판단되는 拂涅 · 鐵

---

96) 韓圭哲, 1994, 『渤海의 對外關係史-南北國의 形成과 展開』, 신서원, 74쪽.

利·越喜·黑水部 등은 여전히 당나라에 조공을 하고, 관직을 제수 받았다. 이것은 발해가 지방을 통제하는 방법이 행정구역이나 기타 제도로서 일원적으로 실시되지 않았음을 보여주는 것이다.

　이와 같은 발해의 구성원들과 다른 이질적인 생활방식과 이질적인 사고는 발해의 집권층의 가장 큰 고민이었을 것이다. 즉 국가를 운영 하는데 있어서 물리적인 힘만으로는 국정운영의 한계가 있을 뿐만 아니라, 이들을 발해라는 정치 집단의 일원으로서 통합하지 않을 수 없었기 때문이다. 그러므로 비록 高王과 武王시기에 강역의 범위가 黑水部지역까지 이르는 전성기의 통치권을 형성하였을 지라도, 내 부적으로는 拂涅·鐵利·越喜·黑水部를 포함한 말갈제부가 단독 으로 당나라와 왕래하고, 그들의 비호를 받은 사건들은 발해가 이들 지역을 완전하게 통제하지 못했음을 보여주는 것이다.

　文王代에 이루어진 5京制의 출발은 지방지배의 거점을 마련하는 것이었다. 그러므로 발해의 중심지인 上京에서 中京으로 그리고 東 京으로 왕이 거처를 옮기면서 지배력에 힘을 실어주었다. 그러나 이 것은 다시 지방지배의 거점들끼리의 각축이 벌어지면서 통치체제의 이완을 불러왔다. 따라서 통치에 대한 기본적인 편제를 완성하고 새 로운 도약을 위해서, 왕권의 강화를 위해서 '寶曆'으로 개원하였지만, 불과 몇 년 지나지 않아서 다시 '大興'으로 회귀하는 일이 발생하였 다. 또한 文王이 사망한 이후에는 성왕을 중심으로 하는 세력과 廢 王을 중심으로 하는 세력 사이의 분열이 발생하였고, 이와 같은 지배 층 내부의 분열은 文王이 계획하고 실행했던 강력한 지배력을 약화 시켰다. 심지어 발해에 복속된 말갈세력들 가운데서 발해 사신을 능 멸하는 일까지 발생하기에 이르렀다. 이러한 일련의 사건들은 비록 발해가 文王의 문치를 통해서 강력한 국가체계를 갖추었으나 내부 적으로는 많은 모순을 지니고 있었음을 보여주는 것이다. 따라서 발 해는 文王시기에 이루어진 각종의 개혁에 많은 도전을 받게 되었고, 그것은 왕실내부의 분열을 초래하였고, 이를 극복함으로써 '海東盛 國'의 기틀을 마련하였다.

이상과 같이 5京制의 기원과 설치시기 그리고 그 기능에 대해서 고찰하고, 지배체제의 특성과 한계에 대해서 고찰하였다. 5京制의 설치시기는 당나라의 5京이 완비된 757년 이후로 보는 견해와 고구 려의 5部, 신라의 5小京 등과 밀접하게 관련이 있다는 견해로 대별된 다. 당나라의 5京制는 '安史의 亂'과 관련이 있지만, 발해의 5京은 지방통치의 구심점이라는 점에서 고구려의 5部나 신라의 5小京과 밀접하게 관련이 되어 있다. 따라서 上京천도시기에 5京에 대한 계 획이 존재하였고, 설치시기는 발해의 행정구역의 편제와 밀접하게 관련된다. 발해도 역시 고구려유민과 말갈제부를 비롯한 많은 다양 한 종족이 새로운 지배체제 내로 편입됨으로써 이들에 대한 통치의 효과를 극대화할 필요가 있었다. 따라서 중심지역에 최상위의 행정 단위를 편제함으로써 중앙의 의지를 보여줌과 동시에 이를 통하여 지방지배의 거점을 마련하였던 점은 신라와 5小京과 대동소이함을 알 수 있었다.

그러함에도 발해의 강역권으로 포함된 많은 이민족들의 거주지를 해체하지 않고, 이들을 그대로 주 단위로 편제한 모습을 발견할 수 있다. 재지세력을 해체하지 못한 또 하나의 이유는 바로 문화생활권 의 차이로 분석된다. 즉 문화적으로 생활적으로 발해의 주체민족과

복속민족간에는 생산방식의 차이, 문명정도의 차이 등 다양한 형태
의 차이가 발생하였다. 따라서 이와 같이 지역기반을 해체하지 못하
고 그들의 거주지를 중심으로 州단위로 편제를 한 것은 역시 발해
사회가 갖는 특수성에 기인한다고 볼 수 있다.

발해 문왕대의 지배체제 연구

　지금까지 발해 文王代의 지배체제를 구명하기 위하여 그 전제인
발해의 강역확장에 대한 고찰을 시작으로 행정편제에 의한 지배력
확대하는 과정을 검토하였다. 그리고 3대에 걸친 강역확장과 통치력
의 안정을 기반으로 이루어진 천도를 통하여 지방통치의 거점인 5京
制를 마련하였다. 문왕대에 이루어진 일련의 과정을 통하여 발해의
지배체제가 어떻게 확립·정착되었는지에 대해 밝히고자 하였다. 지
금까지의 검토를 통하여 구명된 바를 요약하며 결론을 대신하고자
한다.

　제Ⅰ장에서는 발해의 강역확장을 高王으로부터 文王시기까지 어
떠한 과정을 통하여 확장되었고, 그 중심 방향이 어디였는지를 중심
으로 검토하였다. 高王의 강역확장과정은 『新唐書』「渤海傳」에 "扶
餘·沃沮·弁韓·朝鮮·海北諸國을 얻었다."고 기록한 데서 실마
리를 찾을 수 있다. 이 기록에 근거하면, 高王시기의 강역 범위는
건국지인 敦化 東牟山을 중심으로 동쪽으로는 東京지역과 南京지
역, 서쪽은 遼陽이 위치하고 있는 朝鮮지역, 일부 牧丹江 중·하류
지역이 포함된다고 할 수 있다. 그러나 이 시기에는 단순히 이들 지
역에 대한 일부의 영향력이 확대되었을 뿐 강력한 중앙집권이 이루

어진 것은 아니다.

武王시기에는 선왕인 高王의 강역확장을 발판으로 더욱 강역을 확장하였다. 그 주된 방향은 북쪽 및 동북쪽에 위치한 黑水部와 遼東지역이다. 주된 확장의 방향인 요동과 黑水部는 당과 밀접한 관련이 있다. 특히 당나라는 安東都護府가 고구려 유민의 저항과 발해의 건국으로, 고구려 고토에 대해 영향력을 행사하지 못하고 있던 시기에 黑水部를 통하여 발해의 성장을 견제하려고 하였다.

武王은 단독으로 당과의 외교관계를 맺으려는 黑水部를 토벌하고, 그 남쪽의 牧丹江市에 장성을 축조하는 한편, 흑수에서 발해로 통하는 강줄기를 따라 성을 쌓아 방비를 강화하였다. 북변이 안정된 이후, 요동지역에 대한 세력화를 기반으로 732년에는 당의 登州와 山海關 근처의 馬都山을 공격하였다.

文王시기에는 그 세력확장 방향이 구체적이지 않다. 그렇지만 顯州와 上京의 존재로, 재위 초기에 黑水部에 대한 통제력을 행사했다고 판단된다. 더불어, 확장된 강역에 대한 재편이 이루어지고 있어 이 시기에 '海東盛國'으로 발돋움할 수 있는 최대 판도가 형성되었음을 알 수 있다.

당나라와 교류한 말갈제부의 조공기록을 살펴보면, 高王과 武王 시기에 어느 정도의 자치권을 가지고 있었던 말갈제부는 文王이 즉위한 이후가 되면, 唐을 비롯한 주변국들과 단독으로 교류하는 내용은 보이지 않는다. 이것은 文王 재위 초기에 이르러서야 새로 복속된 지역이 진정한 의미에서 발해의 판도로 편입되었고, '海東盛國'의 강역범위가 확정되었음을 보여주는 것이라고 할 수 있다.

제Ⅱ장에서는 제도적인 측면에서 확대된 강역과 복속지에 행정편제를 단행하고, 군사적인 측면에서는 부병제를 실시하여, 지배체제를 강화하는 과정을 살펴보았다. 행정편제는 중앙과 지방의 두 방향에서 이루어졌다. 중앙에는 3省 6部를 설치하고, 官服制, 官等制 등을 제정하여 통치기준을 마련하였다. 지방에는 5경 15부 62주의 행정구역을 설치하였다. 그리고 府兵制로 대표되는 군사제도를 정비하였는데, 이러한 통치기구의 설치 및 정비는 전 지역에 대한 통치력 행사라는 점에서 그 의미가 있다.

文王 즉위 초기에 이미 주변국들에 대한 복속이 완료되었고, 유학생들을 지속적으로 당으로 보내 중원의 선진 문물을 익히고 도입하여 발해의 적용토록 하였다. 국가의 율령격식을 규범한 大唐開元禮의 도입으로 발해는 제도적인 측면에서 이전 시기보다 체계화되었다. 이 뿐만 아니라 국가통치의 근본사상인 유학과 다양하고 이질적인 사유체계의 통일과 왕실존엄을 위한 불교를 수용하였다. 또한 재위 기간에 4차례 천도를 단행하여 지역을 개발하고 전국을 균형있게 발전시키고자 하였다.

文王은 774년에 '大興'에서 '寶曆'으로 연호를 개원하였다. '寶曆' 개원은 文王 즉위 초기의 정책이 일단락되었음을 의미하는 것이다. 따라서 행정구역의 정비와 지방통치의 거점인 5京의 설치시기는 文王 시기이고, 그 구체적인 시기는 늦어도 774년 개원 이전이 될 것이다.

제III장에서는 발해 文王시기에 이루어진 천도와 고고유적의 분포를 주목하여, 각 도성지의 공통점을 추출하는데 목적을 두었다. '舊國'은 발해 건국지이다. 여기에는 초기도성인 城山子山城과, 당나라와 외교관계가 성립되고 대외적 안전이 확보된 이후 옮겨간 敖東城과 永勝遺蹟이 있다. 또한 江東24개돌유적 · 六頂山古墳群 · 사찰지, 그리고 방어시설인 산성 등이 분포하고 있다. 발해가 '舊國'에 도읍하였을 시기의 주된 방어 대상은 당나라와 거란이었다. 따라서 발해는 방어능력을 극대화할 수 있는 위치에 도읍을 선정하였고, 그들이 이르는 길목에도 방어시설을 마련하기에 이르렀다.

中京은 발해의 전역에서 중심 지역에 위치한다. 中京은 和龍의 西古城으로 비정된다. 그러나 발해가 顯州에 도읍할 당시 발해의 중심지는 西古城보다는 그 남쪽에 위치하고 있는 河南屯古城으로 판단된다. 이곳에는 성이 폐기된 이후 조영된 2기의 부부합장묘가 있고, 그 축조재료 및 기법은 龍頭山古墳群에 위치한 貞孝公主墓와 비슷하다. 貞孝公主墓의 축조가 792년에 이루어진 점을 감안하면, 河南屯古墳도 貞孝公主墓의 축조와 멀지 않은 시기로 비정할 수 있으므로 河南屯古城의 축조시기는 그보다 이전이 될 것이다. 따라서 文王이 顯州에 도읍했을 시기에는 河南屯古城을 중심으로 개발하였다가 이후 西古城으로 옮긴 것으로 판단된다.

西古城의 규모는 上京城의 궁성이나 東京의 그것과 대동소이하다. 그 구조에서도 東京과 동일하다. 이 뿐만 아니라, 궁성의 분포도 上京이나 東京과 유사하다. 이러한 특징은 中京이 東京이나 上京과 불가분의 관계에 있음을 알려준다. 그리고 西古城의 중심 건물지인 2호 궁전지에서 나온 기와의 특징도 발해 上京城의 5호 궁전지에서 나온 것과 유사한데, 가마터의 구조, 출토된 벽돌과 기와들을 검토한 결과, 上京城은 730년대 조영되었다고 한다면, 西古城의 축조가 上京城의 축조에 비해서 늦었을 것으로 생각할 수 있다. 따라서 東京과의 관련성에서 보면, 中京에서 上京으로 영향관계가 형성된 것이 아니라 오히려 上京의 구조가 中京과 東京으로 파급된 것으로 생각된다.

東京 八連城은 현재의 琿春에 위치하고 있고, 이곳은 동북의 黑水部 · 肅愼 · 挹婁 · 沃沮 · 東濊를 거쳐 신라로 통하며, 서쪽으로 고구려의 중심지였던 桓仁 · 集安으로 통하고, 동쪽으로 일본으로 통하는 교통의 중심지에 위치한다. 東京지역에는 많은 유적들이 분포하고 있다. 특히 中京에서 東京지역으로 통하는 곳에 慶榮古城, 密江古城, 英義城 등과 八連城을 중심으로 동북으로는 琿春河를 따라 방어시설과 촌락 등이 위치한다. 이러한 東京의 유적분포의 특징은 동북으로 방어시설이 매우 촘촘하게 분포하고 있다는 점과 고분군이 보이지 않는다는 점이다.

발해는 755년 上京으로 천도를 하였다. 발해의 上京천도에 대해서는 '舊國에서 300리'라는 구체적인 기록이 남아있는데 이를 근거하면 上京천도와 中京 및 東京천도는 다소 구별될 수 있을 것으로 보인다.

上京에 대한 강력한 통치력이 행사는 武王의 黑水部 토벌 이후이다. 총 길이 50km에 이르는 장성과 牧丹江 중 · 하류를 따라 방어시설이 즐비한 것은 바로 그 증거이다. 현재 남아있는 발해 上京城의 조영 규모로 판단하면, 上京城은 몇 번에 걸쳐서 축조되었을 것이다. 궁성 앞에서 발견된 해자 유적도 바로 그러한 해석을 가능하게 한다. 그러함에도 발해의 上京 내에서 여타 관련유적이 발견되지 않았는데, 이는 上京 축조 초기부터 그 계획이 마련되었기 때문일 것이다.

제Ⅳ장에서는 5京制의 기원과 설치시기 그리고 그 기능에 대해서 고찰하고, 결론적으로 천하관의 형성과 한계에 대해서 고찰하였다. 당나라의 5京制 성립은 755년 11월에 발생한 '安史의 亂'과 밀접하게 관련이 있다. 그러나 발해의 5京은 그 기능적인 면에서 지방통치의

구심점이라는 점에서 당의 5京制에 비해서 고구려의 5部나 신라의
5小京과 더욱 가까운 연원관계가 있다.

사상적인 측면에서는 풍수지리나 오행사상에 기원하였음은 부인
할 수 없다. 고구려의 고분벽화을 통해서 보면, 4세기 말 5세기 초에
는 사신도가 그려진 벽화고분이 발견되고 있다. 또한 방위명 5부의
출현은 풍수지리나 오행사상이 고구려에서 일찍부터 뿌리내리고 있
음을 알 수 있다. 백제에 있어서도 무령왕릉의 입지선정이 배산임수
의 지역을 선정하고 있는 점으로 보아 6세기 남조를 통하여 풍수지
리사상이 유입되었음을 엿볼 수 있다. 그 설치시기도 발해가 上京을
경영한 시기는 武王이 黑水部를 토벌한 시기로 거슬러 올라간다. 이
뿐만 아니라 上京遷都期에 이미 '上京'이라는 명칭이 보이고 있는
점을 통해서 이 기간에 5京에 대한 계획이 존재하였다고 본다.

발해의 5京은 행정구역의 편제와 불가분의 관계에 있다. 발해가
행정구역을 편제한 구체적인 목적은 중앙집권화의 실현에 있었다.
그리고 그 중심 지역에 최상위의 행정체제인 京을 설치하여 지방지
배의 거점으로 마련하였다. 이것은 고구려의 5部나 신라의 5小京과
기능적인 면에서 동일한 측면이 있다.

발해도 고구려유민과 말갈제부를 비롯한 많은 다양한 종족이 새로
운 지배체제 내로 편입됨으로써 이들에 대한 통치의 효과를 극대화
할 필요가 있었다. 따라서 중심지역에 최상위의 행정단위를 편제함
으로써 중앙의 의지를 보여줌과 동시에 이를 통하여 지방지배의 거
점을 마련하였던 점은 신라와 5小京과 대동소이함을 알 수 있었다.

文王은 재위 57년간 3번에 걸쳐 도읍지를 옮겼고, '文治'를 지향하
였다. 그는 재위 초기 拂涅 · 越喜 · 鐵利部를 복속시켜 3대에 걸쳐

진행되어 온 영토확장을 일단락지음으로써 발해의 外延을 사방 5천리로 확대시켰다. 그는 대내적으로 통치체제를 정비하였다. 그는 중앙통치기구를 설치하고, 官等制·官服制를 제정하였으며, '大唐開元禮'로 대표되는 律令을 수용하였다. 확대된 영토를 효과적으로 다스리기 위하여 행정구역을 획정하고, 5京을 건설하여 지방거점을 공고히 하여 통치의 효율성을 향상시켰다. 통치의 思想的·理念的 기반인 儒學과 佛敎를 받아들여 새로 복속된 많은 백성들의 다양하고 차별적인 思惟體系를 통일시키고자 하였다. 高王 武王代 영토를 확장한 이후, 文王이 즉위하여 대내적으로 통치체제를 공고히 하고, 문화적 정통성을 주장하며, 4~6세기 고구려·백제·신라가 천하관념을 형성하고 대내외에 표방한 것처럼 '天孫'意識을 표명하므로써 독자적인 천하관을 형성하기에 이르렀다. 따라서 대내외적인 여건과 관련하여 天下觀은 당시 동아시아 각국의 보편적인 현상이었고, 이는 과거 고구려를 비롯한 삼국에서 이루어진 天下觀의 형성과정과 일정하게 맥을 같이 한다.

그렇지만 어느 정도의 한계도 존재한다. 文王시기의 행정시스템을 살펴보면, 발해의 강역권으로 포함된 많은 이민족들의 거주지를 해체하지 않고, 이들을 그대로 주 단위로 편제한 모습을 발견할 수 있다. 이와 같은 전통은 고구려 고토를 부·주·현으로 재편하고 현지의 명망있는 자들로 우두머리로 삼은 조치에서 찾아볼 수 있다. 복속민의 거주공간을 해체하지 못한 점은 발해의 발전에 부정적인 요소를 내포하고 있었고, 이러한 요소들은 4~9대에 걸쳐 발생한 내분기에 두드러졌다. 따라서 10대 宣王시기에는 재차 잃어버린 강역을 확장해야 하는 어려움에 처하게 되었다.

재지세력을 해체하지 못한 또 하나의 이유는 바로 주체민족과 복속민족간의 문화적·생활적 차이이다. 발해가 국력이 강했을 경우는 재지 수장을 중심으로 일원적인 통제가 가능하지만, 그 반대라면, 독립의식이 드러날 수 있다. 따라서 이와 같이 지역기반을 해체하지 못하고 그들의 거주지를 중심으로 州단위로 편제를 한 것은 역시 발해 사회가 갖는 특수성에 기인한다고 볼 수 있다.

종합하면, 발해는 강역의 확장과 행정구역의 설치를 통하여 강력하게 중앙의 의지를 지방으로 파급시키고, 도성 경영을 통해 5京을 설치하고 개발함으로써 지방지배의 거점을 마련하여 '海東盛國'의 기틀을 마련하였지만, 다양한 문화와 사유체계 그리고 종족은 곧 재지세력을 인정하지 않으면 안되는 상황이 되었다. 발해 사회 내부의 다양한 문화적인 공존은 곧 발해가 부강할 때는 중앙으로의 집중이 가능하였으나 이와 반대일 경우에는 중앙의 통제권에서 이탈하려는 경향이 두드러지게 되었다. 따라서 중앙집권화의 강화에도 불구하고 文王 사후에는 이와 같은 부정적인 요소들이 두드러지게 되었고, 그것이 국력의 약화를 야기한 것으로 생각된다.

1. 史料

『三國史記』『三國遺事』『帝王韻紀』『東文選』『高麗史』『東國通鑑』『東史綱
目』『東國史略』『東史纂要』『東史補遺』『東國通鑑提要』『東國歷代總目』『東
國地理志』『增補文獻備考』『東史』『紀年兒覽』『修山集』『海東繹史』『海東
繹史續』『疆域考』『大東地志』『渤海考』『續日本紀』『類聚國史』
『三國志』『北史』『魏書』『北齊書』『隋書』『舊唐書』『新唐書』『唐會要』『宋
史』『宋會要』『遼史』『金史』『新五代史』『高麗圖經』『資治通鑑』『冊府元龜』
『玉海』『文獻通考』『松漠紀聞』『武經總要』『五代會要』『欽定滿洲源流考』『通
志』『通典』『欽定熱河志』『歷代兵制』『春秋屬辭比事記』

2. 單行本

姜仁求, 1999, 『韓半島의 古墳』, 아르케.
고구려연구재단, 2004, 『고조선·고구려·발해 발표논문집』, 고구려연구재단.
고구려연구재단, 2004, 『발해사자료집』상·하, 고구려연구재단.
고구려연구재단, 2004, 『중국의 발해사연구동향분석』, 고구려연구재단.
고구려연구재단, 2006, 『2005년도 러시아 沿海州 크라스키노성 발굴보고서』, 고
        구려연구재단.
과학백과사전종합출판사, 1979, 『조선전사』.
국립부여문화재연구소, 2003, 『백제도성의 변천과 연구상의 문제점』, 서경.
국사편찬위원회, 1996, 『한국사 10-발해』.
金毓黻, 1976, 『東北通史』, 洪氏出版社.
金毓黻, 1977, 『渤海國志長編』, 千華山館.

吉林省文物志編委會, 1984,『渾江市文物志』.

吉林省文物志編委會, 1984,『琿春縣文物志』.

吉林省文物志編委會, 1984,『和龍縣文物志』.

吉林省文物志編委會, 1985,『敦化市文物志』.

吉林省文物志編委會, 1987,『農安縣文物志』.

金光錫, 1996,『渤海高句麗史研究』.

김시준 외, 1999,「한반도와 중국 동북 3성의 역사문화」, 서울대학교출판부.

김종혁, 2002,『동해안일대의 발해유적에 대한 연구-북한의 우리 역사 연구 알기5』, 중심.

金翰奎, 1982,『古代 中國的 世界秩序 研究』, 一潮閣

김혁철, 2006,『대조영과 발해』, 자음과 모음.

譚其驤, 1982,『中國歷史地圖集釋文匯編東北卷』, 中央民族學院出版社.

董鑒泓 等 編, 成周鐸 譯註, 1993,『中國都城發達史』, 學研文化社.

박시형저, 송기호 해제, 1989,『발해사』, 이론과실천.

박시형, 1979,『발해사』, 김일성종합대학출판사.

방학봉, 1992,『발해유적과 그에 관한 연구』, 연변대학출판사.

방학봉, 1996,『발해의 강역과 행정제도에 관한 연구』, 연변대학출판사.

方學鳳, 2000,『中國境內 渤海遺蹟研究』, 白山資料院.

방학봉, 2001,『발해성곽』, 정토출판.

방학봉, 2002,『발해성곽연구』, 연변인민출판사.

방학봉, 2003,『발해주요 유적을 찾아서』, 연변대학출판사.

濱田耕策, 2000,『渤海國興亡史』, 吉川弘文館.

사회과학원, 2002,『동해안일대의 발해 유적에 대한 연구』, 중심.

山本孝文, 2006,『三國時代 律令의 考古學的 研究』, 서경.

서병국, 2005,『발해제국사』, 서해문집.

서울대학교박물관, 2003,『해동성국 발해』, 서울대학교박물관.

孫玉良, 1992,『渤海史料全編』, 吉林文史出版社.

孫進己, 1987,『東北民族源流』, 黑龍江人民出版社.

孫進己, 1989,『東北歷史地理』 第2卷, 黑龍江人民出版社.

송기호, 1993,『발해를 찾아서』, 솔출판사.

宋基豪, 1995,『渤海政治史研究』, 一潮閣.

송기호, 1999, 『발해를 다시 본다』, 주류성.

辛鍾遠, 1992, 『新羅初期佛敎史硏究』, 民族社.

沿海州文化遺蹟調査團·高麗學術文化財團, 1999, 『沿海州에 남아 있는 발해-沿海州 渤海遺蹟 調査報告-』, 고려학술문화재단.

王承禮, 1984, 『渤海簡史』, 黑龍江人民出版社.

王承禮 著·宋基豪 譯, 1988, 『발해의 역사』, 翰林大學아시아文化硏究所.

王承禮·劉振華 編, 1991, 『渤海的歷史與文化』, 延邊人民出版社.

王禹浪·王宏北 編著, 1994, 『高句麗渤海古城址硏究匯編』下, 哈爾濱出版社.

魏國忠·朱國忱·郝慶云著, 2006, 『渤海國史』, 中國社會科學出版社.

魏存成 지음, 신용민 옮김, 1996, 『高句麗考古』, 호암미술관.

윤재운, 2006, 『한국 고대무역사 연구』, 景仁文化社.

李基白·李基東, 1993, 『韓國史講座: 古代篇』, 一潮閣

李東源 譯, 1986, 『渤海史譯文集』, 黑龍江社會科學院歷史所.

李成市, 1999, 『동아시아의 왕권과 교역』, 청년사.

임기환, 2003, 『한국의 도성-都城 造營의 傳統-』, 서울시립대학교 서울학연구소.

임상선 편역, 1990, 『발해사의 이해』, 신서원.

임상선, 1999, 『발해의 지배세력연구』, 신서원.

장국종, 1997, 『발해사연구』1, 사회과학출판사.

장국종, 2006, 『발해사 100문 100답』, 자음과 모음.

鄭永振, 2003, 『高句麗渤海靺鞨墓葬比較硏究』, 延邊大學出版社.

정영진, 2006, 『고분으로 본 발해문화의 성격』, 동북아역사재단.

정진헌 외, 2005, 『고구려와 발해의 계승관계-연구총서 07』, 고구려연구재단.

鳥山喜一, 1915, 『渤海史考』, 東京奉公會.

鳥山喜一, 1968, 『渤海史上の諸問題』, 風間書房.

조선유적유물도감편찬위원회, 1990, 『조선유적유물도감』4, 고구려, 외국문종합출판사.

朱國忱·朱威, 2002, 『渤海遺跡』, 文物出版社.

주영헌, 1971, 『발해문화』, 사회과학출판사.

中共吉林省委政策硏究室·吉林省檔案館 編, 1984, 『吉林省槪況』, 吉林人民出版社.

中國社會科學院考古硏究所, 1997, 『六頂山與渤海鎭』, 中國大百科全書出版社, 124쪽.

韓圭哲, 1994, 『渤海의 對外關係史』, 신서원.

3. 論文

▪ 한국

姜鳳龍, 1987, 「新羅 中古期 州制의 形成과 運營」 『韓國史論』16, 서울대학교 인문대학 국사학과.
姜成奉, 2005, 「渤海의 8衛制 研究」, 성균관대학교 석사논문.
姜華昌·沈仲衡, 1997, 「試論渤海國的軍事制度」 『高句麗渤海硏究集成』 渤海 卷1, 哈爾濱出版社
具蘭憙, 2003, 「國際理解 增進을 위한 渤海, 日本 交流史 學習 研究」, 한국교원 대학교.
權悳永, 2001, 「在唐 新羅人 社會의 形成과 그 實態」 『國史館論叢』95, 國史編纂 委員會.
金光錫, 1983, 「高麗 太祖의 歷史認識-그의 渤海觀을 中心으로-」 『白山學報』27, 白山學會.
김기섭·김진광, 2007, 「발해의 상경 건설과 천도」, 『韓國古代史硏究』45, 한국고 대사학회.
김동우, 1996, 「발해의 지방통제제와 首領」 『韓國史學報』 창간호, 高麗史學會.
金東宇, 2006, 「발해의 지방통치체제 운영과 그 변화」 『韓國史學報』24, 高麗史 學會.
金東宇, 2006, 「渤海 地方 統治 體制 研究-渤海 首領을 中心으로-」, 고려대학교 박사학위논문.
金瑛河, 2004, 「古代 遷都의 역사적 의미」 『韓國古代史硏究』36, 한국고대사학회.
金恩國, 1992, 「발해 멸망에 관한 再檢討-거란침공과 그 대응을 중심으로」 『白山 學報』40, 白山學會.
金恩國, 1999, 「新羅道를 통해 본 渤海와 新羅관계」 『白山學報』52, 白山學會.
金恩國, 2005, 「渤海 對外關係의 展開와 性格-唐, 新羅, 契丹과의 관계를 중심으 로-」, 중앙대학교 사학과 박사학위논문.

김정희, 2006, 「발해사의 귀속문제와 唐代의 羈縻府州 제도」『北方史論叢』10, 고구려연구재단.

김종복, 2001, 「발해 폐왕·성왕대 정치세력의 동향」『역사와 현실』41, 한국역사연구회.

金鍾福, 2002, 「渤海 政治勢力의 推移 硏究」, 성균관대학교 사학과 박사학위논문.

김종복, 2003, 「발해 상경성의 성립과 구조」『한국의 도성-都城造營의 傳統』, 서울시립대부설 서울학연구소.

김종복, 2004, 「발해의 건국과정에 대한 재고찰」『韓國古代史硏究』34, 한국고대사학회.

김종복, 2006, 「발해의 상경 건설과 천도」에 대한 토론문, 한국고대사학회 12월 정기발표회.

金鍾圓, 1980, 「渤海의 首領에 대하여-地方統治와 관련하여」『全海宗博士華甲記念史學論叢』, 일조각.

金鎭光, 2002, 「8世紀 渤海의 遼東進出」, 韓國精神文化硏究院 碩士學位論文.

金鎭光, 2002, 「8世紀 渤海의 遼東進出」『三國時代硏究』2, 學硏出版社.

金鎭光, 2004, 「발해 건국초기의 강역-營州道를 중심으로-」『先史와 古代』21, 韓國古代學會.

김진광, 2007, 「발해사 관련 자료와 인식-발해 관련 한국 자료」『발해의 역사와 문화』, 동북아역사재단

金哲埈, 1971, 『三國時代의 禮俗과 儒敎思想』, 韓國古代社會硏究所.

金翰奎, 1981, 「四夷槪念을 通해서 본 古代 中國人의 世界觀」『釜山女大論文集』10.

金翰奎, 1999, 「7~8世紀 東아시아 世界秩序의 構造的 特性과 그 運營體制의 機能」『震檀學報』88, 震檀學會.

盧泰敦, 1975, 「三國時代 部에 關한 硏究」『韓國史論』2, 서울大學校 人文大學 國史學科.

盧泰敦, 1981, 「渤海建國의 背景」『大丘史學』19, 대구사학회.

盧泰敦, 1981, 「高句麗遺民史硏究-遼東, 唐內地 및 突厥方面의 集團을 中心으로」『韓沽劤博士停年紀念史學論叢』, 지식산업사.

盧泰敦, 1985, 「對渤海 日本國書에서 云謂한 '高麗舊記'에 대하여」『邊太燮博士華甲紀念論叢』, 삼영사.

盧泰敦, 1985, 「渤海國의 住民構成과 渤海人의 族源」『韓國古代의 國家와 社會』,

歷史學會.

盧泰敦, 1988, 「5세기 金石文에 보이는 高句麗人의 天下觀」, 『韓國史論』19, 서울대학교 인문대학 국사학과.

盧泰敦, 1996, 「발해의 성립과 발전」, 『한국사 10-발해』, 국사편찬위원회.

文安植, 2000, 「南北國時代論의 虛像에 대하여-新羅와 渤海의 天下秩序에 기인한 相互認識을 중심으로-」 『韓國古代史硏究』19, 한국고대사학회.

朴京哲, 1997, 「高句麗와 濊貊-高句麗의 住民과 그 文化系統-」 『白山學報』48, 白山學會.

朴京哲, 2002, 「高句麗人의 '國家形成' 認識 試論」 『韓國古代史硏究』28, 한국고대사학회

朴京哲, 2003, 「高句麗 異種族支配의 實狀」 『2003년 고려사학회학술대회-한국사의 특수신분』, 고려사학회.

박성래, 1978, 「고려초의 역과 연호」, 『韓國學報』10, 一志社.

朴仁鎬, 1998, 「明 · 淸代 중국 지리서에 나타난 對朝鮮 역사지리인식-조선시기 역사지리 연구의 추이와 관련하여-」 『慶北史學』21, 경북사학회.

朴眞淑, 2001, 「渤海의 對日本外交 硏究」, 충남대학교 국사학과 박사논문.

朴眞淑, 2001, 「渤海의 地方支配와 首領」 『國史館論叢』97, 國史編纂委員會.

朴眞淑, 2002, 「渤海의 地方支配와 首領」 『國史館論叢』97, 國史編纂委員會.

朴眞淑, 2007, 「내분기의 왕위계승-선왕의 중흥」 『발해의 역사와 문화』, 동북아역사재단.

卞麟錫, 1999, 「8세기 東아시아 情勢에서 바라본 唐 · 渤海 關係」 『國史館論叢』85, 國史編纂委員會.

徐炳國, 1981, 「渤海와 新羅의 國境線硏究-東海岸 地域을 中心으로」 『關東大論文集』9, 관동대학교.

徐榮一, 1999, 「新羅五通考」 『白山學報』52, 白山學會.

成周鐸, 1980, 「百濟 熊津城과 泗沘城 硏究」 『百濟硏究』11, 충남대학교 백제연구소.

宋基豪, 1981, 「渤海 貞孝公主墓碑의 고증에 대하여」 『韓國文化』2, 서울대학교 한국문화연구소.

宋基豪, 1984, 「발해의 多人葬에 대한 연구」 『韓國史論』11, 서울대학교 인문대학 국사학과.

宋基豪, 1987, 「中共의 한국 고대사 연구소개(1985년도)」『아시아문화』2, 翰林大學아시아文化硏究所.

宋基豪, 1988, 「渤海史 硏究 動向」『韓國上古史學報』1, 한국상고사학회.

宋基豪, 1988, 「발해의 歷史와 思想」『傳統과 思想』Ⅲ, 韓國精神文化硏究院.

宋基豪, 1989, 「발해 城址의 조사와 연구」『韓國史論』19, 國史編纂委員會.

송기호, 1990, 「북한의 발해고고학과 「발해문화」」『역사와현실』3, 한국역사연구회.

宋基豪, 1991, 「조선시대 史書에 나타난 발해관」『韓國史硏究』72, 한국사연구회.

송기호, 1991, 「大祚榮의 出自와 발해의 건국과정」『아시아문화』7, 翰林大學아시아文化硏究所.

宋基豪, 1992, 「발해 文王代의 개혁과 사회변동」『韓國古代史硏究』6, 한국고대사학회.

宋基豪, 1994, 「渤海의 歷史的 展開 過程과 國家 位相」, 서울대학교 국사학과 박사학위논문.

宋基豪, 1994, 「발해의 초기 도읍지와 천도 과정」『于江權兌遠敎授定年紀念論叢 民族文化의 諸問題』, 간행위원회.

宋基豪, 1996, 「연해주의 발해 유적 연구동향」『아시아문화』12, 翰林大學아시아文化硏究所.

宋基豪, 1997, 「渤海의 盛衰와 疆域」『白山學報』47, 白山學會.

宋基豪, 1997, 「渤海 首領의 성격」『韓國古代·中世의 支配體制와 農民』, 金容燮敎授停年紀念韓國史學論叢刊行委員會.

宋基豪, 1998, 「六頂山古墳群의 성격과 발해 건국집단」『汕耘史學』8, 高麗學術文化財團.

宋基豪, 2000, 「史實과 前提 : 발해 고분 연구의 경우」『韓國文化』25, 서울大學校 韓國文化硏究所.

송기호, 2002, 「발해 5京制의 연원과 역할」『강좌 한국고대사』7, 駕洛國事蹟開發硏究院.

宋基豪, 2004, 「발해의 천도와 그 배경」『韓國古代史硏究』36, 韓國古代史學會.

辛鍾遠, 1987, 「'道人'使用例를 통해 본 南朝佛敎와 韓日關係-新羅 法興王·眞興王代 佛敎를 中心으로-」『韓國史硏究』59, 한국사연구회.

申昌秀, 1992, 「統一新羅·渤海의 考古學」『國史館論叢』33, 國史編纂委員會.

梁起錫, 1983, 「4~5C 高句麗 王者의 天下觀에 對하여」『湖西史學』11, 湖西史學會.

梁起錫, 1993, 「新羅 五小京의 設置와 西原京」『湖西文化硏究』11, 충북대학교 호서문화연구소.

梁起錫, 2001, 「신라 5소경의 설치와 서원소경」『新羅 西原小京 硏究』, 서경문화사.

尹善姬, 1987, 「三國時代 銙帶의 起源과 變遷에 관한 硏究」, 서울대학교대학원 석사학위논문.

尹載云, 2002, 「南北國時代 貿易硏究」, 고려대학교 사학과 박사학위논문.

尹載云, 2002, 「신라와 발해의 경제교섭」『史叢』55, 歷史學硏究會.

윤재운, 2004, 「발해문화의 성격」『先史와 古代』21, 韓國古代學會.

李康根, 1999, 「渤海 上京龍泉府 寺院建築」『강좌 미술사』14, 高句麗·渤海學 術硏究委員會.

李基白·李基東, 1982, 「統一新羅와 渤海의 社會」『韓國史講座1-古代篇』, 一潮閣.

李南奭, 1995, 「渤海墓制의 硏究」『國史館論叢』62, 國史編纂委員會.

이남석, 2005, 「유적으로 본 계승관계」『고구려와 발해의 계승관계』, 고구려연구 재단.

李秉建, 1999, 「渤海 建築에 대하여-24塊石建築을 중심으로-」『高句麗硏究-발해 건국 1300주년(698~1998)-』6, 高句麗硏究會.

李秉建, 2001, 「발해 24개돌유적에 관한 건축적 연구」, 건국대학교 건축학과 박사 논문.

李用範, 1976, 「渤海王國의 社會構成과 高句麗遺裔」『中世東北亞細亞史硏究』, 亞細亞文化社.

李龍範, 1972, 「渤海王國의 形成과 高句麗遺族」 上·下, 『東國大論文集』 10·11, 동국대학교.

李龍範, 1988, 「渤海王國의 社會構成과 高句麗遺裔」『中世滿洲蒙古史의 硏究』, 同化出版公社.

이인철, 1990, 「신라중고기의 지방통치체제」『歷史學報』35·36합집, 역사학회.

李仁哲, 2001, 「6~7世紀의 靺鞨」『國史館論叢』95, 國史編纂委員會.

李孝珩, 1996, 「高麗와 渤海 사이의 婚姻關係에 대한 검토」『釜山史學』

李孝珩, 2004, 「渤海 遺民史 硏究」, 부산대학교 사학과 박사학위논문.

임기환, 2003, 「고구려 都城制의 변천」『한국의 도성-도성 조영의 전통』, 서울시 립대 서울학연구소.

林相先, 1988, 「渤海의 遷都에 대한 考察」『淸溪史學』5, 한국정신문화연구원 청

계사학회.

林相先, 1993, 「渤海 建國 參與集團의 硏究」『國史館論叢』42, 國史編纂委員會.

林相先, 1993, 「高麗와 渤海의 關係-高麗 太祖의 발해인식을 중심으로-」『素軒 南都泳博士古稀紀念 歷史學論叢』, 民族文化社

林相先, 1998, 『渤海의 支配勢力 硏究』, 한국정신문화연구원 박사학위논문.

임상선, 2005, 「중국의 발해도성 연구와 복원」『중국의 한국고대문화연구』, 고구 려연구재단.

임상선, 2006, 「발해의 都城體制와 그 특징」『韓國史學報』24, 한국사학회.

임상선, 2007, 「발해 '東京'지역의 고구려 문화 요소」『高句麗硏究 25-동아시아와 발해 Ⅰ』, 고구려연구회.

전덕재, 2004, 「新羅 소경의 설치와 그 기능」『韓國古代中世 地方制度의 諸問題』, 집문당.

全德在, 2004, 「新羅의 對外認識과 天下觀」『역사문화연구』20, 한국외국어대학 교 역사문화연구소

全炫室, 2004, 「對外關係를 중심으로 본 渤海 男子 服飾 硏究」, 가톨릭대학교 생활문화학과 박사학위논문.

鄭求福, 1977, 「16~17세기의 私撰史書에 대하여」『全北史學』1, 全北大學校 史 學會.

鄭求福, 1981, 「李齊賢의 歷史意識」『震檀學報』51, 震檀學會.

鄭求福, 1987, 「韓百謙의 史學과 그 影響」『震檀學報』63, 震檀學會.

정운용, 1998, 「金石文에 보이는 高句麗의 年號」『韓國史學報』, 高麗史學會.

鄭鎭憲, 1995, 「柳得恭의 歷史 認識」, 경희대학교 사학과 박사논문.

趙景徹, 2006, 『百濟佛敎史의 展開와 政治變動』, 韓國學中央硏究院 박사학위논문.

趙炳舜, 2004, 「渤海 南京南海府의 位置 推定에 對한 考察」『書誌學報』28, 韓國 書誌學會.

趙二玉, 1994, 「渤海 文王代 對新羅交涉과 南京」『東洋古典硏究』3, 東洋古典 學會.

趙二玉, 1999, 「新羅와 渤海의 國境問題」『白山學報』52, 白山學會.

趙二玉, 2002, 「8세기 중엽 渤海와 日本의 關係」『韓國古代史硏究』25, 한국고대 사학회.

趙二玉, 2005, 「8世紀 後半 渤海와 日本의 外交的 摩擦-文王代 後期를 中心으로-」

『白山學報』71, 白山學會.

千寬宇, 1976, 「三國의 國家形成(下)」『韓國學報』3, 일지사.

崔茂藏, 1989, 『渤海의 古墳・土器 및 裝身具』『韓國史論』19, 國史編纂委員會.

최무장, 1994, 「중국학계의 만주지역 고고학 연구동향」『國史館論叢』52, 國史編纂委員會.

최의광, 1999, 「渤海 文王代의 對唐關係」『史叢』50, 高大史學會.

韓圭哲, 1983, 「新羅와 渤海의 政治的 交涉過程 ; 南北國의 사신파견을 중심으로」『韓國史研究』43, 韓國史研究會.

韓圭哲, 1988, 「高句麗時代의 靺鞨 研究」『釜山史學』14・15, 부산사학회.

韓圭哲, 1988, 「肅愼・挹婁研究」『白山學報』35, 白山學會.

韓圭哲, 1989, 「발해관계 저서・논문목록」『발해국사(1)』, 정음사.

韓圭哲, 1991, 「渤海의 對外關係 研究-新羅와의 關係를 中心으로-」, 고려대학교 박사학위논문.

韓圭哲, 1993, 「新羅와 渤海의 武力 對立關係」『송갑호교수정년퇴임기념논문집』, 기념논문집간행위원회.

한규철, 1996, 「渤海國의 주민구성」『韓國史學報』 창간호, 高麗史學會.

한규철, 1996, 「지방・군사제도」『한국사 10-발해』, 國史編纂委員會.

韓圭哲, 1997, 「渤海의 西京鴨綠府 研究」『韓國古代史研究』14, 한국고대사학회.

韓圭哲, 1997, 「中國의 渤海 遺蹟-吉林省을 중심으로-」『白山學報』48, 白山學會.

韓圭哲, 1997, 「渤海國의 高句麗 繼承性-古墳과 住居文化를 中心으로-」『先史와 古代』9, 韓國古代學會.

韓圭哲, 1998, 「渤海史 研究의 現況과 課題」『高句麗研究』6, 高句麗研究會.

韓圭哲, 1998, 「中國 黑龍江省의 渤海 遺蹟」『汕耘史學』8, 高麗學術文化財團.

韓圭哲, 1999, 「古墳文化를 통해 본 渤海國」『國史館論叢』85, 國史編纂委員會.

韓圭哲, 1999, 「渤海史 研究의 現況과 課題」『高句麗研究-발해건국 1300주년(698~1998)-』6, 高句麗研究會.

韓圭哲, 2003, 「渤海國의 서쪽 邊境에 관한 연구」『역사와 경계』47, 부산경남사학회.

한규철, 2004, 「中國의 渤海史 研究 小考」『文化傳統論集』3, 경성대 한국학연구소.

한규철, 2005, 「주민구성으로 본 계승관계」『고구려와 발해의 계승관계』, 고구려연구재단

▪ **북한**

김성호, 1993,「726년 발해의 흑수말갈원정에 대하여」,『력사과학』3~4, 과학백과
　　　사전출판사.

김성호, 1999,「당나라와의 국교관계수립후 발해의 첫 대외활동」,『력사과학』3,
　　　과학백과사전출판사.

김종혁, 1990,「청해토성과 그 주변의 발해유적」,『조선고고연구』4, 사회과학출판사.

김종혁·김지철, 1989,「신포시 오매리 금산 발해건축지 발굴중간보고」,『조선고
　　　고연구』2, 사회과학출판사.

류병홍, 1992,「발해유적에서 드러난 기와막새무늬에 대한 고찰」,『조선고고연구』
　　　4, 사회과학출판사.

류병홍, 1992,「위대한 수령 김일성동지의 현명한 령도밑에 고고학분야에서 이룩
　　　한 성과」,『조선고고연구』2, 사회과학출판사.

리준걸, 1986,「발굴 및 조사보고 : 함경남북도 일대의 발해유적유물에 대한 조사
　　　보고」,『조선고고연구』, 사회과학출판사.

림호성, 1994,『발해군사력의 강대성과 그 요인』,『력사과학』3, 과학백과사전출판사.

림호성, 2001,「발해 동부의 일부 지방행정단위와 그 주민구성」,『력사과학』2, 과
　　　학백과사전출판사.

박시형, 1962,「발해사연구를 위하여」,『력사과학』1, 사회과학출판사.

박시형, 1979,「발해의 국가제도」,『발해사』, 김일성종합대학출판사.

박시형, 1992,「발해는 고구려의 계승국」,『발해사연구론문집』(1), 과학백과사전종
　　　합출판사

박영해, 1987,「발해의 대외관계에 대하여」,『력사과학론문집』12, 과학백과사전출
　　　판사.

손영종, 1980,「발해의 서변에 대하여(1)」,『력사과학』1, 과학백과사전출판사.

손영종, 1980,「발해의 서변에 대하여(2)」,『력사과학』2, 과학백과사전출판사.

손영종, 1990,「발해는 조선 중세의 당당한 독립국가」,『력사과학』2, 사회과학출판사.

승성호, 1995,「발해 초기의 령역」,『력사과학』1, 과학백과사전종합출판사.

승성호, 1998,「발해초기의 성과 무덤에 대하여」,『조선고고연구』1, 사회과학출판사.

장국종, 1991,「발해 본토안 말갈인의 분포상태」,『력사과학』4, 사회과학출판사.

張國鍾, 著 李成出 譯, 1993,「渤海の領域と五京制」,『高句麗渤海と古代日本』,
　　　雄山閣.

장국종, 2000,「발해의 '고려후국'의 존립과 그 수도에 대하여」『자주독립국 발해』, 천지출판.

장상렬, 1987,「발해의 도시성에 대하여」『조선고고연구』3, 사회과학출판사.

장상렬, 1993,「발해의 서고성터에 대하여」『조선고고연구』4, 사회과학출판사.

장상렬, 1998,「발해상경용천부에 표시된 도시계획 방법과 그 고구려적 성격」『조선고고연구』2, 사회과학출판사.

장상렬, 1998,「발해의 수도 상경용천부와 고구려의 수도 평양성의 계승관계에 대하여」『조선고고연구』4, 사회과학출판사.

장철만, 1997,「동해안일대의 발해무덤에 대하여」『조선고고연구』1, 사회과학출판사.

장철만, 1998,「발해무덤의 고구려적성격에 대하여」『조선고고연구』4, 사회과학출판사.

주영헌, 1966,「발해 중경현덕부에 대하여」『고고민속』.

채태형, 1990,「발해 동경룡원부-훈춘 팔련성설 재검토」『력사과학』3, 사회과학출판사.

채태형, 1991,「발해 남경남해부의 위치에 대하여」『력사과학』3, 사회과학출판사.

채태형, 1992,「료동반도는 발해국의 영토」『력사과학』1, 사회과학출판사.

한인덕, 1998,「새로 발굴된 연차골 제1호무덤은 발해의 왕릉급무덤」『조선고고연구』4, 사회과학출판사.

현명호, 1991,「발해의 〈계루군왕〉의 칭호에 대하여」,『력사과학』1, 사회과학출판사.

현명호, 1992,「발해의 고구려와의 계승관계를 모호하게 한 별칭 '발해말갈'에 대하여」『발해사연구론문집』(1), 과학백과사전종합출판사.

▪ 중국

姜守鵬, 1982,「渤海隷屬于唐朝」『學習與探索』4, 學習與探索雜誌社.

吉林大學邊疆考古研究中心・吉林省文物考古研究所, 2004,「吉林敦化敖東城及永勝遺址考古發堀的主要收穫」『邊疆考古研究』2, 科學出版社.

吉林大學邊疆考古研究中心・吉林省文物考古研究所, 2006,「吉林敦化市敖東城遺址發掘簡報」『考古』9.

吉林大學邊疆考古研究中心・吉林省文物考古研究所, 2007,「吉林敦化市永勝金代遺址一號建築基址」『考古』2.

金 香, 1988, 「關于天孫的理解」 『北方文物』 2, 北方文物雜誌社.

金 香, 1989, 「關于渤海國的若干民族問題」 『社會科學戰線』 1, 吉林人民出版社.

金毓黻, 1956, 「關于渤海貞孝公主碑硏究的補充」 『考古學報』 2, 科學出版社.

金太順, 1999, 「발해 무덤 연구」 『國史館論叢』 85, 國史編纂委員會.

單慶麟, 1960, 「渤海舊京城址調査」 『文物』 6, 文物出版社.

段鵬琦, 1984, 「渤海上京龍泉府遺址的調査與發掘」 『新中國的考古發現和硏究』, 文史出版社.

丹化沙, 1979, 「略談渤海上京龍泉府」 『黑龍江大學學報』; 『高句麗渤海硏究集成』 渤海 卷2, 哈爾濱出版社

丹化沙, 1982, 「渤海歷史地理硏究情況述略」 『黑龍江文物叢刊』 1, 黑龍江省文物出版社.

陶 剛·姜玉珂, 2003, 「渤海上京龍泉府考古發現與硏究」 『해동성국-발해 특별전 기념 국제학술대회 발해고고학의 최신성과』, 서울대학교박물관.

佟柱臣, 1981, 「渤海記'著者張建章墓誌 考」 『黑龍江文物叢刊』 4, 黑龍江文物雜誌社.

리강 저·방학봉 역, 1991, 「발해의 수도 오동성에 대한 의문」 『발해사연구』 2, 연변대학출판사.

牧丹江市土地管理局·牧丹江市文物管理站 編著, 1991, 『牧丹江市文物保護單位保護區規劃』.

牧丹江文物管理站, 1986, 「牧丹江邊墻調査簡報」 『北方文物』 3, 北方文物雜誌社.

朴潤武, 1994, 「고구려도성과 발해도성의 比較硏究」 『于江權兌遠敎授定年紀念論叢 民族文化의 諸問題』, 논문간행위원회.

방학봉, 1985, 「발해 상경성의 궁성건축에 대하여」 『발해사연구』 6, 연변대학출판사.

방학봉, 1990, 「발해정효공주묘지병서에 대한 고역」 『발해사연구』 1, 연변대학출판사.

방학봉, 1990, 「정혜공주묘와 정효공주묘에 대하여」 『발해사연구』 1, 연변대학출판사.

방학봉, 1990, 「발해인의 매장 습관과 그의 특징에 대하여」 『韓國傳統文化硏究』 6, 曉星女子大學校 韓國傳統文化硏究所.

방학봉, 1991, 「발해 초기의 수도에 대한 몇가지 문제」 『발해문화연구』, 이론과실천.

방학봉, 1992, 「발해는 무엇 때문에 네 차례나 수도를 옮겼는가」 『白山學報』39, 白山學會.

방학봉, 1992, 「발해상경용천부에 대한 몇가지 문제」 『先史와 古代』2, 한국고대 학회.

방학봉, 1992, 「발해의 중경에 관한 몇가지 문제」 『韓國史學論叢』상, 水邨朴永錫 敎授華甲紀念論叢刊行委員會.

방학봉, 1993, 「발해 정효공주무덤과 하남툰무덤에 대하여」 『韓國學報』72, 일지사.

방학봉, 1993, 「발해의 오경에 대하여」 『역사교육』53, 역사교육연구회.

방학봉, 1993, 「발해 수도의 변화과정에 대한 연구」 『발해사연구』3, 연변대학 발 해사연구실.

방학봉, 1993, 「발해의 상경성과 당나라 장안성에 대한 비교연구」 발해사국제학술 회의요지, 고려대 민족문화연구소.

방학봉, 1994, 「동청 발해유적의 발견과 그 의의」 『于江權兌遠敎授定年紀念論叢 民族文化의 諸問題』, 논문간행위원회.

방학봉, 1998, 「延邊地區 渤海遺蹟과 朝貢道」 『白山學報』50, 白山學會.

방학봉, 1999, 「발해의 무기에 대하여」 『史學硏究』58·59, 韓國史學會.

方學鳳, 2001, 「발해의 토지제도」 『國學硏究』6, 국학연구소.

方學鳳, 2004, 「淺談渤海都城與唐長安城的比較」 『高句麗渤海歷史問題硏究論 文集』, 延邊大學出版社.

방학봉, 2004, 「발해와 당나라의 평지도성에 대한 재검토」 『國學硏究』9, 國學硏 究所.

徐日範, 1999, 「北韓 경내의 발해유적과 출토유물」 『高句麗硏究-발해건국 1300 주년(698~1998)-』6, 高句麗硏究會.

徐自强, 1979, 「'張建章墓志'考」 『文獻』; 『高句麗渤海硏究集成』 渤海 卷 3, 哈 爾濱出版社.

孫玉良, 1982, 「述略大欽茂及其統治下的渤海」 『社會科學戰線』4.

孫玉良, 1983, 「渤海遷都淺議」 『北方論叢』3, 北方論叢編輯部.

孫玉良, 1986, 「渤海武王大武藝」 『東北歷史人物傳記』古代 卷上, 吉林文史出 版社.

孫進己, 1982, 「渤海疆域考」 『北方論叢』4, 北方論叢編輯部.

孫進己, 1994, 「唐代渤海國的十國」 『高句麗渤海硏究集成』 渤海 卷2, 哈爾濱出

版社.

孫進己, 1994,「唐代渤海之五京」『東北民族史研究』1, 中州古籍出版社 ;『高句
　　麗渤海研究集成』渤海 卷2, 哈爾濱出版社.

孫進己, 1994,「渤海國的疆域與都城」『東北民族史研究』1, 中州古籍出版社.

王成國, 1990,「關于渤海史研究的幾個問題」『渤海史學術討論會論文集』.

王承禮, 1962,「吉林敦化牧丹江上游渤海遺址調查記」『考古』11, 科學出版社.

王承禮, 1979,「靺鞨的發展與渤海王國的建立」『高句麗渤海研究集成』渤海 卷1,
　　哈爾濱出版社.

王承禮, 1983,「渤海的疆域和地理」『黑龍江文物叢刊』4, 黑龍江省文物出版社.

王　俠, 1985,「貞惠公主墓與貞孝公主墓」,『學習與探索』4, 學習與探索雜誌社.

姚中岫, 1979,「海東盛國-渤海史略」『牧丹江師院學報』2, 北方文物雜誌社.

魏國忠, 1984,「唐代渤海五京制度考」『高句麗渤海研究集成』渤海 卷2, 哈爾濱
　　出版社.

魏國忠, 1984,「渤海疆域變遷考略」『求是學刊』6.

魏國忠, 1985,「渤海王國占有遼東考」『龍江史苑』2.

魏存成, 1982,「渤海城址的發現與分期」『東北考古與歷史』1, 文物出版社.

魏存成, 1983,「關于渤海都城的幾個問題」『史學集刊』3.

魏存成, 1998,「第二松花江中游地區的靺鞨渤海墓葬」『北方文物』1, 北方文物
　　雜誌社.

劉　慶, 1988,「別種雜說」『北方文物』1, 北方文物雜誌社.

劉振華, 1983,「渤海大氏王室族屬新證-從考古材料出發的考察-」『社會科學戰
　　線』1, 吉林人民出版社.

劉忠義, 1982,「東牟山在哪里?」『學習與探索』4, 學習與探索雜誌社.

劉忠義 · 馮慶余, 1984,「渤海東牟山考」『松遼學刊』1.

劉忠義, 1997,「渤海舊國都城位置新探」『高句麗渤海研究集成』渤海 卷2, 哈爾
　　濱出版社.

劉曉東, 1985,「渤海舊國諏議」『學習與探索』2, 學習與探索雜誌社.

劉曉東, 1990,「渤海上京城附郭縣再考」『北方文物』2, 北方文物雜誌社.

劉曉東 · 付畔, 1992,「試論三陵墳的年代與墓主人身份」『北方文物』1, 北方文
　　物雜誌社.

劉曉東 · 羅葆森 · 陶剛, 1987,「渤海國渤州考」『北方文物』1, 北方文物雜誌社.

劉曉東·魏存成, 1987,「渤海上京城營築時序與刑制淵源研究」『高句麗渤海硏究集成』渤海 卷2, 哈爾濱出版社.

劉曉東·魏存成, 1991,「渤海上京城主體格局的演變-兼談主要宮殿建築的年代」『北方文物』1, 北方文物雜誌社.

劉曉東·祖延苓, 1988,「南城子古城·牧丹江邊墻與渤海的黑水道」『北方文物』3, 北方文物雜誌社.

李 强, 1986,「渤海舊都卽敖東城置疑-兼對敖東周長的考證」『東北亞歷史與文化硏究』.

李建才, 2002,「渤海初期都城考」『北方文物』3, 北方文物雜誌社.

李東輝, 2001,「'舊唐書 渤海靺鞨傳의 本高麗別種'에 관하여-別種用例분석을 중심으로-」『지역과 역사』9, 부산경남역사연구소.

이동휘, 2003,「境界로 보는 新羅와 渤海의 관계」『역사와 경계』47, 부산경남사학회.

李東輝, 2004,「발해의 종족구성과 신라의 발해관」, 부산대학교 박사학위논문.

李殿福, 1997,「渤海的考古學」『高句麗渤海硏究集成』渤海 卷3, 哈爾賓出版社.

李陳奇, 1999,「靺鞨-渤海考古學的新進展」『北方文物』1, 北方文物雜誌社.

李陳奇·趙虹光, 2004,「渤海上京城考古的四箇段階」『北方文物』2, 北方文物雜誌社.

張 高, 1997,「論渤海遷都上京的原因」『高句麗渤海硏究集成』渤海 卷2, 哈爾濱出版社.

張博泉, 1983,「別種芻議」『社會科學戰線』4, 吉林人民出版社.

張博泉·鄭妮娜, 1982,「渤海的社會性格」『學習與探索』1, 學習與探索雜誌社.

鄭永振, 1984,「渤海墓葬硏究」『黑龍江文物叢刊』2, 黑龍江文物叢刊編輯室.

鄭永振, 1990,「발해무덤연구」『한국상고사학보』4, 한국상고사학회.

정영진, 2002,「渤海의 강역과 五京의 위치」『韓國史論』34, 國史編纂委員會.

鄭永振, 2003,『高句麗渤海靺鞨墓葬比較硏究』, 연변대학출판사.

정영진, 2005,「발해매장습속에 반영된 발해문화의 多元性」『白山學報』72, 白山學會.

趙哲夫, 1994,「關于渤海國歷史的三個問題」『北方文物』4, 北方文物雜誌社.

陳青柏, 1981,「唐代渤海國上京龍泉府遺址」『黑龍江文物叢刊』창간호, 黑龍江省文物出版社.

陳顯昌, 1980, 「渤海王都上京龍泉府」 『奮鬪』11.

陳顯昌, 1982, 「唐代渤海國政治的發展」 『黑龍江文物叢刊』3, 黑龍江文物出版社.

陳顯昌, 1983, 「渤海國史槪要」2 『齊齊哈爾師範學院學報』2, 北方文物雜誌社.

陳顯昌, 1985, 「論渤海國的疆域」 『學習與探索』2, 吉林人民出版社.

集安縣文物保管所, 1985, 「吉林集安發現一處渤海時期遺址」 『北方文物』4, 北方文物雜誌社.

何光岳, 1990, 「渤海大氏的來源和遷都」 『求索』2.

曉　辰, 2003, 「也談渤海五京制的起始年代」 『北方文物』3, 北方文物雜誌社

曉　辰, 2004, 「談渤海文王大欽茂時期的都城建制」 『北方文物』2, 北方文物雜誌社.

黑龍江省文物考古工作隊, 1985, 「渤海上京宮城第2·3·4號門址發掘簡報」 『文物』11, 文物出版社.

黑龍江省文物考古工作隊, 1986, 「渤海磚瓦窯址發掘報告」 『北方文物』2, 北方文物雜誌社.

黑龍江省文物考古硏究所, 吉林大學考古學係, 1996, 「黑龍江海林市河口遺址發掘簡報」 『考古』2, 科學出版社.

黑龍江省文物考古硏究所, 1997, 「黑龍江寧安市虹鱒魚場墓地的發掘」 『考古』2, 科學出版社.

黑龍江省文物考古硏究所·牧丹江市文物管理站 1999, 「渤海國上京龍泉府遺址1997年考古發掘收穫」 『北方文物』4, 北方文物雜誌社.

黑龍江省文物考古硏究所·牧丹江市文物管理站, 2000, 「渤海國上京龍泉府外城正北門址發掘簡報」 『文物』11, 文物出版社.

黑龍江省文物考古硏究所, 2003, 「黑龍江省寧安市東蓮花村渤海墓葬」 『北方文物』2, 北方文物雜誌社.

▪ 일본

金子修一, 2001, 「唐朝から見た渤海の名分的位置」 『隋唐の國際秩序と東アジア』, 名著刊行會

古畑　徹, 1984, 「渤海建國關係記事の再檢討-中國側史料の基礎的硏究」 『朝鮮學報』113, 朝鮮學會.

古畑　徹, 1986, 「唐渤紛爭の展開と國際情勢」 『集刊 東洋學』55.

駒井和愛, 1997, 「渤海の五京とその名産」 『中國都城·渤海硏究』, 雄山閣.

東　　潮, 2000,「渤海墓制と領域」『朝鮮學報』106·107, 朝鮮學會.

鈴木靖民, 1985,「渤海首領制-渤海の社會と地方支配」『歷史學硏究』547.

白鳥庫吉, 1935,『白鳥庫吉全集』5, 岩波書店.

濱田耕策, 1999,「渤海國の京府州郡縣制の整備と首領の動向」『白山學報』52, 白山學會.

濱田耕策, 1999,「大欽茂(文王)時代-渤海의 歷史的 性格」『高句麗硏究-발해건국 1300주년』, 학연문화사.

石井正敏, 1974,「日渤交渉における渤海高句麗繼承意識について」『大學院硏究年報』4, 中央大學.

石井正敏, 1976,「渤海の日唐間における中繼的位置について」『東方學』51, 東方學會.

石井正敏, 1978,「朝鮮における渤海觀の變遷-新羅·李朝-」『朝鮮史硏究會論文集』15, 朝鮮史硏究會.

松井　等, 1913,「渤海の疆域」『滿蘚地理歷史硏究報告』1, 東京築地活版製造所.

松井　等, 1916,「契丹勃興考」『滿蘚地理歷史硏究報告』1, 東京築地活版製造所.

新妻利久, 1969,「渤海國史及び日本との國交史の研究」, 東京電氣大學出版局.

李　美子, 2003,「渤海の遼東地域の領有問題をめぐって」『史淵』140, 九州大學人文學研究院.

日野開三郎, 1984,「小高句麗國の硏究」『東洋史學論集』8, 三一書房.

田中俊明, 2006,「渤海建國初期의 對新羅關係」『北方史論叢』10, 고구려연구재단.

田村晃一, 2000,「渤海瓦當文樣に關する若干の考察」『靑山史學』19, 淸山大學文學部 史學科研究室.

田村晃一, 2002,「渤海瓦當再論」『早稻田大學大學院文學研究科紀要』47집 4분책.

鳥山喜一, 1968,「渤海王國の制度と文化」『渤海史上の諸問題』, 風間書房.

酒寄雅志, 1976,「渤海の國號に關する一考察」『朝鮮史硏究會會報』44, 朝鮮史硏究會.

酒寄雅志, 1979,「渤海國家の史的展開と國際關係」『朝鮮史硏究會論文集』, 朝鮮史硏究會.

酒寄雅志, 1998,「渤海の王都と領域支配」『古代文化』50-9, 古代學協會.

秋山日出雄, 1988,「古代宮室發展段階の初步的研究-渤海諸宮を手掛りとして-」『橿原考古學研究所論集』9, 吉川弘文館.

河上邦彦, 1996,「東아시아의 都城과 苑池」『考古歷史學志』11·12합집, 동아대
　　　학교박물관.

河上　洋, 1983,「渤海の地方統治體制-一つの試論として」『東洋史硏究』42-2.

河上　洋, 1990,「渤海의 交通路와 五京」『國學硏究』3, 國學硏究所.

和田　淸, 1954,「渤海國地理考」『東洋學報』36-4, 東洋文庫.

이 논문은 발해 文王(제3대, 737~793) 시기에 이루어진 일련의 정책을 통해서 지배체제가 확립되어 가는 과정을 고찰하는 데 목적이 있다. 文王은 高王(제1대, 698~719)과 武王(제2대, 719~737)대 진행된 강역확장을 마무리하고, 전국적으로 府州縣制를 실시하였다. 중앙통치기구를 설치하였고, 遷都를 통해 지방거점인 5京制를 확립하였으며, 더 나아가서는 '天孫'意識을 드러내기에 이르렀다. 따라서 支配體制가 확립되는 과정을 올바르게 이해하기 위해서 文王代를 주목하지 않을 수 없다.

이와 같은 문제의식을 해결하기 위해서, 『舊唐書』·『新唐書』를 포함한 문헌자료와 최근까지 보고된 고고학 연구성과를 적극적으로 이용하였다. 그중 대표적인 자료는 1980년대 중국에서 간행된 『縣文物志』 47권이다. 이 자료는 대부분이 지표조사결과이지만, 중국 현지의 발굴성과를 용이하게 접할 수 없는 현실에서 가장 주목된다.

文王이 재위한 57년간은 宣王(제10대, 818~830)에서 大玄錫(제13대, 871~894?) 시기에 '海東盛國'으로 발돋움하기 위한 초석이 되는 시기이다. 문왕은 즉위하면서 '武治'에서 '文治'로 국정운영의 방향을 전환하면서 '大唐開元禮'를 비롯한 선진문물을 적극적으로 수용하였다. 그는 효율적인 통치를 위해 중앙에는 3省 6部 등 통치기구를 마련하였고, 10衛로 대표되는 군사제도를 통해 군사력을 강화하였다.

문왕은 또한 拂涅·越喜·鐵利部 등 말갈제부를 복속시켜 外延을 '사방 5천리'로 확대시켰고, 4차례 도읍을 옮겼다. 일반적으로 遷都는 정치·경제·사회·문화의 중심지를 옮기는 것으로, 많은 인력과 물력이 소요되며, 정치적인 분쟁도 야기할 수 있다. 그러함에도 이와 같이 잦은 遷都를 단행한 것은 통치력을 강화하려는 목적에서였고, 그 결과는 지방지배의 거점인 5京制의 성립으로 귀결되었다.

高句麗의 5部나 新羅의 5小京과 밀접하게 관련 있는 발해 5京制의 실시는 수도의 편재성과 지방지배의 효율성을 높이기 위한 행정구역의 편제와 불가분의 관계이다. 발해는 고구려유민과 靺鞨諸部 등 다양한 종족이 새로운 지배체제 내로 수용되었으므로, 이들에 대한 통치효과를 극대화할 필요가 있었다.

文王은 思想的·理念的 기반인 儒學과 佛敎를 받아들이고, '轉輪聖王'개념을 도입하여 새로이 포함된 수 많은 백성들의 다양하고 차별적인 思惟를 통일시켰다. 그는 '皇上'·'聖王'으로 불리었고, 771년 외교문서에서는 자신을 '天孫'으로 지칭하였을 뿐만 아니라, 774년에는 '大興'에서 '寶曆'으로 개원하므로써 독립된 天下觀을 형성하였다.

발해의 영향권에 포함된 많은 이민족들의 거주지를 해체하지 못한 채 州단위로 편제하였다. 그 이유는 문화적·종족적 차이 때문이었다. 국력이 강했을 경우는 재지 首長을 중심으로 일원적인 통제가 가능하지만, 한편으로는 독립의식이 표출될 수도 있는 한계를 지니고 있었는데, 지역기반을 해체하지 않고 거주지에 따라 州단위로 편제를 한 것은 훗날 발해 사회의 해체와 재편에 막대한 영향을 미쳤다.

결과적으로, 文王대는 발해의 지배체제가 확립되는 중요한 시기라고 평가할 수 있다. 그는 府州縣制로 행정구역을 편제하고, 3省6部로 대표되는 중앙통치기구를 설치하였으며, 律令制를 도입하여 文治를 강화하고, 도성 경영을 통해 지방지배의 거점인 5京을 설치하여 전 국토로 그 통치력을 확장시켰으며, 독립된 天下觀을 형성하고 海東盛國'의 기틀을 마련하였다.

김진광(金鎭光)

한국외국어대학교 중국어과 졸업
한국학중앙연구원 한국학대학원 문학석사・문학박사
現) 한국학중앙연구원 동아시아역사연구소 선임연구원

■ 주요저작

「서고성의 궁전배치를 통해 본 발해 도성제의 변화」(2010)

「『三國史記』本紀에 나타난 靺鞨의 性格」(2009)

「渤海 建國集團의 性格」(2008)

「石室墓 造營을 통해 본 渤海의 北方 經營」(2008)

「발해의 상경 건설과 천도」(2007)

『발해사쟁점비교연구』(공저, 2009)

『발해의 역사와 문화』(공저, 2007)

『일본인들의 단군연구』(공역, 2005) 외

발해 문왕대의 지배체제 연구

초판인쇄 2012년 2월 21일
초판발행 2012년 2월 29일

저 자 김진광
발행인 윤석현
발행처 박문사
등 록 제2009-11호

주소 서울시 도봉구 창동 624-1 북한산현대홈시티 102-1206
전화 (02) 992-3253(대)
팩스 (02) 991-1285
전자우편 bakmunsa@hanmail.net
홈페이지 http://www.jncbms.co.kr
책임편집 정지혜

ISBN 978-89-94024-75-2 93910   정가 24,000원